Douglas Stewart
Piraten

SERIE PIPER

Zu diesem Buch

Als Eric Ellen im Jahr 1980 die Zeitung aufschlug, traute der Londoner Hafenpolizist seinen Augen nicht: Einer der größten Supertanker der Welt, die *Salem*, war vor der Küste Guineas versunken. Auf dem Atlantik war ein Verbrechen verübt worden, dessen Dimensionen alles bisher Dagewesene sprengte. Eric Ellen handelte und gründete das »International Maritime Bureau« (IMB), eine weltweit einzigartige Institution, die von Kuala Lumpur und London aus Verbrechen auf hoher See bekämpft. Der Seerechts-Experte Douglas Stewart schildert unter Einbeziehung vertraulicher Hintergrundinformationen die spektakulärsten Fälle des IMB, darunter den bis heute ungelösten Fall der Autofähre *Estonia*, bei deren Untergang 852 Menschen starben. Die Piraterie gibt es zwar seit Menschengedenken, doch nie zuvor kreuzten so viele Freibeuter auf den Ozeanen, wurden auf den Meeren mit Hilfe modernster Ausrüstung so brutale Verbrechen verübt wie heute.

Douglas Stewart, in Glasgow geboren, war Anwalt in London und ist Präsident von »Legalink«, einem globalen Netzwerk unabhängiger Rechtsanwälte. Er ist Experte für Seerecht, Autor mehrerer Romane und Sachbücher zu diesem Thema und hält regelmäßig Vorträge zur Kriminalität auf See. Douglas Stewart lebt heute in Las Vegas.

Douglas Stewart
Piraten

Das organisierte Verbrechen auf See

Aus dem Englischen von
Reiner Pfleiderer und Helmut Dierlamm

Ein marebuch

Piper München Zürich

Ungekürzte Taschenbuchausgabe
Piper Verlag GmbH, München
Juni 2004

Umschlagkonzept: Büro Hamburg
Umschlaggestaltung: Birgit Kohlhaas
Fotos Umschlagvorderseite: Eric Pasquier / CORBIS (oben)
und Don Spiro / Getty Images (unten)
Satz: Farnschläder & Mahlstedt, Hamburg
Druck und Bindung: Clausen & Bosse, Leck
Printed in Germany ISBN 3-492-23968-4

www.piper.de

Inhalt

Dieses Buch ist den Opfern
von Piratenüberfällen gewidmet
und den Familien derer,
die auf See ermordet wurden,
während die Politik
die Hände in den Schoß legt.

Vorwort

Werden in einer Wohnung in London zehn Leichen aufgefunden, sorgt der Fall für Schlagzeilen, die Ermittlungen laufen auf Hochtouren. Doch als man Ende 1992 im Kühlraum eines chinesischen Frachters zehn halb verweste Leichen entdeckte, hatte dies nur geringen Nachrichtenwert. Niemand war zuständig, und der Fall geriet rasch in Vergessenheit. Wer die Opfer waren, dieses Rätsel ist bis heute ungelöst.

Stellen Sie sich folgende Szene vor: Eine Familie sitzt in ihrer Wohnung in Paris, Frankfurt oder New York friedlich vor dem Fernseher. Plötzlich stürmen zwölf maskierte Bewaffnete herein. Augenblicke später ist der Vater tot, die Mutter geknebelt und gefesselt, und ein Kind wird als Geisel verschleppt und später 500 Meilen entfernt ausgesetzt. Das gesamte Bargeld und alle Wertsachen werden geraubt. Im Jahr 2001 wurden 210 Menschen auf hoher See als Geiseln genommen. Warum toleriert die Gesellschaft derartige Verbrechen, wenn sie auf See verübt werden? Im Fernen Osten, vor vielen Küsten Afrikas, Südamerikas und vor manchen Küsten des indischen Subkontinents müssen Schiffsbesatzungen jederzeit mit einem solchen blutigen Überfall rechnen. In den zivilisierten Gesellschaften von heute erwartet man ein sicheres, bequemes und sorgenfreies Leben. Die Menschen wollen sichere Straßen, sichere Autos und strenge Bauvorschriften – alles um die Risiken für Leib und Leben auf ein Minimum zu reduzieren. Doch beim allgemeinen Streben nach Sicherheit hat man ganz offensichtlich den Seemann vergessen.

Die meisten Überfälle, von denen dieses Buch erzählt, sind für den gesunden Menschenverstand Akte der Piraterie, auch wenn es darum im Einzelnen spitzfindige juristische Diskussionen geben mag. Seit jener verklärten Epoche, als Blackbeard, Mary Read und Anne Bony auf ihren Segelschiffen die Totenkopfflagge setzten, hat das Wort «Pirat» einen romantischen Beiklang. In Las Vegas können Touristen jeden Tag einen nachgestellten Piratenangriff bestaunen: Vor dem Hotel Treasure Island kommt es zu einer dramatischen Begegnung zwischen der *Britannia,* einem britischen Kriegsschiff des 18. Jahrhunderts, und einem Piratenschiff. Aus dem anschließenden Gefecht gehen die Piraten als Sieger hervor, und das britische Schiff sinkt langsam unter dem Jubel der Menge, während die Melodie von *Rule Britannia* über den Strip dröhnt. Die Sympathie der Zuschauer gilt immer den Piraten – sie sind die Underdogs, die gegen die Obrigkeit aufbegehren.

Vergessen Sie diese romantische Scheinwelt; die Realität ist gnadenlos. Während Sie diese Zeilen lesen, verüben irgendwo auf hoher See schwer bewaffnete Piraten einen Überfall. Menschen werden eingeschüchtert, misshandelt, als Geiseln genommen, gleich vor Ort ermordet oder kaltblütig über Bord geworfen. Die modernen Seeräuber verdienen keine Sympathie, auch wenn viele aus mehr als dürftigen Verhältnissen stammen. Es wäre verkehrt, aus Mitleid ihre Verbrechen zu verharmlosen, denn allzu oft handeln sie aus Berechnung und Habgier, manchmal aus purer Mordlust. Die Drahtzieher hinter den brutalen Überfällen sind clevere und mächtige Gangster mit guten Beziehungen zu Regierung, Polizei und Justiz. Korruption, politischer Eigennutz und fehlende Mittel leisten der Kriminalität auf See heute Vorschub. In einigen Ländern ist Korruption fester Bestandteil des Geschäftslebens. Sie gehört zum Alltag.

Die Kriminalität auf hoher See ist weitgehend außer Kontrolle geraten. Ob es sich um einen rücksichtslosen Überfall handelt oder um einen groß angelegten Versicherungsbetrug, die Profite sind riesig, und ein Menschenleben zählt nicht viel. Wir werden uns in diesem Buch mit Raubüberfällen ostasiatischer und brasilianischer Piraten beschäftigen, mit den grausamen Übergriffen gegen die vietnamesischen *Boat-People* und dem erpresserischen Menschenschmuggel chinesischer Banden. Wir werden gerissenen Millionenbetrügern in Griechenland und Österreich auf die Finger sehen. Wir werden über kaltblütige Morde und über die schiere Dreistigkeit berichten, mit der ganze Schiffe samt Fracht gestohlen werden. Von den Besatzungen fehlt jede Spur. Aus gestohlenen Schiffen werden Phantomschiffe, die offiziell überhaupt nicht existieren. Und doch sind sie noch da, operieren außerhalb der Legalität und werden für Betrug und Menschenhandel benutzt. Die Profite sind immens, den Verlust trägt die Allgemeinheit. Kriminalität auf See ist eine Geißel der Gesellschaft.

Wir werden im Einzelnen schildern, wie korrupte Behörden Gewaltverbrechen auf See und in Häfen vertuschen, und aufzeigen, was mit Wissen und Duldung von Regierungen geschieht. Die laxe Haltung von Staaten – auch in Europa – wird entlarvt. Betroffen sind beileibe nicht nur große Handelsschiffe. Fähren und Kreuzfahrtschiffe werden zur Zielscheibe von Angriffen. Auch private Yachten sind vor Verbrechen nicht sicher.

Wir werden uns auch mit dem Terrorismus beschäftigen und untersuchen, auf welch verschlungenen Wegen Anhänger Osama Bin Ladens zu eigenen Schiffen gekommen sind. Bei künftigen Terroranschlägen werden Schiffe eine maßgebliche Rolle spielen. Seebanditen haben vorgemacht, wie leicht sich aus staatlicher Schwäche Kapital schlagen lässt. Sie machen riesige Profite und werden selten verhaftet. Das ermuntert Terroristen geradezu, das weite Meer und die Schifffahrt für Angriffe auf die Gesellschaft zu nutzen. In den USA gilt das Risiko eines Anschlags auf, in oder aus Häfen des Landes mittlerweile als *unausweichlich*. Ein Kapitel beleuchtet die tödliche Gefahr, die vom Terrorismus auf See heute ausgeht. Der Angriff auf die USA am 11. September 2001 hat die zivilisierten Staaten veranlasst, ein Bündnis gegen den Terrorismus zu schließen. Derselbe Geist wäre bei der Kriminalitätsbekämpfung auf See vonnöten.

Eric Ellen und das International Maritime Bureau *Der* Spezialist in Fragen der Piraterie ist Eric Ellen, ehemaliger Polizeichef und Gründer der weltweit einzigen Institution, die der Kriminalität auf See den Kampf angesagt hat: des International Maritime Bureau (IMB). Ellen hat sein ganzes Berufsleben der Verhütung und Aufklärung von Verbrechen gewidmet. Die Boulevardpresse hat ihm den Spitznamen «der Piratenjäger» verliehen. Niemand hat sich mehr als er dafür eingesetzt, den Gangsterbossen und ihren mit Kalaschnikows bewaffneten Banden den Kampf anzusagen. Für dieses Buch hat Eric Ellen sich erstmals bereit erklärt, offen über seine Arbeit zu sprechen. Seine kriminologischen Kenntnisse der Triaden-Bünde, der Undercover-Arbeit und der Betrügereien im großen Stil haben mich fasziniert, und ich hoffe, es ist mir gelungen, auf diesen Seiten einige der entscheidenden Triumphe und Niederlagen dieses Mannes einzufangen, der einen Kreuzzug gegen das Verbrechen auf hoher See führt.

Das IMB spielt eine zentrale Rolle im Kampf gegen die Kriminalität auf See. Eric Ellen hat es 1981 mit der finanziellen Unterstützung der Internationalen Handelskammer (ICC) in Paris gegründet. Durch die Aufklärung seiner Mitglieder – Juristen, Banker, Reeder, Kaufleute und Versicherer – leistet das Bureau wichtige Arbeit auf dem Feld der Verbrechensvorbeugung. Doch es hat auch eine wichtige Rolle bei der Aufklärung von Straftaten gespielt. Diese Doppelfunktion – Vorbeugung und Abschreckung durch Festnahmen und Verurteilungen – hat maßgeblich zu seinem Erfolg beigetragen.

Eric Ellen gab für die Leitung des Bureau seinen Posten als Chef der Londoner Hafenpolizei auf, der ihn zunehmend frustriert hatte, weil niemand wirksame Präventivmaßnahmen gegen das Verbrechen auf hoher See ergriff und den Tätern den Kampf ansagte. «Ein kleinerer internationaler Betrugsfall in Angola 1975 gab den Anstoß zur Gründung des Bureau», berichtet Ellen. «Als Polizist hatte ich weder die Mittel noch die Befugnis, in solchen Fällen zu ermitteln, es sei denn, Großbritannien war unmittelbar betroffen. Ich konnte mich vor Hinweisen auf Betrügereien oder Morde auf See kaum retten, und zugleich wusste ich, dass keine einzige Behörde sich des Problems annahm. Bei meinen Plänen, so etwas wie das IMB ins Leben zu rufen, kamen mir die dramatischen Ereignisse um den Supertanker *Salem* im Jahr 1980 zu Hilfe. Dieser so genannte Jahrhundertbetrug wirbelte viel Staub auf, vor allem in jenen Ländern, die riesige Verluste erlitten, während die Kriminellen sich bereicherten. Diesem Umstand verdankte ich das Startkapital von der Internationalen Handelskammer. Sie war an mich herangetreten, weil ihre Mitglieder zunehmend unter Verbrechen gegen die Schifffahrt zu leiden hatten. Mit ihrem fürstlichen Zuschuss von 20 000 Pfund und meinem Privatkapital richtete ich in meinem Vorderzimmer das Bureau ein und gab meine gesicherte Existenz als Polizeichef auf. Ich habe die Entscheidung nie bereut, denn die Organisation wuchs, gewann an Ansehen und Einfluss.

Mein Ziel war, das Bureau zum Mittelpunkt der Verbrechensbekämpfung auf See zu machen. Sonst gab es ja nichts auf dem Gebiet.»

Trotz seines guten Rufs musste sich Eric Ellen zunächst mit Versicherungen und Banken ins Benehmen setzen. Als Polizeichef hatte er gerade die Schiffsversicherer kritisiert, weil sie oftmals zahlten, obwohl ein Verbrechen vorlag. «Versicherungen verzichteten häufig auf Ermittlungen, weil sie die damit verbundenen Kosten scheuten, und zahlten lieber. Im Klartext: Sie vertuschten Brandstiftung, Betrug und Mord. Als die Verbrechensrate in den siebziger Jahren sprunghaft anstieg, erhöhten sie einfach die Prämien. Und was die Banken anging, so ließen die sich nur ungern sagen, wie blauäugig sie zum Teil vorgingen! Wenn man bei der Prüfung von Schiffspapieren nicht die nötige Sorgfalt walten ließ, war Betrug im großen Stil die logische Konsequenz. Damit musste Schluss sein.» Ellens Botschaft war unbequem, doch am Ende überzeugte er sie alle, nicht zuletzt dank der Schützenhilfe einer größeren Versicherung, die den Rest der Branche aufforderte, «dem Knaben eine Chance zu geben».

Obwohl Ellen sogar Präsident der Internationalen Vereinigung der Flughafen- und Seehafenpolizei gewesen war, ließ auch die Anerkennung von staatlicher Seite auf sich warten. «Das Vertrauen der Polizeiorgane, der Regierungen und Sicherheitsdienste war nicht selbstverständlich. Die Polizei, ganz zu schweigen vom FBI oder von den Geheimdiensten, weiht keinen Außenstehenden in ihre Geheimnisse ein. Die offizielle Genehmigung, mit dem noch jungen Bureau Informationen auszutauschen, war ein wichtiger Schritt nach vorn.» Schmunzelnd erinnert sich Ellen an die Arbeitsbeziehung jener Tage. «Das Bureau lieferte den Dienststellen weit mehr Informationen, als wir jemals von ihnen bekamen. Das

FBI arbeitete unsere Berichte in seine politische Generallinie ein. Wir wurden ständig von Polizeiorganen und Geheimdiensten aus aller Welt um Hilfe ersucht.» Tatsächlich beteiligte sich die Polizei später am Commercial Crime Bureau, einer Einrichtung der ICC, die über organisierten Wirtschaftsbetrug aufklärt. «Die Internationale Seeschifffahrtsorganisation (IMO) der UNO war von Anfang an hilfreich und verabschiedete sogar eine Resolution, um unseren Status zu festigen und zu untermauern. Hier in Großbritannien fanden wir bei Abgeordneten aller Parteien Anerkennung, und ich wurde vor Sonderausschüsse des Unterhauses geladen, um die Parlamentarier zu informieren. Am Ende kooperierten wir mit den Geheimdiensten MI 5 und MI 6 und sämtlichen Ministerien. Wir standen auf Gästelisten für Botschaftsempfänge und Gartenpartys im Buckingham-Palast. Außerdem knüpften wir enge Beziehungen zu anderen Regierungsstellen im Ausland wie den Nachrichtendiensten, die uns mitunter wertvolle Hinweise gaben.»

Am Anfang gab es durchaus auch Gegenwind. «In unserem zweiten Jahr landeten wir vor dem Berufungsgericht», erzählt Ellen. «Ich hatte das Bureau, echt britisch, als Club gegründet, dem man als Mitglied beitreten konnte. Im Wesentlichen hat das Bureau die Aufgabe, Mitgliedern zu helfen, Frachtdokumente zu prüfen, Nachforschungen anzustellen sowie Material zu beschaffen. In einem vertraulichen Bericht hatten wir unsere Mitglieder vor Geschäften mit einem gewissen Herrn gewarnt, den wir als notorischen Betrüger titulierten. Wir wurden verklagt und verloren in erster Instanz, gewannen aber in der Berufung. Lord Denning, als Master of the Rolls zweithöchster Richter in Großbritannien, gab uns Recht: Wir hätten hinreichende Gründe für die von uns vertretene Überzeugung. Von dieser Entscheidung hing viel ab, denn mit der Möglichkeit, unsere Mitglieder zu warnen, hätten wir auch einen Großteil unserer Existenzberechtigung verloren. Nie wieder unternahm jemand den Versuch, Publikationen zu verhindern. Ich finde es richtig, Menschen aufzuklären, damit sie sich selbst helfen können. Zu diesem Zweck haben wir zahllose Artikel und eine ganze Reihe von Büchern veröffentlicht und Seminare veranstaltet. Bei den meisten, die von uns lernen wollten, wie man sich vorsieht, hat unsere Aufklärungsarbeit Früchte getragen.»

Aus dem Büro im Vorderzimmer ist im Lauf der letzten 20 Jahre eine Büroflucht in Maritime House in Barking bei London geworden – nebst einem Zentrum für Piraterie in Kuala Lumpur, das alle gemeldeten Fälle von Seeräuberei registriert. Und aus dem Ein-Mann-Team mit Weitblick wurde eine Organisation mit etwa 30 Mitarbeitern. «Natürlich gehen Mord und Betrug weiter», meint Ellen. «Es übersteigt die Möglichkeiten einer kleinen Institution, ein milliardenschweres Gangstertum unschädlich zu machen. Das Bureau hat vor allem den Auftrag, die Interessen seiner Mitglieder zu vertreten, doch gelegentlich habe ich mich auch in die Ermittlungen in einem Kriminalfall eingeschaltet, wenn er mir besonders am Herzen lag – im Interesse aller unserer Mitglieder. Meines Erachtens ist es unerlässlich, jeden einzelnen Überfall zu untersuchen und die Piraten mit modernster Technik und neuesten nachrichtendienstlichen Methoden zu bekämpfen. Je intensiver wir die Gangster jagen, desto schneller dämmen wir diese Seuche ein. Mit seinem Insider-Wissen hat das Bureau schon manche Straftat verhindert. Eine eindrucksvolle Datenbank über alle Vorkommnisse und die Beteiligten ist zusammengekommen.»

Allzu oft fallen Menschen, geblendet von der Hoffnung auf schnellen Reichtum, allzu gern auf windige Versprechungen von Kriminellen herein. Eric Ellen zitiert gern Rudyard Kipling, wenn er einer Kultur das Wort redet, die dem Betrug keine Chance gibt:

Sechs ehrliche Diener helfen mir sehr.
Sie lehrten mich, was ich kann.
Ihre Namen sind Was und Wo und Wer
Und Wie und Warum und Wann.

Besonders am Herzen liegt Ellen auch das zweite Standbein des IMB, das Zentrum für Piraterie in Kuala Lumpur, mit seiner ständig aktualisierten Website, die über gefährliche Häfen und Küstenabschnitte berichtet. «Es war unser Ziel, das Zentrum für Piraterie zur ersten Adresse und Anlaufstelle zu machen. Und das ist uns gelungen, auch dank der Möglichkeiten, die Internet und E-Mail eröffneten. Auf diese Weise übernimmt das Bureau eine Schutzfunktion für jedes kleine Boot, denn es warnt vor Gewässern, die gefährlich oder sogar absolut tabu sind. Für Regierungen, Seeleute oder die breitere Öffentlichkeit ist es lebenswichtig, dass das Bureau seine Erkenntnisse verbreitet. Die meisten Leute machen sich keine Vorstellung von den Risiken auf See. Sie ahnen nicht, wie radikal ein Verbrechen ihr Leben verändern kann. Und wären die Menschen besser informiert, würden sich die Regierungen vielleicht gezwungen sehen, die vom Bureau und anderen Organisationen vorgeschlagenen Initiativen aufzugreifen.»

Die Mitarbeiter «Als wir das Büro eröffneten», sagt Eric, «suchte ich einen findigen Mitarbeiter, der sich im Fernen Osten gut auskannte. Ich lud S. Lin Kuo zu uns nach London ein, und sie wurde eine erstklassige Ermittlerin und leistete hervorragende Arbeit.» Die Taiwanerin, die Judo und Kung-Fu beherrscht und auf der Polizeischule geglänzt hatte, ermittelte zu dieser Zeit, getarnt als Prostituierte, verdeckt im Rotlichtmilieu von Taipeh. Im Bureau nahm sie bald eine Schlüsselstellung ein. Sie stellte Nachforschungen in über 30 Fällen an und erhielt in dieser Zeit etliche Morddrohungen – insbesondere als sie wegen gefälschter und betrügerischer Seemannspatente recherchierte. In den achtziger Jahren befasste sich das Bureau mit wiederholten Schiffs- und Frachtdiebstählen in den Gewässern vor China und Taiwan. S. Lin Kuos Ermittlungen waren gefährlich, aber sehr erfolgreich. Sie führten später zu Festnahmen. Anschließend konnte das Bureau seinen Mitgliedern einen vertraulichen Bericht über das organisierte Verbrechen gegen die Schifffahrt im Fernen Osten vorlegen. «Wenn Sie Ihre Zeit mit Nachforschungen zubringen und höchst einträgliche Verbrechen zu verhindern suchen, ist es kein Wunder, wenn Morddrohungen eingehen.» Ellen tut die Gefahr mit einem Achselzucken ab. «Wieso sollten unsere Ermittler von den mächtigen Banden mehr Respekt erwarten als andere? Sie morden, wie es ihnen passt. Ob ich mir deswegen Sorgen mache? Nein. Aber nicht, weil die Gefahr nicht ernst zu nehmen wäre.»

Das Bureau genießt heute weltweites Ansehen. Ellen hielt Medienpräsenz für eine unabdingbare Voraussetzung, um Akzeptanz zu erlangen. Und mit dieser Strategie hatte er Erfolg. Das Bureau wurde zur ersten Adresse für Meldungen über Piratenangriffe und zur Anlaufstelle für alle, die Rat und Hilfe suchten. Eric Ellen trat 1999 in den Ruhestand und betätigt sich seitdem als freier Berater. Sein Nachfolger, Captain Pottengal Mukundan, ist im Unterschied zu ihm lange zur See gefahren und hat dabei jene praktische Erfahrung gesammelt, die seinem Chef fehlte. Nun, da das IMB etabliert ist, kann es unter Captain Mukundan diskreter arbeiten. «Das Bureau diskutiert auf höchster Ebene über jede größere Initiative in der Schifffahrt», berichtet Mukundan. «Es war eine von Erics großen Leistungen, dass man uns Respekt gezollt hat. Heute buhlen wir nicht mehr um Aufmerksamkeit. Wir arbeiten hinter den Kulissen, fungieren als Vermittler – bringen etwa Vertreter aus zwei verschiedenen Ländern an einen Tisch, damit sie gemeinsam gegen Kriminelle vorgehen.»

Das Buch Als Eric Ellen dem Verlag empfahl, mich dieses Buch schreiben zu lassen, war ich sehr aufgeregt. Ich bin zwar juristisch vorbelastet, da ich in London als Anwalt gearbeitet habe, doch ich bin kein Fachmann für Seerecht. Mein Interesse an der Kriminalität auf See war 1979 erwacht, als ich für meinen Roman *Undercurrent* recherchierte, in dem es um Hochseekriminalität geht. Meine Nachforschungen führten mich 1980 zu Eric Ellen, der damals, zur Zeit des *Salem*-Betrugs, dem das erste Kapitel dieses Buchs gewidmet ist, erstmals im Rampenlicht stand. In einer Vielzahl von Gesprächen hat Ellen mich an seinen detaillierten Kenntnissen, seinem brisanten Insider-Wissen und seinen packenden Erlebnissen teilhaben lassen. Er selbst erläutert seine Motivation so: «Ich habe mich dazu entschlossen, nach Kräften an diesem Buch mitzuarbeiten. Es wird vielen zum Bewusstsein bringen, was da auf den Meeren vor sich geht. Es wird Zeit, dass wir uns an einen anderen und breiteren Kreis wenden, den die Schifffahrt zu selten erreicht. Wenn ich Einblick gewähre in die Art und Weise, wie einige der dramatischsten Kriminalfälle der letzten 20 Jahre gehandhabt wurden, dann in der Hoffnung, mehr Leser davon zu überzeugen, dass die Politiker endlich etwas gegen die Welle von Gewaltverbrechen auf hoher See und in Häfen unternehmen müssen.» Eric Ellens Mitwirkung war für meine Arbeit ungemein wichtig. Er spricht über die Bemühungen, der unerbittlichen Macht des organisierten Verbrechens entgegenzuwirken, und über die Enttäuschungen, die dieser Kampf mit sich bringt. Und er weiß besser als die meisten, wie schwierig es ist, Regierungen zum Handeln zu bewegen. Die meisten Verbrechen auf See könnten durch koordinierte staatliche Maßnahmen verhindert werden.

Wir haben in diesem Buch hier und dort einen Namen geändert, und bestimmte Namen haben wir ganz weggelassen, da das Bureau gegen die betreffenden Personen zu wenig in der Hand hat oder weil es wirklich sehr gefährlich wäre, sie öffentlich zu nennen. Doch Institutionen wie dem FBI, Scotland Yard, Interpol und dem IMB sind die Namen bekannt. Und eines Tages, wenn die Öffentlichkeit sich ausreichend kümmert und Druck ausübt, werden sich die Regierungen endlich zum Handeln genötigt sehen. Sie werden ausreichende Mittel zur Verfügung stellen, damit den Dunkelmännern der Prozess gemacht werden kann. «Wer dem Boss eines Gangstersyndikats das Handwerk legen will, braucht einen langen Atem», erklärte Ellen. «Die Identität dieser Leute ist keineswegs unbekannt. Ich habe mehrere Bosse von Triaden und Verbrechersyndikaten kennen gelernt. Sie leben unter dem Deckmantel der Ehrbarkeit, als vermeintliche Stützen der Gesellschaft. Und mehr noch: Sie wissen, dass ich ganz genau weiß, wer sie sind! Einige haben sogar Schifffahrtskonferenzen über *Vorbeugende Verbrechensbekämpfung auf See* besucht! Aber ohne die Mithilfe von Angehörigen ihrer Syndikate, die ihr Leben aufs Spiel setzen, um dem Anführer ein Bein zu stellen, wird man sie niemals vor Gericht bringen können. Bis es so weit ist, kann es jederzeit passieren, dass ich am Rednerpult stehe und im Publikum einen Gangsterboss entdecke, der von mir hören will, wie wir die Verbrechen zu verhindern gedenken, die er gerade plant.»

Vorboten eines Jahrhundertverbrechens So wie das Rätsel um die *Salem* für Eric Ellen und sein Projekt ein Sprungbrett war, so hat dieser Fall auch mein Leben beeinflusst. Ohne die Vorfälle von damals würde ich heute nie und nimmer dieses Buch schreiben. Es war im Januar 1980. Ich war in Dakar angekommen, einer bedeutenden und lärmenden Hafenstadt an der westafrikanischen Küste. Im Senegal gingen mir die Augen über. Die ehemalige französische Kolonie war voll von Pariser Chic und Eleganz, im scharfen Kontrast zu den schmutzigen Elendsquartieren ringsum. Noch im November war Dakar für mich bloß ein Name auf der Landkarte gewesen, eine Stadt, die zu besuchen mir nie in den Sinn gekommen wäre. Jetzt stand ich auf dem Balkon meines Hotelzimmers und blickte über den riesigen, hufeisenförmigen Hafen. Über 30 Schiffe wurden be- oder entladen, liefen ein oder aus. Auf dem spiegelglatten Wasser, das in der afrikanischen Sonne glitzerte, wimmelte es zudem von kleineren Booten. Auf dem Platz der Unabhängigkeit strömten Fußgänger zwischen den verbeulten Taxis zu den Märkten, wo auf alten Teppichen exotische Früchte ausgelegt waren. Straßenhändler boten Rolex-Imitate und Zigaretten feil. Die Nachmittagssonne brannte auf mich herunter, und ich fühlte mich gut. Ich wusste, ich hatte eine großartige Kulisse für meinen neuen Roman gefunden.

Ein Gespräch mit Londoner Schiffsmaklern hatte mich auf die Idee gebracht. Ich hatte für das Buch recherchiert, und beim Lunch hatte ich die beiden Makler nach interessanten und einschlägigen Schauplätzen für einen spektakulären Schiffsbetrug gefragt. Schon damals, im November 1979, lenkten sie meine Aufmerksamkeit auf das Piratenunwesen, das betrügerische Versenken von Schiffen und die kriminellen Geschäfte mit Phantomschiffen in Südostasien und in der Straße von Malakka. Zu dieser

Zeit liefen die Nachforschungen des Far Eastern Regional Investigation Team (FERIT) auf Hochtouren. «Ein guter Platz, um ein Schiff zu versenken? Dafür eignet sich am besten der Atlantik. Direkt vor Dakar, Westafrika. Verdammt tief dort, rund 4000 Meter. Da sieht keiner nach. Sie müssen nur darauf achten, dass Sie die richtige Besatzung an Bord holen – Leute, die wissen, wie man ein Schiff versenkt, und die den Mund halten können. Wir könnten Ihnen ein, zwei Namen nennen. Griechen sind darauf spezialisiert. Kapitäne und Chefingenieure erledigen die Arbeit. Lassen Sie Pumpen rückwärts laufen. Öffnen Sie die Luken. Pumpen Sie das Seewasser rein statt raus, und es geht abwärts!» – «Und was für eine Art von Schiff schlagen Sie vor?» – «Ein großes. Wenn Sie einen Roman schreiben, wäre ein VLCC ideal. Ein Supertanker, wie Sie es nennen würden. Von der Sorte schippern viele die westafrikanische Küste rauf. Zu groß für den Suezkanal. Wenn sie vom Golf nach Rotterdam fahren, müssen sie jedes Mal ums Kap der Guten Hoffnung herum.»

Sechs Wochen später, als die Temperaturen, obwohl es Winter war, auf 33 Grad kletterten, suchte ich den Schiffsagenten von Lloyd's in Dakar auf. Sein nüchternes Büro in der Nähe der Hafentore war voll gestopft mit den neuesten Berichten über alles, was vor der westafrikanischen Küste schwamm. Er hält für die gesamte Branche die Augen und Ohren offen. Seine Berichte sind für Schiffsversicherer und Handel außerordentlich wichtig. «Nein», sagte er, «hier gab es keine verdächtige Havarie. Aber die Stelle ist günstig, rund hundert Meilen vor der Küste. Da draußen ist es tief.» Einen ähnlichen Bescheid erhielt ich von der Hafenbehörde in Dakar. Ich hatte einen idealen Schauplatz für meinen Roman. Jetzt musste ich mir nur noch eine Geschichte ausdenken.

Doch daraus wurde nichts. Keine zwei Wochen nach meiner

Rückkehr ins regnerische London wurde direkt vor Dakar ein Verbrechen verübt, das so dreist war, dass es wohl zu Recht als das Jahrhundertverbrechen auf hoher See bezeichnet worden ist. Die Realität hatte die Fiktion überholt. Als Einzelheiten ans Licht kamen, verschlang ich einen Bericht nach dem anderen. Aber bedauerlicherweise musste ich meinen Roman auf Eis legen. Keine Fiktion konnte es mit den wirklichen Ereignissen aufnehmen. Die wahre Geschichte der *Salem,* die noch immer nicht ganz geklärt ist, hatte meinen ursprünglichen Plot sterben lassen. Erst über zehn Jahre später wurde *Undercurrent* geschrieben und veröffentlicht, mit stark veränderter Handlung. Westafrika spielt darin noch immer eine Hauptrolle, ebenso die Straße von Malakka.

In ruhigen Augenblicken frage ich mich heute, was der Agent von Lloyd's und die Hafenbehörden in Dakar wohl über den Mann aus London dachten, der sie gefragt hatte, ob in letzter Zeit irgendwo ein Schiff versenkt worden sei. Ob sie wohl zu dem Schluss kamen, ich sei in die Sache verwickelt und hätte gewusst, was passieren würde? Und die beiden Schiffsmakler, mit denen ich mich im Boot and Flogger zum Lunch getroffen hatte? Waren ihnen, als sie mir so bereitwillig Auskunft gaben, bereits Gerüchte über einen bevorstehenden Riesencoup zu Ohren gekommen? Als Wahrsager hätten sie jedenfalls ein Vermögen machen können. Sie hatten den Schauplatz, den Schiffstyp und die Hauptakteure eines Jahrhundertverbrechens vorausgesagt.

KAPITEL 1

Der Jahrhundertbetrug

Was mit der *Salem* geschah

Piräus, Griechenland, 1979 In Piräus, dem Hafen von Athen, herrscht immer geschäftiges Treiben. Ob Bulkcarrier beladen werden oder Passagiere von Kreuzfahrtschiffen strömen, überall pulsiert das Leben. Griechenland und Piräus haben vom Mittelmeer aus bei der Kriminalität in der Schifffahrt stets eine maßgebliche Rolle gespielt. Die Griechen sind ein altes Seefahrervolk, was angesichts der vielen kleinen Inseln in der Ägäis und im Ionischen Meer nicht verwunderlich ist. Heute befindet sich ein Viertel aller Schiffe dieser Welt in griechischem Besitz. Sie mögen von London, New York oder dem heimatlichen Piräus aus gemanagt werden, in Panama, Honduras oder Zypern registriert sein, die Eigner sind unstrittig Griechen.

In Piräus wurde 1979 der größte, dreisteste und raffinierteste Schwindel in der Schifffahrt des 20. Jahrhunderts ausgeheckt. Das Schiff, um das es dabei ging, war der Supertanker *Salem*. Die Zahl der Betrogenen war groß, der Schaden immens. Die Wahrheit wird wohl nie ganz ans Licht kommen, zu schlau waren die Täter, zu widersprüchlich das Geschehen und die Erklärungsversuche. Es wäre verlockend, in dieser Chronik von Handlung und Nebenhandlung, von Schwindel und doppeltem Spiel einfach nur zusammenzufassen, was geplant war. Aber es erscheint besser, das hochdramatische Geschehen sich entfalten zu lassen wie eine Schiffsflagge in einer sanften Brise. Zug um Zug ersannen die Verschwörer einen Plan, der so raffiniert war, dass 20 Jahre später noch immer auf Widersprüche stößt, wer nach Fakten sucht. Wenn den Drahtziehern, die im Übrigen ungestraft davonkamen, der totale Triumph auch versagt blieb, mit den gestohlenen Millionen dürften sie sich hinreichend getröstet haben.

Die meisten bedeutenden Reeder der Neuzeit waren Griechen. Reichtum, Frauen und Liebe zur Macht beschworen klassische Rivalitäten herauf, insbesondere zwischen Stavros Niarchos und Aristoteles Onassis. Obwohl sie vorübergehend sogar verschwägert waren, lieferte ihr Ringen um die Vorherrschaft auf den Weltmeeren immer wieder Stoff für die Klatschspalten. Onassis und Niarchos leben nicht mehr, und mit ihrem Tod ist eine schillernde Ära der Intrigen, Sexskandale und wilden Partys zu Ende gegangen. Sagenhaft reiche und mächtige Dynastien wie ihre entstanden rund um Piräus und auf den kleinen griechischen Inseln. Das Eiland Chios, ganze zwölf Quadratkilometer groß, brachte Tycoons wie die Pateras, die Laemos und die Hadjipateros hervor, die, wenn auch vielleicht nicht so bekannt, doch über beträchtlichen Einfluss verfügen. Und auf Inseln wie Andros, Kassos und Ithaca haben über hundert Familien ihre Wurzeln, die der griechischen Schifffahrt zu ihrer heutigen Größe verholfen haben.

Zu dem Lebensstil, den die Mächtigsten wie Onassis pflegten, gehörte ständiges Reisen. Weilten sie nicht zu Hause auf ihren streng bewachten Privatinseln, wenige Flugminuten vom Festland entfernt, dann vielleicht auf ihren Yachten – die allerdings eher schwimmende Paläste waren als Segelboote, auf denen die Crew den Kopf einzieht, wenn in einer steifen Brise der Baum herüberschwingt! Die Luxusyachten, mit denen Aristoteles Onassis durch diese blauen Gewässer schipperte, waren so groß wie Kreuzfahrtschiffe und verfügten über Hubschrauberlandeplätze für Spätankömmlinge. Eine besondere Attraktion auf der Onassis-Yacht waren die Barhocker, die mit der Vorhaut von Walen bezogen waren. In den Kabinen wurden Champagnerkübel mit Eis gefüllt. Beluga-Kaviar war die Regel. In dieser berauschenden, beinahe irrealen Welt des unbegrenzten Reichtums genossen amerikanische Präsidenten wie John F. Kennedy und Richard Nixon das Leben im großen Stil. Hollywood-Stars wie Marilyn Monroe, Frank Sinatra, Elizabeth Taylor und Grace Kelly, die spätere Gracia Patricia, ließen sich an Bord verwöhnen. Letztere und Fürst Rainier von Monaco feierten ihre Hochzeit auf der Onassis-Yacht. Jacqueline Kennedy lernte Onassis durch ihren verstorbenen Mann, John F. Kennedy, kennen und heiratete ihn später.

Im Jahr 1979 herrschten Onassis und Niarchos über die größten griechischen Schiffsimperien. Onassis spezialisierte sich auf den Tankermarkt. Auch andere erwarben mit ihren Flotten riesige Vermögen, doch mit Onassis und Niarchos konnte sich keiner messen. Griechenland, ein Land mit zehn Millionen Einwohnern und bescheidenem Bruttosozialprodukt, unterhielt eine größere Handelsflotte als die USA, Japan oder Großbritannien. Zwar hat insbesondere auch Hongkong mächtige Schiffsmagnaten hervorgebracht, doch Griechenland hat seine Schlüsselstellung stets behauptet. Und wenn man bedenkt, wie viele Versicherer, Schiffsmakler, Agenten und Eigner sich in Piräus tummelten, ist es kaum verwunderlich, dass auch einige Gauner und Kriminelle darunter waren.

In Hafenkneipen, kleinen Fischrestaurants oder mit Chrom und Rauchglas ausgestatteten Kabinen auf Luxusyachten wurde so manches gemauschelt und ausgeheckt. Wenn ein Schiff nur noch Kosten verursachte und keinen Gewinn mehr einfuhr, dann konnte es heimlich versenkt werden. *Versenken und die Rechnung nach London zu Lloyd's schicken. Soll die Versicherung zahlen. Dafür ist sie ja da.*

Crews, die sich darauf verstanden, gab es zuhauf – erfahrene Seeleute, die ein Schiff so versenken konnten, dass keine verräterischen Spuren zurückblieben, vergleichbar den nicht unwillkommenen Bränden in griechisch-zypriotischen Textilfabriken im Norden Londons. Seeleute sind keine Großverdiener, aber eine riskante Fahrt auf einem Kahn, der nie ans Ziel kommen soll, wird großzügig honoriert.

Das Risiko, dass der Schwindel auffliegen könnte, wurde von den Eignern als gering eingestuft. Die Seeversicherer von Lloyd's in London stellten meist nur oberflächliche Nachforschungen an. Sie mochten einen Verdacht haben, aber ein Verdacht allein genügte nicht. Ohne handfeste Beweise konnten sie keinen Police-Inhaber des Betrugs bezichtigen. Daher machte ein Schiffseigner einen unrentablen Seelenverkäufer zu Geld, indem er ihn in tiefen Gewässern versenkte. Auch die Schifffahrt ist konjunkturabhängig. Solange der Warentransport zur See profitabel ist, versenkt kein Eigner sein Schiff: Die gesamte Flotte fährt Gewinn ein. Wenn der Welthandel aber lahmt, sind die Schiffe nicht ausgelastet und sinken im Wert – sie werden schwer verkäuflich und teuer im Unterhalt. In den Siebzigern gab es einige magere Jahre, und die Entsorgung von Schiffen durch Versenken wurde ein ebenso beliebter wie einträglicher Zeitvertreib.

So wie mit der Boeing 747 eine neue Ära in der Luftfahrt begann, so stellte die Inbetriebnahme des ersten VLCC-Tankers einen Wendepunkt in der Schifffahrt dar. Diese *Very Large Crude Carriers* hatten eine Tragfähigkeit von 200 000 bis 350 000 Tonnen, verblassten aber neben den ULCC-Tankern, den *Ultra Large Crude Carriers*. Der größte war die gewaltige *Seawise Giant* des legendären Hongkonger Reeders C.Y. Tung mit einer Tragfähigkeit von über 500 000 Tonnen. In der Öffentlichkeit bekam die Boeing 747 den Namen *Jumbojet*, und die Ölriesen wurden zu *Supertankern*.

Erfahrung im Versenken von rostenden Frachtern, alten Fähren und selbst von Containerschiffen war vorhanden, aber noch hatte niemand versucht, einen Supertanker absaufen zu lassen. Allein schon die Größe war eine Herausforderung. Die Kühnheit eines solchen Unternehmens und seine sagenhaften finanziellen Perspektiven beflügelten die kriminelle Phantasie.

Matrosen, die am Kai von Piräus Ouzo trinken, sich im Fernsehen ein Fußballspiel ansehen oder den Frauen nachschauen, sind wie Taxis, die auf Kundschaft warten. Sie haben nichts zu tun, bis jemand sie anheuert – sei es, um eine legale Fracht nach Harwich zu bringen oder eine Fahrt nach Nirgendwo anzutreten. Dieser Jemand ist der Agent. Auch dieser Agent hat nichts zu tun, bis er von einem anderen einen Auftrag erhält. Das kann ein Schiffseigner oder ein Charterer sein, der eine Crew braucht, um ein Schiff von Triest nach Belfast oder von Piräus nach Le Havre zu bringen. In Piräus wimmelt es von Agenten, die auf den Auftrag warten, eine Besatzung zusammenzustellen.

Will der Eigner eine Crew von Schiffeversenkern, weiß er, wen er anrufen muss. Doch wer genau der Eigner ist, bleibt im Dunkeln, und das macht die Sache attraktiv. Er kann sich hinter der schützenden Anonymität von Offshore-Firmen und obskuren Trusts verstecken. Diese Unternehmen haben nominelle Direktoren und Gesellschafter, und die Gesetze vor Ort garantieren, dass der wahre Besitzer anonym bleibt.

Die meisten Schiffe gehören renommierten Firmen wie P&O, Carnival oder Evergreen. Alles ist transparent, und die Schiffe sind in den Bilanzen ausgewiesen, die bei den Jahreshauptversammlungen vorgelegt werden. Am anderen Ende des Spektrums finden wir Einzelpersonen, die nur ein Schiff besitzen oder mehrere, die aber jeweils in einer anderen Offshore-Firma versteckt sind. Eine Firma, ein Schiff. Wie die Geheimdienste schon vor dem 11. September 2001 wussten und mittlerweile auch der Öffentlichkeit bekannt ist, besaß Osama Bin Ladens Terrornetz Al Qaida über 20 Schiffe. Der wahre Eigentümer blieb den Blicken verborgen. Heimlichtuerische Firmen und verschwiegene Anwälte verschleiern die Besitzverhältnisse. Wie CIA und FBI den Schleier in diesem Fall lüfteten, ist nicht bekannt.

1979 war es noch weit einfacher, solche Dinge zu verbergen. Obwohl Geldwäsche damals überhand nahm, fehlten strenge Gesetze zu ihrer Bekämpfung. Es vergingen weitere zehn Jahre, ehe das Klima sich zu ändern begann. Und seit dem 11. September scheinen die Tage der Offshore-Anonymität gezählt, denn allerorten gehen Staaten gegen undurchsichtige Firmen vor, die eine fremde Gerichtsbarkeit zur Geldwäsche nutzen. Aber 1979 gab es noch keine unverschämten Bankangestellten, die nach Pässen, Referenzen oder anderen Nachweisen fragten, ehe man ein Konto eröffnen konnte.

1979 blickten die Schifffahrt und die Versicherungsbranche auf ein schlechtes Jahrzehnt zurück. Die Weltwirtschaftslage änderte sich rapide. Rohstoffe waren jedoch weiterhin heiß begehrt, und einer davon war das Rohöl. Es kam zu einer Verknappung, zumindest schien eine gleich bleibende Versorgung nicht gesichert. Aus dem Öl wurde eine Wirtschaftswaffe. Die Produzenten aus den OPEC-Staaten waren sich ihrer Macht über die Konsumenten bewusst geworden. Man ließ die Muskeln spielen und die Preise klettern. Öl aus den Golfstaaten wechselte, noch während es im Schiff unterwegs war, bei Blitzgeschäften den Besitzer. Die Welt wurde ein riesiges Monopoly-Brett, auf dem Spekulanten nach der Devise «Billig einkaufen, teuer verkaufen» schnelles Geld verdienen konnten. Timing war alles. Wo ein Honigtopf ist, finden sich auch Bienen. Nur ließen einige Bienen im Ölgeschäft den angeborenen Gemeinsinn dieses Insekts vermissen. Betrüger witterten die Chance, schnell reich zu werden.

In dieser Situation hatten einige wohlhabende griechische Geschäftsleute eine Idee, wie man leicht ein Vermögen machen konnte. Sie kannten den Tanker-Markt, die Händler und die potenziellen Käufer. Sie wussten, wie man Schiffe charterte, wie man Offshore-Firmen und das Schweizer Bankgeheimnis zum eigenen Vorteil nutzte. In den Augen der Verschwörer in Piräus erschienen die Risiken klein und die Profitaussichten gigantisch. Aber der Plan, mindestens 50 Millionen Dollar (Hunderte von Millionen nach heutigem Wert) zu stehlen, war nichts für Anfänger. Es ist kaum vorstellbar, dass ein anderer als ein Insider aus Piräus – vermutlich ein Eigner – ein Komplott wie das um den Tanker *Salem* geschmiedet haben soll.

Der Kopf Hinter dem Coup steckten mit ziemlicher Sicherheit Griechen, und bestimmt nicht nur einer. Der Plan erforderte die Mitwirkung von drei oder vier einflussreichen Leuten, die in Piräus bekannt waren. Jeder muss in einen entscheidenden Aspekt eingeweiht gewesen sein, um die Sache nach allen Seiten abzusichern. Zeugenaussagen zufolge soll jeder 250 000 Dollar zur Finanzierung des Unternehmens beigesteuert haben. Der Strohmann jedoch, den man wohl besser als Sündenbock bezeichnet, war Amerikaner.

Auftritt Fred Soudan: charmant, nicht dumm, aber naiv und unerfahren in der Schifffahrt. Zwar musste er am Ende den Kopf hinhalten wie einst Lee Harvey Oswald, doch er besaß nicht die nötige Erfahrung für ein solches Komplott. Denn auf die Beziehungen kam es an: Man musste wissen, mit wem man sich wo treffen musste und wer für krumme Geschäfte zu haben war, man musste wissen, wie und wo man Schiffe samt Ladung kaufen und verkaufen konnte.

Soudan, amerikanischer Staatsbürger mit mediterraner Vorgeschichte, war 1943 im Libanon geboren worden, einem Land, das nach Jahren kriegerischer Auseinandersetzungen und innerer Zerrissenheit heute mühsam zur Normalität zurückfindet. 1979 lebte er in der Nähe von Houston in Texas, einer Stadt, deren Name für die Ölbranche steht. Doch das war nicht Soudans Welt. In den siebziger Jahren verkaufte er Lebensversicherungen. Er war mit einer attraktiven Lateinamerikanerin verheiratet und wollte mit seinen 36 Jahren noch einmal sein Glück versuchen. Gut gebaut, hätte er mit seinem scharf geschnittenen Kinn und seinen vollen Lippen in Hollywood seine Wirkung nicht verfehlt. Er hätte George Clooney als Leinwandidol Konkurrenz machen können.

Er war kein vermögender Mann. Aber ist er wirklich eines Morgens aufgewacht und hat seiner verdutzten Frau verkündet: *Ich habe heute keine Lust, Versicherungen zu verkaufen. Ich glaube, ich kaufe mir lieber ein Schiff, einen Supertanker für, sagen wir mal, zwölf Millionen Dollar, fülle ihn mit Öl, verhökere die Ladung und versenke ihn dann?* Das klingt ziemlich unwahrscheinlich. Welche kriminellen Energien er auch haben mochte, und er hatte welche, keine Frage, ihm fehlten einfach die nötigen Voraussetzungen, nämlich lebenslange Erfahrung mit der Frachtschifffahrt. Später, als in dem Fall ermittelt wurde, fanden sich überall Soudans Spuren, was ihm eine empfindlich hohe Haftstrafe einbrachte – darüber später mehr. Wenn er, wie die Medien damals behaupteten, der große Drahtzieher war, so hatte er es versäumt, sich zu schützen oder den Verdacht von sich abzulenken. Ganz im Gegenteil – alles schien auf ihn zu deuten. Aber Fred Soudan war nicht der große Drahtzieher. Im Unterschied zu anderen, deren Namen später bei den spektakulären Ermittlungen in mehreren Ländern genannt wurden – oder ganz im Dunkeln blieben –, gehörte er wohl nicht einmal zu den Hauptakteuren.

Zugegeben, er hatte in Jordanien, unweit der Golfstaaten, Versicherungsgeschäfte getätigt und könnte dort vom Boom im Ölhandel gehört oder gelesen haben. Aber das wäre eine dürftige Vorbereitung auf das Kommende gewesen. Ohne die maßgebliche Mitwirkung von Griechen, Männern mit Seefahrerblut in den Adern, wäre der Plan auf dem Papier geblieben. Es ist unwahrscheinlich, dass Soudan die Hintermänner jemals kennen gelernt hat. Dafür waren sie zu clever. Inwieweit er sich selbst für den eigentlichen Macher hielt, hat er niemals enthüllt.

1978 hatte Soudan eine Firma namens American Polomax International gegründet, mit der er auf den fahrenden Zug aufspringen und vom Ölboom profitieren wollte. Ihre Büroräume lagen am Bel Air Boulevard in Houston. Was ihn dazu veranlasste, ist unklar. Jedenfalls war es nicht seine Idee. Im Jahr darauf kaufte er eine liberianische Firma namens Oxford Shipping, und zwar von der Northern Ships Agency, einem New Yorker Unternehmen, das den beiden griechischstämmigen Amerikanern John Avgerinos und Andrew Triandafilou gehörte. Sie sollten später noch eine wichtige Rolle spielen. Soudan hatte bei der Suche nach einem Öltanker mit ihnen verhandelt. Doch mangels Kapital kam er für sie nicht ernsthaft als Käufer eines Supertankers infrage. Stattdessen verkauften sie ihm mit der Oxford Shipping eine Firma, die als Schiffseignerin fungieren konnte – sofern er es schaffte, einen zu kaufen.

Die Kontrolle über die Oxford Shipping ging auf die American Polomax über, und die neue Firma wurde Soudans privates Spielzeug.

Die beiden Verkäufer wussten, dass Soudan die Absicht hatte, eine Ladung Öl an Südafrika zu verkaufen. In den Jahren 1979 und 1980 litt der Apartheid-Staat unter den Wirtschaftssanktionen, die viele Länder gegen ihn verhängt hatten. Die OPEC-Länder durften offiziell kein Öl liefern. Dies bedeutete allerdings nicht, dass das Leben in dem Land jeden Komfort vermissen ließ. Wie alle anderen Waren und Rohstoffe gelangte auch Öl nach Südafrika. Und umgekehrt wurde beispielsweise auch Wein vom Kap heimlich nach Europa exportiert. Er wurde damals als Erzeugnis gewisser osteuropäischer Staaten etikettiert und verkauft. Die Ausfuhren dieser Staaten stiegen daraufhin, weil die Verbraucher für die überraschend guten Weine aus diesen kommunistischen Ländern schwärmten.

Das Ölembargo war für die südafrikanische Regierung mehr als ein Ärgernis, es war ein echtes Problem, wenn auch kein unüberwindliches. Denn das Embargo wurde von Schiffen gebrochen, die heimlich Rohöl nach Durban im Südosten des Landes lieferten. Ärgerlich blieb, dass die Händler Südafrikas Zwangslage ausnutzten und, höflich ausgedrückt, eine Prämie auf die marktüblichen Preise schlugen. Im Klartext: Die Lieferanten erpressten den unter Druck geratenen Käufer und machten auf seine Kosten einen glänzenden Schnitt. Die südafrikanische Regierung war über die illegalen Importe und Exporte genau im Bilde. Einzelheiten interessierten sie dabei nicht – der Zweck heiligte die Mittel. Tatsächlich verabschiedete sie ein einschüchterndes Gesetz, wonach der gesamte Handel mit dem Ausland der Geheimhaltung unterlag, sodass über Verstöße gegen das Embargo in den Medien nicht berichtet werden durfte.

Soudan hatte die Verkäufer der Oxford Shipping in seinen Plan, das Embargo zu brechen, eingeweiht. Ihm war keine andere Wahl geblieben, denn bei seinen begrenzten Mitteln stellte schon der Kauf der Firma ein Problem dar. Als gute Geschäftsleute handelten die beiden einen hohen Preis für ein Unternehmen aus, das in Wirklichkeit nur eine wertlose Scheinfirma war und weder Aktiva noch Passiva vorweisen konnte. Da sie aber wussten, dass Soudan ein lukratives Geschäft plante, wollten sie auch dabei sein.

Unter den Klauseln 3 und 14 des Kaufvertrags wurde Soudan ein Zahlungsaufschub gewährt, da er die in solchen Fällen übliche Vorauszahlung nicht leisten konnte. So wie die Dinge sich entwickelten, kam diesen Klauseln entscheidende Bedeutung zu. Die Zahlung sollte unmittelbar nach dem Verkauf des Öls (das er noch gar nicht hatte) an Südafrika erfolgen, also am oder um den 27. Dezember 1979. Ging das Ölgeschäft wie geplant über die Bühne, wurden 300 000 Dollar fällig, und die 500 Aktien der Oxford Shipping sollten auf ihn umgeschrieben werden. Platzte das Geschäft, bekam er die Firma für nur 25 000 Dollar. Laut Vertrag sollten die Anwälte der Northern Ships Agency die Aktien vorläufig in Verwahrung nehmen. «Unter Freunden» hätte man eine Klausel, die eine Zahlung von einer Lieferung an Südafrika abhängig machte, niemals schriftlich fixiert, geschweige denn in einen Vertrag aufgenommen. Offensichtlich war man nicht befreundet oder traute einander nicht. Und später, als die Dinge aus dem Ruder liefen, sollte die Klausel für Soudan zum Fallstrick werden.

Bekanntschaften Die nun folgende Chronologie der Ereignisse stützt sich auf widersprüchliche Versionen des Hergangs. Ein ganzes Orchester spielt dieselbe Melodie, doch in Abwesenheit eines Dirigenten kommt es zu Misstönen. Zu viele Interessengruppen – Beteiligte, Regierungen, Ölfirmen, Spediteure, ihre Agenten oder die Crew – warten mit einer eigenen Darstellung auf, als dass wir über jedes Detail sicher sein könnten. Viel ist ans Licht gekommen, doch die Hintermänner und ihre Geheimnisse sind im Dunkeln geblieben. Objektive und subjektive Wahrheit verschwimmen. Die Geschichte wurde immer, wenn eine neue Spur entdeckt wurde, wieder umgeschrieben. Nicht einmal die Beweise, die Staatsanwälte verschiedener Länder später vorlegten, ergeben ein einheitliches Bild.

Ein Versicherungsvertreter aus Houston mochte von dem Handelsembargo gegen Südafrika gewusst haben. Dass er aber wusste, wie man heimlich Öl in das Land liefert, ist unwahrscheinlich. Jemand muss ihn darauf gebracht haben. Und einer, der die Ölbranche kannte, war der Niederländer Anton Reidel. Er saß in Rotterdam, dem größten europäischen Umschlagplatz für Öl aus der Golfregion, und hatte lange am Rande mit der Schifffahrt zu tun gehabt. Ein gesetzter Mittvierziger, höflich, elegant gekleidet, ein Mann, der Respekt abnötigte. Er galt zwar als Makler, hatte aber, soweit bekannt, keine Kontakte zum Ölhandel. Allerdings könnte er in den Kreisen, in denen er verkehrte, ohne weiteres aufgeschnappt haben, dass mit Ölverkäufen an Südafrika leicht verdientes Geld zu machen war.

Reidel handelte hauptsächlich mit Zigaretten, Alkohol sowie zollfreien Waren und stand bei den niederländischen Behörden im Verdacht, Geschäfte am Rande der Legalität zu betreiben. Behauptungen, er sei in Neapel wegen Schmuggels verurteilt worden, waren nicht zu beweisen. Als intelligenter Mann, der sich mehr oder weniger ehrlich durchs Leben schlug, spielte Reidel eine wichtige Rolle bei dem groß angelegten Schwindel. Ob er die Hintermänner kannte, bleibt ungeklärt.

Soudan machte Reidels Bekanntschaft, aber unter welchen Umständen, ist ebenfalls unklar. Wie kommt es zu der Begegnung zwischen einem Versicherungsvertreter aus Houston und einem Zigarettenhändler aus Rotterdam, die beide schnell reich werden wollen? Hat sie jemand zusammengebracht? Der Gedanke liegt nahe. Aber wer?

Jemand muss Soudan auf die Idee gebracht haben, die für einen Mann wie ihn ungewöhnlich war. Reidel wusste genug, um dem Amerikaner libanesischer Herkunft von den riesigen Summen vorzuschwärmen, die man mit Öllieferungen an Südafrika verdienen konnte, ohne sich strafbar zu machen. Jedenfalls erwarb Soudan nach dem Gespräch mit dem Holländer die Firma Oxford Shipping, sozusagen für alle Fälle. Zu diesem Zeitpunkt konnte der finanziell klamme Soudan von einem Ölgeschäft bestenfalls träumen, und doch handelte er für den Kauf der Firma, wie oben erwähnt, zwei alternative Preise aus.

Im Oktober 1979 flog Soudan nach Südafrika und traf sich mit zwei Leuten, die Reidel, der in der südafrikanischen Ölbranche Türen öffnen konnte, anscheinend bereits kannte. Einer der beiden war Jim Shorrock. Einer anderen Version zufolge traf sich Soudan in Südafrika zunächst mit einem britischen Handelsvertreter namens John Day. Der Brite soll ihn mit einem Pariser Kaufmann bekannt gemacht haben, und der wiederum brachte ihn angeblich mit dem südafrikanischen Rohstoffhändler Jim Shorrock zusammen.

Wer immer das Treffen arrangiert hatte, jedenfalls rief Shorrocks Frau den Rohölmanager der Strategic Fuel Fund Limited (SFF) an, einer Handelsagentur, die im Auftrag des südafrikanischen Staates Öl kaufte und dabei vor der schwierigen Aufgabe stand, das Ölembargo zu unterlaufen. In gutem Glauben teilte sie ihm mit, dass Soudan lieferbares Öl besitze. Soudan hatte Jim Shorrock und dessen Landsmann Jack Austin vorgeschwindelt, er sei in der Ölbranche tätig. Er besitze eine Ölraffinerie in den USA und besitze oder habe Zugriff auf Millionen von Barrel Öl aus der Golfregion. Nach dem Motto: Wenn schon lügen, dann richtig! Jahre später witzelte der gegen Soudan ermittelnde Staatsanwalt aus dem amerikanischen Justizministerium: «Das einzige Öl, das er besaß, befand sich im Motor seines Wagens!»

Die Tür zu einem Öldeal war aufgestoßen. Shorrock und seine Frau hatten ihr Teil dazu getan. Jetzt war Fred Soudan am Zug. Er besaß kein Öl, kein Schiff, kein Geld und keine Raffinerie. Doch er hatte ein Publikum, das er mit seinen Lügen einwickeln konnte. Um Millionär zu werden, und nichts wünschte er sich mehr, brauchte er nur mit der SFF ins Geschäft zu kommen. Für den 15. Oktober wurde ein Treffen in den Büros der SFF im südafrikanischen Sasolburg vereinbart.

Der verschuldete Soudan, der auf Pump nach Südafrika flog, stellte sich selbstverständlich als vermögender Mann vor, und nicht als einer, der über seine Verhältnisse lebte. Die Geschichten, die er auftischte, müssen sehr überzeugend geklungen haben. Bei der Unterredung mit Spitzen der Agentur wie Fanie Naude und Jan Bredekamp gab er vor, sechs lieferbare Schiffsladungen Rohöl zu besitzen – eine interessante Zahl, wie wir später noch sehen werden.

Die SFF sonnte sich in dem Ruf, so etwas wie CIA, FBI und KGB in einem zu sein. Die Standarduniform bestand in einem khakifarbenen Safarianzug mit kurzen Hosen, Kamm in der linken Socke, einer Reihe von Kulis in der Brusttasche. In souveräner Manier, wobei ihm sicher seine wohlweislich verschwiegene Erfahrung als Vertreter zugute kam, beglückte er die Bosse mit Einzelheiten über die Dallas-Fort Worth Oil Corporation (die selbstverständlich sein Eigen war) und eine zweite Raffinerie, die er angeblich in Louisiana besaß. Dummerweise, so eröffnete er ihnen, habe er für seine Raffinerien zu viel Öl gekauft – und sei somit in der glücklichen Lage, ihnen den Überschuss anzubieten, lieferbar in sechs Schiffsladungen zu jeweils 200 000 Tonnen. Von jeder Ladung wolle er zehn Prozent behalten und damit seine Raffinerien beliefern, um zu vertuschen, dass 90 Prozent nach Südafrika gingen.

Soudan saß im Konferenzsaal der SFF und erzählte seinen Gesprächspartnern, wie reich er sei und dass er dennoch ihr Geld brauche, um sich ein Schiff zu kaufen. In seinem eleganten maßgeschneiderten Anzug samt schniekem Hemd und Krawatte hatte er fraglos etwas von einem Ölbaron. Aber wieso konnte er sich dann nicht wenigstens ein oder zwei Schiffe leisten?

Soudan war auf die Frage gefasst. *Mein Geld ist fest in Öl angelegt. Und ausgerechnet jetzt hat mein Tanker einen Maschinenschaden. Ich möchte sicherstellen, dass ich pünktlich liefern kann.*

Eine Vorauszahlung wäre Soudan sehr gelegen gekommen. Dann hätte er das Geld für das Schiff. Aber sein Ansinnen war völlig unrealistisch. Die Südafrikaner lehnten denn auch dankend ab, trotz seiner Überredungskünste. Nach langer Diskussion fand man aber eine andere Lösung. Naude und Bredenkamp erboten sich, für die erste Lieferung ein Akkreditiv auszustellen. Der Betrag war nach Lieferung des Öls auszuzahlen. In diesem Moment muss Soudan das Herz im Leib gehüpft sein. Ein Akkreditiv war zwar nicht so gut wie Bargeld, aber ein solcher Kreditbrief von der SFF machte ihn kreditwürdig in den Augen einer lokalen Bank, die über seinen Wunsch, zwölf Millionen Dollar zu leihen, sonst nur müde gelächelt hätte. Die Lieferung von 200 000 Tonnen Öl an einen Kunden, der erstklassige Aktien hielt, war eine gute Referenz. Soudan war fast am Ziel.

Am nächsten Tag ging er zusammen mit Austin und Shorrock zur MercaBank in Johannesburg und lieh sich 12,3 Millionen Dollar für den Kauf eines Schiffes und einer ausreichenden Menge Treibstoff. Die Rückzahlung sollte direkt durch die SFF erfolgen, und zwar mit Geld, das sie ihm für das Öl schuldete, das um den 27. Dezember in Durban angeliefert werden sollte. Diese Zahlungsgarantie war entscheidend. In dem Vertrag, den Soudan mit der Bank aushandelte, erscheint auch Reidels Name als Zeichnungsberechtigter. Zugleich kühlte sich in der Zeit, in der Soudan mit seinen Überredungskünsten den Grundstein für den Millionendeal legte, das Verhältnis zwischen den beiden ab. Möglicherweise war Reidel nicht wohl dabei, dass der Versicherungsvertreter so im Mittelpunkt stand, vielleicht fühlte er sich an den Rand gedrängt.

Der Preis für ein Barrel Öl betrug 34,70 Dollar, sodass sich das Gesamtvolumen des Geschäfts auf 43,4 Millionen Dollar belief. Die Südafrikaner müssen über den Preis gejubelt haben. Er lag unter dem aktuellen Spotmarktpreis! Die Ölbranche, für die Erfolgreichen höchst profitabel, bringt knallharte Geschäftsleute hervor, und die SFF bezahlte gewöhnlich *mehr* als den Spotmarktpreis, da sie den Anbietern ausgeliefert war. Doch Soudan bot ein echtes Schnäppchen an.

Schrillten da die Alarmglocken? Machte es die Südafrikaner

nicht stutzig, dass ein amerikanischer Tycoon Öl zum Schleuderpreis feilbot, und das unter recht merkwürdigen Begleitumständen? Offenbar nicht, denn sie zogen keinerlei Erkundigungen ein. Soudans Spekulation, dass sie ihn nicht überprüfen würden, ging auf! Offensichtlich kannten weder Naude noch Bredenkamp das im Vorwort erwähnte Gedicht Kiplings. Andererseits konnten es sich die Südafrikaner nicht erlauben, in der Wahl ihrer Geschäftspartner allzu wählerisch zu sein. Gesetzestreue Unternehmen und Personen hätten wegen des Embargos keine Geschäfte mit ihnen gemacht. Zweifellos sagten sie sich, dass Soudan bis zur Lieferung ja kein Geld bekommen würde. Sie gingen also kein Risiko ein – dachten sie zumindest an jenem Oktobertag.

Soudans Stippvisite in Südafrika war ein voller Erfolg. Er hatte einen lukrativen Vertrag über die Lieferung von 200 000 Tonnen Öl nach Durban in der Tasche, dazu einen ungedeckten Kredit zum Kauf eines Schiffes, für den die Südafrikaner bürgten. Als Nächstes stand der Kauf des Schiffes an. Bis zum Liefertermin am 27. Dezember blieb nicht mehr viel Zeit.

Die *Salem* Solange man einen Supertanker nicht aus nächster Nähe gesehen hat, macht man sich keine Vorstellung von seiner Größe. Der Tanker *Salem* hatte eine Tragfähigkeit von 214 000 Tonnen, war rund 300 Meter lang und 25 Meter hoch und konnte mit einer Geschwindigkeit von ungefähr 13 Knoten laufen. Er war 1969 im schwedischen Malmö gebaut worden. Sein Nachteil war, dass er von lediglich einer Dampfturbine angetrieben wurde, deren Kraft auf nur eine einzige Schraube übertragen wurde, was zusehends aus der Mode kam. Wartung und Betrieb verursachten zu hohe Kosten. Bei ihrer Inbetriebnahme 1969 verkörperte die *Sa-*

lem eindrucksvoll den Trend zu riesigen Schiffen für den Massentransport von Waren. Sie war 20-mal größer als die meisten Frachter, von denen in diesem Buch die Rede sein wird.

Sie hieß zunächst *Sea Sovereign*, wechselte 1977 jedoch den Besitzer und wurde in *South Sun* umbenannt. Der Käufer, die Firma Pimmerton Shipping, vermietete sie an den früheren Besitzer. 1979 beschlossen die Eigner, das Schiff zu verkaufen, vermutlich wegen der hohen Betriebskosten. Soudan mit seiner Oxford Shipping zeigte Interesse. Allerdings wollte er das Schiff zunächst nicht kaufen, sondern auf der Basis einer Bareboat-Charter mieten. Eine Bareboat-Charter lässt sich mit der langfristigen Pacht einer Immobilie vergleichen. Das Schiff bleibt im Besitz derselben Person oder Firma, wird vom Charterer aber so benutzt, als sei es sein eigenes. Der Eigner sieht sein Schiff unter Umständen erst nach 15 oder mehr Jahren wieder, wenn die Charter endet. Zudem trägt er keinerlei Verantwortung für das Schiff. Der Charterer muss für die Besatzung und alles Übrige selbst sorgen. Und er muss pünktlich die Charterraten zahlen, genau wie die Miete für ein Haus.

Niemand würde sein Haus ohne Zahlungsgarantien 20 Jahre lang einem Fremden überlassen. Man möchte mehr über den Interessenten, seinen Leumund und seine finanziellen Verhältnisse erfahren und sich rechtlich gegen jedes Risiko absichern. Pimmerton war von einem Bareboat-Chartervertrag mit einem Mann wie Soudan nicht angetan. Oxford Shipping hatte kein Kapital und konnte keine Sicherheiten bieten. Das Risiko war zu groß. Soudan war in Schifffahrtskreisen ein unbeschriebenes Blatt. Pimmerton lehnte ein Geschäft mit ihm oder Oxford Shipping ab, es sei denn, er entschloss sich zum Kauf. Die Strategie hatte Erfolg. Soudan brauchte unbedingt ein Schiff, und so kaufte Oxford Shipping die *South Sun* am 29. November 1979 für etwas mehr als zwölf Millionen Dollar. Die Zeit lief Soudan davon. Das Schiff musste beladen werden und am 27. Dezember in Durban sein. In diesem Augenblick betrat ein neuer Akteur die Bühne, der geheimnisvolle, aber einflussreiche Bert Stein.

Der große Unbekannte Wer war Bert Stein wirklich? Soudan behauptete später, er sei ihm niemals begegnet. Ob das nun stimmt oder nicht, die Oxford Shipping ließ sich jedenfalls durch die behauptete fehlende Vertrautheit nicht davon abhalten, mit Stein oder vielmehr seiner liberianischen Firma Shipomex einen Bareboat-Chartervertrag abzuschließen. Unterzeichnet wurde der Vertrag von Stein und einem gewissen Wahib Attar, einem Verwandten Soudans, der ihn als Anwalt vertrat. Auch Attar will Stein nie begegnet sein. Die Unterzeichnung fand nicht zur selben Zeit im selben Raum statt. Wie bereits erwähnt, hat ein solcher Vertrag für den Eigner Vor- und Nachteile. So hatte die Oxford Shipping keine direkte Kontrolle mehr über das Schiff, geriet aber in Bedrängnis, falls die monatlichen Charterraten ausblieben. Das Management übernahm Shipomex. Steins Firma würde die Crew anheuern. Es war also nicht Soudan, der das Schiff nach Durban dirigieren und das Embargo brechen würde. Hätte Stein die Beförderung der Ladung abgelehnt, so hätte Soudan ihn nicht zwingen können. Er hatte seine Rechte für 285 000 Dollar monatlich abgetreten. Aber natürlich wusste Stein, dass seine Firma das Öl nach Südafrika brachte.

Das Büro von Shipomex in Zürich war kaum mehr als ein Name an einer Tür und ein Fernschreiber. Zwischen Soudan und Stein muss eine direkte Verbindung bestanden haben, selbst wenn Soudan den Mann nicht kannte. Jemand hatte die beiden zusammengebracht. Der Chartervertrag zwischen ihnen war kein Zufall. Alles war im Voraus geplant. Shipomex übernahm das Schiff Ende November in Dubai, wo es vor Anker lag. Von diesem Moment an war Oxford Shipping für das Tun des Charterers rechtlich nicht verantwortlich. Oder anders ausgedrückt: Der Bareboat-Chartervertrag mit einem vermeintlich unabhängigen Unternehmen verschaffte der Firma einen juristischen Puffer. Sie distanzierte sich vom künftigen Geschehen um das Schiff.

Wenn Stein zu den Betrügern gehörte, und das tat er, wer war er und woher nahm er 285 000 Dollar pro Monat für die Charterrate? Bert Stein war nicht Bert Stein. So viel ist sicher. Sein Pass war gefälscht. Die britische und die griechische Polizei gingen später davon aus, dass es sich wahrscheinlich um einen Geschäftsmann aus Frankfurt namens Locks handelte. Der Betreffende selbst, ein Mann mit Brille und vollem blondem Haar, bestritt alle Vorwürfe, hatte aber Ähnlichkeit mit dem Foto in Steins Pass. In dem Züricher Gebäude, in dem die Firma ein Büro hatte, wurde später ein Foto von Locks herumgezeigt und als Bert Stein identifiziert. Andere vermuten, dass sich hinter Bert Stein nicht nur eine, sondern mehrere Personen verbargen, die unter diesem Namen verschiedene Funktionen erfüllten. Zeugen, die Stein begegnet waren, gaben unterschiedliche Beschreibungen der Person, die sie getroffen hatten. Dies könnte zweierlei bedeuten: Entweder sie hatten tatsächlich nicht denselben Mann getroffen, oder sie wollten die Verwirrung komplett machen. Ein griechisches Gericht verurteilte später einen Mann namens Thomas Jürgen Locks mit der Begründung, er sei Stein – allerdings in seiner Abwesenheit.

Stein brauchte eine Besatzung und schaltete einen Agenten in Piräus ein. Wer ihm Nikolaos Mitakis empfohlen hat, werden wir nie erfahren. Doch wie stets in dieser verwickelten Geschichte taten die Akteure genau das Richtige und tanzten an den Fäden, die andere in der Hand hielten. Einer dieser Puppenspieler hatte Mitakis ausgewählt. Und im Hinblick auf den geplanten Schwindel war es eine gute Wahl. Kapitän Nikolaos Mitakis betrieb eine Schiffsagentur namens Mitzinafir Navigation.

Der Agent Das Schiff, das noch *South Sun* hieß, bald aber in *Salem* umgetauft werden sollte, wurde jetzt von Shipomex gemanagt. Es brauchte eine Besatzung. Als wichtigem Akteur fiel Nikolaos Mitakis die Aufgabe zu, das Öl zu besorgen, einen Kaufinteressenten zu finden und eine Crew bereitzustellen. Dies alles tat er von seinem Büro aus, in dem viel Betrieb herrschte und überall Papiere verstreut lagen. Zumindest Mitakis muss einen der Puppenspieler gekannt haben – nämlich den, der ihn angeheuert hatte. Und das war weder Reidel noch Soudan. In Piräus und Kreisen der griechischen Seewirtschaft galt Mitakis – ein Mann mittleren Alters mit Glupschaugen, braun gebranntem Teint und noch fülligem silberweißem Haar, das er nach hinten kämmte – als Schlitzohr und Geschäftemacher. In einem Interview für die BBC-Fernsehsendung Panorama antwortete er ausweichend und präsentierte sich als schlechter Lügner. Mit seiner Liebe zur Seefahrt hatte er im Hafen von Piräus erfolgreich Karriere gemacht. Doch obwohl seine Firma auf den ersten Blick wie eine ganz normale Schiffsagentur wirkte, zeigten die Schiffe, mit denen er zu tun hatte, ganz offensichtlich die unheimliche Neigung, auf See zu verunglücken. Diesem Umstand verdankte er seine Einbindung in die kriminellen Machenschaften um die *Salem*.

Zwar nahm Stein seine Hilfe in Anspruch, um eine Crew zu finden, doch die Crew war längst angeheuert, als er und Shipomex den Chartervertrag für das Schiff unterschrieben. Ein anderer Akteur zog die Fäden, einer, der viel wichtiger war als Mitakis und Stein. Eine Zeit lang hatte sich der gerissene Grieche in der merkwürdigen Situation befunden, eine Besatzung, aber kein Schiff für sie zu haben. Von seiner Agentur aus, die auf den Kai von Piräus blickte, hatte er bereits ein Schiff ins Auge gefasst, doch der Handel war nicht zustande gekommen. Die Crew brannte bereits auf ihren Einsatz, als Stein Mitakis endlich melden konnte, dass er von der Oxford Shipping die *South Sun* gechartert hatte.

Kapitän Dimitrios Georgoulis war zum Schiffsführer auserkoren worden, und unter seiner Führung reiste die neue Crew in die Arabischen Emirate, um an Bord des Supertankers zu gehen. Mit seinen tief liegenden Knopfaugen und seinem spitzen Vollbart sah der 43-jährige Grieche aus wie ein freundlicher Kobold. Beim Auslaufen aus Dubai hatte die *South Sun* eine kleinere Mannschaft als noch beim Einlaufen. 42 japanische Seeleute gingen von Bord, aber nur 24 ersetzten sie, Frauen oder Freundinnen nicht mitgerechnet. Die scheidende Crew machte bei der Ankunft der Griechen und Tunesier eine merkwürdige Beobachtung. Die Neuen reisten offenbar mit sehr leichtem Gepäck. Wo waren all die persönlichen Sachen, die Seeleute auf eine lange Fahrt gewöhnlich mitnehmen? Eigenartig… aber nicht ihr Bier.

Im Juni 1979 hatte Mitakis Reidel kontaktiert. Vielleicht hatten sich ihre Wege bereits einmal im Zuge eines Zigarettendeals gekreuzt. Es kam zu einem Treffen, bei dem Mitakis dem Niederländer sechs Ölladungen zu jeweils 200 000 Tonnen anbot – und ihn zusätzlich damit lockte, dass alles für eine Lieferung nach Südafrika arrangiert sei. Dies war eine einmalige Gelegenheit, und Reidel hatte sofort zugegriffen. Tatsächlich hatte er ohne Erfolg versucht, das Öl selbst in Südafrika abzusetzen.

Fred Soudan hatte eine Firma gegründet, war nach Südafrika geflogen, hatte einen Abnehmer für das Öl aufgetan und dann ein Schiff gekauft und verchartert – ohne dafür zu bezahlen. *Manchmal* tat es gut, der Macher zu sein. Er kam sich wichtig vor und hatte keine Scheu, sich Geltung zu verschaffen, denn er wusste, dass er bei dem Komplott eine wichtige Rolle spielte. Ganz anders später, als die Polizei herumzuschnüffeln begann! Da wurde der eigene Part heruntergespielt und geleugnet. Doch im Dezember 1979 fühlte Soudan sich prächtig, und Reidel sah es mit Sorge, und nicht nur er. Um seine eigene Position in Johannesburg zu stärken, suchte der Holländer engeren Kontakt zu den Südafrikanern in der SFF. Er konnte durch Mitakis fünf weitere Ladungen bekommen, und so wollte er sicherstellen, dass er im Geschäft blieb, denn Soudan konnte ihn ausbooten, wenn er direkt mit Mitakis und den SFF-Leuten verhandelte. Soudan wusste um seine starke Position. Im Geschäftsleben kommt es häufig zu Reibereien, wenn ein Mittelsmann seine Kontakte schützen will und darauf besteht, selbst zu verhandeln. Bei den Verhandlungen mit der SFF saßen jedenfalls Neid und Eifersucht mit am Tisch. Die Folgen waren fatal.

Mitakis stand später selbst als der große Drahtzieher da, doch er brauchte Strohmänner wie Reidel und Soudan für das Geschäft mit der SFF und den Kauf eines Schiffes. Da er in Piräus einen zweifelhaften Ruf genoss, hätte er selbst nie ein Schiff kaufen können. Überdies hatte er mit Ölverkäufen an Südafrika keine praktische Erfahrung, wenngleich dieselbe Unerfahrenheit einen Soudan nicht davon abgehalten hatte, sich einen beeindruckenden Lebenslauf auszudenken. Der Grieche beschränkte sich auf das, wofür er angeheuert worden war und wovon er am meisten verstand – Öl aufzutreiben, das man verschiffen konnte, und die Ladung dann zu verhökern.

Mitakis sollte später behaupten, Stein habe Namen für die Besatzung vorgeschlagen, darunter auch Kapitän Dimitrios Georgoulis. Das ist sehr unwahrscheinlich. Es ist einfach, eine fiktive Person zu belasten, die im Gerichtssaal nicht anwesend ist. Mit dem beruflichen Werdegang des Kapitäns könnte man ein eigenes Buch füllen. Er hatte drei andere Schiffe befehligt, die offenbar in kriminelle Machenschaften verwickelt gewesen waren. Trotz aller Unschuldsbeteuerungen wurde er später in einem Betrugsfall verurteilt. Außerdem war sein liberianisches Kapitänspatent ungültig, und ein griechisches besaß er nicht.

Einem unqualifizierten Mann wie ihm einen Supertanker anzuvertrauen war eine so grobe Fahrlässigkeit, dass man Absicht dahinter vermuten muss. Georgoulis hatte nie zuvor ein Schiff dieser Größe befehligt, und einen Mann ohne einschlägige Erfahrung und Patent zum Kapitän zu machen war geradezu grotesk. Der Mann wurde angeheuert, weil er über andere *einschlägige* Erfahrungen verfügte. Zu den übrigen Besatzungsmitgliedern gehörte der Funker Vassilios Evangelides. Er war auf der *Brilliant* gefahren, einem Frachter, der ebenfalls in Seenot geraten und unter mysteriösen Umständen gesunken war, nachdem er verspätet einen Notruf abgesetzt hatte. Weitere führende Crew-Mitglieder waren Chefingenieur Antonios Kalamiropoulos und der von Mitakis ernannte Obermaat Andrea Annivas.

Ebenfalls beteiligt an der Zusammenstellung der Crew war der griechische Reeder Gregarios Makrygiorgios. Auch er hatte eine bewegte Vergangenheit, insbesondere als Eigner der *Alexandros K.* Das Schiff hatte bei einem Betrug eine Rolle gespielt, für den sein Kapitän, kein anderer als unser Dimitrios Georgoulis, später zu vier Jahren Gefängnis verurteilt wurde. Dass ein Reeder wie Makrygiorgios bei der Bemannung eines Schiff mitredete, an dem er kein ersichtliches finanzielles Interesse hatte, ist bemerkenswert. Das ganze Ausmaß seiner Beteiligung wird vermutlich nie ans Licht kommen. Er wurde angeklagt, bei den anschließenden Verfahren in Griechenland aber freigesprochen. Gehörte er zu den Drahtziehern des ganzen Unternehmens und wurde später nur wegen einer Statistenrolle angeklagt? Möglich – aber niemand kann etwas Derartiges behaupten. Es gibt keinen Beweis für die Vorwürfe, die nach seinem Freispruch gegen ihn erhoben wurden.

Das Öl Mitakis hatte Reidel gegenüber behauptet, dass er riesige Mengen Erdöl besorgen könne. 1979 war die Nachfrage groß, und Kontakte waren wichtig, um an den Rohstoff heranzukommen. Aber Reden half nicht mehr weiter, jetzt musste geliefert werden. Die Zeit wurde knapp. Eine nahe liegende Möglichkeit war, das Öl zu kaufen, doch dabei gab es einen Haken: Öl kaufen hieß dafür bezahlen. Das war lästig und gar nicht nach seinem Geschmack. Viel besser, er ließ einen anderen das Öl kaufen! Was er wollte, war ein Schiff voller Öl, dessen Besatzung nach seiner Pfeife tanzte.

Mitakis erklärte renommierten Maklern, er vertrete die Firma Shipomex und habe einen Tanker, für den er eine Ladung Öl brauche, vorzugsweise aus Saudi-Arabien – eine Bedingung, die die SFF im Vertrag mit Soudan gestellt hatte. George Ritsos erbot sich, eine Ladung zu suchen. Warum die SFF saudisches Öl wollte, ist unklar. Sowohl Saudi-Arabien als auch Kuwait hatten sich für das Embargo gegen Südafrika ausgesprochen. Ritsos verhandelte mit Pontoil, einem großen italienischen Unternehmen, das kuwaitisches Öl für Italien brauchte. Soudan wurde um Hilfe gebeten. Fix wie immer überredete der zungenfertige Vertreter die Südafrikaner, auf die saudische Klausel zu verzichten. Wolle man den Termin halten, so erklärte er ihnen, müsse die Lieferung von Kuwait aus erfolgen. Grund für die Änderung seien der große Andrang und Verzögerungen in dem saudischen Hafen. Die Sache wurde abgemacht, und die *Salem* bekam eine Ladung, die eigentlich für Italien bestimmt war.

Mittlerweile war das Schiff unter dem Namen *Salem* in Liberia registriert worden. Namensänderung und Eignerwechsel waren ordnungsgemäß verzeichnet, doch das liberianische Register nahm keine Inspektion des Tankers vor. Captain Alister Crombie, der heute als Rentner in England lebt, war zur damaligen Zeit stellvertretender Commissioner für Schiffssicherheit des liberianischen Schiffsregisters in den USA. «Ich bekleidete den Posten seit ungefähr einem Jahr», erinnert er sich. «Registriert waren damals alle möglichen Fahrzeuge und Eigner, von denen einige offenbar unsauberen Geschäften nachgingen. Ich hatte mit dem Ausmisten begonnen. Ich versuchte zu gewährleisten, dass Schiffe, die unter unserer Flagge liefen, vor der Registrierung inspiziert wurden, um den Standard bei Fahrzeugen und Mannschaften zu verbessern. Die *Salem* wurde ohne mein Wissen und ohne Inspektion registriert. Zweck einer Inspektion ist es, Seetüchtigkeit, Crew und insbesondere die Offiziere zu überprüfen. Hätte eine Inspektion stattgefunden, hätten wir die Registrierung verweigert, denn Kapitän Georgoulis hatte kein Patent zum Führen eines solchen Schiffes.»

Eine solche Inspektion hätte den Betrug nicht verhindert, denn die Bande hätte das Schiff in einem anderen Land registrieren lassen, das scharf auf die Gebühren war. Dennoch ist Crombies Kritik berechtigt. Solange Eigner ihre Schiffe in einem der vielen Staaten mit laxen Vorschriften, die nur nach den Dollars schielen, registrieren lassen können, werden auf den Meeren Schiffe unterwegs sein, die nicht sicher sind.

Soudan versicherte die *Salem* für 24 Millionen Dollar, und sie fuhr von Dubai nach Mina al-Almadi in Kuwait, wo sie am 10. Dezember 196232 Tonnen leichtes Rohöl an Bord nahm. Die Papiere waren vollständig. Der Frachtbrief, der bestätigte, dass sie Öl geladen hatte, war unterzeichnet. Die Firma Pontoil, Eigentümerin des ebenfalls versicherten Öls, durfte jetzt davon ausgehen, dass es nach Genua geliefert wurde.

Mitakis wusste es besser. Reidel wusste es besser, ebenso Soudan und Stein. Und Kapitän Georgoulis wusste, dass er das Öl laut Anweisung im südafrikanischen Durban abzuliefern hatte. Wir können uns gut vorstellen, wie Mitakis von seinem Büro aus über den Hafen von Piräus blickte und an den Supertanker dachte. Sein Teil war getan. Ohne einen Cent für Ladung und Schiff zu bezahlen, hatten seine Auftraggeber jetzt beides, und obendrein ein paar Gauner als Schiffsoffiziere. Er hatte geliefert. Wie versprochen. Bald kam der große Zahltag. Jetzt konnte eigentlich nichts mehr schief gehen.

Aber als das Schiff an der afrikanischen Ostküste entlang nach Süden tuckerte, ging – je nach Sichtweise – doch etwas schief, oder auch nicht! Nach dem Auslaufen aus dem kuwaitischen Hafen traten zwei Entwicklungen ein, von denen die eine geplant war und die andere nicht. Die Crew musste den Namen am Rumpf überpinseln. Der unlängst registrierte Name *Salem* verschwand und wurde durch *Lema* ersetzt, obwohl weder in Liberia noch anderswo Papiere auf diesen Namen ausgestellt worden waren. Das war eine reine Malerarbeit. Es war einfach nicht ratsam, mit dem richtigen Namen am Rumpf das Embargo zu brechen. Eine nicht unübliche Maßnahme, um Sanktionen zu entgehen.

Die zweite Entwicklung kam *scheinbar* unerwartet. Pontoil verkaufte die gesamte Ladung an den holländisch-englischen Ölriesen Shell. Dass eine Ladung Öl noch während des Transports den Besitzer wechselt, ist ein alltäglicher Vorgang. Vorausgesetzt, durch einen raschen Verkauf lässt sich ein Gewinn erzielen. Pontoil hatte sich ursprünglich vom Import der Ladung nach Italien einen Gewinn versprochen, doch ein gutes Geschäft ließ man sich nicht entgehen. Shell machte ein vorteilhaftes Angebot. Pontoils Glück war Shells Pech. Shell war knapp an Öl und bereit, einen hohen Preis zu zahlen. Ohne zu ahnen, dass die Ladung der *Salem* ohnehin nie Italien erreichen sollte, kaufte Shell das Öl für 56 Millionen Dollar. Die Italiener machten einen glänzenden Schnitt – sie hatten das Öl für 30 Dollar pro Barrel gekauft und verkauften es wenige Tage später für 40 Dollar pro Barrel. Ein Blitzgewinn von fast zwei Millionen Dollar durch 25 Prozent Preisaufschlag konnte sich in der Tat sehen lassen. Bei späteren Gerichtsverhandlungen (bei denen man als Zeuge keine Klage wegen übler Nachrede zu fürchten hatte) wurde behauptet, Shell müsse gewusst haben, dass das Öl nach Durban unterwegs war, und habe deshalb einen so saftigen Preis dafür bezahlt. Shell hat solchen Behauptungen stets energisch widersprochen und behauptet, es habe nach Frankreich liefern wollen. Wie auch immer, es war zumindest ein merkwürdiger Zufall, dass, als die *Lema* in Durban heimlich geleichtert wurde, kein geringeres Unternehmen als Shell daran beteiligt war. Und damit nicht genug: Sowie die Ladung gelöscht war, kaufte Shell sogar einen Teil des Öls in Südafrika von der SFF.

«Shell hatte die *Salem* chartern wollen, bevor Pontoil auf der Bildfläche erschien, und also schon vorher Interesse an dem Öl», kommentierte Eric Ellen, der sich später intensiv mit dem Betrug beschäftigte. «Bei den Verhandlungen hatte Shell Mitakis sogar dazu überredet, das Schiff in Kuwait statt im saudischen Ras Tanura zu beladen. Dann jedoch, als das Geschäft in trockenen Tüchern schien, machte Shell einen Rückzieher, nur um später, als man knapp war, für dieselbe Ladung mehr zu zahlen. Was auch immer der Grund dafür war, Mitakis geriet jedenfalls gehörig unter Druck. Er konnte von Glück sagen, dass Pontoil gerade eine Ladung kaufen wollte. Und für die Italiener war es ein noch größerer Glücksfall, dass Shell plötzlich wieder anklopfte und bereit war, einen viel höheren Preis zu zahlen. Natürlich erregte das Verdacht, und gegen Shell wurden Vorwürfe laut. Doch für eine Mittäterschaft des Unternehmens hat es niemals irgendwelche stichhaltigen Beweise gegeben.»

Bei Shell wusste man, wie viel Öl die *Salem* an Bord hatte, da man als Kaufinteressent aufgetreten war. Und der Umstand, dass ein Schiff ähnlichen Namens – *Lema/Salem* – um dieselbe Zeit, als die *Salem* in der Nähe vorbeifahren sollte, in Durban vor Anker ging, veranlasste einen Anwalt, die Aufmerksamkeit des Gerichts auf dieses zufällige Zusammentreffen zu lenken. Der Ölriese hätte sich beim Leichtern des Tankers niemals träumen lassen, dass er beim Diebstahl seiner eigenen Ladung half.

In Durban hatte man die Ankunft des mit leichtem Rohöl beladenen Supertankers *Lema* bereits erwartet. Die Hafenbehörden hatten Order, es mit den Papieren nicht zu genau zu nehmen, doch soweit solche Papiere existierten, belegten sie, dass die SFF das bestellte Öl von einer Firma namens Beets Trading erhielt. Dabei handelte es sich um eine Schweizer Firma, die Reidel gehörte.

«Durch unfachmännische, beinahe dilettantische Änderungen im Frachtbrief hatte Reidel den Namen Pontoil als Eigentümer durch Beets ersetzt – was damit erklärt wurde, dass der wahre Eigentümer nicht als Südafrika-Lieferant in Erscheinung treten wollte, und sogar voraussetzte, dass Pontoil gar nicht an Shell weiterverkauft hatte.» Eric Ellen schmunzelte beim Gedanken an das gefälschte Dokument. In seiner langen Dienstzeit als Direktor des IMB waren ihm später noch viele und bessere Fälschungen untergekommen. «Die Änderung von Pontoil in Beets hätte einer richtigen Prüfung niemals standgehalten. Für Fanie Naude und sein Team bei der SFF war die Qualität der Papiere wohl zweitrangig. Hauptsache, die Ware wurde pünktlich geliefert und die Menge stimmte. Wer, wie die Südafrikaner zu der Zeit, nicht im legalen Rahmen des internationalen Handels operiert, kann nicht allzu wählerisch sein. Reidel hat stets beteuert, dass die Manipulation des Dokuments keine Straftat gewesen sei, da keine Betrugsabsicht vorgelegen habe. Mit anderen Worten: Mit der Fälschung sollte die SFF nicht getäuscht, sondern unterstützt werden, sie gehörte zu den gängigen Methoden, Sanktionen zu umgehen.»

Über eine Meile vor der Küste ging das große Schiff bei Durban vor Anker, zum letzten Mal. Es wurde an einer Boje vertäut, die von Shell und Mobil verwendet wurde. Das Leichtern dauerte mehrere Tage. Der Kaufpreis in Höhe von 43,5 Millionen Dollar für das Öl wurde fällig. Zufrieden, da der Vertrag erfüllt worden war, überwies die SFF den Betrag auf ein Bankkonto Reidels in der Schweiz, das auf den Namen Beets Trading lief. Außerdem zahlte sie der MercaBank den Kredit zurück, für den sie ja gebürgt hatte. Die Oxford Shipping besaß nun ein schuldenfreies Schiff, aber noch musste Soudan bei der New Yorker Agentur Northern Ships für die Aktien des Unternehmens bezahlen. Solange die Aktien nicht ihm gehörten, hatte er keinen Besitzanspruch auf das Schiff. Dies war jetzt seine Hauptsorge. Laut seinem Vertrag mit den griechischstämmigen Amerikanern von Northern Ships musste er die Anteile unverzüglich bezahlen – andernfalls blieb Northern Ships Eigentümerin eines Schiffs im Wert von zwölf Millionen Dollar, für das sie keinen Cent bezahlt hatte.

Beets Trading, eine Scheinfirma (ohne Aktiva und Passiva), hatte ihre Geschäftsadresse im schweizerischen Zug. Der englische Name klingt fast nach einem sarkastischen Wortspiel. Beets Trading könnte *it beats working as trader* bedeuten – *besser, denn als Händler zu arbeiten*. Bei diesem Geschäft ganz bestimmt! Für über 40 Millionen Dollar das Öl eines anderen zu verkaufen war klassischer Diebstahl.

Damit nicht der Eindruck entstand, die *Lema* liege zu hoch im Wasser und müsse folglich leer sein, wurde als Ballast Seewasser aufgenommen. Außerdem hatte sie noch rund 15 000 Tonnen Öl an Bord. Die wurden für die nächste Phase des Plans gebraucht. Am 2. Januar 1980 setzte die *Lema* ihre Fahrt fort. Kaum war man den neugierigen Blicken im Hafen entschwunden, griff man erneut zur Farbe, und aus der *Lema* wurde wieder die *Salem*.

Die Beute Die SFF überwies bei Lieferung 43,5 Millionen Dollar an die Firma Beets, abzüglich der 12,3 Millionen, die sie an die MercaBank zurückzahlte. Auf dem Bankkonto in der Schweiz gingen 31,2 Millionen ein. Davon sollte Soudan lediglich 4,5 Millionen Honorar erhalten. Jemand sahnte ganz groß ab, und dieser Jemand war nicht Frederick Soudan. Der Löwenanteil des Geldes verschwand zügig vom Beets-Konto. Vielleicht wäre Soudans Anteil höher ausgefallen, hätte er das Schiff chartern können und nicht kaufen müssen. In dem Fall hätte er zusätzliche zwölf Millionen kassiert.

Die Crew musste für ihre Arbeit und ihr Schweigen honoriert werden. Dazu kamen weitere Auslagen und Unkosten. Drei Millionen Dollar waren als Provisionen für Leute wie die südafrikanischen Mittelsmänner Austin und Shorrock gedacht. Acht Millionen gingen auf diverse Geheimkonten, die unter falschen Namen in mehreren Ländern geführt wurden. Die Identität der endgültigen Empfänger ist nicht bekannt, obschon Soudans 4,5 Millionen unter den Transaktionen waren. Zu den anderen dürften Makrygiorgios und Stein (Locks) gehört haben. Auch Reidels Anteil floss vom Konto ab, obwohl er es kontrollierte. Auf diese Weise sollte jeder Versuch verhindert werden, die Spur des Geldes später zu verfolgen und das Geld zurückzuholen.

Nach diesen Transfers betrug das Guthaben auf dem Beets-Konto noch etwa 20 Millionen Dollar. Wer bekam sie? «Das steht außer Frage», versichert Ellen. «Das Geld floss am 29. Dezember 1979 auf das Konto eines gewissen *Nicholaus Trilizas*, aber der Name war falsch. Das amerikanische FBI identifizierte Trilizas im Rahmen seiner Ermittlungen anhand von Fingerabdrücken. Es war kein anderer als Nikolaos Mitakis, der griechische Agent, der das Öl und die Crew besorgt hatte. Doch er behielt es nicht. Alles andere hätte mich auch gewundert. Es gab noch Hintermänner, die ihren Anteil wollten.»

Innerhalb von zwei Wochen war das Trilizas-Konto geplündert. Das Geld floss in drei getrennten Raten ab, Empfänger unbekannt. Nicht einmal Mitakis braucht gewusst zu haben, an wen das Geld ging. Die Namen der Empfänger lassen sich mit Hilfe von Nummernkonten problemlos geheim halten. Eine andere Möglichkeit wäre, die Konten unter falschen Namen laufen zu lassen, wie bei dem Trilizas-Konto geschehen. Die Hintermänner erhielten einen fürstlichen Anteil für ihr Rolle im Verborgenen.

Als Nikolaos Mitakis später in Piräus angeklagt wurde, drückte er bei seiner Verteidigung auf die Tränendrüse (Herzbeschwerden und materielle Not!), doch es scheint sicher, dass auch er einen satten Anteil bekam. Er gab es zu, dass er Trilizas sei und dass er 20 Millionen Dollar erhalten habe, schwieg sich jedoch darüber aus, wie die Summe aufgeteilt worden war. Ohne Zweifel wurde er für sein Schweigen fürstlich belohnt.

Fred Soudan in Panik Die Lieferung in Durban setzte Fred Soudan unter Zugzwang. Sowie die Ladung der *Lema* gelöscht war, schuldete er der Northern Ships Agency in New York 300 000 Dollar. Er musste sie umgehend bezahlen, denn solange ihm die Aktien der Oxford Shipping nicht überschrieben waren, gehörte ihm der Tanker nicht – und der war über zwölf Millionen Dollar wert.

War die Beziehung zwischen Soudan und Reidel ohnehin schon gespannt, in New York brach zwischen ihnen ein offener Streit aus. Gerade als sie mit dem Verkauf des Shell-Öls ein Vermögen ergaunert hatten, nahm ihr Verhältnis zueinander absurde Züge an. Auch ohne weitere Geschäfte wären sie reiche Männer gewesen. Doch statt zu feiern und gemeinsam am nächsten Projekt zu arbeiten, ließen sie sich von Misstrauen leiten. Im Angesicht ihres größten Triumphs und Wohlstands begingen sie ihre größte Dummheit.

Am 28. Dezember rief Soudan die Northern Ships an. Auch wenn er sich nicht immer peinlich genau an das Kleingedruckte im Vertrag gehalten hatte, so war er jetzt doch darauf erpicht, pünktlich seine Aktien zu bezahlen – keine Bezahlung, keine Aktien, kein Schiff! Triandafilou, einer der Direktoren der Northern Ships, hielt ihn hin und schlug ihm vor, im neuen Jahr wieder anzurufen. Jeder weitere Versuch der Kontaktaufnahme scheiterte. Soudan, der ohnehin schon argwöhnte, dass man ihn aufs Kreuz legen wollte, geriet in Panik. Als die Glocken das Jahr 1980 einläuteten, war ihm nicht zum Feiern zumute. Er machte sich große Sorgen. Dann, als ein Tag nach dem anderen verging, gelangte er zu der Überzeugung, dass man ein doppeltes Spiel mit ihm trieb.

In seiner Verzweiflung sprach er mit dem Anwalt der Northern Ships, der die Aktien bis zur Bezahlung verwahrte. Er hatte keine guten Neuigkeiten für ihn. «Sie können nicht mehr zahlen, die Frist ist verstrichen. Ihre vertragsmäßigen Rechte sind erloschen.» Die Northern Ships hatte ihn übertölpelt. Entsetzt wandte er sich an Anton Reidel, seinen Komplizen, und klagte ihm sein Leid. Vermutlich erwartete er Verständnis, als er das Verhalten der Agentur und ihrer Direktoren anprangerte. Doch der nächste Schock folgte. Reidel machte alles noch schlimmer – er behauptete, er habe an die Northern Ships Agency 300 000 Dollar gezahlt und sich damit die Anteile gesichert! Wenn das stimmte, gehörte Oxford Shipping ihm, und mithin auch die *Salem*. Soudan dürfte in dem Moment die Welt nicht mehr verstanden haben.

«Es ist schwer zu beurteilen, was zwischen den beiden vorging», meint Ellen. «War dieser Versuch, die Aktien zu kaufen, von Reidel und der Northern Ships Agency im Voraus geplant gewesen? Oder war es eine spontane Aktion hinter Soudans Rücken, ohne Rücksicht darauf, wie Soudan reagieren würde? Das war mir immer ein Rätsel. Zwei Männer wie Reidel und Soudan, die mit einer gestohlenen Schiffsladung Öl ein Vermögen gemacht haben, streiten sich über das Eigentumsrecht an einem Schiff, das versenkt werden soll.»

Hätte Soudan den Betrag für die Aktien entrichtet, hätte ihm die *Salem* gehört, ein Schiff, das niemals seinen Zielhafen erreichen sollte. Wollte er die Versicherungssumme für das Schiff kassieren, immerhin 24 Millionen Dollar? Oder wusste er gar nichts von der geplanten Havarie? Hoffte er, den Tanker für weitere Lieferungen nach Südafrika benutzen zu können? Oder erwartete er auch künftig stattliche Charterraten von Shipomex, in der Annahme, dass Bert Stein sie bezahlte?

Bei den nächsten Schritten trübte jedenfalls der Zorn seinen Blick, und das hatte weit reichende Folgen. Er beauftragte New Yorker Anwälte, die eine einstweilige Verfügung beantragten. Er wollte der Northern Ships Agency und ihren Besitzern gerichtlich verbieten lassen, die Aktien der Oxford Shipping an Dritte zu verkaufen. Für sich genommen, klang das gar nicht so dumm. Schließlich konnte es nicht angehen, dass Reidel sich dazwischendrängte und für nur 300 000 Dollar ein Schiff dieses Wertes kaufte. Problematisch wurde es, als er eine schriftliche eidesstattliche Versicherung abgeben musste. Soudan hatte nichts in der Hand außer seiner Abmachung mit der Northern Ships, und so legte er seiner eidesstattlichen Erklärung eine Kopie des Vertrags bei, den er im November mit der Firma geschlossen hatte – wobei er aus Wut auf Reidel und die Firmenleitung offenbar die Konsequenzen völlig außer Acht ließ. Mit der Vorlage des Dokuments spielte er einen Trumpf aus, aber um welchen Preis! Es belegte, dass er von dem Gewinn aus dem Ölgeschäft 300 000 Dollar abführen und damit die Aktien erwerben konnte. So weit, so gut – der Stich ging an ihn. Aber um ihn zu machen, musste er sein ganzes Blatt aufdecken. Und unter Punkt 3 und 14 des Vertrags stand klipp und klar, dass die Ladung, die er erhielt, nach Südafrika umgeleitet werden sollte. Soudan brachte damit nicht nur sich selbst in Schwierigkeiten.

Jeder vernünftige Richter musste dem Antrag auf einstweilige Verfügung stattgeben. Bei solchen Anträgen hat das Gericht nicht endgültig über Recht und Unrecht zu entscheiden – in unserem Fall hatte es auf der Basis der eidesstattlichen Versicherung nur darüber zu befinden, ob die Oxford Shipping bis zu einer etwaigen Hauptverhandlung ihren Status quo behalten sollte. Der Richter begriff sofort, dass Reidel mit Minimalaufwand einen dicken Reibach gemacht hätte. Es war nur gerecht, die Sache bis zu einer klärenden Gerichtsverhandlung auf Eis zu legen, damit weder Reidel noch ein Dritter die Aktien übernehmen konnte. Soudan hatte nicht den Krieg gewonnen, sondern nur eine Niederlage abgewendet. Die eigentliche Schlacht vor Gericht stand noch aus.

Er erscheint verrückt, dass Reidel und Soudan die Öllieferung an Südafrika aktenkundig machten – und damit die Lunte an ein Pulverfass legten, auf dem sie selber saßen. Reidel begriff das vermutlich, und beide Männer sahen ein, dass jetzt Schadensbegrenzung angesagt war. Seit Soudans scheinbarem Triumph hatten sich die Parteien kein einziges Mal zusammengesetzt, und noch lag ein Hauch von Pulverdampf über den Gesprächen. Nach der richterlichen Entscheidung einigte man sich bei einem Schlichtungsgespräch am 11. Januar auf einen außergerichtlichen Vergleich.

Während dieses Treffen in New York stattfand, lief die *Salem* mit 13 Knoten entlang der westafrikanischen Küste Richtung Norden. Reidel und Soudan versüßten der Northern Ships den Kompromiss mit einer Klausel, die den Direktoren Triandafilou und Avgerinos bei jeder der fünf weiteren Ölfahrten, die der Tanker *Salem* unternehmen würde, 300 000 Dollar garantierte! Aus Sicht der Northern war das ein gutes Geschäft. Für die Aktien einer Firma, die anfangs überhaupt keinen Realwert gehabt hatte, sollte sie 1,8 Millionen Dollar erhalten, obwohl ihr eigentlich nur die ursprünglichen 300 000 Dollar zustanden, die Soudan vergeblich zu überweisen versucht hatte.

Wie auch immer der Kompromiss ausfiel, das Ölgeschäft mit Südafrika ließ sich nicht mehr geheim halten. Die eidesstattliche Erklärung lag bei den Gerichtsakten. Soudan bekam also seine 500 Aktien und wurde Eigentümer der *Salem*, aber die Lunte brannte, und es war nur eine Frage der Zeit, bis alles in die Luft flog. Was versprach er sich davon? Hoffte und erwartete er, Eigentümer der *Salem* zu bleiben und weitere Geschäfte mit ihr abwickeln zu können, obwohl er persönlich niemals für sie bezahlt hatte? War das Schiff Teil der Belohnung für seine tragende Rolle? Und wenn ja, glaubte er, die *Salem* würde weitere Fahrten unternehmen? Aus dieser New Yorker Episode ergeben sich noch mehr verwirrende Widersprüche, wie wir gleich sehen werden.

Wie heftig sich Soudan und Reidel in den ersten Januartagen 1980 auch gestritten haben mochten, mit einem Mal zogen sie an einem Strang und stellten zwei Männern, die versucht hatten, Soudan übers Ohr zu hauen, und ihm deshalb besonders verhasst sein mussten, über die erste Zahlung hinaus weitere sagenhafte 1,5 Millionen Dollar in Aussicht. Wie bereits erwähnt, waren 1,8 Millionen Dollar aus deren Sicht ein Bombengeschäft. Nur hatten sie keine Ahnung, dass die *Salem* in den nächsten sieben Tagen versenkt werden sollte. Sie würden nicht mehr als die bereits gezahlten 300 000 Dollar bekommen!

Haben sich Reidel und Soudan ins Fäustchen gelacht? Wussten sie, dass die *Salem* versenkt werden sollte? Wusste es nur einer, oder wusste keiner von beiden, dass Kapitän Georgoulis die Crew genau in diesem Augenblick darauf vorbereitete, das Schiff zu versenken? Könnte es sein, dass ihr Angebot ehrlich gemeint war?

Sofern Soudan mit seinen Komplizen nicht vereinbart hatte, das Geld zu teilen (was er wohl nicht hatte), besaß er nun ein Schiff im Wert von zwölf Millionen Dollar, das er für diese Summe verkaufen oder beleihen konnte. Es war unrealistisch von ihm, zu glauben, dass er die Südafrikaner ein zweites Mal hinters Licht führen könnte. Sobald Shell die Ladung als gestohlen meldete, setzte unweigerlich eine Hexenjagd ein. Genau aus diesem Grund musste das Schiff versenkt werden – und zwar solange das Shell-Öl offiziell noch an Bord war. Die Versicherungen würden dann die Oxford Shipping für das Schiff und Shell für das Öl entschädigen. Aus Soudans Sicht wäre es viel klüger gewesen, das Schiff sofort zu verkaufen und unterzutauchen oder zu beleihen, als es zu versenken. Doch zu diesem Zweck musste er irgendwie den Diebstahl vertuschen. Und genau das behauptete Soudan später – dass er den Diebstahl habe vertuschen wollen, aber nicht durch ein Versenken des Schiffes. Entsprach das der Wahrheit?

Das Theater in New York hatte die Aufmerksamkeit Frank Wiswalls erregt, zu der Zeit Admiralitätsrat am Seeamt Liberias und Präsident der Liberian Services. Was ging dort vor? Es ergab keinen Sinn. Und was auch immer dort geschah, es gefiel ihm nicht. «Ich war besorgt und verwundert über diesen Streit. Da ich spürte, dass etwas im Busch war, rief ich meinen Kollegen Alister Crombie an und bat ihn, die *Salem* genau im Auge zu behalten.» Wiswall, heute ein international anerkannter Fachmann für Seerecht, lacht über seinen Weitblick.

Ein weiterer verwirrender Aspekt ist, dass Soudan praktisch sofort, wenn auch zu spät, eine Bank in Houston aufsuchte und versuchte, das Schiff zu beleihen. Ein Wettlauf gegen die Uhr, den er verlor. Die Nachricht vom Untergang der *Salem* kam ihm zuvor! Einen Kredit zu beantragen und ein Schiff als Sicherheit zu bieten ist gang und gäbe. Eine schwimmende *Salem* ließ sich verkaufen oder als Sicherheit für ein Darlehen benutzen. War sie gesunken, stellte sie nur so lange eine gute Sicherheit dar, wie niemand wusste, dass sie gesunken war. Sein Timing stimmte nicht. Möglicherweise weil der Rechtshändel in New York für Verzögerungen gesorgt hatte. Vielleicht hatte er geplant, das Schiff in den ersten beiden Januarwochen vor der Versenkung zu beleihen. Das würde einen Sinn ergeben. Es würde aber auch bedeuten, dass er von der geplanten Versenkung wusste und vorher noch den Kredit aufnehmen wollte. Vielleicht wollten Soudan und Reidel dieses Geld teilen, und die Versenkung erfolgte einfach zu früh.

Wie wir noch sehen werden, gerieten die Verschwörer zunehmend unter Zeitdruck. Shell erwartete die Lieferung von annähernd 200 000 Tonnen Öl. Während ihres Aufenthalts in Durban hatte die *Salem* mehrere Tage verloren. Für diese Verzögerung brauchte man eine plausible Erklärung. Das Schiff musste in tiefen Gewässern versenkt werden, um den Betrug zu vertuschen, und die tiefste Stelle rückte immer näher. Vielleicht war der Zeitdruck der Grund, warum die *Salem* früher versenkt wurde, als Soudan und Reidel lieb war.

Wäre Soudan früher zur Bank marschiert und hätte für die Oxford Shipping den Kredit aufgenommen, hätte er das Geld nach Belieben – oder wie mit anderen vereinbart – ausgeben oder investieren können. Er hätte als schwerreicher Mann mit acht Millionen Dollar verschwinden können. Hatte er gehofft, eine solche Summe zu kassieren und dann unterzutauchen, bevor bekannt wurde, dass die Sicherheit der Bank auf dem Meeresgrund lag? Wir kennen die Antwort nicht. Sie liegt irgendwo verborgen in dem komplizierten Beziehungsgeflecht zwischen dem Amerikaner, dem Niederländer, dem fiktiven Bert Stein und den geheimnisvollen Griechen. Reidel und Soudan bestritten später, von der geplanten Versenkung gewusst zu haben. Wer wusste dann davon?

Falscher Kurs Fachleute können in wenigen Sekunden ausrechnen, wie lange ein Schiff wie die *Salem* von Kuwait bis zum europäischen Kontinent braucht. Der Supertanker konnte 13 Knoten machen, was nicht besonders viel sein mag. Aber er lief rund um die Uhr mit 13 Knoten, und das jeden Tag – solange er keinen Maschinenschaden hatte. Kapitän Georgoulis war klar, dass er eine plausible Erklärung für die im Hafen vertrödelten Tage brauchte – Tage, die er persönlich unter recht angenehmen Verhältnissen im Royal Hotel Durban mit Sitzungen und Telefonaten zubrachte. In der Sendung Panorama bestritt er, in dem Hotel gewesen zu sein, und zwar auch dann noch, als man ihm seine Unterschrift im Gästebuch zeigte. Die Frau eines Besatzungsmitglieds, das er nach Hause geschickt hatte, war bei ihm gewesen. Obwohl die Beweise für seinen Landgang schlagend waren, leugnete er.

Von Kuwait bis Dakar an der westafrikanischen Küste sind es 8500 Meilen. Ein Schiff, das 13 Knoten macht, braucht für die Strecke 27 Tage. Da Georgoulis aber schon 38 Tage unterwegs war, hatten er und seine Offiziere eine Geschichte erfunden, wonach Probleme im Maschinenraum für die Verzögerung verantwortlich gewesen seien. Das Seeamt der Republik Liberia untersuchte später im Einzelnen, wie der Zeitverlust begründet wurde. Es gab eine einfache Erklärung für die Verzögerung – Maschinenschaden. Damit ließ sich der Besuch in Durban verheimlichen. Georgoulis hatte zu melden, wenn sein Schiff Kapstadt und Gibraltar passierte – das war so üblich. Am Tag bevor das Schiff Kapstadt passierte, trat «in der Rohrleitung des Backbordkessels» ein Leck auf.

Ein solcher Schaden ist reparabel, und der Chefingenieur machte sich mit seinem Team auch sogleich an die Arbeit. Bedauerlicherweise dauerten die Reparaturen, wie die liberianischen Ermittler feststellten, 15 Tage, weil der Chefingenieur gleich drei

Lecks entdeckte. Angeblich dauerte es bis zum 14. Januar, ehe das Schiff wieder zwölf Knoten machen konnte. Während der Reparaturarbeiten habe der Backbordkessel abgeschaltet werden müssen, sodass das Schiff nur mit halber Kraft habe laufen können. Ob der Tanker tatsächlich nicht vom Fleck kam, ist unklar. Der Aufenthalt in Durban dauerte nur vom 27. Dezember bis zum 2. Januar, insofern waren 15 Reparaturtage mehr als reichlich.

Das lässt vermuten, dass die *Salem* nach dem 2. Januar vielleicht deshalb bummelte, weil die Crew auf weitere Instruktionen hinsichtlich der Versenkung wartete. Dies würde auch mit Soudans Vorhaben übereinstimmen, vorher noch ein Darlehen aufzunehmen. Erinnern wir uns, wie die Beute geteilt wurde: Die unbekannten Hintermänner waren die großen Gewinner. Es wäre durchaus denkbar, dass Reidel und Soudan mit der griechischen Fraktion abgesprochen hatten, das Schiff zu beleihen, ehe es im Atlantik versenkt wurde, und das Geld als Teil ihres Lohns für den Betrug zu behalten. So hätten sich die Früchte des Verbrechens gleichmäßiger verteilt.

Vielleicht liegt hier die Erklärung: Wegen des juristischen Gerangels in New York und der Verzögerung bei der Überschreibung der Aktien hielten die Griechen das Schiff so lange wie möglich auf, aber irgendwann wurde die Zeit knapp, fanden sie keine Ausflüchte mehr oder verloren einfach die Geduld und beschlossen, das Schiff zu versenken, bevor der Kredit gewährt war. Sie dürften über die New Yorker Randepisode aufgebracht gewesen sein. Und sie hätten zu Recht getobt, wenn sie gewusst hätten, dass Soudan das Geschäft mit Südafrika enthüllt hatte. Das würde bedeuten, dass an der Versenkung alle beteiligt waren, Reidel vielleicht ausgenommen, der, falls er von dem Bankkredit nicht profitieren sollte, tatsächlich nichts gewusst haben könnte, wie er behauptet.

Der Atlantik ist groß und tief – mit rund 4000 Metern viel zu tief für eine Untersuchung des 1980 gesunkenen Wracks, wie sie später von den liberianischen Ermittlern erfolglos versucht wurde. In ein kleines Rettungsboot umzusteigen, statt auf einem komfortablen Schiff zu bleiben, das weit aus dem Ozean ragt und dessen Deck so lang ist, dass es als Start- und Landebahn taugen könnte, ist in der Realität nicht angenehm. «Von einem bequemen Sessel an Land aus», meint Eric Ellen, «mag das anders erscheinen, aber in Anbetracht haushoher Wellen und der Gefahr, nicht gerettet zu werden, wundert es nicht, dass die Mannschaft alle erdenklichen Vorkehrungen traf.» So wurden an Bord Pläne geschmiedet, um den Umstieg ins Rettungsboot so sicher und gefahrlos wie möglich zu machen. Doch wie so oft trug menschliche Habgier auch hier dazu bei, dass nicht alles so klappte wie geplant.

Schon beim Verlassen des Schiffs war das spätere Scheitern der Crew vorprogrammiert. Stellen wir uns einen Augenblick ein echtes Drama mitten auf dem Atlantik vor. Die *Titanic* ist ein gutes und bekanntes Beispiel. Passagiere und Besatzung in die Rettungsboote zu bekommen ist nicht leicht. Der Zeitdruck auf einem sinkenden Schiff, auf dem möglicherweise Beleuchtung und Strom ausgefallen sind, sorgt für ein heilloses Durcheinander. Wenn das Schiff krängt oder sich der Bug in die Tiefe bohrt, ist eine Panik unvermeidlich. Die Angst vor dem Ertrinken löst ein Chaos aus. «Der Ausstieg aus einem wirklich havarierten Frachtschiff ist keine geordnete Ausschiffung», erklärt Ellen. «Wenn es Schlagseite hat oder zu sinken beginnt, ist es sehr gefährlich, die Boote zu Wasser zu lassen und zu bemannen. In der Schifffahrt erfahrene Ermittler wissen, was nach einem echten Seeunglück zu erwarten ist. Aber sie wissen auch, welche Indizien auf eine Versenkung hindeuten.»

Eine Crew, die ihr Schiff versenkt, will das eine haben, ohne auf das andere zu verzichten – sie will den Anschein heilloser Panik erwecken, aber möglichst wenig Risiken in Kauf nehmen. Während die Organisation des Öldeals mit Südafrika Bestnoten verdiente, war die Versenkung Pfuscharbeit. Es wurden so viele Fehler gemacht, dass alles aufflog, die Versenkung *und* der Öldeal.

Andere Öltanker und Frachter hatten zuvor regelmäßig südafrikanische Häfen angelaufen. Dabei waren hohe Profite erzielt worden. Einzelheiten über diese Geschäfte gelangten nie an die Öffentlichkeit. Diese heimlichen Lieferungen an das boykottierte Land gingen deshalb so reibungslos über die Bühne, weil die Fracht auch wirklich dem Lieferanten gehörte. Im Frachtbrief mochte Rotterdam als Zielhafen eingetragen sein, doch in Wahrheit ging sie nach Südafrika. Bei der *Salem* wäre es wohl nicht anders gelaufen – nur war das von ihr gelieferte Öl gestohlen und gehörte Shell (obwohl es ebenso gut auch Eigentum der Pontoil hätte sein können). Das war kriminell. Und es machte die Verschwörer reich. Hätte die *Salem* Le Havre erreicht und statt Shell-Öl Salzwasser abgeliefert, wäre der Schwindel aufgeflogen. Deshalb durfte das Schiff keinen von Shell bezeichneten Hafen anlaufen. «Es ist Spekulation», meint Ellen, «aber ein Aspekt ist bislang kaum beachtet worden: Das Öl wechselte den Besitzer, nachdem es Kuwait verlassen hatte. Damit hatten die Verschwörer anscheinend nicht gerechnet, obwohl es keineswegs ungewöhnlich ist. Durchkreuzte das ihre Pläne? Soudan ist angeblich immer davon ausgegangen, dass das Schiff nach Corpus Christi in Texas unterwegs sei, wo das Fehlen der 196 000 Tonnen mit Hilfe einer befreundeten Raffinerie vertuscht werden sollte. Das könnte Sinn machen, wenn er dort eine Absprache getroffen hatte, aber es lässt sich unmöglich mit der Tatsache vereinbaren, dass Shell in Frankreich auf das Öl wartete.»

Wahrscheinlicher ist, dass Soudan von der geplanten Versenkung wusste. Hätte das Schiff, wie er zu glauben vorgab, die USA angelaufen, dann hätte die Bande Shell erklären müssen, wo das Öl abgeblieben war. Andererseits waren Ersatzteile für das Schiff nach Texas bestellt worden, aber das war wahrscheinlich ein geschickter Bluff. Die einzige Möglichkeit, die bei nüchterner Betrachtung infrage kam, war die Versenkung des Schiffs in tiefen Gewässern – sofern alles richtig gemacht wurde.

Das Schiff zu beleihen war vermutlich sehr verlockend. Die Chancen, von Lloyd's Geld für das versicherte Schiff zu bekommen, waren eher gering. Reidel und Soudan mochten von Seerecht nichts verstehen, aber die Griechen wären sich darüber im Klaren gewesen. In Kapitän Georgoulis hatte die *Salem* einen Schiffsführer, der zwar brauchbare Referenzen als Seemann und lebenslange Berufserfahrung vorweisen konnte, aber eben kein Patent zum Führen eines Supertankers, und das war ein schwerer Fehler. Selbst bei einem regulären Totalverlust eines Schiffes müssen die Versicherer die Zahlung verweigern, wenn der Kapitän gewissermaßen ein Fahrschüler zur See ist! Ob seine Inkompetenz bei dem Verlust eine Rolle gespielt hat, ist unerheblich. Auch das spricht für die Absicht der Betrüger, das Schiff zu beleihen und das Geld, das dabei heraussprang, zu teilen.

Als die *Salem* das Kap der Guten Hoffnung gerundet hatte und nach Norden fuhr, passierte sie Liberia, jenes tropische Land, in dem kurioserweise mehr Schiffe registriert sind als in jedem anderen. Auch sie selbst war dort registriert, was insbesondere für die Offiziere von Belang war. Es war nicht ratsam, in der Nähe der Hauptstadt Monrovia einen Tanker zu versenken. Im Falle einer Rettung wurde man aller Voraussicht nach dorthin gebracht – also in ein Land, das für die Havarie juristisch zuständig war und womöglich gründliche Untersuchungen anstellte oder gar Anklage erhob.

Deshalb fuhren sie weiter nach Norden, bis kein Retter sie mehr dorthin bringen würde. Auch Nigeria und der Hafen von Lagos sind einer aus Seenot geretteten Crew nicht zu empfehlen. Nigeria ist und bleibt ein gefährliches Pflaster. Zu der Zeit waren Korruption und Betrug weit verbreitet, Schmiergeldzahlungen die Regel. Die nigerianischen Gefängnisse sind gefürchtet, und wehe dem, der unter Verdacht gerät. Selbst wenn aus juristischer Sicht kein Grund bestand, eine Crew in Nigeria festzuhalten, fanden korrupte Beamte immer einen Anlass, jemanden ins Gefängnis zu stecken und dann zu erpressen.

Empfehlenswerter waren Dakar und Banjul. Banjul ist die Hauptstadt der ehemaligen britischen Kolonie Gambia. Noch besser war das vormals französische und weltoffene Dakar. Nicht zuletzt deshalb, weil der Atlantik vor diesem Abschnitt der afrikanischen Küste besonders tief ist.

Inwiefern solche Gesichtspunkte in den Überlegungen der Verschwörer zu Wasser und zu Lande eine Rolle spielten, ist unklar. Dass man eine 15-tägige Pause wegen Maschinenschadens vorgaukelte, um einen viel kürzeren Aufenthalt in Durban zu verheimlichen, lässt vermuten, dass Georgoulis auf die Anweisung wartete, das Schiff in diesem Gebiet zu versenken. Der Rechtsstreit in New York hatte am 4. Januar begonnen und endete am 11. Fünf Tage später sollte der Untergang der *Salem* beginnen.

«Die Vorbereitungen für eine Versenkung sind kompliziert. Die praktische Durchführung, speziell bei einem Tanker, ist nicht einfach. Außerdem muss der Kapitän die Mannschaft bei der Stange halten. Einer der Tunesier hatte Herzbeschwerden, und zumindest ein anderer sträubte sich. Für, sagen wir mal, 10 000 Dollar auf die

Hand bei einer Versenkung mitzumachen ist in einer gemütlichen Hafenkneipe schnell zugesagt. Aber wenn der Augenblick naht und man vom Schiff runtermuss, merken einige, dass das Geld gar nicht so leicht verdient ist, und bekommen kalte Füße.»

Ellen war zu der Zeit, obwohl noch Chef der Londoner Hafenpolizei, bereits mit einer Reihe von Versenkungen in Fernost befasst gewesen. Und auch mit griechischen Reedern im Mittelmeer hatte es Ärger gegeben. «Dass ein voller Öltanker *plötzlich* sinkt, ist eigentlich ausgeschlossen. Dieses Schiff war schon voll, aber hauptsächlich mit Seewasser. Und wenn mehr Wasser eindringt, sinkt es nicht auf den Grund wie ein Stein. Am besten, man stellt die Pumpen um, pumpt das Schiff voll und flutet den Maschinenraum, während die Crew sich wohl vorbereitet in die Boote begibt. Das Schiff macht Wasser und beginnt zu sinken. Je schneller es absäuft, desto besser, solange die Crew sicher ist – und Rettung unterwegs ist. Noch nie hatte jemand einen Supertanker versenkt. Es war viel schwieriger, als Georgoulis erwartet hatte. Was er zuwege brachte, war ein Triumph menschlicher Erfindungsgabe, aber immer noch nicht genug.»

Das Ende eines Supertankers Die *Salem* hatte weder ein schnelles noch ein würdiges Ende. Seit Durban hatten Chefingenieur und Kapitän emsig alle Vorkehrungen getroffen und sich Ausreden für den Verlust zurechtgelegt. Georgoulis sollte später bei seiner Vernehmung aussagen, dass er erst in Durban von dem betrügerischen Plan erfahren habe. Dies erscheint nicht glaubhaft. Erst dort soll die Crew – offenbar mit einem hübschen Sümmchen – dafür honoriert worden sein, dass sie bereit war, bei einer Wassertiefe von 4000 Metern in die Boote umzusteigen. Ob dieser

Teil stimmt, ist ebenfalls fraglich. Schon zwischen Dubai und Kuwait, als das Öl noch gar nicht geladen war, gingen mehrere Personen von Bord – unter anderem zwei Ehefrauen, darunter die Frau des Kochs. Hatte die Besatzung da erfahren, dass die Reise nicht nach Italien ging, und verließen sie deshalb das Schiff? Höchst wahrscheinlich. Die japanischen Seeleute hatten sich darüber gewundert, dass die neue Crew kaum persönliche Habe mitbrachte.

Die Crew musste für ihr Stillschweigen über den Abstecher nach Durban bezahlt werden, doch mit 10 000 Dollar pro Nase wurde auch ihr Schweigen über den fingierten Schiffbruch erkauft. Wie viel Kapitän Georgoulis und Chefingenieur Kalamiropoulos kassierten, ist unklar, doch dürfte es sich um erhebliche größere Summen im sechsstelligen Bereich gehandelt haben.

Seit dem Auslaufen aus Durban am 2. Januar war die Crew auf den Zwangsausstieg aus ihrem schwimmenden und sicheren Zuhause vorbereitet worden. Was nun folgt, ist die getreue Wiedergabe der frei erfundenen Geschichte, wie sie von der Crew erzählt wurde. Danach begann alles am 16. Januar mit einer Explosion vor Tagesanbruch. Um 3.55 Uhr war Feueralarm ausgelöst worden und hatte Georgoulis in seiner Kabine geweckt. Natürlich war er auf die Brücke geeilt, um das Kommando zu übernehmen. Dort angekommen, hatte er eine dumpfe Explosion gehört. Sie soll sich, so die Crew später, im Maschinenraum ereignet und den Wassereinbruch ausgelöst haben. Den liberianischen Ermittlern sagte Georgoulis später, er habe bei Tagesanbruch aus dem Bug des Schiffes, rund 300 Meter vor ihm, Rauch quellen sehen.

War der Rauch schwarz oder weiß? Oder grau? Georgoulis wusste es nicht, als er gefragt wurde. Im Widerspruch zu seiner Lüge sagte Chefingenieur Kalamiropoulos später zu Alister Crombie und den liberianischen Ermittlern, dass es Nacht gewesen sei, als die Explosion ihn geweckt habe, und dass es noch immer dunkel gewesen sei, als man das Schiff verlassen habe. 90 Meilen vor Dakar ging um 6.26 Uhr Ortszeit die Sonne auf. Es war offenkundig, dass Georgoulis seine Beobachtung erfunden hatte.

Wenn die Polizei drei Augenzeugen eines Autounfalls vernimmt, weiß sie aus Erfahrung, dass sie wahrscheinlich sehr unterschiedliche und manchmal sogar widersprüchliche Beobachtungen gemacht haben oder gemacht zu haben glauben. Dass sich jedoch zwei Hauptakteure im Drama um die *Salem* in einem so wesentlichen Punkt widersprachen, war das erste von vielen Details, die das Misstrauen der Ermittler erregten.

Doch zurück zu unserer Geschichte: Als der Chefingenieur in den Maschinenraum stürmte, stellte er fest, dass der erste Maschinenassistent aus eigenem Entschluss alle Maschinen gestoppt hatte. Man würde nun ein paar dramatische Einzelheiten aus dem Mund des bedauernswerten Mannes erwarten, der, zu Tode erschrocken und rußgeschwärzt, Verbrennungen davongetragen haben oder zumindest halb taub sein musste von einer Explosion, die so laut war, dass sie Besatzungsmitglieder in entfernten, weit über der Wasserlinie liegenden Bereichen des Schiffs geweckt hatte. Weit gefehlt! Er berichtete dem Chefingenieur lediglich von einem Wassereinbruch im vorderen Teil, wo ein Schott den Pumpenraum vom Maschinenraum abtrennte.

Nach einem eiligen Besuch auf der Brücke, wo er Bericht erstattete und das Problem schilderte, stürzte Kalamiropoulos wieder unter Deck. Die Lage im Maschinenraum spitzte sich zu. Er berichtete Georgoulis, dass das Schiff weiter Wasser machte, obwohl alle verfügbaren Pumpen arbeiteten. In seiner kurzen Abwesenheit sei das Wasser weiter um einen Meter gestiegen. Wenn der unter

Deck und weit achtern befindliche Maschinenraum erst einmal überflutet ist, sinken viele Schiffe ziemlich schnell. Dies gilt mit Sicherheit für Frachter, doch die *Salem* war ein anderer Fall.

Die Hiobsbotschaften ließen den Kapitän um die Sicherheit seiner Leute bangen. Wo es *eine* Explosion gegeben hatte, waren weitere zu befürchten. Diesem Risiko wollte er die Crew nicht aussetzen. Und so befahl er: *Alle Mann von Bord.* Nach einer Explosion mit einem sinkenden Tanker konfrontiert, stieg die Crew in die Rettungsboote. Bei Tagesanbruch (aber noch bei Dunkelheit!) kauerte sie in den beiden Booten neben dem riesigen Tanker. Doch er machte keine Anstalten zu sinken. Rings um sie erstreckte sich der leere Ozean. Georgoulis und Kalamiropoulos saßen mit neun anderen in einem Boot, und der Obermaat befehligte das andere mit zehn Männern.

Keines der Schiffsdokumente wurde gerettet, nicht einmal das Logbuch – angeblich weil die Zeit zu knapp war, um es von der Brücke zu holen. Dafür aber hatte der Obermaat – wie praktisch! – alle Pässe dabei. Wie er den Ermittlern später erklärte, habe er sie wegen eines bevorstehenden Tankstopps eingesammelt! Das war nicht der wahre Grund, klang aber plausibel. Pässe sind wichtig, um nach einer Havarie und der Rettung zügig reisen zu können. Aber die Bergung des Logbuchs hat natürlich Vorrang – es sei denn, es könnte einige unangenehme Fragen aufwerfen!

Und der Funkoffizier Evangelides? Er behauptete später, er habe vom Schiff aus einen Hilferuf abgesetzt und dabei die Position des Schiffes 120 Meilen südwestlich von Dakar angegeben, aber keine Antwort erhalten. Später, als sie im Rettungsboot saßen und in Sichtweite der reglosen *Salem* in der Dünung schaukelten, will er verzweifelt Notrufe gefunkt haben. Bis 8.00 Uhr will die Crew weitere Explosionen an Bord gesehen und gehört haben, doch die verzweifelten SOS-Rufe blieben unbeantwortet. Stunde um Stunde verging, und kein Rettungsschiff nahte. Niemand reagierte auf ihre Hilferufe. Und vor ihnen klebte der Tanker mit irritierender Beharrlichkeit an der Wasseroberfläche.

Die Crew schmachtete unter der tropischen Sonne bei Temperaturen von über 30 Grad und verschlang. Berge von Sandwiches. Um sie herum stapelten sich gepackte Koffer und persönliche Gegenstände, und dies passte überhaupt nicht zum Bild einer überstürzten Flucht von einem explodierenden Öltanker mitten in der Nacht. Wäre an der Geschichte, die sie den Ermittlern später auftischten, etwas Wahres dran gewesen, so wären sie zu den Booten gestürzt, ohne an persönliche Fotos, Wertsachen oder Kleider zu denken oder gar ihre Koffer zu packen. Ein Brand auf einem Öltanker ist eine Katastrophe, die keine Zeit für solche Dinge lässt.

Es wurde Nacht. Der 17. Januar kam. Doch der 214 000-Tonnen-Tanker wollte partout nicht sinken. Er schwamm, obwohl Wasser den Maschinenraum überflutete. Wie bei der offiziellen Untersuchung ans Licht kam, hatte man die Überflutung dadurch herbeigeführt, dass man Teile des Schiffsgerippes entfernt hatte, doch die Offiziere hatten das Tempo des Sinkvorgangs falsch eingeschätzt.

Captain Alister Crombie, ehemals Trinity-House-Pilot, bevor er zu den Liberian Services ging, gehörte der dreiköpfigen Kommission an, die mit der Untersuchung des Falls betraut wurde. Wie er sich heute erinnert, holte er im Zuge seiner Ermittlungen beim Lloyd's-Schiffsregister ein Gutachten ein. Daraus ging hervor, wie schwierig es war, ein Schiff wie die *Salem* durch Fluten des Maschinenraums zu versenken. Nach Meinung der Experten «konnte das Schiff unter keinen Umständen ohne beträchtliche Flutung der Ladetanks sinken». Die aber waren angeblich mit Öl gefüllt, das für Shell bestimmt war. So entlarvte das Gutachten erstmals die

Lügen der Offiziere, die den Abstecher nach Durban beharrlich geleugnet hatten.

Crombie beschloss weiterzuermitteln. «Man war daran interessiert, Schiffe am Schwimmen zu halten, und nicht, sie absichtlich zu versenken. Also wandte ich mich an meinen Freund Captain Alec Thompson von Gulf Oil in Houston. Er ist dort Superintendent. Er erlaubte mir, den Untergang eines solchen Supertankers zu simulieren. Ich lieh mir ein Buch über Stabilität und brachte das Schiff zum Sinken, indem ich den Ladetank voll pumpte und gleichzeitig den Hauptkreislauf zum Maschinenraum hin öffnete. Dazu musste man ein Einlassventil am Schiffsboden im Achterschiff öffnen. Ich war überrascht, dass es mir gelang, aber alles ging sehr langsam, und das Heck sank zuerst.» Noch heute, im vorgerückten Alter, macht Crombie ein enttäuschtes Gesicht. «Bedauerlicherweise wurde ich, wie sich zeigte, nie nach meinen Tests gefragt.» Aus Gerichtsakten in Houston geht jedoch hervor, dass er seine Theorie über die Ursache des Schiffsuntergangs bei seiner, wie es heißt, *eindrucksvollen* Aussage darlegte.

Offensichtlich hatten Kapitän und Chefingenieur erwartet, dass das Schiff schneller untergehen würde. Sie hätten gefahrlos noch weitere 24 Stunden an Bord bleiben können. Solange die *Salem* schwamm, war Rettung unerwünscht. Aus diesem Grund wurden in dieser Phase in Wahrheit gar keine Notrufe abgesetzt. Als der zweite Tag graute und die jungen Tunesier und Griechen zusammengedrängt zwischen ihren Fernsehgeräten und Transistorradios hockten, dämmerte ihnen wohl, dass ihr Schweigegeld doch nicht so leicht verdient war. Wer von den Leuten im Rettungsboot um vier Uhr morgens schlief, den weckte angeblich eine zweite Explosion. Nach Aussage des Kapitäns erloschen die Positionslichter. Dunkelheit lag über der *Salem*.

Unwillkommene Rettung Am Morgen des zweiten Tages gab es erste Anzeichen dafür, dass das stolze Schiff den Kampf verlor. Das Heck sank, aber noch immer nicht schnell genug. Die Sonne war gerade glutrot im Osten über Afrika heraufgestiegen, als die Angelegenheit eine höchst unwillkommene Wendung nahm. Rettung stand noch nicht auf der Tagesordnung der Crew, und doch tauchte plötzlich und zu ihrem Leidwesen Hilfe auf. Ihr Plan konnte nur gelingen, wenn der Tanker ohne Zeugen sank – und folglich niemand ihre spätere Darstellung der Explosionen und Vorgänge an Bord widerlegen konnte. Nun aber nahte aus der leeren Weite des Atlantiks der Tanker *MV British Trident*. Er hatte gerade seine Tanks gereinigt, als ein wachhabender Offizier das Schiff gesichtet hatte, das, obgleich man keinen Notruf aufgefangen hatte, ganz offensichtlich in Seenot war. Erst nach geraumer Zeit erhielt der Funker Antwort aus dem Rettungsboot. Evangelides hatte keine andere Wahl mehr gehabt. Schweren Herzens musste er antworten. Zum ersten Mal benutzte er das Funkgerät.

Die Verschwörer hatten Pech. Ein paar Stunden später, und die *Salem* hätte auf dem Meeresgrund gelegen. Kein Zeuge hätte den Zustand des Schiffes beschreiben können. Und niemand hätte sagen können, dass das Schiff keinerlei Spuren einer Explosion aufwies. So aber hatten sie nun lästige Zeugen am Hals, die von der *British Trident* aus zusahen und sich alles notierten, was sie sahen. Und was sie notierten, deckte sich nicht mit den späteren Aussagen der Crew.

Natürlich behauptete der Funkoffizier der *Salem*, er habe unablässig Notrufe abgesetzt, doch in Wahrheit hatte er Überstunden erst vorgesehen, wenn der Ozean alle Beweise verschluckt hatte. Evangelides war bereits 1975 beim Untergang des Frachters *Brilliant* dabei gewesen, als Hilferufe gar nicht oder zu spät gesendet worden waren. Im Auftrag der liberianischen Behörden vernahm Crombie einen Monat später einfache Besatzungsmitglieder mit Hilfe eines Dolmetschers. Ihre Darstellung der Ereignisse war anschaulicher – sie berichteten von Flammen, Rauch und Feuer im Bug. Doch als die *British Trident* sich näherte, war von einem Brand auf dem Schiff keine Spur zu sehen. Der zweite Maat der *Salem* berichtete von einer «schweren Explosion», die sich angeblich am 17. Januar gegen zehn Uhr ereignete. Kein Besatzungsmitglied der *British Trident* bemerkte etwas davon. Auch sah keiner irgendwelche Beschädigungen, als sie näher an den Supertanker heranfuhren. Verständlicherweise erregte ein in Seenot geratenes Schwesterschiff, dessen Crew in den Booten saß, bei ihnen höchstes Interesse. Da aber weder Brand- noch Explosionsschäden zu erkennen waren, standen sie vor einem Rätsel.

Robert Taylor, der Kapitän der *British Trident*, berichtete, dass er die *Salem* am 17. Januar um 10.50 Uhr gesichtet und bemerkt habe, dass sie am Heck sank. Taylor, ein freundlicher Nordire und bereits jenseits der fünfzig, war ein sehr erfahrener Seemann. Er hatte auf See schon so manches erlebt, aber so etwas war ihm noch nicht untergekommen. Nicht etwa die *Salem*, sondern *sein* Schiff hatte als erstes versucht, Kontakt aufzunehmen. Und es hatte 20 Minuten gedauert, bis es aus dem Rettungsboot Antwort bekommen hatte. Vermutlich hatte Georgoulis gehofft, der britische Tanker werde weiterfahren, wenn er per Funk nicht um Hilfe ersucht werde. Seine Hoffnungen zerstoben, als die *Trident* näher kam und sie unweit des verlassenen Schiffes an Bord nahm.

Als Robert Taylors Crew Gelegenheit hatte, die *Salem* genauer in Augenschein zu nehmen, neigte sie sich noch stärker. Der Bug hob sich aus der See, ehe sie unter der Oberfläche verschwand und ihre lange Reise zum Meeresgrund antrat. Sie sank genau zu dem

Zeitpunkt, den Crombie bei seiner Simulation als realistisch ermittelt hatte. Noch etwas anderes machte Taylors Crew misstrauisch. Die Schiffbrüchigen trugen alle Zivil und hatten Koffer dabei. Sie erinnerten mehr an Touristen eines Charterflugs als an Seeleute, die mit knapper Not dem Tod auf einem explodierenden Tanker entronnen waren.

Die Crew wurde samt ihrer ordentlich gepackten Habe nach Dakar gebracht. Während ihres dortigen Aufenthalts reiste jemand aus Griechenland an und zahlte sie aus. Alle bis auf Georgoulis und Kalamiropoulos durften den Senegal verlassen und nach Europa ausfliegen. Die Republik Liberia wollte noch Fragen beantwortet haben. «Wir waren beide sauer und enttäuscht», so Crombie, «als die Besatzung den Senegal verlassen durfte. Wir hatten einen Schauprozess aufziehen wollen, und jetzt hatten wir keine wichtigen Zeugen mehr.»

Der Untergang der *Salem* am 17. Januar 1980 machte Schlagzeilen. Die Nachricht, dass ein riesiger Tanker explodiert und mit einer wertvollen Ladung Öl untergegangen war, erregte eine Aufmerksamkeit, die weit über den simplen Eintrag ins Tagebuch im Londoner Lloyd's Building hinausging. Versicherer, Befrachter, Juristen, Makler und Ermittler wurden aktiv. Es kam vor, dass Schiffe sanken. Es *konnte* sich um ein echtes Unglück handeln. Und in den allerersten Berichten wurde auch kein Verdacht geäußert. Doch bei einem Schiff, das für 24 Millionen Dollar versichert war und Öl im Wert von 56 Millionen Dollar geladen hatte, war eine Untersuchung unausweichlich.

Die liberianische Kommission nahm sofort die Arbeit auf, doch auch andere ermittelten. Das FBI, Scotland Yard, die niederländische Polizei und die griechischen Behörden, sie alle waren an einer Klärung interessiert. Und man kann sich auch vorstellen, wie die Südafrikaner stutzten, als sie von dem Untergang erfuhren, und wie ihnen Augenblicke später dämmerte, dass sie gestohlenes Öl gekauft hatten. *Kein Wunder, dass es so billig gewesen war!* David Bruce vom Londoner Büro der Liberian Services befragte die Besatzung der *British Trident*. Ihre Auskünfte und Ansichten erregten besonderes Interesse. Zwar war keiner von der *Trident* an Bord der *Salem* gegangen, doch auch so hatte sich Kapitän Taylor über vieles gewundert. Unter anderem hatte er eine Liste von den Gegenständen anfertigen lassen, die man in den Rettungsbooten vorgefunden hatte. Dazu Eric Ellen:

«Vom Schiff waren 151 ungewöhnliche Gegenstände gerettet worden, die Koffer nicht mitgerechnet. Kein Wunder, dass Georgoulis Misstrauen erregte. Es gab keine sichtbaren Spuren einer Explosion oder eines Brandes. Wertvolle Navigationsinstrumente wie ein Sextant waren ebenso mitgenommen worden wie Pinsel, Brecheisen, Schraubenzieher, Schraubenschlüssel und Schlauchschellen. Sogar ein Grapefruitmesser war gerettet worden! Nur für die Bergung des Logbuchs hatte die Zeit nicht mehr gereicht! Dass diese Gegenstände nach einer Explosion und Überflutung von einem Öltanker geborgen worden sein sollen, war nicht zu fassen. Ein schwerer Brand oder eine Explosion auf einem Tanker ist eine furchtbare Sache! Da bleibt kaum noch Zeit, wenn überhaupt, etwas zu retten. Da geht's nur noch ums nackte Leben.»

In Taylors Augen deutete alles auf eine geordnete Ausschiffung und nicht auf eine überstürzte Flucht hin. Diese nützlichen oder wertvollen Gegenstände mussten früher, in Erwartung der geplanten Ereignisse, in den Rettungsbooten verstaut worden sein. Dies war ein schwerer Fehler. Georgoulis hätte die Diebstähle niemals zulassen dürfen. Aber es gab noch einen weiteren Grund zur Skepsis. Robert Taylor und seine Offiziere wollten nicht glauben, dass das Schiff voll beladen gewesen sei. Wo war der große Ölteppich? In Durban hatte man 15 000 Tonnen an Bord behalten, vermutlich um einen Ölteppich oder ein Auslaufen vorzutäuschen, aber Taylors Leute blieben unbeeindruckt. Wenn nahezu 200 000 Tonnen Öl ausliefen, so hinterließ das deutlichere Spuren.

Zwei Monate später hatten Detektive von Scotland Yard unwiderlegbare Beweise dafür zusammengetragen, dass das Schiff Durban angelaufen hatte. Ihre Recherchen führten sie in die Schweiz und nach Südafrika. Allerdings erhielten sie nicht die erhoffte Unterstützung. Bitten um Einsicht in Dokumente, die das Geschehen erhellen konnten, wurden von der südafrikanischen Regierung abgelehnt. Unverdrossen setzten sie ihre Ermittlungen fort und misstrauten allem, was mit Liberia zu tun hatte – «selbst der liberianischen Untersuchungskommission», erinnert sich Crombie. Außerdem hatten Londoner Anwälte im Auftrag von Schiffsversicherern fleißig erhellende Aussagen aufgenommen. So schilderte ein Besatzungsmitglied, wie große Platten und Lukendeckel entfernt worden waren, damit Wasser in den Maschinenraum eindringen konnte. Allerdings schloss Crombie aus, dass der Tanker auf diese Weise hätte versenkt werden können.

Der Schiffskoch, der bestritt, von der bevorstehenden Versenkung gewusst zu haben, machte eine besonders interessante Aussage. So lautete die Frage an ihn sinngemäß: «Sagen Sie mir, wann Ihnen klar geworden ist, dass das Schiff versenkt werden sollte. Ist Ihnen etwas Ungewöhnliches aufgefallen?» Und die vielsagende Antwort des Kochs: «Nein, ich wusste nichts von einer geplanten Versenkung. Komisch war nur, dass ich von der Brücke den Befehl erhielt, kein Abendessen zu kochen, sondern nur Sandwiches zu machen. Der Grund wurde mir erst klar, als ich im Rettungsboot saß und welche aß.»

So kam die Wahrheit ans Licht. Theoretische Gutachten zu der Frage, wie das Schiff untergegangen war, wurden nun durch Zeugenaussagen untermauert. Nicht von ungefähr wollte Georgoulis niemanden in der Nähe seines Schiffes haben, als es langsam unterging. Das Fehlen von Brand- und Explosionsschäden war verräterisch. Und bei ihren weiteren Ermittlungen unter Captain Crombie stießen die Liberianer auf die verhängnisvolle eidesstattliche Erklärung im Zusammenhang mit dem New Yorker Rechtsstreit. Die geheimen Klauseln des Vertrags gerieten ins Scheinwerferlicht der Öffentlichkeit.

Die letzten Zweifel daran, dass man die Ladung umgeleitet und in Durban gelöscht hatte, waren nun ausgeräumt. Leugnen war zwecklos. Sowie der Öldiebstahl bewiesen war, lag auch auf der Hand, warum man die *Salem* versenkt hatte. Soudan hatte mit seiner eidesstattlichen Erklärung den Rechtsstreit gewinnen wollen, damit aber eine Lunte an das Pulverfass gelegt, auf dem er selber saß. Die Hintermänner gingen in Deckung, und überall griff die Polizei ein.

Soudan in Not Fred Soudan erfuhr sofort von dem Untergang, doch sein verzweifelter Besuch bei der Bank in Houston kam zu spät. Das Schiff war nicht mehr zu beleihen, der Riesenkredit war flöten. Bis zum 17. Januar hatte er sich mit anderen Plänen getragen. Er habe die Absicht gehabt, so behauptete er, weitere sechs Ladungen nach Südafrika zu liefern. Zu der Zeit hatte Soudan, was die SFF anging, einiges vorzuweisen. Immerhin hatte er pünktlich Öl in der richtigen Qualität und Menge geliefert. Dass das Öl Shell gehört hatte, wusste die SFF noch nicht, als er die Verhandlungen mit ihr fortsetzte. Reidel trat dabei nicht in Erscheinung. Möglicherweise hatte Soudan die Absicht, seine Geschäfte künftig ohne ihn abzuwickeln.

Am 18. Januar müssen die Südafrikaner begriffen haben, dass sie getäuscht worden waren. Aber machten sie Soudan dafür verantwortlich? Ist seine Behauptung, man habe ihn als gutgläubigen Trottel benutzt und zum Sündenbock gestempelt, glaubhaft? Sie ist es, offen gesagt, nicht. Soudan muss vom Diebstahl des Öls gewusst haben. Und er muss, trotz gegenteiliger Beteuerungen, von der Versenkung gewusst haben. Er war in jeder Phase des Verbrechens Mittäter – aber er war zu keinem Zeitpunkt der Kopf. Der Februar kam, und auch als weitere Monate ins Land gingen, tat Soudan etwas ganz Bestimmtes nicht. Oxford Shipping hatte eine hohe Versicherungsprämie für den Tanker bezahlt, und nun war der Versicherungsfall eingetreten. Soudan hatte jedes Recht der Welt, seine Ansprüche geltend zu machen. Sein Schiff war mit 24 Millionen Dollar versichert gewesen, was in etwa dem Londoner Marktniveau entsprach, auch wenn es nur für die Hälfte gekauft worden war. Aber Fred Soudan steckte, und nicht zum ersten Mal, in der Klemme – was er auch tat, es drohte Ungemach. Ein ehrlicher Reeder, dessen Schiff gekapert wird oder sinkt, bittet die Versicherung selbstverständlich zur Kasse. Tut er es nicht, setzt er sich dem Verdacht aus, mit dem Untergang etwas zu tun zu haben. Anklage wegen Versicherungsbetrugs konnte nur erhoben werden, wenn Soudan in die Versenkung des Schiffs verwickelt war *und* Forderungen geltend machte. Doch Versicherer, Polizisten und Makler in London warteten vergeblich. Er erhob keine Forderung. Sehr zum Leidwesen der Juristen, die darauf brannten, sich das Kleingedruckte im Versicherungsvertrag vorzunehmen und die Zahlung zu verweigern.

Es gibt zwar keinen gesicherten Beweis dafür, doch aller Wahrscheinlichkeit nach wussten die Hintermänner, dass aufgrund des fehlenden Kapitänspatents keine Versicherungsansprüche geltend zu machen waren und dass es vielversprechender war, durch Beleihung des Schiffs an Geld zu kommen. Aber in dieser Hinsicht war ihnen die Zeit davongelaufen. Obwohl jeder Versuch unterblieb, die Versicherungssumme zu kassieren, trug Scotland Yard genug Beweise gegen Soudan und andere zusammen, und im August 1980 wurden im Rathaus der City von London Haftbefehle ausgestellt gegen Soudan, Reidel, Johannes Locks (auch bekannt als Bert Stein) und Dimitrios Georgoulis, den Kapitän des Schiffes. Die beiden Anklagepunkte lauteten auf kriminelle Verschwörung mit dem Ziel, den Tanker *Salem* zu versenken sowie britische Untertanen, die das Fahrzeug zur Beförderung von Öl benutzen wollten, zu täuschen und das Öl nach Südafrika umzuleiten. Es kam nie zu einem Verfahren. Soweit bekannt, ist keine der vier genannten Personen jemals nach Großbritannien eingereist und verhaftet worden. Und vielleicht war es genau das, was Scotland Yard beabsichtigt hatte.

An den Haftbefehlen ist ein weiterer Aspekt bemerkenswert. Abgesehen davon, dass Beets Trading, Oxford Shipping und American Polomax im Zusammenhang mit dem zweiten Anklagepunkt genannt werden, ist darin von einem Komplott mit «*Dritten*» die Rede. Zweifellos hatte die britische Polizei eine ziemlich genaue Vorstellung, wer diese Dritten waren, zu denen auch die Drahtzieher zählten, aber sie hatte keine oder keine hinreichenden Beweise, um sie beim Namen zu nennen.

Südafrika im Rampenlicht Die Umgehung des Ölembargos war für Südafrika lebensnotwendig, aber wie es umgangen wurde, galt als so geheim, dass die Veröffentlichung von Details strafrechtlich verfolgt wurde. «Ja, ich bekam deswegen eine Menge Scherereien», bestätigt Ellen heute mit einem Lachen. «Aber damals war das gar nicht lustig. Jeremy Paxman hatte 1980 für das BBC-Magazin Panorama einen glänzend recherchierten Bericht über die *Salem* gedreht. Ein paar Versicherer luden mich nach Südafrika ein, um den Film zu zeigen und über Kriminalität auf See zu sprechen. Ich bekam von der südafrikanischen Botschaft und der Polizei eine Genehmigung. Nach der Vorführung gab es in der Presse Schlagzeilen wie *Warum wurde der Skandal-Film gezeigt?* Das war vielleicht ein Aufruhr. Der zuständige Minister stritt ab, dass ich eine Genehmigung hätte, und wies das Sittendezernat an, den Film zu beschlagnahmen. Obwohl mir Freunde von der südafrikanischen Polizei versicherten, dass es keine Probleme geben würde, ließ ich von meiner schriftlichen Sendegenehmigung Kopien anfertigen und flüchtete übers Wochenende von Johannesburg aufs Land. Bei meiner Rückkehr beschloss ich, den Film der Polizei zu übergeben und das Land zu verlassen. Der Druck war einfach zu groß. Zurück in London, protestierte ich gegen die schlechte Behandlung und hatte damit Erfolg: Die Regierung in Pretoria versprach, ihre Rolle einzugestehen, wenn ich zurückkehrte und den Vortrag wiederholte. Ich willigte ein, machte aber zur Bedingung, dass sie bei künftigen Ermittlungen kooperierte und Beweise beibrachte. Scotland Yard und andere hatten im Land nämlich nicht die erforderliche Unterstützung gefunden. Ich hielt meinen Teil der Abmachung, doch als aus Südafrika Beweismaterial gebraucht wurde, insbesondere für Strafverfahren in den Niederlanden und USA, blieb diese Hilfe abermals aus.»

Je mehr Fakten ans Licht der Öffentlichkeit kamen, desto mehr geriet die SFF in Südafrika unter Druck. Mit einem Mal stand das Team, das sich als eine Art Geheimdienst verstand, ziemlich dumm da. Die zweifelhaften Methoden, mit denen das Embargo unterlaufen wurde, gerieten in die Schlagzeilen. War die Wahrheit dem südafrikanischen Volk bislang vorenthalten worden, weil die strengen Gesetze Publikationen über solche Importe verhinderten, so waren die Medien der übrigen Welt umso versessener darauf, alles ans Licht zu zerren. Ein südafrikanischer Anwalt erinnert sich an die merkwürdigen Vorgänge in seinem Land zu der Zeit: «In einem anderen Fall erstatteten wir Anzeige wegen einer Ölkatastrophe, verursacht durch einen nicht vorhandenen Tanker, dessen nicht vorhandene Ladung in Öltanks abgepumpt wurde, die als Sanddünen getarnt waren!» Die Regierung in Pretoria hatte nur wenige Freunde im Ausland, vor allem nicht in den Medien, und so rauschte es kräftig im Blätterwald, als Shell wegen des Diebstahls seiner Ladung in London Anzeige erstattete.

Die OPEC-Staaten hatten vereinbart, Südafrika kein Öl zu liefern, aber Kuwait war an keiner Vereinbarung über diese Lieferung nach Durban beteiligt und verstieß daher nicht gegen seine Verpflichtungen gegenüber der OPEC. In den Papieren stand ein Zielhafen in Italien. Der Diebstahl einer Ladung war nur eine Möglichkeit, das Embargo zu unterlaufen. Eine weniger ausgefallene Methode bestand darin, sich einen OPEC-Staat zu suchen, der die Dinge *flexibler* handhabte – einen Staat, der öffentlich Sanktionen befürwortete und heimlich das tat, was wirtschaftlich am besten für ihn war. Nehmen wir an, 20 Tanker werden mit jeweils 200 000 Tonnen Öl beladen. Nehmen wir an, dass dieses Öl den Papieren zufolge komplett gebunkert wird. Und nehmen wir weiter an, dass in Wahrheit jedes Mal fünf Prozent zu wenig abgeliefert werden.

Sowie alle Schiffe scheinbar voll geladen sind, stehen überschüssige 200 000 Tonnen für einen 21. Tanker zur Verfügung. Dieser heimliche, anderen Käufern gestohlene Vorrat brauchte in den Büchern des exportierenden Landes nicht aufzutauchen. Eine andere Methode, die angewandt wurde, war das Umladen des Öls von einem Schiff auf ein anderes. Die öffentliche Untersuchung konnte der südafrikanischen Regierung daher nicht recht sein. Sie erschwerte nur die nächsten Lieferungen.

«Der Fehler der südafrikanischen Käufer war», sagt Ellen, «dass sie bereitwillig glaubten, was Soudan ihnen erzählte. Der Sonderpreis hätte sie veranlassen müssen, weitere Erkundigungen über Soudan einzuziehen. Hätten sie sich etwas mehr Zeit genommen und die erforderliche Sorgfalt walten lassen, hätten sie sich nicht dazu verleiten lassen, gestohlenes Öl zu kaufen. Soudans Hochstapelei wäre vorher aufgeflogen. Sie waren die großen Verlierer, weil sie Shell Schadensersatz leisten mussten – zwar nicht den gesamten Kaufpreis, aber immerhin über 30 Millionen Dollar, zusätzlich zu der Summe, die sie durch Beets Trading für das Öl gezahlt hatten.»

Bei seiner Klage in England forderte Shell von seinen Versicherern Entschädigung für die 56 Millionen Dollar, die es Pontoil gezahlt hatte, abzüglich des von der SFF geleisteten Schadensersatzes. Aus dem Verfahren vor dem Handelsgericht, das im Februar 1981 in London begann, ging Shell mit seiner Lesart der Police als Sieger hervor. Dann kam der Fall vor das Berufungsgericht, dem kein Geringerer als Lord Denning, der Master of the Rolls, vorsaß, der wohl bemerkenswerteste englische Jurist der Gegenwart. Zusammen mit seinen beiden Richterkollegen gelangte er zu einem einstimmigen Urteil und sprach Shell das Recht ab, von den Lloyd's-Syndikaten Entschädigung zu verlangen. Nach Meinung des Gerichts hatten die Versicherer nur für das Öl aufzukommen, das sich bei der Versenkung der *Salem* noch an Bord befunden hatte, nicht aber für den Teil der Ladung, der in Durban gelöscht worden war, also den Löwenanteil.

Shell zog daraufhin vor das oberste Berufungsgericht im Land, das House of Lords – nicht zu verwechseln mit dem gleichnamigen Oberhaus, auch wenn es im gleichen Gebäude in Westminster untergebracht ist. Die fünf Mitglieder dieses Gerichts, die so genannten Law Lords, sind die bedeutendsten Richter in Großbritannien. Zur damaligen Zeit war das Verhältnis zwischen Lord Denning und den Richtern im House of Lords gespannt. Juristische Beobachter meinten bei Letzteren eine Neigung auszumachen, Entscheidungen von Dennings Gericht aufzuheben, da er allzu oft versuchte, *Gerechtigkeit* herzustellen, ohne das im englischen Rechtssystem dominierende und auf Präzedenzfällen beruhende Fallrecht gebührend zu berücksichtigen.

Hatten die Shell-Anwälte darauf gehofft, so wurden sie enttäuscht. Das House of Lords bestätigte die Entscheidung von Lord Dennings Gericht. Nach dem Gesetz war die Versicherung nicht verpflichtet, für den Verlust durch den Diebstahl in Durban aufzukommen. Shell blieb auf seinem Verlust sitzen. Auf eine Klage gegen Soudan hatte das Unternehmen aus praktischen Erwägungen verzichtet, da es im Falle eines Sieges ohnehin kein Geld bekommen würde.

Peinliche Enthüllungen Die gesamten neunziger Jahre hindurch schwelte der Konflikt um das kostspielige Fiasko in Südafrika weiter. Im Parlament wurden Fragen gestellt. Es hagelte Vorwürfe. Die Arbeit der Strategic Fuel Fund Limited wurde kritisch unter die Lupe genommen. Beteiligte packten aus. Vorwürfe der Bestechlichkeit und Inkompetenz wurden erhoben, häufig zu Unrecht. Einige alte Rechnungen waren noch offen. Man brauchte Sündenböcke. Die *Salem* spielte bei dem Hauen und Stechen keine zentrale Rolle, doch wie ein Geist tauchte sie immer wieder aus der düsteren Vergangenheit auf, die viele lieber vergessen hätten.

Hoffnungen auf eine restlose Klärung der Rolle Südafrikas haben sich nicht erfüllt. Gleichwohl lösten Vorwürfe, im Management der SFF sei es zu Unregelmäßigkeiten gekommen, eine aufschlussreiche Kette von Ereignissen aus. Eine vom damaligen Minister Penuell Maduna angeordnete Untersuchung der Tätigkeit der Gesellschaft *nach 1992* führte dazu, dass SFF-Chef Kobus Van Zyl suspendiert und dann unter Umständen entlassen wurde, die in der Öffentlichkeit großes Aufsehen erregten. Anfangs war von 180 Anschuldigungen gegen ihn die Rede, darunter auch Betrug. Fast alle erwiesen sich als haltlos. Doch bei diesen Angriffen auf einen ranghohen Staatsdiener ging es auch um die *Salem*.

Maduna behauptete, er habe einen Bericht über die Geschäfte der SFF in Auftrag gegeben, der gewisse Leute «in Verlegenheit bringen» werde. In einer Rede vor dem Parlament zitierte er aus einem handgeschriebenen Brief, der im Oktober 1994, also 14 Jahre nach der Versenkung, verfasst worden war. Er stammte von Kobus Van Zyl und war an Roy Pithey gerichtet, den Direktor des Central Energy Fund (CEF). Der darin erwähnte John Drake war Hauptgeschäftsführer von Shell Südafrika. Laut Sitzungsprotokoll hatte er folgenden Wortlaut:

«24.10.94 ROY. *Salem*. Wir (Shell und ich) haben Folgendes vereinbart:

1. Sie werden Ihnen ein Brief schreiben und die Angelegenheit darin erläutern. Ein Bote wird den Brief überbringen.

2. Wir werden ihnen sagen, was Sie mit dem Geld tun sollen. Im Hinblick auf Transparenz müssen wir einen Weg finden, bei dem die Herkunft des Geldes nicht enthüllt wird.
3. Wir haben Geheimhaltung vereinbart. Keiner wird irgendetwas verraten.
4. Wenn Sie einverstanden sind, können wir Minister Botha informieren. Dann können wir John Drake telefonisch danken (oder was auch immer). Bloß nichts Schriftliches. Wenn wir es so machen, bekommt Shell von oben die Bestätigung, dass wir das Geld haben, aber wir brauchen seine Herkunft in den Büchern nicht zu enthüllen.»

Jeder, der diesen Brief liest, wundert sich über diese Nacht-und-Nebel-Aktion zwischen so hoch gestellten Leuten. Was war da vor sich gegangen? Was stand in Drakes Brief an Roy Pithey, in dem «die Angelegenheit erläutert» wurde? Was war daran so geheim, dass eine Empfangsbestätigung von Minister Botha erforderlich war? Angesichts dieser diskreten und verschwörerischen Art musste eine größere Geldsumme von Shell an die SFF geflossen sein.

Offiziell hatte Shell für das seinerzeit gestohlene Öl rund 30 Millionen Dollar Schadensersatz von Südafrika bekommen. Aber warum zahlte der Ölriese nun einen Geldbetrag, sei er groß oder klein, heimlich an die SFF zurück? Als hätte er sich etwas zuschulden kommen lassen – wo er doch der Hauptleidtragende des Diebstahls war.

Der Rechnungshof setzte sich in einem Bericht mit den Vorwürfen gegen die SFF auseinander, auch mit dem Fall *Salem*. Als das Unternehmen Shell 1980 der SFF eröffnet hatte, dass das Öl in Wahrheit ihm gehöre, wurde dies von der SFF rundweg bestritten. Shell hatte stichhaltige Beweise, doch der harte Kurs, den die Südafrikaner fuhren, hatte Erfolg. Man einigte sich auf einen Kompromiss in Form einer schriftlichen Übereinkunft. Danach sollte Shell lediglich 30 Millionen Dollar erhalten, obwohl es 56 Millionen Dollar Verlust gemacht hatte. Punkt 6 der Übereinkunft betrifft künftige Eingänge. So vereinbaren die beiden Seiten, alle Einnahmen aus Schadensersatzzahlungen Dritter zu gleichen Teilen zu teilen.

So wie die Dinge 1980/81 lagen, war dies absolut vernünftig und ist es bis heute. Beide hatten verschiedene Möglichkeiten, von anderer Seite Entschädigungszahlungen zu bekommen. So erhielt Shell durch das House of Lords einen kleinen Schadensersatz von der Versicherung zugesprochen, auch wenn das Unternehmen im wichtigsten Punkt der Klage verlor. Ob davon nach Abzug der Prozesskosten noch etwas übrig blieb, ist nicht bekannt. Doch bei der geheimen Zahlung von Shell, die 14 Jahre später ans Licht kam, kann es sich nicht um Geld von der Versicherung gehandelt haben. Ob überhaupt irgendwelche Versicherungssummen von Shell geteilt und Jahre zuvor an die SFF gezahlt worden wurden, ist nicht bekannt. Es muss davon ausgegangen werden, dass Shell seine Versicherungssummen und die Südafrikaner das Öl behalten durften. Punkt 6 der Vereinbarung bezieht sich offenbar auf die verschwindend geringe Möglichkeit, jemals von Reidel oder Soudan eine Entschädigung zu erhalten. Ob irgendwelche anderen Gelder heimlich von Shell an die SFF geflossen sind, ist nicht bekannt.

Nach dem Bericht des Rechnungshofs handelt es sich bei dieser Zahlung von Shell, man höre und staune, um eine Entschädigung «vonseiten der Urheber des Betrugs». Welche Urheber hatten Shell Geld bezahlt? Soudan? Reidel? Aber dazu wurden keine Angaben gemacht. Die Summe, die Shell gemäß Klausel 6 bezahlte, war nicht groß – 6 784 754,33 Rand. Das mag viel erscheinen, doch es sind nur 1,9 Millionen Dollar – Peanuts, gemessen an den Verlusten, die beide Seiten erlitten hatten.

Die Einnahme wurde von den Südafrikanern unter *Saldanha Strategic Sales* zu den Akten genommen und in den Büchern für 1993/94 verbucht. Aber weshalb diese Geheimniskrämerei? Im Bericht des Rechnungshofs heißt es dazu: «Pithey beteuerte zu der Zeit, dass Shell eine öffentliche Debatte über die Angelegenheit wegen der Vorgänge um die *Salem* unbedingt vermeiden wollte.» So begründen SFF und CEF die Geheimhaltung, und vermutlich deckt sich ihre Erklärung mit der Position von Shell.

Der Rechnungshof rügte, dass der Eingang nicht korrekt zu den Akten genommen wurde. Doch es lag kein Betrug vor, nur eine irreführende Beschreibung. Die SFF behauptet, sie habe nichts zu verbergen gehabt. Wenn Pithey Recht hat, dann war es ironischerweise Shells Wunsch nach strikter Geheimhaltung, der zu einer öffentlichen Untersuchung führte, die viel genauer ausfiel, als eine so kleine Summe normalerweise gerechtfertigt hätte. Gerade diese Geheimhaltung erregt Verdacht und stößt auf Kritik.

Warum soll Shell solch eine an Verfolgungswahn grenzende Haltung an den Tag gelegt haben? Das Unternehmen hatte eine kleine Zahlung getätigt, zu der sie nach Klausel 6 eines vermutlich von Anwälten aufgesetzten Vertrags verpflichtet war. Hätten Shell-Aktionäre daran Anstoß genommen? Wohl kaum. Oder fürchtete man, dass die eigene Rolle in der *Salem*- Affäre noch einmal Themen werden könnte? War es denkbar, dass nun, da in Südafrika eine neue Regierung an der Macht war, der Fall *Salem* noch einmal aufgerollt wurde? Immerhin hatte die SFF dabei mindestens 30 Millionen Dollar Verlust gemacht, eine riesige Summe für ein Land, dessen Wirtschaft wegen der Sanktionen krankte. Im Bericht des Rechnungshofs wird die Position von Shell nicht erörtert.

Schließlich, im Oktober 1998, wurde Van Zyl entlassen, nachdem er von einem Disziplinarausschuss in vier von fünf Anklagepunkten für schuldig befunden worden war – wobei es in keinem Fall um Betrug ging. Van Zyl akzeptierte die Entscheidung nicht, doch was die *Salem* angeht, so hatte er nach Meinung des Ausschusses seine Pflichten verletzt. Und Shell wird wohl hoffen, dass die Akte *Salem* für immer geschlossen bleibt.

Der Prozess in Liberia Wie bereits erwähnt, wurde die Crew nach ihrer Bergung in die senegalesische Hauptstadt Dakar gebracht. Die Seeleute kassierten ihr Schweigegeld, verschwanden nach Europa und zerstreuten sich in alle Winde. Nur zwei blieben – Kapitän Georgoulis und Chefingenieur Kalamiropoulos. Ihre Pässe wurden eingezogen, aber nicht weil man sich im Senegal dafür interessiert hätte, wie oder warum die *Salem* gesunken war, sondern weil man im Fall einer Ölpest Schadensersatz wollte. Kam ihre Versicherung für Schäden im Senegal auf? Die beiden Offiziere waren das Faustpfand des Landes. Die liberianischen Behörden bestätigten, dass ein Versicherungsschutz bei etwaigen Ölschäden im Senegal bestand. Da die *Salem* jedoch hauptsächlich Meerwasser gebunkert hatte, blieben die Sandstrände und kleinen Fischerdörfer an der senegalesischen Küste von einer Ölpest verschont.

Der westafrikanische Staat Liberia mit seiner Hauptstadt Monrovia blickte auf eine lange Geschichte politischer Stabilität zurück. Er unterhielt enge Beziehungen zu Amerika, und Englisch war die Amtssprache. Noch enger wurden die Beziehungen zu den USA nach einem Besuch Roosevelts in Monrovia im Jahr 1943, bei dem der Präsident Geld für den Bau eines großen Hafens zusagte.

Zu den wichtigsten Einnahmen des Staates gehörten die Gebühren, die Reeder aus aller Welt für die Registrierung ihrer Schiffe bezahlten. Auch wenn es seltsam anmutete, dass Liberia eine der größten registrierten Handelsflotten besaß, so hatte es doch hart dafür gearbeitet, sich als Schiffsregister zu etablieren. In den USA operierte das Büro des Deputy Commissioner für Schifffahrtsangelegenheiten der Republik Liberia von New York und Reston bei Washington aus.

Länder wie Liberia, in denen Schiffe registriert werden können, stehen vor dem Problem, dass sie einen goldenen Mittelweg finden müssen. Einerseits dürfen sie, obwohl ein Dritte-Welt-Land, nicht nur den finanziellen Gewinn im Auge haben und alles und jeden, wie verdächtig auch immer, ohne genaue Inspektion registrieren, andererseits dürfen sie nicht so pingelig sein wie etwa Großbritannien oder Deutschland. Wie bereits erwähnt, war Captain Alister Crombie zu der Zeit, als die *Salem* ohne Inspektion registriert wurde, gerade dabei, die Arbeit seiner Behörde zu verbessern.

Der Untergang der *Salem* traf Liberia schwer in seinem Stolz, bestätigte der Vorfall doch seinen Ruf als Billigflaggenland – wie auch in der zynischen Einstellung zum Ausdruck kam, die Scotland Yard anfangs gegenüber der von Liberia eingesetzten Untersuchungskommission an den Tag legte, obwohl sie glänzende Arbeit leistete. Um dem entgegenzuwirken, musste der Untergang der *Salem* aufgeklärt und ein Verfahren eingeleitet werden. Nach der Havarie wollten Liberias Präsident und sein Justizminister demonstrieren, dass sie sich ihrer Verantwortung bewusst waren, und stellten einen Auslieferungsantrag für Kapitän Georgoulis und Chefingenieur Kalamiropoulos.

Bill Chadwick, ehemals in Reston tätig und heute pensioniert, war in Schifffahrtskreisen lange ein wichtiger Mann. 1944 hatte er an der Landung in der Normandie teilgenommen, als junger Matrose auf einem Schlachtschiff im Strandabschnitt Ohama. Er diente in der US Navy, bis er im Rang eines Captains seinen Abschied nahm. Ab 1977 arbeitete er für das liberianische Seeamt und spezialisierte sich auf Erdöltransporte. Seit seinem Ausscheiden aus dem liberianischen Dienst ist er als Schifffahrtsberater der International Registries aktiv geblieben.

Zu der Zeit, als die *Salem* unterging, leitete er die Ermittlungsabteilung in Reston, heute lebt er im ländlichen Virginia. Er erinnert sich noch gut, mit welcher Entschlossenheit die liberianische Untersuchungskommission ihren Pflichten nachkam: «Die FERIT-Untersuchung zu Schiffsversenkungen im Fernen Osten hatte gerade die skandalösen Verbrechen in der Schifffahrt in den Blickpunkt gerückt. Und nun bekam es Liberia mit einem Fall zu tun, bei dem allem Anschein nach der dreiste Versuch unternommen worden war, Öl zu stehlen und anschließend alle Beweise im Atlantik zu versenken. Da die *Salem* unter unserer Flagge lief, war es unsere Pflicht, weder Kosten noch Mühen zu scheuen und zu beweisen, dass unser Register nicht gewillt war, sich aus allem herauszuhalten und die Hände in den Schoß zu legen.

Doch obwohl wir uns redlich Mühe gaben, lief nicht alles so wie geplant. Wir setzten ein erstklassiges Team ein, bestehend aus Captain Alister Crombie, Deputy Commissioner für Schifffahrtsangelegenheiten, Captain Tzamtzis, einem Griechen aus unserem Büro für Schiffssicherheit in Piräus, und einem amerikanischen Juristen namens Kenneth Volk, und kamen bald dahinter, dass die Havarie nur Theater war. Das Crombie-Team empfahl, ein Strafverfahren einzuleiten, und ohne die dramatische politische Wendung wären die beiden Männer auch angeklagt und, wie ich annehme, verurteilt worden.»

Sein fröhliches Lächeln erlischt. Selbst nach 20 Jahren kommt der Frust noch durch. «Dann nahmen die Ereignisse eine dramatische Wendung – ganz unabhängig von der *Salem.* Ein junger Feldwebel namens Samuel Doe putschte, und alles änderte sich schlagartig.» Chadwick zuckt resigniert die Schultern. «Die ganze Arbeit war für die Katz. Unserem Zwischenbericht folgte nie ein Schlussbericht. Die Ermittlungen im Fall *Salem* wurden auf höhere Weisung offiziell eingestellt. Staatsstreiche sind in Afrika nicht ungewöhnlich, doch Liberia war bis dahin ein stabiler Staat gewesen. Der Putsch verlief erfolgreich. Feldwebel Doe wurde Präsident. Liberias Glaubwürdigkeit geriet in Gefahr. Der Vorteil geordneter politischer Verhältnisse war verspielt. Ausländische Banken gaben nur noch zögernd Kredite für Schiffe, die unter unserer Flagge liefen. Der neue Präsident belegte Schiffe mit hohen Steuern, um die Staatskassen aufzubessern. Das war kontraproduktiv und schreckte Reeder ab. Und was noch schlimmer war: Auf Does Befehl wurden auf einem Strand in Liberia mehrere Minister der Regierung an Pfähle gebunden und erschossen. Präsident Tolbert kam beim Putsch selbst ums Leben. Justizminister Joseph Chesson wurde hingerichtet.»

Was als Nächstes mit den beiden Schiffsoffizieren geschah, können auch Chadwick und Crombie nicht genau sagen. Es gab zwar Gerüchte über das, was in Monrovia vor sich ging, doch keiner von beiden will sich auf eine bestimmte Version festlegen, die er für glaubhafter hält. Verständlicherweise, denn es fehlen nach wie vor Informationen aus erster Hand. Es waren gefährliche Zeiten in Monrovia, und wer im fernen Reston weilte, hielt sich wohlweislich von einem solchen Blutbad fern.

Präsident Doe amnestierte eine große Zahl von Häftlingen, und in Monrovia herrschte Unklarheit, ob gegen die beiden Griechen

Anklage erhoben werden sollte oder nicht. Der bekannte griechische Anwalt George Alfantakis reiste an, um die Verteidigung seiner Landsleute zu übernehmen. Er wirkte auf den Präsidenten ein, und, wie sich im Juni 1980 zeigte, mit Erfolg. Doe ging nicht nur persönlich ins Gefängnis, sondern entschuldigte sich bei den beiden Männern sogar im Fernsehen für ihre *widerrechtliche Inhaftierung*. Später behaupteten sie, sie seien freigesprochen worden, doch das stimmte nicht. Es gab weder einen ordentlichen Prozess noch einen Freispruch.

Die Enttäuschung ist Chadwick anzusehen, als er sich an die Nachricht von ihrer Freilassung erinnert. «Sie können sich vorstellen, wie uns allen in Reston und New York zumute war. Wir hatten so viel getan und das Fundament für einen wichtigen Prozess gelegt.» Zwar gibt es keinerlei Beweise dafür, dass dem Präsidenten Bestechungsgelder angeboten wurden oder dass er welche annahm, doch kursierten damals entsprechende Gerüchte. George Alfantakis war einer von 21 Männern, die später bei einer Großrazzia gegen die Piräus-Mafia, wie die Medien sie nannten, verhaftet wurden, doch das bedeutet nicht, dass er Präsident Doe bestochen hat. Gleichwohl fand das Verfahren mit der Freilassung der beiden Offiziere ein unrühmliches Ende, und es dauerte geraume Zeit, bis die Glaubwürdigkeit Liberias wiederhergestellt war. Präsident Doe seinerseits wurde 1990 gestürzt und nach qualvoller Folter, bei der man ihm die Ohren abschnitt, ermordet. Einer der gegen ihn erhobenen Vorwürfe lautete auf Bestechlichkeit.

Die beiden griechischen Offiziere kamen frei, doch ihre Entlassung aus liberianischer Haft war nicht das Ende ihrer Probleme mit der Justiz. Das juristische Geschehen verlagerte sich nach Griechenland, in die Niederlande und die Vereinigten Staaten.

Die Vereinigten Staaten Nach anfänglichem Zögern rang sich das FBI zu einer Untersuchung durch. In Amerika hatte der Untergang der *Salem* nicht weiter Aufsehen erregt. Kein US-Bürger war umgekommen. Kein amerikanischer Investor hatte Dollars verloren. Der Präsident hatte den Fall nie erwähnt. Die wenigsten Amerikaner wussten überhaupt davon. Auslandsnachrichten werden, wenn sie nicht als Schlagzeilen auftreten, von den Menschen in Utah und Wisconsin kaum wahrgenommen. Das Interesse des FBI galt eigentlich nur der Rolle Fred Soudans, der sich vom Versicherungsvertreter zum Tankerkönig gemausert hatte.

Die Ermittlungen waren nicht einfach. Allerdings muss man dem FBI zugute halten, dass es sie, sowie die Beweislage eine Anklage rechtfertigte, mit Nachdruck vorantrieb. Vier Jahre nach dem Untergang der *Salem* wurde in Houston das Verfahren gegen Soudan eröffnet. Er wurde beschuldigt, das Öl gestohlen und die Versenkung des Schiffs geplant zu haben. Wer Soudan für den Kopf der Bande und den Hauptnutznießer des Verbrechens hielt, der mochte die Haftstrafe, die er bekam, für gerecht halten. Den anderen aber, die davon überzeugt waren, dass er nur benutzt oder manipuliert worden war, erschienen 35 Jahre Gefängnis zu hart.

Im Januar 1980 war bei Soudan mit einem Mal der Wohlstand ausgebrochen, und das Verhalten, das er seitdem an den Tag legte, forderte eine Strafverfolgung geradezu heraus. Obwohl er aus dem Ölverkauf vier Millionen Dollar eingestrichen hatte, versäumte er es, die Finanzbehörden über seine neuen Vermögensverhältnisse aufzuklären. Dies hätte vielleicht Sinn gemacht, wenn er ein bescheidenes und unauffälliges Leben geführt hätte. Er konnte ja schlecht zugeben, dass er das Geld mit gestohlenem Öl verdient hatte, und notfalls konnte ein cleverer oder gerissener Anwalt irgendeine Geschichte erfinden. Doch das war nicht Soudans Stil.

Zeige, was du hast, lautete seine Devise. Er kaufte sich ein großes Haus, einen teuren Wagen, warf das Geld zum Fenster hinaus – und rief damit die Steuerfahnder auf den Plan.

Auch James Shorrock, einer der Mittelsmänner, deren Dienste Soudan in Südafrika in Anspruch genommen hatte, wurde vom FBI des Diebstahls bezichtigt. Dies war ein kluger Schachzug. Die Amerikaner hatten zwar nur Soudan im Visier, setzten Shorrock dadurch aber unter Druck. Der Südafrikaner war für sie nur eine Randfigur, ein Bauer, den sie benutzten, um den König zu bekommen. Sie boten ihm Straferlass an, wenn er kooperierte und gegen Soudan aussagte. Aus Angst vor einer Verurteilung und langjährigen Gefängnisstrafe willigte Shorrock ein. Diese List brachte die Bundespolizei einen entscheidenden Schritt weiter. Der Südafrikaner bekannte sich schuldig und kam, unter Anrechnung der Untersuchungshaft, auf freien Fuß, wobei der Rest der Strafe auf Bewährung ausgesetzt wurde.

Im Oktober 1984 sah es auch für Soudan nach einer milden Strafe aus. Der Prozess, zu dem rund 60 Zeugen geladen waren, sollte im Januar beginnen und drei Monate dauern. Eine inoffizielle Absprache, die dem Gericht Prozesszeit ersparte, erschien aus der Sicht aller Beteiligten sinnvoll. Spekulationen in der Presse zufolge sollte Soudan nur den Diebstahl, nicht die Versenkung gestehen und dafür sechs Jahre bekommen, von denen er faktisch nur drei würde absitzen müssen.

Der Vorschlag wurde Richter Carl Bue hinter verschlossenen Türen im Bundesgericht zu Houston unterbreitet, doch er lehnte ab. Es kam nie zu einem Handel. Soudan musste sich in allen Anklagepunkten verantworten, und das vor einem Richter, der demonstriert hatte, was er von seiner Rolle hielt.

Bei dem Schwurgerichtsverfahren wurde Soudan der strafbaren Verabredung zur Versenkung der *Salem*, des Diebstahls und zahlreicher weiterer Vergehen für schuldig befunden. Die Staatsanwälte stellten Soudan als den Drahtzieher dar, als den führenden Kopf, das kriminelle Genie, das den größten Betrug aller Zeiten in der Schifffahrt ausgeheckt hatte. Alles in allem wurde er in 17 Punkten für schuldig befunden.

Interessant im Hinblick auf die abgekühlte Beziehung zwischen Reidel und Soudan war, dass der Niederländer zu seinen Gunsten aussagte, was in ihrer schwierigen und wechselhaften Beziehung einen neuerlichen Wendepunkt darstellte. Soudans Pech war, dass er ausgerechnet an Richter Bue geriet. Ehemals Jurist beim Marineamt und ein angesehener Vertreter seiner Zunft, wollte Bue ein deutliches Signal setzen, das Kriminellen in der Schifffahrt als Warnung diente.

Bevor jemand zu viele Tränen für Soudan vergießt, sei noch darauf hingewiesen, dass er sich längst wieder auf freiem Fuß befindet. 1988, drei Jahre nach seiner Inhaftierung, saß er in einem Gefängnis im texanischen Fort Worth, in dem Sicherheit nicht sehr groß geschrieben wurde. Er rief seine lateinamerikanische Frau an. Ihr Pick-up, dem Anlass entsprechend dunkel lackiert, fiel nicht auf, als er in der Nähe der Haftanstalt parkte. Fred Soudan, der ehemalige Versicherungsvertreter, spazierte zum Tor hinaus, stieg ein und ward nie mehr gesehen.

Seine Frau hatte zwei Flugtickets nach Madrid gekauft. Reiste er weiter in den Libanon, oder blieb er in Spanien? An der Costa Blanca und der Costa del Sol tummeln sich so viele Ausländer, dass ein Ehepaar wie die Soudans nicht auffällt. Speziell im weltoffenen Marbella, eine Autostunde von Gibraltar entfernt, kommen Amerikaner, Briten, Deutsche, Skandinavier und Spanier mit Tausenden von Arabern zusammen. Der saudi-arabische König besitzt dort einen Palast, der dem Weißen Haus in Washington nachempfunden ist. Viele Luxusvillen hinter der Stadt und an der Küste sind mit Petrodollars gebaut worden. Hier könnte Soudan mit falschen Papieren ein geruhsames Leben im Wohlstand führen, ohne groß aufzufallen.

Offiziell hat Amerika ein gewisses Interesse daran, Soudan zu fassen und ins Gefängnis zurückzubringen – Vorrang hat das allerdings nicht. Soudan bekam keine Geldstrafe aufgebrummt, doch das Gericht fror seine Auslandskonten ein, die er für unauffindbar gehalten hatte. Das Geld wurde eingezogen und an Shell und die Versicherung weitergeleitet. Der Löwenanteil war freilich in anderen Kanälen verschwunden. Nach Abzug aller Ausgaben blieben Soudan wahrscheinlich annähernd drei Millionen, und die wurden nie gefunden. Ob Geld von den aufgespürten Konten gemäß Klausel 6 des Vertrags mit Shell nach Südafrika floss, ist nicht bekannt. Die geheime Zahlung, die Van Zyl in Schwierigkeiten brachte, kam offenbar erst in den neunziger Jahren ans Licht.

Die Niederlande Da Anton Reidel niederländischer Staatsbürger war, versuchte auch die Justiz seine Landes, ihn juristisch zu belangen. Die Polizei nahm Ermittlungen auf, hatte aber mit den üblichen Problemen zu kämpfen, die bei grenzüberschreitenden Untersuchungen auftreten – Verzögerungen, Sprachbarrieren, verschwundenen Zeugen, unklaren Aussagen, Schwierigkeiten bei der Tatsachenfeststellung und Kompetenzstreitigkeiten. Besonders enttäuschend war, dass die südafrikanische Regierung das Ellen gegebene Versprechen nicht hielt und der holländischen Polizei die Unterstützung versagte. Erschwerend kam hinzu, dass Beets Trading eine Schweizer Firma war. Bei so vielen verschiedenen Ermittlern und Untersuchungen in unterschiedlichen Ländern war es schwierig, sich ein klares Bild zu machen und es juristisch überzeugend darzustellen.

Verdächtiges Verhalten und Taschenspielertricks allein sind in einem Kriminalfall noch kein Schuldbeweis. Die holländische Polizei wollte beweisen, dass *Reidel* der Drahtzieher bei dem Betrug war. Sie konnte ihm nicht nachweisen, dass er der Kopf war, und selbst der gefälschte Frachtbrief, der bei dem Betrug eine wichtige Rolle gespielt und Beets anstelle von Pontoil als Eigentümer ausgewiesen hatte, reichte nicht für eine sichere Verurteilung.

«Trotz Reidels Aussage war Soudan in Houston bereits als der große Drahtzieher dargestellt und verurteilt worden», erinnert sich Eric Ellen. «Reidel hatte dort ausgesagt, dass Soudan und er nur als Mittelsmänner einer griechischen Mafia fungiert hätten. Weite Teile der Weltpresse hatten Soudan als den eigentlichen Kopf dargestellt und sich damit der Ansicht der Anklage angeschlossen. Doch es gab Hinweise darauf, dass Reidel acht Millionen Dollar kassiert hatte und folglich eine wichtige Rolle gespielt haben musste. Dass die niederländische Polizei jedoch Reidel als Drahtzieher entlarven wollte, war übertrieben. Nach meiner festen Überzeugung war weder Soudan noch Reidel der Drahtzieher.»

Das niederländische Verfahren scheiterte. Jetzt war Griechenland an der Reihe.

Griechenland Ob Griechenland überhaupt eine Untersuchung durchführen würde, war zweifelhaft. «Kaum hatte das Bureau seine Arbeit aufgenommen, fungierte ich in dieser Affäre als Schwamm, saugte Informationen aus vielen Quellen auf und quetschte sie, wenn es zweckdienlich erschien, tröpfchenweise wieder heraus. Wir kooperierten eng mit verschiedenen Polizeiorganen und Behörden und ermunterten sie nach Kräften, Strafverfahren zu eröffnen. In Griechenland bot sich die günstige Gelegenheit, eine Anzahl von Personen zu verhaften und vor Gericht zu stellen. Nach dem Fiasko in Liberia und dem Fehlschlag in den Niederlanden war es meines Erachtens sehr wichtig, dass wir in Griechenland Verurteilungen erwirkten. Präsident Samuel Does Entschuldigung bei den beiden Schiffsoffizieren war eine Beleidigung für die Schifffahrt. Wir versuchten, Einfluss auf die griechische Regierung zu nehmen, und bei zahlreichen Gelegenheiten flog ich nach Athen, um Informationen zu liefern und Mut zu machen. Nach einem langwierigen und schwierigen Prozess nahm man endlich Verhaftungen vor und erhob Anklage.»

In Piräus wurde gegen eine Vielzahl von Personen ermittelt. Die Liste derer, gegen die schließlich Anklage erhoben wurde, füllte Seiten – Offiziere, Besatzungsmitglieder und Geschäftsleute. Die Folgezeit stand im Zeichen von inoffiziellen Absprachen, Rechtsbeschwerden, Nichterscheinen vor Gericht und allen typischen Merkmalen einer griechischen Tragödie oder Posse. Am Ende gab es Schuldsprüche und Freisprüche, einige Angeklagte wurden in Abwesenheit abgeurteilt.

SeaTrade Week veröffentlichte die Anklagepunkte im Mai 1983. Es handelte sich um vorgetäuschte Frachtdiebstähle und andere Betrügereien, die weit über den Fall *Salem* hinausgingen. Neben Georgoulis wurde Gregarios Makrygiorgios genannt, interessanterweise aber auch der scheinbar allgegenwärtige Anwalt George Alfantakis. Einer der Mitangeklagten hatte bereits zur vermeintlichen Rolle des Anwalts bei diversen früheren Frachtbetrügereien ausgesagt. Aber die Anklage brach in sich zusammen, als bei der Überstellung der Gerichtsakten von Piräus ins nahe Athen

174 hochwichtige Seiten abhanden kamen! Weder Alfantakis noch Makrygiorgios wurden verurteilt.

Ausländer wie Reidel und Locks (Bert Stein) mieden Griechenland klugerweise als Urlaubsziel und wurden in Abwesenheit verurteilt. «Ich habe im Rahmen meiner Ermittlungen mehrmals mit Locks telefoniert», erinnert sich Ellen. «Er blockte und stritt jede Mittäterschaft ab. Gegen Soudan wurde Anklage erhoben, doch der saß in einem texanischen Gefängnis und schmiedete Fluchtpläne. Als die Wogen sich glätteten und die Verurteilten hinter Gitter wanderten, blieb das Gefühl zurück, dass *ein paar* Schlüsselfiguren zu Recht verurteilt worden waren. Andere aber, einflussreiche, zum Teil und namentlich nicht genannte Männer, waren freigesprochen oder gar nicht erst angeklagt worden.

Das waren die Hintermänner. Sie wussten, dass der Tanker versenkt werden sollte. Mit ihrer genauen Kenntnis der Halbwelt von Piräus taten sie problemlos einen Experten wie Nikolaos Mitakis auf, der in der Lage war, eine entsprechende Crew zusammenzustellen. Diese Männer waren clever genug, andere die Sache ausbaden zu lassen. Sie selbst kamen ungeschoren davon. Angst und Geld versiegelten die Lippen. Bis heute genießen diese Schattenmänner auf den Sonnendecks ihrer Luxusyachten ihren Ouzo und lassen sich dazu von Lakaien Kanapees reichen. Sie können auch künftig leichtgläubige Spediteure betrügen und Kapital daraus schlagen, dass Frachtpapiere leicht zu fälschen sind. Für sie hat sich Verbrechen auf hoher See bezahlt gemacht.»

Kapitän Georgoulis, Chefingenieur Kalamiropoulos und Funkoffizier Evangelides wurden ebenso schuldig gesprochen wie nahezu alle griechischen Besatzungsmitglieder. Auch Mitakis wurde belangt, obwohl er kräftig auf die Tränendrüse drückte. «Clevere Anwälte gab es reichlich», so Ellen. «Die Griechen machten vor

Gericht abwesende Ausländer für die Versenkung verantwortlich – eine geschickte Art von *teile und herrsche*. Reidel wurde verurteilt, gewann aber später in der Berufung mit der Behauptung, dass er vor Gericht erschienen wäre und sich gegen die Vorwürfe verteidigt hätte, wenn man sich mehr Mühe gegeben hätte, ihn zu holen. Ein kühner und brillanter Schachzug seiner Verteidiger. Sie behaupteten, die griechischen Ankläger hätten ihn holen können, wenn sie auf seine Anwesenheit Wert gelegt hätten. Seine Adresse sei kein Geheimnis gewesen, und er habe nicht versucht, sich einer Festnahme zu entziehen – er habe es ihnen nur nicht zu leicht machen und nach Athen fliegen wollen.» Gegen Anton Reidel lag noch einiges vor für den Fall, dass er nach Griechenland einreisen sollte, doch heute, nach 20 Jahren, dürfte er wohl nicht mehr verurteilt werden, und so muss er als unschuldig gelten.

Frank Wiswall hat die Affäre aus der Sicht des liberianischen Seeamts verfolgt. «Ich habe keinen Zweifel, dass Soudan zu Recht verurteilt wurde, bin allerdings mit Eric Ellen der Meinung, dass er nicht die Schlüsselfigur war. Es gab Hintermänner. Ich kann es nicht beweisen, und halten Sie es meinetwegen für Spinnerei, aber ich glaube, dass Soudan wusste oder herausfand, wer wirklich dahinter steckte, und dass er um sein Leben fürchtete. Er stand vor der Wahl, im Gefängnis zu bleiben, wo er der Gefahr eines Anschlags ausgesetzt war, oder zu fliehen. Ich denke, er wird die Drahtzieher gewarnt und an einem sicheren Ort einen Umschlag mit ihren Namen hinterlegt haben. Der Umschlag wird geöffnet, falls er eines plötzlichen oder gewaltsamen Todes stirbt. Seitdem ist er sicher.» Ein abenteuerlicher Gedanke, vielleicht, aber er stammt von einem Mann, der dicht am Geschehenwar.

In Piräus war, wenn auch nicht in vollem Umfang, der Gerechtigkeit Genüge getan worden. Der Strafprozess war vorüber.

Eine zweite *Salem*? Die Versenkung der *Salem* leitete eine wichtige Entwicklung ein, denn sie machte auf besonders drastische Weise klar, wie dringend eine Institution wie das International Maritime Bureau gebraucht wurde. Sie verschaffte Eric Ellen unverhofften Rückenwind. «Meines Erachtens», meint er, «lief 1979 alles unaufhaltsam auf die Gründung des Bureau hinaus. Die *Salem* bewies einfach, dass ein dringender Bedarf bestand.»

Die Dreistigkeit des Betrugs und die Schwierigkeiten, mit denen Ermittler zu kämpfen hatten, wenn nicht weniger als acht Länder involviert waren, machten das Publikum für seine Argumente empfänglicher. Und so nahm das International Maritime Bureau, von der Internationalen Handelskammer in Paris ins Leben gerufen, am 1. Januar 1981 seine Arbeit auf. Ellen gab seine Dienstmarke als Chefkonstabler zurück und wurde Direktor des IMB.

Gewissermaßen aus dem Stand Glaubwürdigkeit zu erringen ist nicht leicht, doch Ellens guter Ruf sorgte dafür, dass das Bureau bald zum Kern der Affäre vorstieß. Die *Salem* war der Anlass, den Ellen gebraucht hatte. Hätte das Bureau bereits 1979 existiert, wäre die ganze Geschichte vielleicht anders verlaufen. Pontoil, Shell, die MercaBank und selbst Freunde der SFF (wenn auch sicherlich nicht die SFF selbst) hätten Namen und Werdegang von Leuten wie Mitakis, Georgoulis, Kalamiropoulos, Bert Stein, Soudan und Reidel überprüfen lassen können. Immerhin sollte diesen Männern ein wertvolles Schiff und seine Fracht anvertraut werden.

Captain Mukundan, Ellens Nachfolger, meint dazu: «Falls Kriminelle heute versuchen, einen Coup wie den mit der *Salem* zu wiederholen, so enthält die Datenbank des Bureau über viele in der Schifffahrt tätige Personen vertrauliches Material, das Mitgliedern helfen kann, die sich entschließen, die erforderliche Sorgfalt walten zu lassen. Ein Großteil unserer Arbeit besteht nach wie vor darin, die Schifffahrtswirtschaft dazu anzuhalten, ihre Geschäftspartner genauer anzusehen. Das Bureau hat auf diese Weise eine ganze Reihe seiner Mitglieder davor bewahrt, betrogen zu werden.»

Mittlerweile können neue technische Entwicklungen einen zweiten Fall *Salem* verhindern, meint Mukundan. «1999 haben andere Einrichtungen und wir ein neu in den Handel gekommenes Gerät namens *Shiploc* empfohlen. Es wird immer häufiger eingesetzt und dürfte eine wichtige Rolle spielen, weil es potenzielle Täter abschreckt und dazu beitragen kann, Kriminelle auf frischer Tat zu ertappen. *Shiploc* ist ein System, das mit Satellitenübertragung arbeitet. Der Reeder versteckt den Sender auf dem Schiff. Er kostet nur etwa 1000 Dollar und übermittelt regelmäßig den genauen Standort des Schiffes. Eigner und Makler können so an Land die Fahrt überwachen. Die eigentliche Zielgruppe sind zwar nicht Frachteigentümer wie Shell, doch es besteht kein Grund, warum sich Frachteigentümer nicht vertraglich das Recht zusichern lassen sollten, täglich Daten über den genauen Standort zu erhalten. Der merkwürdige Zeitverlust der *Salem* und ihr Abstecher nach Durban wären aufgefallen.»

Im Fall *Salem* ist Eric Ellen jedenfalls davon überzeugt, «dass die Hintermänner nicht eingesperrt worden sind. Wäre es nicht so schwierig, vor Gericht den Beweis anzutreten, könnte ich heute ihre Namen nennen. Wie so oft in der Polizeiarbeit sind die Anführer des organisierten Verbrechens auch in diesem Fall bekannt. Man braucht Zeit und manchmal auch Glück, um eine Verurteilung zu erwirken. John Gotti, der New Yorker Pate, war seit Jahren bekannt, bevor ihn das FBI wegen diverser Verbrechen hinter Gitter bringen konnte. So ist das auch hier.»

Vermutlich haben die Hintermänner sogar ein zweites Mal

nach gleichem Muster zugeschlagen. Seltsam erscheint jedenfalls der Untergang eines weiteren Tankers namens *Irenes Serenade* am 23. Februar 1980. Auch er hatte heimlich Durban angelaufen, bevor er sank. Und auch er hinterließ nur einen kleinen Ölteppich, obwohl er angeblich 100 000 Tonnen Rohöl gebunkert hatte. «Merkwürdig, nicht?», meint Ellen. «Nur fünf Wochen später, und doch konnte nie geklärt werden, ob zwischen diesem Schiffsverlust und der *Salem* ein Zusammenhang bestand. Ein Verdacht allein genügt nicht. Zu beweisen, was offensichtlich scheint, ist mitunter sehr schwierig.»

Ellens Bemerkung könnte ebenso gut auf eine andere Geißel des 21. Jahrhunderts gemünzt sein – den Terrorismus zur See, von dem im nächsten Kapitel die Rede sein wird. Die Fragen, die er aufwirft, sind, wie die Regierung Bush hat feststellen müssen, noch komplexer und noch schwieriger zu lösen. Kriminalität auf See kann weitgehend durch Maßnahmen eingedämmt werden, wie sie in diesem Kapitel diskutiert wurden. Terrorismus, der sich der Meere und der Schifffahrt bedient, erscheint alles in allem weit schwerer zu verhindern.

KAPITEL 2

Terroristen an Bord

Risikofaktor Meer

«Das Risiko eines terroristischen Anschlags auf ein Schiff ist relativ hoch. Solche Überfälle gibt es seit Jahren; sie werden auch weiterhin verübt. Aber erst jetzt beginnen Regierungen in aller Welt fieberhaft zu überlegen, wie man einen 11. September auf See verhindern kann.» Schon lange kämpft Eric Ellen für mehr Sicherheit auf Schiffen und in Häfen. In diesem Kapitel geht es um die Kaperung der *Achille Lauro* 1985 – und um jene Überfälle, von denen niemand wirklich Notiz genommen hat.

Aber den Kriminellen mit terroristischem Hintergrund geht es nicht immer um spektakuläre Aktionen wie Kaperungen und Geiselnahmen, meint Ellen weiter, sie schielen auch auf die Fracht. «Die Sicherheitsvorkehrungen sind so lax, dass Terroristen sich ins Fäustchen lachen. Die See war schon immer ein bevorzugter Transportweg für Waffenschmuggler. Und dazu kommt heute das Risiko, dass atomares Material oder Chemiewaffen heimlich in Containern verschifft und in Großstädten eingesetzt werden.»

Das Problem hat viele Gesichter. Hier eine kurze Übersicht, wogegen Staaten heute zu kämpfen haben:

- Die Kaperung voll besetzter Kreuzfahrtschiffe mit dem Ziel, eine oder mehrere Regierungen zu erpressen – wie im Fall der *Achille Lauro*.
- Angriffe auf Kreuzfahrtschiffe, möglicherweise Sprengstoffanschläge, mit dem Ziel, Menschen zu töten, Angst vor dem Reisen zu wecken und Unsicherheit zu verbreiten.
- Die Kaperung von Schiffen, die eine von Natur aus gefährliche

Fracht wie verflüssigtes Erdgas oder Erdöl geladen haben, und ihre Verwendung als Waffe oder schwimmende Bombe in einem Hafen.

— Die heimliche Beförderung von nuklearem Material oder Atomwaffen in Containern oder in der Fracht mit dem Ziel einer sofortigen oder späteren Verwendung.
— Die heimliche Beförderung von Terroristen in Containern oder auf Frachtern für einen Kampfeinsatz oder um sie den Behörden zu entziehen.
— Die Verwendung terroristisch kontrollierter Handelsschiffe als getarnte Kriegsschiffe.

Im harten Geschäftsleben ist der Schutz von Schiffen, Besatzungen und Passagieren vernachlässigt worden – statt jedes erkennbare Risiko auszuschalten, belässt man es in puncto Sicherheit allzu oft bei bloßen Lippenbekenntnissen. Dem Leser sind die Kontrollen auf Flughäfen bekannt – das Durchleuchten des Gepäcks und die Leibesvisitation. Aber auch in der Luftfahrt war Sicherheit nur ein Lippenbekenntnis, wie der 11. September bewiesen hat.

Vier Flugzeuge mussten auf einen Schlag entführt werden, ehe das Einchecken auf Flughäfen gründlich überdacht wurde. Totale Sicherheit in der Luft wäre wohl möglich, doch die dazu erforderlichen Maßnahmen sind wahrscheinlich unzumutbar. Wenn ein Flug von London nach Paris eine Dreiviertelstunde dauert, darf die Abfertigung nicht drei Stunden in Anspruch nehmen. Die Kosten für Personal und Gerät dürfen die Ticketpreise nicht in unerschwingliche Höhen treiben. Der Vorteil des Fliegens – schnelles und preisgünstiges Reisen – geht verloren, und das führt zum Konflikt zwischen Fluggesellschaften und Sicherheitsbehörden. Ähnliche, wenn nicht noch größere Probleme ergeben sich in der Schifffahrt, das weiß auch Eric Ellen: «Die Besatzungsmitglieder sind unterschiedlichster Provenienz. Papiere und Zeugnisse sind häufig gefälscht. Ein Arzt oder ein Telefonist kann sich für ein paar hundert Dollar ein Kapitänspatent kaufen und mit einem Supertanker in See stechen! Seeleute sind Wanderarbeiter, viele ziehen von Schiff zu Schiff, ganz nach Lust und Laune.»

Bevor die Lösungsvorschläge des Bureau zur Sprache kommen, nun ein Blick auf das, was sich auf den Meeren abgespielt hat – und wovon im Allgemeinen keine Notiz genommen worden ist.

Passagiere in Gefahr Die *Achille Lauro*, ein Kreuzfahrtschiff mit rund 200 Metern Länge und rund 24 000 BRT, lief 1947 vom Stapel. Ein weißer Stern schmückte die beiden blauen Schornsteine, der Rumpf war blau, die Oberdecks und die Brücke zeigten sich in strahlendem Weiß.

1985 blickte der in die Jahre gekommene Luxusliner auf eine bewegte Vergangenheit zurück – eine von Unfällen überschattete Vergangenheit, um genau zu sein. Nach Anfangsjahren ohne nennenswerte Zwischenfälle wurde das Schiff 1964 von der neapolitanischen Firma Achille Lauro gekauft und nach ihr benannt. 1965 brach in Palermo ein schwerer Brand an Bord aus, ein Vorfall, der sich 1972 wiederholte. Dabei wurden Brücke und Quartiere schwer beschädigt.

Drei Jahre später kollidierte die *Achille Lauro* mit einem Viehtransporter, der daraufhin sank. 1981 brach in einer Bar ein Feuer aus, und drei Passagiere starben bei der Evakuierung. Und 1985 ging ihr Name um die Welt, als sie gekapert wurde. Zwar nahm sie anschließend ihre Kreuzfahrten wieder auf, doch ein würdiges Ende blieb ihr versagt: Auf der Fahrt von Genua zu den Seychellen brannte sie 1994 völlig aus und sank.

Die Reisegruppe aus den USA Kreuzfahrten waren bei den Amerikaner immer sehr beliebt – zumindest bis zum 11. September 2001. Unter den 19 Amerikanern, die sich im Herbst 1985 zu einer Kreuzfahrt im Mittelmeer entschlossen, war eine Gruppe aus New York. Auch einige Briten kamen an Bord, doch die Mehrheit der Passagiere, die in Genua an Bord der *Achille Lauro* gingen, waren Italiener. Die Jahreszeit versprach Sonne und angenehm warme Temperaturen. Als das Schiff am 3. Oktober ablegte, befanden sich mehr als tausend Menschen an Bord, darunter über 300 italienische Besatzungsmitglieder. Die New Yorker Passagiere waren miteinander befreundet, sie hatten schon früher zusammen Urlaub gemacht, eine kleine Reisegruppe unter vielen. Das Schiff sollte im östlichen Mittelmeer kreuzen und die israelische Hafenstadt Aschdod anlaufen. Weitere Stopps waren im ägyptischen Port Said und Alexandria geplant. Auch Landausflüge standen auf dem Programm.

Nach der Einschiffung herrschte die gewohnte Partystimmung. Der traditionellen Begrüßung durch den Kapitän folgte ein Dinner. Kapitän Gerardo de Rosa, 51 und verheiratet, war ein erfahrener Schiffsführer, hatte allerdings keinerlei Erfahrung mit jener Art von Ereignissen, durch die sein Schiff in die Geschichte eingehen sollte. Sein kühler Charme gefiel den Passagieren, die Cocktails schlürften und Appetithappen knabberten. Nach dem Dinner zogen sich die meisten Passagiere früh zurück, etliche blieben aber auch in den Bars oder tanzten zur Musik der Bordkapelle. Es war keine Kreuzfahrt für junge Leute, und viele waren müde. Die New Yorker waren fast 4000 Meilen gereist, um auf das Schiff zu kommen.

Bei der Einschiffung hatte es keine strengen Kontrollen gegeben. Schiffsoffiziere hatten sie auf der Gangway begrüßt, das

Gepäck wurde in die Kabinen gebracht. Kein Koffer wurde durchleuchtet, kein Passagier nach Waffen abgetastet. Vermutlich wäre das als Zumutung empfunden worden – obwohl sich in den siebziger und achtziger Jahren die Terroranschläge häuften. Seit 1979 waren über 500 Anschläge verübt worden, und mindestens 200 davon richteten sich gegen amerikanische Bürger und Einrichtungen. 1973 war ein in denselben Gewässern kreuzender griechischer Dampfer in der Nähe von Beirut gesunken, nachdem eine an Bord versteckte Bombe explodiert war; allerdings waren die 250 amerikanischen Passagiere mit dem Schrecken davongekommen.

Die meisten, aber beileibe nicht alle blutigen Anschläge standen im Zusammenhang mit dem Nahostkonflikt, mit der Auseinandersetzung zwischen Israel und der Palästinensischen Befreiungsorganisation (PLO). Die *Achille Lauro* fuhr mitten hinein in diese Krisenregion im südlichen Mittelmeer. Ihre Route führte am Gazastreifen entlang, wo blutige Zwischenfälle an der Tagesordnung waren.

Ein weiterer Hinweis auf die Risiken für Amerikaner war die Ermordung des US-Bürgers Robert Stetham in einer entführten TWA-Maschine gewesen. Nur vier Monate zuvor, im Juni 1985, war Stetham von Hisbollah-Terroristen kaltblütig hingerichtet worden. Im Fernsehen wurde gezeigt, wie seine Leiche aus der Maschine auf das Rollfeld des Beiruter Flughafens geworfen wurde. Angesichts solcher Vorfälle fragt man sich, warum Sicherheit so klein geschrieben wurde. Vielleicht wollte der Reiseveranstalter die überwiegend älteren Passagiere nicht mit Maßnahmen beunruhigen, die ihnen die Gefahr vor Augen geführt hätten.

Als das Schiff Montag, den 7. Oktober, in Alexandria einlief, ging die Mehrheit der Passagiere an Land, um eine Besichtigungstour zu den Pyramiden zu unternehmen. Sie sollten später am Tag in Port Said an der Einfahrt zum Suezkanal abgeholt werden. Nach ihrer Ausschiffung fuhr die *Achille Lauro* am späten Vormittag mit dem Rest der Passagiere und der Crew, vermutlich rund 400 Personen, weiter. Zur ansonsten rüstigen Gruppe New Yorker Rentner gehörte das jüdische Ehepaar Leon (69) und Marilyn Klinghoffer (58). Seit einem Schlaganfall war Leon halbseitig gelähmt und an den Rollstuhl gefesselt. Auch das Sprechen fiel ihm schwer. Marilyn blieb wegen der Behinderung ihres Mannes an Bord. Und mit ihr insgesamt 19 Amerikaner und Briten.

Ebenfalls an Bord blieben vier andere Gäste, die mit falschen norwegischen Pässen reisten. Keiner von ihnen hatte irgendeine Verbindung zu diesem Land. Keiner sah skandinavisch aus, und obwohl dieser merkwürdige Umstand ins Auge stach, befanden es die Schiffsoffiziere nicht für nötig, der Sache nachzugehen. In Wahrheit waren sie Araber und Angehörige der Palästinensischen Befreiungsfront (PLF), einer Splittergruppe der PLO unter Yassir Arafat.

Was sie vorhatten, ist nicht eindeutig geklärt. Wie so oft, wenn bei Terrorakten die internationale Diplomatie involviert ist, wurde die Wahrheit selbst von Leuten verschleiert, von denen man eigentlich Aufrichtigkeit erwarten dürfte. Möglicherweise hatten die vier Terroristen, wie heute behauptet wird, ursprünglich gar nicht die Absicht, die *Achille Lauro* zu kapern, sondern wollten als Touristen an Land gehen, wenn das Schiff im israelischen Aschdod angelegt hatte, und als Vergeltung für einen Luftangriff der Israelis auf das PLO-Hauptquartier in Tunesien Geiseln nehmen und aufs Schiff verschleppen.

Dieser angebliche Plan wurde kurz nach dem Auslaufen aus Port Said hinfällig. Ein Steward sah durch eine halb geöffnete Kabinentür, wie die angeblichen Norweger mit Kalaschnikows,

Handgranaten und Zündern hantierten. Wenn die These stimmt, dass die vier nur eine Passage nach Israel brauchten, dann war es eine schwere Nachlässigkeit ihrerseits, die Tür nicht zu schließen. Plausibler erscheint, dass sie im Augenblick der Entdeckung letzte Vorbereitungen für die Kaperung trafen. Der Zeitpunkt, kurz vor dem Mittagessen, war jedenfalls ideal. So wie die Dinge sich später entwickelten, wäre es durchaus denkbar, dass die Drahtzieher der Operation, darunter der 50-jährige Abul Abbas, sich im Nachhinein von der Kaperung distanzierten wollten und deshalb behaupteten, sie sei nicht geplant gewesen.

Abul Abbas war Chef der PLF und ein enger Vertrauter Yassir Arafats. Nach diesem Vorfall lebte er im Irak und im Gazastreifen. 1996 allerdings erwies er sich als maßgeblicher Befürworter von Friedensgesprächen, vermochte sogar das Vertrauen der Israelis zu gewinnen. Nach dem 11. September strichen ihn die Amerikaner erstmals seit 1985 von ihrer Liste der meistgesuchten Personen.

Der Anschlag Am Montagmittag, kurz nach dem Verlassen der ägyptischen Hoheitsgewässer, brachten die Terroristen das Schiff in ihre Gewalt. Ein günstiger Zeitpunkt. Die meisten Passagiere hatten sich im Speisesaal eingefunden, das Essen war in vollem Gang. Als plötzlich zwei Männer hereinstürmten und mit automatischen Gewehren in die Luft schossen, leistete niemand Widerstand. Befehle wurden gebrüllt, und alle bis auf den Rollstuhlfahrer Klinghoffer warfen sich auf den Boden. Während sie auf dem Teppich lagen und um ihr Leben bangten, nahmen über ihnen auf der Brücke die Ereignisse ihren Lauf.

Kapitän de Rosa hörte die Schüsse und wollte gerade die Brücke verlassen, um nachzusehen, was los war, als er von zwei Männern mit vorgehaltener Kalaschnikow gestoppt wurde. Er ergab sich. Das Schiff befand sich nun in der Gewalt der PLF. Der Anführer der Gruppe, ein gewisser el-Molki, befahl dem Kapitän, den Kurs zu ändern und das syrische Tartus anzulaufen. Dort hoffte er auf einen freundlichen Empfang. Erste Meldungen über die Kaperung wurden in Schweden aufgefangen, als der Liner per Funk die Bedingungen der Entführer durchgab. Die Nachricht führte in Rom, London, Washington und allen Nahostländern zur Bildung von Krisenstäben. Die Zahl der Entführer war nicht bekannt, aber ihre Forderungen hatten es in sich: Sie verlangten die Freilassung von 50 Palästinensern aus israelischen Gefängnissen und drohten bei Nichterfüllung damit, einen Amerikaner nach dem anderen zu erschießen. Israel ließ sich nicht erpressen, und die Zeichen standen auf Sturm. Auf besondere Ablehnung stieß die Forderung, den inhaftierten Samir el-Kantari freizulassen. Der Mann hatte bei einem Überfall im Jahr 1979 einem fünfjährigen israelischen Mädchen an einer Hafenmauer den Schädel eingeschlagen.

Die Passagiere standen unter Schock. Ohne Widerstand zu leisten, ließen sie sich im Gänsemarsch in den Hauptsalon führen. Dort mussten sie warten, umringt von Kanistern mit Kerosin. Die Drohung der Terroristen war deutlich: *Eine falsche Bewegung, und wir zünden euch an.* Trotz dieser Machtdemonstration machten sie einen nervösen Eindruck. Ein Entführer war erst 16, der älteste 23. Mit Hilfe de Rosas wurden die Briten und Amerikaner identifiziert, auch wenn ein paar unerkannt blieben. El-Molki hatte auch alle Juden verlangt. Ihre Pässe wurden durchgesehen und sortiert, und ganz oben auf dem Stapel landete der von Leon Klinghoffer. Die 60-jährige Amerikanerin Mildred Hodes war die Nächste im Stapel. Insgesamt wurden 19 «Sonderfälle» identifiziert und in die Arazzi-Lounge auf einem Oberdeck geführt.

Die italienische Regierung unter Bettino Craxi stand im Mittelpunkt des Geschehens und hielt ständigen Kontakt zu den beteiligten Ländern. Yassir Arafat wurde zu einer Stellungnahme aufgefordert: Verteidigte oder verurteilte er die Kaperung? Die Antwort kam prompt: Er verurteile sie, sie behindere seine Friedensbemühungen. Der israelische Geheimdienst hingegen berichtete, dass Arafat von dem Anschlag gewusst und ihn abgesegnet habe, konnte allerdings keine stichhaltigen Beweise dafür vorlegen. Vielleicht hatte Arafat einen Anschlag in Aschdod gebilligt, nicht aber die Kaperung. Nachdem er seine Position dargelegt hatte, bot er sich als Vermittler an und sandte einen Unterhändler nach Ägypten. Seine Wahl fiel auf Abul Abbas, den Organisator des Anschlags, der allerdings unter dem Namen Abu Khaled reiste.

Der US-amerikanische Krisenstab hatte Pläne für eine militärische Intervention geschmiedet. Das hatten auch die Italiener, und auf dem britischen Luftwaffenstützpunkt Akrotiri auf Zypern landete die Vorausabteilung einer italienischen Spezialeinheit. Sie sollte, wenn nötig, mit Hubschraubern zum Schiff gebracht werden und es mit Waffengewalt aus der Hand der Terroristen befreien, was vermutlich zahlreiche Opfer unter den Passagieren gefordert hätte. Keine vielversprechende Aussicht. Auf die Forderungen der PLF einzugehen kam nicht infrage. Ein Kompromiss musste gefunden werden, der allen Beteiligten half, das Gesicht zu wahren. Aus Angst, weiteren Geiselnahmen Vorschub zu leisten, lehnte Präsident Reagan jedoch Verhandlungen mit Terroristen grundsätzlich ab. Der amerikanische Flugzeugträger *Saratoga* und Teile der 6. Flotte nahmen Kurs auf die Region und hielten sich für einen Einsatz bereit.

Tartus Mittlerweile schrieb man Dienstag, den 8. Oktober. In Tartus spitzte sich die Lage für die Terroristen zu. Das Schiff durfte nicht anlegen. Syrien wollte nicht in die Sache hineingezogen werden. Unterdessen flüchteten alle anderen Schiffe, die in Hafennähe ankerten, aus dem Gebiet. Die *Achille Lauro* blieb allein zurück. Was das bedeutete, war klar. El-Molki verlangte sofortige Verhandlungen und drohte, andernfalls mit der Erschießung der 50 Geiseln zu beginnen. Nichts geschah. Auf Druck Reagans wurden die Entführer wie Luft behandelt.

Die 19 «Sonderfälle» mussten sich in einer Reihe auf ein offenes Oberdeck begeben. Es handelte sich um einen potenziellen Hubschrauberlandeplatz, und so wurde eine etwaige Landung verhindert. Da Leon Klinghoffer den anderen im Rollstuhl nicht folgen konnte, blieb er auf dem offenen Deck darunter zurück, getrennt von seiner Frau. Noch immer zögerten die Syrer die Verhandlungen hinaus, und aus Wut über den Fehlschlag befahl el-Molki die Weiterfahrt. Nach mehreren frustrierenden Stunden drohte er mit der Hinrichtung der ersten Geisel um 15 Uhr. Wieder geschah nichts. Der Anführer der Terroristen stand jetzt vor der Wahl: Entweder er gab auf, oder er begann mit dem Töten. Er entschied sich für das Töten und verließ die Brücke.

El-Molki wählte Klinghoffer aus, dessen Pass obenauf gelegen hatte. Der alte Mann wurde kurzerhand mit Schüssen in Brust und Kopf an Deck getötet. Ein Besatzungsmitglied und der Schiffsfriseur mussten die Leiche mitsamt dem Rollstuhl über Bord werfen. Der Anführer kehrte auf die Brücke zurück, in der Hand den Pass des Toten und einen zweiten. Er gab zu verstehen, dass einer nun tot sei, wovon auch das Blut an seinen Kleidern zeugte. Darauf wurde eine Nachricht verbreitet, in der von «zwei Toten» die Rede war, um den Druck auf Amerikaner und Israelis zu verstärken.

Die anderen Geiseln erfuhren von der Erschießung erst viel später. Als Marilyn Klinghoffer vom Oberdeck herunterkam und ihren Mann nicht vorfand, hatte sie keine Ahnung, dass er tot war.

Mildred Hodes erfuhr erst, als die Terroristen das Schiff verlassen hatten, von de Rosa, dass sie als Nächste an der Reihe gewesen wäre.

Etwa um diese Zeit und ehe der nächste Passagier hingerichtet wurde, erhielt el-Molki von der PLO den Befehl, niemanden mehr zu erschießen. Das Töten hörte auf.

Verhandlungen Kapitän de Rosa wurde angewiesen, Kurs auf Libyen zu nehmen. Am Dienstagabend erklärte Präsident Reagan seine Bereitschaft zu einer militärischen Intervention, wurde aber von Craxi davon abgebracht, der behauptete, dass es keinerlei Beweis für einen Mord an Bord gebe. Der Durchbruch gelang, als Abul Abbas, Arafats Abgesandter, in Ägypten eintraf und Verhandlungen mit den Vertretern des Landes aufnahm. Als die Neuigkeit das Schiff erreichte, jubelten die Geiselnehmer. El-Molki erhielt von der PLO den Befehl, nach Port Said zu fahren und die weitere Entwicklung abzuwarten. Am Mittwochmorgen ankerte die *Achille Lauro* 15 Meilen vor der Küste. Als Gegenleistung für die Freigabe von Geiseln und Schiff wurde den Terroristen die ungehinderte Ausreise zugesichert. Laut Abmachung sollten die vier Männer ins PLO-Hauptquartier nach Tunis gebracht werden – wobei der ägyptische Präsident Mubarak für ihre Sicherheit bürgte. Dort sollten sie vor Gericht gestellt werden. Von einer Freilassung inhaftierter Palästinenser aus israelischen Gefängnissen war keine Rede mehr. Italiener, Deutsche und Ägypter unterzeichneten die schriftliche Abmachung, nicht aber die britische und die amerikanische Regierung. Am Mittwochnachmittag war der Handel perfekt. Die vier Terroristen gingen vom Schiff, und de Rosa versicherte in einem Telefonat mit dem Büro des italienischen Ministerpräsidenten im Palazzo Chigi, dass *alle Passagiere wohlauf* seien. Ministerpräsident Craxi wollte gerade das unblutige Ende der Krise bekannt geben, als man sich noch einmal mit dem Kapitän in Verbindung setzte. Diesmal erfuhr Craxi von dem Geiselmord.

Wie viel die Unterhändler von der Hinrichtung wussten, als sie die Abmachung unterzeichneten, wird wohl immer im diplomatischen Dunkel bleiben. Vermutlich war es bequemer, so zu tun, als sei kein Blut geflossen. Doch zumindest Abul Abbas muss als Abgesandter die ganze Wahrheit gewusst haben, wenn es denn stimmt, dass die PLO weitere Hinrichtungen verboten hatte. Möglicherweise haben auch andere Regierungen den Funkverkehr zwischen Schiff und Küste abgehört und die Wahrheit gekannt. Im Haus der Klinghoffers in Manhattan jedenfalls herrschte Jubel über den vermeintlich unblutigen Ausgang des Geiseldramas.

Erst nach de Rosas Gespräch mit Craxi erfuhren die amerikanische Regierung und die Töchter des Toten von dem Mord. Die Erleichterung schlug um in Schock. Reagan verlangte von Ägypten die Bestrafung der vier Schuldigen. Die ägyptische Regierung behauptete, nichts von dem Mord gewusst zu haben und dass die vier bereits außer Landes seien. Beides war offenkundig gelogen. Amerikanische und andere Geheimdienste brachten in Erfahrung, dass die vier Terroristen noch in Ägypten weilten und in Begleitung von Abul Abbas, dem Organisator und Emissär, mit einer ägyptischen Boeing 737 nach Tunesien ausgeflogen werden sollten. In den Vereinigten Staaten beherrschte der Mord an dem hilflosen älteren Juden aus New York die Medien. Reagan musste handeln.

F-14 «Tomcats» Als die vier Palästinenser zu einer ägyptischen Maschine gebracht wurden, die am Donnerstag um 23 Uhr in Richtung Tunis starten sollte, verlangten die Italiener in Anbetracht der neuen Sachlage ihre Auslieferung, wurden aber ignoriert. Die Maschine mit den flüchtigen Terroristen hob ab. Zufällig hatte im Mittelmeer soeben eine NATO-Übung stattgefunden, und ein Teil der 6. US-Flotte erhielt nun den Befehl, Kampfflugzeuge zu entsenden. Admiral David Jeremiah ließ zwei Abfangjäger vom Typ F-14 «Tomcat» und zwei «Hawkeye»-Radarflugzeuge von der *Saratoga* aufsteigen. Washington forderte die Regierung in Tunis auf, der Boeing 737 keine Landeerlaubnis zu erteilen. Tunis gehorchte. Die Maschine änderte den Kurs und flog in Richtung Griechenland. Die Tomcats machten sich auf die Suche nach der Maschine und durchkämmten bei Nacht das Zielgebiet. Griechenland verweigerte ebenfalls die Landeerlaubnis, und die Boeing kehrte nach Ägypten zurück.

Dann wendete sich das Blatt. 30 Meilen südöstlich von Kreta flogen die beiden Tomcats die ägyptische 737, die mit 850 km/h in über 10 000 Metern Höhe unterwegs war, von hinten an. Man schrieb Freitag, den 11. Oktober, 0.30 Uhr. Die Abfangjäger wiesen die Crew an, ihnen nach Italien zu folgen. Präsident Reagan bat Craxi um Landeerlaubnis für die drei Flugzeuge auf dem sizilianischen Luftwaffenstützpunkt Sigonella. Nach der Landung kam es zu einer spektakulären Szene: Italienische Soldaten umringten die Maschine, wurden selbst aber von 50 Amerikanern umzingelt, die soeben gelandet waren und Order hatten, die Terroristen dingfest zu machen und in die USA zu bringen. Soldaten zweier befreundeter Länder standen sich zu nächtlicher Stunde bewaffnet gegenüber.

Craxi blieb unnachgiebig und zwang Reagan, der keine rechtliche Handhabe für die Durchsetzung seiner Position hatte, zu einem Rückzieher. Das Verbrechen war auf einem italienischen Schiff geschehen, und die Täter befanden sich jetzt auf italienischem Boden. Mubarak protestierte gegen den Akt der Luftpiraterie, wie er ihn nannte, doch die Türen der Maschinen schwangen auf, und die vier Terroristen wanderten in italienischen Gewahrsam. Ohne Abul Abbas, der unter Berufung auf seinen irakischen Diplomatenpass an Bord blieb. Man beschloss, die Maschine nach Rom zu schicken.

Auf Washingtons Anweisung befahl General Carl Stiner amerikanischen Kampfflugzeugen, die ägyptische Maschine zu begleiten. Die Rechtmäßigkeit eines solchen Flugs durch italienischen Luftraum ohne Genehmigung war vermutlich gleich null, doch man wollte auch Abul Abbas fassen. Craxi wollte davon nichts wissen. Vier Kampfjets der italienischen Luftwaffe stiegen auf, um die Boeing zu eskortieren, und zwangen die US-Maschinen zum Abdrehen. Unbeeindruckt von dieser Schlappe landete General Stiners Maschine ebenfalls in Rom und parkte direkt neben der Boeing. Während auf dem Rollfeld den ganzen Tag über eine Pattsituation herrschte, prüften drei italienische Richter die rechtliche Seite. Erwartungsgemäß gewann Italien drei zu null. Die juristische Begründung, mit der Amerika die Auslieferung des Emissärs Abul Abbas oder der Terroristen verlangte, war dünn. Amerikas Staatsfeind Nummer eins flog nach Kroatien und von dort in die Freiheit. Zur Empörung der Amerikaner musste er sich für seine Tat nie verantworten, wurde aber von einem italienischen Gericht in Abwesenheit zu lebenslänglicher Haft verurteilt. El-Molki bekam 30 Jahre Gefängnis, und auch seine Komplizen kamen hinter Gitter. Obwohl er in einem Hochsicherheitstrakt einsaß, bekam er 1996 gemäß italienischem Recht zwölf Tage Hafturlaub. Es war keine Überraschung, dass er aus dem Urlaub nicht zurückkam, allerdings wurde er später in Spanien wieder gefasst. Sowie Abul Abbas in Sicherheit war, gaben die Ägypter das Schiff frei.

War die Entführung der *Achille Lauro* ein Akt der Piraterie? Ein Terrorakt? Oder beides? Solche juristischen Feinheiten sind keineswegs irrelevant für die Praxis. Welche Maßnahmen in internationalen Gewässern ergriffen werden können, hängt nämlich davon ab, ob die Definition von Piraterie erfüllt ist.

Abraham Sofaer arbeitete 1985 erst seit kurzem im US-Außenministerium. Er war Jurist, und während des Entführungsdramas ließ Außenminister George Shultz sich von ihm über die Gesetze gegen Piraterie informieren. «Er [Shultz] fragte, auf welche bestehenden Gesetze er sich stützen könnte, um eine Verhaftung, Auslieferung und Verurteilung der Schuldigen zu erwirken. Darauf teilte ich ihm mit, es sei zweifelhaft, dass die Entführung als Piraterie betrachtet werde, da nach einer Harvard-Studie aus den dreißiger Jahren politisch motivierte Schiffsentführungen nicht als Piraterie betrachtet werden, eine Auffassung, die, wie nicht wenige behaupteten, Eingang in maßgebende internationale Abkommen gefunden habe.»

«Der Minister war empört», berichtete Sofaer vor dem später eingesetzten Kongressausschuss. «Er meinte, wozu dann das Recht überhaupt gut sei, und hätte mich fast aus seinem Büro geworfen.» Aber Sofaers Auskunft war korrekt. Er war nur der Überbringer schlechter Nachrichten.

Die Ohnmacht der Supermacht angesichts der Ermordung eines Bürgers ließ das Land aktiv werden. Nicht zum ersten Mal sorgte seine Regierung dafür, dass Maßnahmen zur Verbesserung der Sicherheit in der Schifffahrt ergriffen wurden. Die Vereinten Nationen forderten ihre zuständige Behörde, die Internationale

Seeschifffahrtsorganisation, auf, das Problem in Angriff zu nehmen. Ein Sonderausschuss erarbeitete ein Papier, das ausnahmsweise einmal nicht im Regal verstaubte. Obwohl die Vorschläge als Leitlinien veröffentlicht wurden, fanden sie breite Akzeptanz und trugen maßgeblich zur Verbesserung der Sicherheitsstandards für Besatzungen wie für Passagiere bei.

Damit war der Grundstein für vernünftige Sicherheitsvorkehrungen gegen Anschläge gelegt. Der Weg wurde frei für Schadensersatzklagen, wie sie später von Passagieren der *Achille Lauro* gegen die italienischen Hafenbehörden und gegen die PLO eingereicht wurden. 130 Staaten erkannten die Leitlinien an, doch nur wenige haben sie bislang in Gesetzesform gefasst.

Während viel dafür getan wurde, um Passagierschiffe sicherer zu machen, sind die Standards in Häfen noch immer unzureichend. Die dramatischen Vorkehrungen, die Veranstalter von Seereisen seit dem 11. September 2001 treffen, beweisen nur, wie mangelhaft die bis dahin geltenden Standards waren.

Nach wie vor ist jeder Hafen ein schwaches Glied in der Sicherheitskette. Das Drama der *Achille Lauro* kann sich jederzeit wiederholen, wenn es Terroristen gelingt, an Bord zu gelangen und Passagiere und Besatzung in ihre Gewalt zu bringen – und heutzutage sind die Täter noch entschlossener und brutaler.

«Die *Achille Lauro* ist längst nicht das blutigste Beispiel einer Schiffsentführung», erinnert sich Eric Ellen. «Die Kaperung sorgte für Medienrummel, weil sie mehrere Tage dauerte – ein spannendes Drama um ein Kreuzfahrtschiff mit Amerikanern an Bord. Trotz der schrecklichen Umstände, der Ermordung Leon Klinghoffers, war ein anderer Anschlag noch brutaler und ist dennoch weitgehend in Vergessenheit geraten.

Ich rede von dem Überfall auf die *City of Poros*, eine griechische Ausflugsfähre. Er geschah im Juli 1988 und wurde von einer der gefürchtetsten palästinensischen Terrorgruppen verübt, der so genannten ANO, der Organisation Abu Nidals. Die Fähre war voll gepackt mit Einheimischen und Touristen, alle genossen in entspannter Atmosphäre die Sonne und den Blick auf die griechischen Inseln. Dann brach die Hölle los. Die Terroristen eröffneten das Feuer mit Maschinenpistolen und warfen Handgranaten. Etwa zehn Menschen wurden getötet und 70 verletzt. Die Attentäter verfolgten ein politisches Ziel, aber soweit ich weiß, ohne jeden Erfolg.

Aus diesen Beispielen könnten Sie ersehen, was passiert, wenn die Kontrollen lax sind. Jedes Passagierschiff ist anfällig. Es gab mehrere andere Fälle rund um Sri Lanka, in die Tamilische Tiger verwickelt waren. Im Fernen Osten wurde ein Schiff mitsamt Passagieren entführt, um Lösegeld zu erpressen. Erst letztes Jahr überfielen und versenkten Tamilen eine Fahrgastfähre vor Trincomalee.

Was zur Verbesserung der Situation getan wird, geht mir noch immer nicht schnell genug, bei weitem nicht. Wir müssen unbedingt in jedem Hafen Kontrollen einführen, und vielleicht müssen die reicheren Länder den ärmeren Ländern die Mittel für bessere Kontrollen bereitstellen. Terroristen von heute nutzen jede Schwachstelle. Es bringt nichts, wenn wir in Häfen wie Liverpool, Le Havre oder Hamburg für hundertprozentige Sicherheit sorgen, Terroristen in Daressalam aber einen Container mit tödlichem Inhalt voll stopfen und in die USA schicken können. Ein großes Plus ist, dass die amerikanischen Reformen, wenn sie erst durchgeführt sind, auch die Kriminalität in den Häfen eindämmen dürften. 84 Prozent der Verbrechen in der Schifffahrt werden in Häfen oder deren Umgebung verübt.»

Bevor das umstrittene Maßnahmenpaket zur Sprache kommt, das sich Amerika vorgenommen hat, soll zunächst ein Blick auf den Terrorismus und seine Ziele folgen.

Die Ziele des Terrorismus John O'Neill saß in seinem Büro im 34. Stock des World Trade Center in New York. Man schrieb den 11. September 2001. Kürzlich erst von einem leitenden Posten beim FBI zurückgetreten, hatte er eine Stelle als Sicherheitschef des Center übernommen. Er wusste besser als die meisten um die Bedrohung durch Terrorismus. O'Neill hatte den von Selbstmordattentätern verübten Anschlag auf das amerikanische Kriegsschiff *USS Cole* im Jahr 2000 im Jemen untersucht. Er kannte den Fanatismus Osama Bin Ladens und seiner Terrororganisation Al Qaida, die die bestehende Ordnung in den USA und anderen westlichen Ländern abschaffen und durch ein streng muslimisches Regime ersetzen wollen.

Massenmord ist nicht ihr Ziel. Ihr Ziel ist, Aufmerksamkeit zu erregen; ihr Ziel ist, Panik zu erzeugen und Angst vor einer Wiederholung. Ihr Ziel ist, ein wirtschaftliches Chaos hervorzurufen.

O'Neill, ein dickhäutiger New Yorker, wusste, dass Extremisten in der Lage waren, Amerika anzugreifen. Voraussetzung dafür war nur der Entschluss, einen Schlag gegen den Feind zu planen und durchzuführen. Um 8.48 Uhr an diesem Morgen schlitzte die Maschine der American Airlines das Gebäude auf. An diesem sonnigen Morgen rannte O'Neill aus dem brennenden Tower. Er tätigte wichtige Anrufe mit seinem Handy, dann rannte er zurück ins Gebäude, um bei den Rettungsarbeiten zu helfen. Was er sich dabei dachte, werden wir nie erfahren. John O'Neill starb beim Einsturz des Towers, und mit ihm 3000 andere.

Im Juni 1997 hatte O'Neill in einer Rede vor dem National Strategy Forum festgestellt: «Die Definition von Terrorismus in seiner einfachsten Form ist die Anwendung von Gewalt oder Androhung von Gewalt zur Förderung politischer oder sozialer Ziele.» Und weiter: «Angesichts unserer militärischen Überlegenheit wird niemand, kein vernünftiger Staat die Vereinigten Staaten in absehbarer Zukunft angreifen. Deshalb besteht für diese Individuen die einzige Möglichkeit, uns anzugreifen und eine gewisse Wirkung zu erzielen, in terroristischen Akten.» Und noch im selben Jahr mit beeindruckender prophetischer Weitsicht: «Viele dieser [islamischen] Gruppen besitzen heute die Fähigkeit und die Infrastruktur in den Vereinigten Staaten, die notwendig ist, um uns hier anzugreifen, wenn sie wollen.»

Heute versteht die Welt, was John O'Neill damit meinte. Internationale Terroristen können überall zuschlagen, wo und wann sie wollen – die Briten wissen das spätestens seit Beginn der neuesten IRA-Kampagne 1969. Die Spanier leben mit der ständigen Bedrohung durch die baskische Separatistenbewegung ETA. Terroristen in verschiedenen Regionen verfolgen unterschiedliche Ziele: Die einen wollen einen heiligen Krieg, die anderen eine politische Veränderung, manchen ist einfach nur daran gelegen, die ihnen verhasste kapitalistische Gesellschaftsordnung zu zerstören.

US-Initiativen im In- und Ausland Im November 2001 hat die amerikanische Küstenwache einschneidende Veränderungen zur Verbesserung der Sicherheit auf den Meeren in Angriff genommen und in dieser Frage die Internationale Seeschifffahrtsorganisation (IMO) konsultiert, eine Behörde der Vereinten Nationen. Ihr Interesse gilt vornehmlich dem Warenverkehr: Wer kontrolliert beispielsweise, was in Container gepackt wird, und wer überprüft, was im Zielhafen ankommt? Die Küstenwache möchte wissen, wer sich an Bord von Schiffen befindet. Sie möchte die Kontrolle darüber haben, welche Schiffe in amerikanische Häfen einlaufen, und im Voraus erfahren, wer und was sich auf Schiffen befindet. Dies setzt jedoch tief greifende Veränderungen bei den Kontrollen voraus.

Und einige Länder, aus denen Schiffe nach Amerika kommen, klagen über den Papierkrieg und die hohen Kosten der Kontrollen. Andere fürchten Verzögerungen im Handel und wirtschaftliche Nachteile. Wieder andere verwahren sich grundsätzlich dagegen, dass die USA in der Schifffahrt übliche Praktiken behindern. Die größeren sozialen und wirtschaftlichen Probleme werden sich zweifellos außerhalb der Vereinigten Staaten ergeben. Selbst ein wohlhabendes Land wie Belgien hat Ablehnung bekundet – aus Furcht, die US-Pläne könnten zur kompletten Schließung von Containerdepots in aller Welt führen, da nur wenige den amerikanischen Anforderungen genügen.

Captain Chadwick, der als Berater für International Registries tätig ist und über langjährige Erfahrung als Seemann und Sicherheitsexperte verfügt, hat sich die Vorschläge genauer angesehen.

«Die US-Küstenwache», sagt er, «will wissen, wer ein Schiff bemannt, das einen amerikanischen Hafen anlaufen soll. Sie will wissen, wem der Pott gehört und wer ihn managt, insbesondere seit bekannt ist, dass die Al Qaida aus bislang noch ungeklärten Gründen über 20 Schiffe gekauft hat. Werden auf diesen Schiffen Terroristen zu Seeleuten ausgebildet? Werden Terroristen in diesem Moment unerkannt auf Kreuzfahrtschiffe, Frachter und Gastanker geschleust, um zu gegebener Zeit auf Befehl zu meutern und das Schiff zu übernehmen?

Es wird noch viel Aufregung geben, bis sich die Sache eingependelt hat. Schließlich geht es um den Kern des gegenwärtigen Seerechts, das es dem Schiffseigner erlaubt, sich in der Anonymität einer Offshore-Insel zu verstecken. Vielleicht muss man diese Anonymität aufheben, um zu verhindern, dass eine reiche Terrorgruppe Schiffe erwirbt.»

Reedereien und Ölfirmen werden sich auf eine noch nie da gewesene Freigabe von Daten und zahlreiche Indiskretionen gefasst machen müssen. Das Schiffsregister der Marshall-Inseln jedenfalls hat unlängst sieben Schiffe aus dem Register gestrichen, da sie nicht den Standards entsprachen, auf die sie Wert legen. Diesem Trend werden andere mit Sicherheit folgen müssen – obwohl es finanziell verlockend ist, alles, was schwimmt, zu registrieren, ohne Fragen zu stellen.

Die Küstenwache möchte aber vor allem wissen, ob die Leute an Bord gefährlich sind. Chadwick beurteilt die Erfolgschancen einiger effizienter Maßnahmen in diesem Zusammenhang eher skeptisch. «Ich weiß nicht, ob sich gewisse europäische Länder dafür gewinnen lassen, aber die USA arbeiten an der Einführung eines Erkennungs- und Identifikationsverfahrens unter Verwendung biometrischer Daten in den Ausweispapieren der Besatzung. Pass und Zeugnisse des Seemanns würden danach vollkommen anders aussehen. Der Lichtbildausweis würde der Vergangenheit angehören und Iris-Scans und Fingerabdrücken Platz machen. Eine Datenbank checkt dann die Biometriedaten, ehe die Erlaubnis erteilt wird, an Bord zu gehen.»

Eric Ellen teilt die Sorgen der Amerikaner angesichts unzuverlässiger Identifikationsverfahren. «Heutzutage ist die Identität von Schiff und Crew in vielen Fällen fragwürdig. Gewisse Flaggenstaaten geben Schiffen ohne Eigentumsnachweis neue Namen, und gegen Schmiergeld kann jeder einen Befähigungsschein bekommen und Seemann werden. Einmal hatten wir mit einem Buchhalter zu tun, der sich gleich ein Kapitänspatent gekauft hatte, das ihn berechtigte, ein Schiff zu führen. Das ist eine Farce und muss ein Ende haben.»

«Reformen», so fährt er fort, «sind lästig. Passagierkontrollen und die Überprüfung der Crews bringen Verzögerungen mit sich. Die Kosten sind hoch, aber nicht zu umgehen, wenn man den Terrorismus besiegen oder gar die Kriminalität in der Schifffahrt bekämpfen will.»

US-Bürger haben schon routinemäßig einen Lichtbildausweis, doch in Großbritannien musste ein vor dem 11. September unternommener Versuch, etwas Ähnliches einzuführen, wegen angeblicher Einschränkung der persönlichen Freiheit aufgegeben werden. Heute ist die Idee wieder auf dem Tisch, doch wenn sich ein Land wie Großbritannien (in Gestalt seiner liberalen und sozialistischen Schichten und nicht durch ein Referendum) schon einer solchen Maßnahme widersetzt, dann wird der amerikanische Vorschlag, Iris-Scans einzuführen, noch ganz andere Gegner auf den Plan rufen.

Natürlich wollen die US-Behörden auch mehr über die ankommende Fracht wissen. «Ja», bestätigt Chadwick. «Ich finde den Vorschlag gut, elektronische Sicherheitskontrollen für Container einzuführen. In Containern können sich ernst zu nehmende Gefahren verbergen.» Allerdings haben die USA eigene Sicherheitslücken, die es zu schließen gilt, wie Ellen weiß. «Nirgendwo wird so viel aus Containern gestohlen wie in den USA. Das heißt, sie müssen auch gründlich vor der eigenen Tür kehren.» Container sind das Herzstück des Seehandels. Ständig sind Millionen von ihnen unterwegs, und längst nicht immer ist das drin, was drin sein sollte. Sie können geschmuggelte Menschen enthalten, Drogen, Krankheitserreger, Chemikalien, Waffen oder radioaktives Material. Wie Ellen bestätigt, werden Container in der Schifffahrt gewöhnlich ohne jede Kontrolle gepackt. «Nehmen wir ein einfaches Beispiel. Wenn Sie nach Amerika übersiedeln, kommt ein Container zu Ihnen nach Haus, wird mit Ihren Möbeln bepackt, mit dem Lastwagen zum Hafen gekarrt und von dort nach Houston verschifft. Niemand interessiert sich dafür, was Sie hineingetan haben. Sie hätten Waffen oder radioaktives Material dazugeben können, und keiner hätte was gemerkt. In den Papieren steht nur, was Sie deklariert haben: dass der Container Haushaltsgegenstände enthält. Da nur zwei Prozent aller Container, die in die USA gelangen, geöffnet werden, ist die Wahrscheinlichkeit sehr groß, dass die Sachen, die Sie in Ihrem Container versteckt haben, unentdeckt bleiben. Und es kommt noch schlimmer. Ist ein Container mit Waren aus dem Ausland nicht gewogen worden, trägt irgendein Mitarbeiter einer Versandabteilung einfach eine fiktive Zahl ein. Warum? Weil eine Bank die Waren eines Kunden gemäß den Akkreditivbedingungen nicht bezahlt, wenn in den Frachtpapieren kein Gewicht eingetragen ist! All das ist Musik in Terroristenohren. Abgesehen von solchen Absurditäten ist das System ein Paradies für Geldwäscher: Ein leerer oder wertloser Container kann mit falschem Gewicht von A nach B befördert werden. Und als Bezahlung für die Waren, die angeblich in dem Container verschifft werden, Scotch-Whisky oder was auch immer, kann Geld ins Ausland fließen.»

Selbst in den USA werden, je nach Hafen, nur zwischen ein und zwei Prozent aller Container ausreichend überprüft. In Los Angeles und Long Beach, dem größten Hafengebiet in den USA, werden Jahr für Jahr Millionen von Containern abgefertigt. Von fünf

Millionen bleiben 4,9 Millionen ungeprüft. Ohne zusätzliche Mittel und eine bessere technische Ausstattung, die eine zügige Abwicklung ermöglicht, ist die Überprüfung jedes einzelnen Containers nicht praktikabel. Der aktuelle Vorschlag, Sicherheitselektronik einzusetzen, könnte Manipulationen auf dem Transportweg verhindern. Entscheidend bleibt, womit der Container bepackt wird und wie gewährleistet werden kann, dass er nur die angegebene Ware enthält.

Der springende Punkt ist die Kontrolle beim Packen der Container – eine gewaltige, kaum zu bewältigende Aufgabe. So arbeiten Amerika und Kanada an einem Pre-Screening-Programm für Container – ein vernünftiges Vorhaben, das Sinn macht. Doch Chadwick ist skeptisch: «Bis so etwas in Sansibar, Kolumbien oder Indonesien vor der Verschiffung in die USA gemacht wird, ist es noch lange hin. Präsident Bush will den Sicherheitsetat auf 38 Milliarden Dollar verdoppeln – nicht annähernd genug nach Meinung derer, die an vorderster Front für mehr Sicherheit in den Häfen kämpfen. Wie sollen Dritte-Welt-Länder da nachziehen? Ihr Ausgangsniveau ist so bedauerlich niedrig, dass sie ihr Budget vielleicht um das Zwanzigfache erhöhen müssten. Ich möchte gute Ideen nicht schlechtreden, aber was mir Sorgen macht, sind die enormen Kosten und die Umsetzung in Ländern mit begrenzten Ressourcen.»

«Selbst die britischen und kanadischen Häfen», fügt Ellen hinzu, «sind nicht mehr so sicher wie früher. Um zu sparen, hat man auf den Docks private Wachdienste eingesetzt. Als Folge davon sind die Sicherheitsstandards gefallen und müssen nun wieder angehoben werden. In der Mehrzahl der Häfen in Fernost, Afrika und Südamerika ist die Situation weitaus schlimmer. Nicht von ungefähr möchten die USA dort strengere Kontrollen. Wie sie das erreichen wollen, ohne riesige Summen auszugeben, ist mir allerdings schleierhaft.»

96 Stunden vor dem Einlaufen in einen Hafen müssen heute elektronische Daten mit der Liste der Besatzungsmitglieder und dem Ladungsverzeichnis erstellt werden. Darüber hinaus hat man in Los Angeles und Long Beach eine neue Initiative gestartet. Ein neuer Typ von Ordnungshütern namens *Sea-Marshals* wurde geschaffen. Sie haben die Aufgabe, zwölf Meilen vor der Küste an Bord ankommender Schiffe zu gehen. Für den Fall, dass es Ärger gibt, ist jeder Marshal mit Schrotflinte, 9-mm-Beretta, Pfefferspray, Handschellen und Schlagstock gerüstet.

Stimmt es, dass Hunderte von Häfen nicht in der Lage sein werden, die US-Standards zu erfüllen? Es scheint so, wenn Ellens und Captain Chadwicks Beobachtungen zutreffen. Was geschieht mit diesen Häfen und ihren Exporten? Wie werden schwache Volkswirtschaften reagieren, wenn sie nicht mehr in den Markt exportieren dürfen, der möglicherweise ihr größter Abnehmer ist? In einem späteren Kapitel wird es um Hafenkriminalität gehen. Es besteht ein unbestreitbarer Zusammenhang zwischen Armut, Arbeitslosigkeit sowie der Lage eines Hafens in einem Kriegs- oder Nachkriegsgebiet und der Häufigkeit gewalttätiger Angriffe auf Schiffsbesatzungen in solchen Häfen. Wenn man den Exporthandel dieser wirtschaftlich angeschlagenen Staaten behindert, steigt auch die Gefahr für jeden Besucher dieser Häfen.

Allerdings sieht Eric Ellen auch hier die Chance eines Wandels zum Besseren: «In Häfen mit schlechten und korrupten Verwaltungen werden viele Kapitalverbrechen verübt. Vielleicht sinken im Zuge der Terrorismusbekämpfung auch die Verbrechensraten.»

Häfen im Fadenkreuz «*Jeder* Hafen ist eine Schwachstelle», meint Ellen. «Das Problem stellt sich nicht nur in Afrika oder Südamerika. Terroristen haben in Karachi und Singapur Anschläge verübt. Im Hafen von Miami wurden sieben Seeleute ermordet. Die IRA hat in Southampton versucht, einen Anschlag auf die *Queen Elizabeth 2* zu verüben. Im Juli 2001 gab es in Miami ernst zu nehmende Drohungen gegen das Kreuzfahrtschiff *Carnival Triumph*. Manchmal», so Ellen weiter, «habe ich mich gefragt, was denn noch passieren muss, bis endlich etwas getan wird. Manchmal hatte ich trotz aller Fortschritte den Eindruck, dass das Bureau und andere nur tauben Ohren predigten. Wir veröffentlichten Berichte, veranstalteten Konferenzen, sprachen mit Regierungsvertretern vieler Länder, aber mehr Sicherheit stand nicht auf ihrer Tagesordnung.» Ellen kann mit weiteren Beispielen für terroristische Aktivitäten in Häfen aufwarten. Die IRA verübte im Hafen der französischen Stadt Nantes einen Bombenanschlag auf das Kriegsschiff *Hecate*. Im Hafen des jemenitischen Aden wurde der amerikanische Zerstörer *USS Cole* zum Ziel eines Selbstmordattentats, das eine beträchtliche Zahl von Todesopfern forderte. Der Anschlag ging auf das Konto der Al Qaida.

«Die Menschen haben ein kurzes Gedächtnis», sagt Ellen. «Regierungen haben eine eigene Tagesordnung. Lassen Sie mich das erklären. Vor dem Anschlag auf die *USS Cole* wurde im Juni 2001 der Versuch unternommen, eine Autobombe auf die Fähre *Val de Loire* zu schmuggeln. Das Schiff pendelt zwischen Santander in Nordspanien und dem englischen Plymouth. Im Sommer sind manchmal 2000 Menschen an Bord. Die Linie ist bei britischen Touristen, die mit dem Auto nach Spanien reisen, sehr beliebt.

Das Vorhaben der baskischen Separatisten der ETA konnte vereitelt werden, aber viel hat nicht gefehlt. So glimpflich geht es nicht immer aus, irgendwann haben die Terroristen Erfolg. Nur der hervorragenden Arbeit der spanischen Antiterrortruppe war es zu verdanken, dass eine Katastrophe mit vielen Toten ausblieb. Eine Woche zuvor hatte sie in der spanischen Stadt Mondragon zwei ETA-Mitglieder festgenommen. Bei der Durchsuchung ihrer Wohnungen fand sie 35 Kilo Dynamit, Stadtpläne von Santander und den Fahrplan der Fähre. Die beiden Männer hatten geplant, eine Autobombe – eine ihrer Spezialitäten – an Bord zu schmuggeln. Die *Val de Loire* hätte mit über 2000 Passagieren den Golf von Biscaya durchpflügt. Sorgte der Fall für Aufsehen? Kaum. Im Gegensatz zur Polizei spielte die spanische Regierung die Bedrohung herunter. Wer wird denn Touristen verschrecken!

ETA-Terroristen drohten auch mit einem Anschlag auf die *Seabourn Legend*, einen norwegischen Luxusliner, der im Juli 2001 nahe der spanisch-französischen Grenze vor Anker lag. So kurz nach der Sache mit der *Val de Loire* wurde die Drohung ernst genommen, und zu Recht. Gefunden wurde nichts. Das Schiff geriet in Verzug, und die 324 Menschen an Bord hatten Unannehmlichkeiten. Die Terroristen hatten ihr Ziel erreicht.

Im Jahr 2000 hatte die spanische Polizei in der Stadt Benabarre im Baskenland eine Autobombe entdeckt. Das Fahrzeug sollte auf die Fähre gebracht werden, die von Valencia zur Ferieninsel Ibiza fuhr. Dass die Sache aufflog, war reines Glück – das Auto hatte unterwegs eine Panne! Die Sicherheitsleute im Hafen hätten den Braten nicht gerochen. Einmal an Bord, hätte die Bombe ein verheerendes Blutbad anrichten können.

Ich kann verstehen, dass die großen amerikanischen Kreuzfahrtunternehmen im Interesse der Sicherheit Passagierlisten ans FBI schicken, doch absolute Sicherheit ist im Augenblick nicht zu haben, sosehr man sich auch darum bemüht.» Ellen hält inne und deutet auf cinen Katalog mit *Tagesausflügen nach Frankreich*. «Besonders gefährdet durch Terroristen sind möglicherweise die normalen Fahrgastfähren, wie sie auf dem Ärmelkanal zwischen England und Frankreich oder im Mittelmeer eingesetzt werden. Jeden Tag überqueren Dutzende den Kanal, und eine Fahrt dauert 90 Minuten oder weniger. Wichtig ist das zügige Ein- und Ausladen der PKW und der LKW, die häufig Container transportieren. Solche Fähren, wie sie ins Visier der ETA geraten sind, gibt es überall. Die Branche lebt davon, dass im Hafen schnell kehrtgemacht wird. Vernünftige Kontrollen würden zu lange dauern.»

Die ins Schussfeld geratenen Kreuzfahrtunternehmen haben immer kostspieligere Maßnahmen ergriffen, um die Öffentlichkeit zu beruhigen. Da die Buchungen seit dem 11. September aber drastisch zurückgegangen sind, geraten sie nun von zwei Seiten finanziell unter Druck. In Miami werden solche Schiffe jetzt von Sicherheitskräften in den Hafen eskortiert und an Bord von angeheuerten Sicherheitsexperten geschützt. Passagiere und Gepäck werden genau unter die Lupe genommen. Selbst der Schiffsrumpf wird abgesucht, da nicht ausgeschlossen werden kann, dass Taucher Haftminen anbringen.

Aber ein Maulwurf in der Besatzung genügt, um einer Terrorgruppe den Tipp zu geben, dass in diesem oder jenem Hafen nur schlampig kontrolliert wird, und schon kann das Schiff zum Ziel werden. Lippenbekenntnisse in Sachen Sicherheit genügen nicht mehr. Das letzte Wort gehört Eric Ellen: «Ich habe seit dem 11. September zwei Kreuzfahrten unternommen. Einmal von den USA aus, das andere Mal in der Karibik. Ich kann nur sagen, dass die Sicherheitsmaßnahmen lediglich minimal verbessert und daher nutzlos waren. Eine entschlossene Bande bewaffneter Terroristen hätte in beiden Fällen an Bord gelangen können.»

Terroristische Freundschaftsdienste Ungeachtet ihrer jeweiligen Ziele unterstützen sich viele Terrorgruppen gegenseitig. So war Libyen unter Oberst Gaddafi ein großzügiger Wohltäter der IRA. Für den Transport moderner Waffen wurde der Seeweg benutzt. Ohne Gaddafis Unterstützung wären viele Gräueltaten in Nordirland und England nicht möglich gewesen. Es ist kaum anzunehmen, dass der Oberst sich auch nur einen Deut um Missstände in Irland scherte, deren Wurzeln fast 400 Jahre zurückreichen. Er folgte einer simplen Logik: *Der Freund (Großbritannien) meines Feindes (USA) ist mein Feind. Der Feind (IRA) dieses Feindes ist mein Freund.*

Die IRA ihrerseits hatte weitere Bündnisse geschmiedet. Am 11. August 2001 wurde deutlich, wie weit verzweigt der internationale Terrorismus ist. In einer Zeit, in der das Good Friday Agreement so gut wie gescheitert war und neue Anstrengungen unternommen wurden, die IRA zu einer Waffenübergabe zu bewegen, verhaftete man in Kolumbien drei mutmaßliche Mitglieder der IRA. Angeblich schulten sie kolumbianische Marxisten in der Handhabung von Sprengstoff. Dies wurde von den Festgenommenen und der IRA zwar bestritten, doch so viel ist klar: Das Knowhow von IRA und Splittergruppen wie der Real IRA nötigt selbst britischen Militärs und Sicherheitskräften Respekt ab. Viele Terrorgruppen würden liebend gern von der Erfahrung der Iren profitieren.

Die CIA hatte die kolumbianischen Rebellen, bekannt unter dem Namen FARC, überwacht, weil sie im Verdacht standen, Drogen in die USA zu schmuggeln. Dass sie mit der IRA gemeinsame Sache machten, fügte, sofern es stimmte, dem Ansehen der IRA und ihres politischen Flügels, der Sinn Féin, in Washington großen Schaden zu. Die Guerillaorganisation FARC hatte eine abscheuliche neue Bombe entwickelt, die Bestandteile von Napalm enthielt. Die beiden Substanzen, die man zu ihrer Herstellung benötigte, waren leicht und billig zu bekommen (im Gegensatz zu Semtex). Sie sind dem Autor bekannt, sollen hier aber ungenannt bleiben, damit niemand auf dumme Gedanken kommt. Die Kolumbianer hatten jedoch ein Problem: Sie verstanden nichts von ferngesteuerten Zündern oder vom Platzieren durch Beschuss.

Auf diesem Gebiet waren die Bombenleger der IRA Experten. Angeblich wurde folgender Handel geschlossen: Die IRA sollte die Herstellung der Bombe lernen und den Kolumbianern im Gegenzug beibringen, wie sie sich wirkungsvoller einsetzen ließ. Die CIA machte Fotos, als die Bombe in Kolumbien getestet wurde – anscheinend im Beisein von Vertretern der IRA. Es wurde Zeit, etwas zu unternehmen. Die empörte Regierung Bush drohte der IRA und Sinn Féin, dass sie es mit ihr und der CIA zu tun bekommen würden, falls auch nur ein einziger Amerikaner durch die Bombe Schaden nehmen sollte; dass sie mit demselben Hass verfolgt und behandelt werden würden wie die Al Qaida.

Der 11. September führte in Irland zu einem raschen politischen Kurswechsel. Durch den Vorfall in Kolumbien und einen Kuba-Besuch von Sinn-Féin-Chef Gerry Adams hatten sich die Sinn Féin und die IRA in Teilen der USA bestehendes Wohlwollen verscherzt, möglicherweise für immer. Im Oktober gaben sie nach jahrelangen Ausflüchten bekannt, dass sie vereinbart hätten, mit der Abgabe ihrer Waffen zu beginnen. Jahrzehntelang hatten zwischen den irischen Terroristen und dem Nordosten der USA enge Bande bestanden. Der Nordatlantik war, wie zu sehen sein wird, ein wichtiger Versorgungsweg für den Waffenschmuggel.

Die IRA auf See Der Terrorismus bezieht seine Macht aus dem Fanatismus seiner Anhänger in Verbindung mit der finanziellen Potenz seiner Unterstützer. Osama Bin Laden soll rund 300 Millionen Dollar besessen haben. Wie genau ist diese Schätzung? Selbst wenn viele vermeintlich geheime Konten heute eingefroren sind, verfügen er und einige seiner wohlhabenden Komplizen sicherlich noch über genug Mittel, um ihre kurzfristigen Ziele zu erreichen.

Andere Terrorgruppen sind nicht so mit Mitteln gesegnet. Die IRA ist nach 1967 nie reich gewesen, obwohl sie eine Zeit lang das Wohlwollen eines Ölstaates genoss. Sie finanzierte sich hauptsächlich durch Schutzgelderpressung, Banküberfälle, betrügerische Schadensersatzklagen, Drogenhandel und ähnliche Unternehmungen. Zudem erhielt die IRA über eine Organisation namens NORAID großzügige Unterstützung aus den USA. Reiche Wohltäter hatten ihre terroristischen Aktivitäten finanziert, freilich unter dem Vorwand, humanitäre Hilfe zu leisten. Moderne Waffen sind teuer. Doch dank der bereits erwähnten Freigebigkeit Oberst Gaddafis hatte die IRA einen großen Vorrat angelegt. Geld und Waffen aus Amerika waren wahrscheinlich ebenso hilfreich.

«Das Bureau», erläutert Ellen, «hatte nicht direkt mit Problemen des Terrorismus zu tun. Das ist Sache der Geheimdienste. Aber wir hatten insofern gemeinsame Interessen, als diese Lieferungen nur möglich waren, weil Papiere gefälscht wurden, Eigner anonym blieben und in Häfen nachlässig kontrolliert wurde. Und das geht uns eine Menge an. Die meisten Terrorgruppen nutzten die See für Waffentransporte und tarnten sich auf jede erdenkliche Art. Die IRA bildete da keine Ausnahme.»

So wurden in einem Container Waffen entdeckt und beschlagnahmt. Offiziell enthielt er Rollerscates und Schnuller! Die Gewehre und anderes Gerät waren von Port Newark in den USA ins irische Limerick verschifft worden, wo Verhaftungen vorgenommen wurden. In einem anderen Fall wurden von einem Militärgelände in North Carolina Waffen gestohlen. Der Amerikaner Barney McKeon, aktives Mitglieder von NORAID, verstaute das Diebesgut in seiner Garage, bevor es via New York nach Dublin ging. Nur Pech für den Waffenschmuggler, dass ein abgehörtes Telefongespräch, in dem die genaue Ankunftszeit der Waffen genannt wurde, die Behörden alarmierte. McKeon wurde verhaftet und eingesperrt. Gleichwohl haben trotz intensiver Bemühungen der Sicherheitsorgane mehrere andere Schiffe mit Waffen an Bord Irland erreicht.

Die umstrittenste und aufwendigste Aktion gegen den Waffenschmuggel zwischen den USA und Irland fand in den achtziger Jahren statt. Ein Amerikaner namens John Crawley, mit starken Bindungen an Irland, organisierte eine Waffenlieferung im Wert von 1,5 Millionen Dollar. Adressat war die Provisional IRA im County Kerry. Von Boston aus gingen die Waffen an Bord des Fischkutters *Valhalla* auf die Reise. Crawley hatte das Kommando. Geplant war ein Rendezvous mitten auf dem Atlantik mit dem irischen Schiff *Marita Ann*, das aus Kerry kam. Die beiden Fahrzeuge begegneten sich, die Waffen wurden umgeladen, und die *Marita Ann* trat mit der wertvollen Fracht die Rückreise an. Umgekehrt stiegen zwei flüchtige IRA-Leute auf die *Valhalla* um. Die irische Marine fing die *Marita Ann* ab, als sie ihren Heimathafen anlief, und verhaftete die Besatzung. Mehrere Tonnen Waffen wurden beschlagnahmt. Skipper und Crew müssen ziemlich sauer gewesen sein, vor allem aber dürften sie sich darüber gewundert haben, dass bei einer, wie sie meinten, Routinekontrolle ausgerechnet sie herausgepickt worden waren.

Doch es war beileibe kein Zufall, dass die *Marita Ann* gefilzt wurde. Ein Informant hatte vor der Lieferung gewarnt, und ein amerikanischer Satellit hatte die Fahrt über die grauen Wasser des Atlantiks überwacht. Hilfe kam auch vom britischen Verteidigungsministerium. Ein Aufklärungsflugzeug vom Typ Nimrod hielt die Waffenübergabe mit Hilfe seiner Zoomobjektive im Bild fest. Fünf Männer wurden in Dublin verurteilt.

In den USA ging die *Valhalla* erstaunlicherweise durchs Netz, und die Crew und die Flüchtigen konnten nicht wie geplant festgenommen werden. Ermittler stellten später einen Zusammenhang zwischen der Lieferung und einer Bostoner Unterweltgröße namens Joseph Murray her, der im Drogenschmuggel und Waffenhandel aktiv war. Bei der Durchsuchung seines Hauses in Neuengland stellten sie eine große Zahl von Waffen sicher, die für Irland bestimmt waren. Crawley, Murray und andere wurden verhaftet und verurteilt. Über die Identität des Maulwurfs und sein Schicksal ist wenig bekannt. Er hat jedoch maßgeblich dazu beigetragen, dass dieser regelmäßig für Waffenlieferungen benutzte Kanal dichtgemacht werden konnte.

Die sieben Tonnen auf der *Marita Ann* verblassen allerdings neben den Mengen, die später auf dem Frachter *Eksund* sichergestellt wurden. Man schrieb das Jahr 1987. Laut Plan sollte die *Eksund* von Malta aus ungesehen einen libyschen Hafen anlaufen und anschließend die Fracht nach Irland bringen. Zur gleichen Zeit wie die *Eksund* trat ein zweites Schiff mit demselben Auftrag die Reise an und gelangte anscheinend unbehelligt nach Irland.

Die *Eksund* wurde von der französischen Marine aufgebracht, nach offizieller Version im Rahmen einer Operation gegen den Drogenschmuggel. Das glaube, wer will. Als die *Eksund* aufgebracht wurde, versuchte die Crew verzweifelt, die Beweisstücke über Bord zu werfen. Unter Deck fanden sich 150 Tonnen libysche Waffen, darunter 1000 Gewehre, Flugabwehr-Maschinengewehre und eine Million Schuss Munition. Außerdem musste die französische Marine feststellen, dass für den Fall einer Aufbringung Sprengladungen an Bord versteckt waren, die sie aber entschärfen konnte, ehe das Schiff in die Luft flog.

Nachdem die Terroristen große Mengen Plastiksprengstoff und Waffen angehäuft hatten, verlegten sie sich auf den Schmuggel von elektronischen Bauteilen für Zünder und Timer, die sie meist aus den USA, speziell aus Arizona, bezogen. Das Geld für derartig kostspielige Anschaffungen kam nicht zuletzt durch den Handel mit geschmuggelten Zigaretten in die Kassen der IRA bzw. ihrer Splittergruppen.

Der Schwarzhandel mit Zigaretten ist in Irland ein lukratives Geschäft, und neben der Real IRA hat sich auch die Provisional IRA auf diesem Feld betätigt. Es wurde gemunkelt, dass die Zigaretten illegal per Schiff ins irische Dundalk, südlich der Grenze, oder ins nordirische Warrenpoint gebracht wurden. Ein einziger Container brachte bis zu 1,5 Millionen Pfund Profit, das konnte sich sehen lassen.

Tatsächlich wurden im November 2001 in Dundalk und Warrenpoint zwei Lieferungen abgefangen. In Warrenpoint beschlagnahmte die Polizei 40 Millionen Zigaretten, die mit einem Schiff namens *Sylve*, das unter zypriotischer Flagge lief, aus Lettland eingetroffen waren. In Dundalk waren es 20 Millionen Zigaretten, die ein Schiff aus Estland gebracht hatte. Verbindungen zum Terrorismus sind noch nicht erwiesen, aber wahrscheinlich, nach den Stellungnahmen der Polizei zu urteilen. Der Wert der Ladungen, der bei sechs Millionen Pfund lag, hätte weitere Waffenkäufe ermöglicht.

Die Real IRA und die Continuity IRA, ebenfalls eine Dissidentengruppe, haben sich nach dem Krieg in Kroatien zusammengetan, um dort Waffen zu kaufen. Trotz der geschilderten herben Rückschläge haben die IRA und ihre Ableger das Meer mit großem Erfolg für den Waffenschmuggel und heimliche Ein- und Ausreisen von Terroristen benutzt.

Mit strengeren Sicherheitsvorkehrungen in den Häfen, wie in der jüngsten US-Initiative gefordert, könnte man hier einen Riegel vorschieben. Auch wenn es dem einen oder anderen Schiff mit Unterstützung *lokaler Kräfte* gelingen sollte, heimlich einen irischen Hafen anzulaufen oder zu verlassen, wären die Operationsmöglichkeiten auf der amerikanischen Seite des Atlantiks doch stark eingeschränkt. Im jetzt von den US-Behörden vorgeschlagenen Sperrgürtel würden Crew und Ladung Verdacht erregen. Vielleicht bleiben Container die beste Option für illegale Waffenlieferungen, aber seit dem 11. September gestaltet sich der Schmuggel zunehmend schwieriger.

Aus Sicht der Al Qaida Vor dem 11. September hatten Experten vorausgesagt, dass die Al Qaida sich verstärkt den Möglichkeiten in der Handelsschifffahrt zuwenden würde. Dass sie in der Lage ist, Amerika empfindlich zu treffen, hatte sie bereits demonstriert, als sie ein Loch in die *USS Cole* sprengte. Die Reparaturkosten betrugen 250 Millionen Dollar. 17 Seeleute starben, 30 wurden verletzt. Im Oktober 2002 griffen Terroristen vor der jemenitischen Küste den französischen Öltanker *Limburg* an und zwar mit ähnlichen Methoden wie bei dem Angriff auf die *USS Cole*.

Der 9000 Tonnen verdrängende Zerstörer *USS Cole*, 150 Meter lang und mit Lenkwaffen ausgestattet, war vier Jahre alt, als er in den Hafen von Aden im Jemen einlief. Der Jemen war zwar geographisch und praktisch an den Konflikten im Nahen und Mittleren Osten nie beteiligt, aber er ist eine Brutstätte des Terrorismus. Aden hätte als Hafen mit hohem Sicherheitsrisiko eingestuft werden müssen.

Das Schiff legte am 12. Oktober 2000 um 9.30 Uhr Ortszeit an. Von den fünf Sicherheitsstufen der Threatcon-Skala galt hier die erhöhte Sicherheitsstufe *Bravo*. Entsprechend hätte an Bord erhöhte Alarmbereitschaft sichergestellt werden müssen. Sicherheitsstufe *Bravo* verlangt bewaffnete Besatzungsmitglieder an Deck. Tatsächlich hatte die Crew Waffen, aber keine Munition! Feuerwehrschläuche hätten bereitliegen müssen, um ungebetene Gäste zu vertreiben. Es waren aber keine da. Es bestand keine Möglichkeit, Leute, die sich von der See her oder aus einer anderen Richtung näherten, in arabischer Sprache zu warnen. Es wurde kein Befehl gegeben, sich nähernde kleine Fahrzeuge zu identifizieren. Das Schiff war nicht auf einen terroristischen Angriff vorbereitet.

Um 10.30 Uhr begann die Betankung. Um 11.18 Uhr tauchte ein kleines Boot aus dem Hafen auf und hielt auf den Zerstörer zu. An Bord waren zwei Männer und, wie wir heute wissen, eine Menge Sprengstoff. Solche Boote sind ein vertrauter Anblick, und auf der *Cole* war offenbar niemand beunruhigt. Die Crew winkte den Einheimischen im Boot sogar zu. Ohne die Order, den Ernstfall zu erwarten, reagierten die Matrosen mit der typischen Offenherzigkeit, für die Amerikaner bekannt sind. Für das Selbstmordkommando waren sie nicht mehr als ein strategisches Ziel. Als ihr Boot längsseits stoppte wie in offizieller Angelegenheit, flog es in die Luft, und die gewaltige Explosion riss mittschiffs ein sechs mal zwölf Meter großes Loch in die Backbordseite des Zerstörers.

Man mag Außenstehenden verzeihen, wenn sie glauben, dass der Anschlag vorauszusehen war. *Wenn du deine Suppe mit dem Feind isst, nimm lange Löffel.* Offenbar war man zu selbstgefällig. Andere Fahrzeuge hatten dort ohne Zwischenfall Treibstoff geladen. Aber bereits im gleichen Jahr hatten zwei ehemalige Militärs erstmals darauf hingewiesen, dass Kriegsschiffe gegen einen Angriff beim Betanken nicht gewappnet seien. Und in einer Marine-Studie aus ebendiesem Jahr heißt es, dass rund die Hälfte der vorschriftsmäßigen Präventivmaßnahmen nicht ergriffen würden. Aber das war damals. Im Abschlussbericht zu dem Vorfall vom Januar 2001, dem so genannten Judge Advocate General Manual (JAGMAN), werden zwar Versäumnisse festgestellt, aber es wird nicht empfohlen, den Schiffskommandanten zu belangen. In einer Zeit, in der man Krieg gegen den Terror führt, mag das angebracht sein – ein Strafverfahren gegen einen Marineoffizier wäre ein falsches Signal an die Al Qaida. Wichtig ist, dass die Erinnerung an die 17 Toten und 30 Verletzten dazu anhält, künftig jenes Maß an Vorsicht walten zu lassen, das diesen Triumph Osama Bin Ladens hätte verhindern können.

Der JAGMAN-Bericht kam zu dem Schluss, dass der Kommandant im Rahmen dessen, was man erwarten konnte, angemessene Schritte unternommen habe. Ach ja? Überdies hätte keine der unterlassenen Maßnahmen den Anschlag verhindern oder die Täter abschrecken können. Zu den verschiedenen Maßnahmen, die gemäß *Threatcon* hätten ergriffen werden müssen, gehören:

«Maßnahme 16. Wassertaxis, Bumboote und andere Hafenfahrzeuge erfordern besondere Beachtung, da sie Terroristen als ideale Plattform dienen können. Unbefugte Fahrzeuge sollten vom Schiff fern gehalten werden; befugte Fahrzeuge sollten gewissenhaft kontrolliert, inspiziert und überwacht werden.»

Natürlich hätten die Selbstmordattentäter einen Zuruf auf Arabisch ignoriert, aber wäre er früh genug erfolgt, hätte das Boot mit Feuerwehrschläuchen oder gar mit Schüssen auf Distanz gehalten werden können. Es war eine ganze Weile zu sehen. Statt die Terroristen gemäß Maßnahme 16 fern zu halten, hieß man sie längsseits willkommen – in ersten Berichten hieß es sogar, das Boot habe beim Betanken geholfen. Konfusion und fehlende Befehle von oben trugen maßgeblich zu dieser Tragödie bei.

Das unvorschriftsmäßige Verhalten muss die Al Qaida förmlich ermuntert haben. Der JAGMAN-Bericht, nach dem die Nichteinhaltung von zwölf Verfahrensvorschriften noch im Rahmen vernünftiger Leistungsstandards liegt, wird viele Amerikaner schockiert haben… Die Gefahr von Anschlägen auf See ist in den *Threatcon*-Vorschriften festgehalten. Andere Warnungen vor Anschlägen auf See waren vor dem 11. September ausgesprochen worden, lange bevor die Norweger Ende 2001 bekannt gaben, dass die Al Qaida ungefähr 23 Schiffe erworben und in diskreten, entgegenkommenden Schiffsregistern versteckt habe.

Der Missbrauch von Schiffsregistern Einer Gruppe, die so weit verzweigt ist und die Wirtschaft so geschickt unterwandert hat, können die Diskussionen innerhalb der Schifffahrt nicht entgangen sein. Dazu Ellen: «Die Unfähigkeit, Missstände abzustellen, die mir seit Jahren Kopfzerbrechen bereiten, hat den Terroristen in die Hände gespielt. Ohne Zweifel verfolgt die Al Qaida jeden Schritt der IMO – und amüsiert sich über das Chaos. Ihre Anführer, die in muslimischen Ländern wie Indonesien starke Unterstützung genießen, können nicht umhin, die ständigen Fehlschläge im Kampf gegen Mord und Piraterie auf See zu konstatieren. Sie wissen, wie leicht es gewesen ist, Terroristen oder gar Selbstmordattentäter an Bord von Fähren oder Kreuzfahrtschiffen zu schleusen. Sie haben gelesen, dass bis zu 99 Prozent aller Container ohne angemessene Sicherheitskontrollen importiert werden. Sie wissen, dass jedes Jahr Zehntausende von illegalen Einwanderern auf Frachtern und in Containern geschmuggelt werden und dass die meisten sicher ihr Ziel erreichen. Sie haben erfahren, dass zahllose Seeleute mit gefälschten Papieren zur See fahren. Sie haben sich bereits die Anonymität von Billigflaggenländern zunutze gemacht, um Schiffe zu erwerben – wobei allerdings noch unklar ist, was sie damit bezwecken. Wir haben den Terroristen eine Tür offen gehalten, und wenn wir sie nicht zuschlagen – und ich meine damit fest verschließen und verriegeln –, werden sie durch diese Tür hereinmarschieren.»

Beim Ausbau vieler Häfen, gerade auch in den USA, wurden Sicherheitsaspekte oder die terroristische Gefahr nicht groß berücksichtigt. Sie sind einfach aus kleinen alten Häfen entstanden, die schon vor 200 Jahren von Schonern angelaufen wurden. Aus historischen Gründen liegen viele US-Häfen inmitten großer Städte. Treibstofflager, Kraftwerke und Containerdepots säumen die Kais – da genügt ein Funke. Und den könnte ein explodierendes Schiff liefern, oder ein heimtückischer Container, gefüllt mit Sprengstoff und einem Timer.

So wie sie Piloten ausbilden ließ, könnte die Al Qaida ihre Anhänger zu Kapitänen, Chefingenieuren oder Funkern ausbilden und mit verheerenden Folgen in die Seeschifffahrt einschleusen.

Was könnten Osama Bin Laden und seine Al Qaida im Bereich der Schifffahrt noch tun, außer zwei Dutzend Schiffe zu erwerben? Nun, sie könnten beispielsweise eine Scheinfirma gründen, um ein Schiff zu chartern. Eine solche Firma lässt sich mit wenig

Geld und einem Minimum an Formalitäten ins Leben rufen. Angesichts des Reichtums und der offensichtlichen Geschäftsfähigkeit einiger Anhänger Bin Ladens wäre die finanzielle Seite kein Problem. Falsche oder gestohlene Pässe sind schnell beschafft. Die Anonymität bleibt gewahrt.

Ausgestattet mit falschen Papieren für eine Fracht, die in einem Hafen wie Freetown in Sierra Leone verladen wird, könnte eine zweite Scheinfirma mit Sitz in New York, Long Beach oder Houston als legaler Käufer auftreten. Natürlich hätte diese Firma andere Gesellschafter und Geschäftsführer. Bestens geeignet als Fracht wären Container, in denen eine große Menge Semtex und ein Timer versteckt sind. Ist ein Selbstmordattentäter an Bord, erübrigt sich der Timer. Bombe und Schiff würden in einem US-Hafen neben einem Öllager oder einem Hochhaus in die Luft fliegen.

Gastanker Die größte Gefahr (wenn wir einmal von einem nuklearen Sprengkörper oder einem Anschlag auf ein Atomkraftwerk absehen) könnte von einem Gastanker drohen, den Terroristen gekapert oder in ihre Gewalt gebracht haben. Er könnte 125 000 Kubikmeter einer gefährlichen Substanz geladen haben – 125 Millionen Liter Flüssiggas. Die Explosion eines solchen Schiffes hätte verheerende Folgen. Seit dem 11. September ist diese Gefahr vermindert, wenn auch noch nicht vollständig gebannt worden. Viele Gastanker kommen aus Jamaica, Algerien und Indonesien, also aus Ländern, in denen Sicherheit nicht besonders groß geschrieben wird. Indonesien beherbergt zudem Gruppen mit einer sehr feindseligen Haltung gegenüber den USA.

Dass Gastanker gefährlich sind, ist hinlänglich bekannt. Allerdings konnte das eine bewaffnete Bande von Gelegenheitsdieben im brasilianischen Santos, einem für seine Gewaltkriminalität berüchtigten Hafen, nicht davon abhalten, sich Zugang zu einem solchen Schiff zu verschaffen. Und wenn ein paar Schmalspurgangster an Bord gelangen konnten, dann sind auch Al Qaida-Leute dazu in der Lage – und die würden es nicht wie die Brasilianer dabei belassen, mit 10 000 Dollar aus dem Safe wieder abzuziehen. Gastanker sind heute ein wichtiges Thema bei Sicherheitsdebatten. Gleichwohl hat die US Energy Regulation Commission den Bau eines Tanklagers bei Cove Point in Maryland genehmigt. Via Chesapeake Bay würden auch Gastanker aus Algerien das Lager beliefern und dabei an dem nur wenige Meilen entfernten Atomkraftwerk Calverts Cliff in Maryland vorbeifahren. Voraussetzung für die Entscheidung war, dass nur Tanker mit ausdrücklicher Genehmigung der US Coast Guard die Anlage anlaufen sollen und dass die Küstenwächter davon überzeugt sind, dass sie eine sichere Vorbeifahrt gewährleisten können.

Wenn so ein Tanker in die Luft fliegt, hat es im Umkreis von vielen Meilen wenig Sinn, die Finger in die Ohren zu stecken. In einem weiten Umfeld würde nichts dem Feuerball entgehen. Die Wirkung wäre der einer Atombombe vergleichbar.

Einen anderen Aspekt bringt der Sicherheitsexperte Rohan Gunaratna zur Sprache: «Die Tamilen haben versucht, in ihrem Kampf gegen die Singhalesen Mini-U-Boote einzusetzen. Der letzte Versuch datiert vom März oder April 2000. Das U-Boot wurde im thailändischen Phuket gebaut. Später wurde es von der thailändischen Polizei beschlagnahmt. Doch die Tamilen bekamen es zurück, weil sie mit dem Bau eines solchen Bootes nicht gegen die Gesetze Sri Lankas verstießen. Terroristen sind Nachahmungstäter, und so besteht Grund zu der Annahme, dass auch andere Terroristen diese Technik nutzen könnten. Korea hat sehr viele Mini-

U-Boote gebaut. In Kolumbien werden von Kriminellen sogar zwei große U-Boote benutzt. Ein Anschlag auf einen Gastanker mit einem Mini-U-Boot könnte in Form eines Selbstmordattentats erfolgen, aber das wäre ungewöhnlich. Meines Erachtens sind diese Boote ideal, um Froschmänner zum Zielobjekt zu bringen, damit sie Haftminen anbringen. Diese U-Boote sind nur etwa sieben Meter lang und eignen sich deshalb für Anschläge in ungeschützten Küstengewässern oder in Häfen.»

Anschläge auf Gastanker drohen auch von Entführern aus der Luft. Diese schwerfälligen Fahrzeuge haben natürlich eine automatische Steuerungsanlage. Fallschirmspringer oder Hubschrauber könnten den Tanker kapern, die Crew auf der Brücke ermorden und das Schiff, ehe sie es wieder verlassen, mit voller Kraft voraus wie eine Rakete ins Ziel lenken. Doch die Entscheidung von Cove Point ist nicht nur wegen möglicher Anschläge auf Schiffe riskant. Das gesamte Tanklager ist für einen Selbstmordanschlag, beispielsweise mit einem entführten Flugzeug, ein lohnendes Ziel – und wenn es hochgeht, dürfte die freigesetzte Energie eine ähnlich zerstörerische Wirkung haben wie ein Atomkraftwerk.

Das Flüssiggaslager am Charles River in Boston ist ein ähnliches Beispiel. Dort lagern 360 Millionen Kubikmeter Gas. Wird ein einziger Tank durchlöchert, fliegt die gesamte Anlage in die Luft und setzt schätzungsweise 2000 Megatonnen Energie frei. Nach Auskunft namhafter Wissenschaftler entspricht dies der Sprengkraft von 200 Kernwaffen. Nichts wurde getan, nachdem 1978 in einem Fernsehbericht auf das Risiko hingewiesen worden war. Seit dem 11. September ist wenigstens bewusst geworden, dass Cove Point das Leben im Nordosten der USA noch gefährlicher macht.

B- und C-Waffen Geheimdienste in aller Welt sind zunehmend besorgt über den möglichen Einsatz von Krankheitserregern und Nervengasen durch jene, die für die Genfer Konventionen und jedwede Regeln der Kriegführung nur Verachtung übrig haben. Die Wirkung einiger chemischer oder biologischer Kampfmittel stellt sogar die Gefahren in den Schatten, die von einem großen Schiff ausgehen können. Manche lassen sich in einem Container ins Land schmuggeln, wobei die Wahrscheinlichkeit, dass sie entdeckt werden, sehr gering ist. Ein ganz legal von Terroristen gechartertes Schiff könnte alles Mögliche geladen haben – einen Sprengstoff-Cocktail oder auch ein tödliches Nervengift wie Sarin.

Sarin wurde bei dem Anschlag auf die U-Bahn in Tokio verwendet. Am 20. März 1995 platzierte eine Terrorgruppe Nervengas in Zügen auf drei verschiedenen Strecken. Elf Menschen starben und über 5000 wurden verletzt – Verursacher war der Inhalt weniger Lunch-Boxen und Getränkedosen. Wäre der Anschlag nicht schief gegangen (beinahe *fehlgeschlagen*, gemessen an der Intention der Täter), hätten ihm Tausende zum Opfer fallen können. Die Bandenmitglieder hatten die Dosen durchstochen, ehe sie sich in Sicherheit brachten. Abgesehen von den Toten und Verletzten leiden diejenigen, die dicht am tragischen Geschehen dran waren, noch heute unter der Angst. Und diese Menge Sarin ist nur ein Tropfen im Vergleich zu dem, was andere Terroristen in einem Container importieren könnten, zusammen mit weiteren Gasen oder Chemikalien.

Es gibt mindestens 48 verschiedene Organismen, die heute als biologische Kampfmittel zur Verfügung stehen, Toxine und Viren eingeschlossen. Die ehemalige Sowjetunion unterhielt ein Entwicklungsprogramm für biologische Waffen. Zudem verfügte sie über die Möglichkeit, die Erreger mit Raketen auszustreuen. Das

Ende dieses Regimes hat die Bedenken von Leuten, die es wissen müssen, wie William Cohen, ehemals Verteidigungsminister der Regierung Clinton, nur noch verstärkt. Er hat öffentlich seine Sorge zum Ausdruck gebracht, dass ein Anschlag mit biologischen oder chemischen Waffen, wo auch immer, nach Stand der Dinge nicht zu verhindern sei. Wenn solche Waffen skrupellosen Terroristen in die Hände fallen, ist die Gefahr viel größer, als die meisten Menschen ahnen. Ob die Al Qaida seit der vernichtenden Niederlage in Afghanistan noch über chemische Waffen verfügt, ist nicht bekannt.

Eine alternative Möglichkeit wäre – aus Sicht militanter Gruppen – die Kaperung eines Schiffes, das Giftmüll transportiert. Nach den Ereignissen vom April 2000 zu urteilen, dürfte das kein Problem sein. Damals war die *MV Wanhe* mit 14 Giftmüllcontainern von amerikanischen Militärstützpunkten in Japan auf dem Weg in die USA und nach Kanada. Die Container, die Polychlorbiphenyle (PCB) enthielten, entfachten in den Bestimmungsländern einen Sturm der Entrüstung und durften nicht ausgeladen werden. Das Schiff kehrte nach Yokohama in Japan zurück. Dort gelang es Greenpeace-Aktivisten, widerrechtlich an Bord zu gehen und ihrem Protest Ausdruck zu verleihen. Wenn ein paar Demonstranten so leicht auf das Schiff gelangen, wie sollte man dann ein Al Qaida-Kommando davon abhalten? 14 Giftmüllcontainer in den falschen Händen eröffnen bedenkliche Möglichkeiten der Erpressung.

Geiselnahmen Es sind oft die gleichen Gegenden, in denen sich Verbrechen aus politischen Motiven und aus reiner Geldgier häufen. Captain Mukundan ist zwar damit zufrieden, dass die Zahlen im Jahresbericht des IMB für 2001 einen Rückgang der Übergriffe in der Straße von Malakka ausweisen, betrachtet sie aber noch immer mit Skepsis. «Insgesamt steigt die Zahl der Piratenangriffe weiter. Was besonders bedenklich stimmt, ist einmal die zunehmende Gewalt und die steigende Zahl von Morden, zum anderen die Zahl der Kaperungen durch Terroristen. Viele Crews leben heute in der Angst, als politische Geiseln genommen zu werden. Indonesien, wo 2001 über 90 Angriffe gemeldet wurden, leidet heute besonders in der Provinz Aceh unter Entführungen und Geiselnahmen.

Es ist zu begrüßen, dass die indonesische Marine die Patrouillen verstärkt hat, um diese Anschläge einzudämmen. In den Gewässern von Aceh und in der übrigen Straße von Malakka sind permanent Fahrzeuge im Einsatz. Mitverantwortlich für den Rückgang der Überfälle in der Meeresstraße waren die verstärkten Patrouillen durch Malaysia auf der anderen Seite. Neben den Piraten bereitet der malaysischen Regierung auch die Flut illegaler Einwanderer aus Indonesien Kopfzerbrechen. Wir wissen, dass dieselben Leute, die von der Seeräuberei leben, auch mit dem Menschenschmuggel Geld verdienen. Ich bin voller Hoffnung, dass diese entschlossenen Maßnahmen vonseiten Indonesiens auch die Serie terroristischer Entführungen stoppen werden.»

Doch wie das folgende Kapitel zeigt, scheint es leichter zu sein, politisch motivierte Entführungen zu verhindern, als die indonesischen Gewässer von der Geißel der Piraterie zu befreien. Organisiertes Verbrechen und weit verbreitete Korruption machen die Gewässer rund um Indonesien zu den gefährlichsten der Welt.

KAPITEL 3

Piraten am Werk

Im Schutz der Korruption

«In keiner Region sind Seereisen so gefährlich wie in Südostasien.» Diese Einschätzung Eric Ellens lässt sich durch die Statistik der letzten 20 Jahre untermauern. «Jedes Schiff, das in dieser Region unterwegs ist, wird potenziell zu einem Ziel für Verbrecher, gleichgültig ob es im Hafen liegt oder auf See ist. Ein Kapitän, der in dem Gebiet um Indonesien und in der Straße von Malakka nicht besondere Vorsichtsmaßnahmen trifft, ist leichtsinnig. Das organisierte Verbrechen hat skandalöse Zustände in diesen Gewässern geschaffen: Die Ermordung von Seeleuten und der Diebstahl von Schiffen und Ladungen sind an der Tagesordnung. Gäbe es für die Handelsschifffahrt eine vernünftige Alternative, würde man diese Wasserstraßen nicht mehr befahren. Doch es gibt keine.»

Indonesien hat die zweifelhafte Ehre, bei Verbrechen gegen die Schifffahrt die internationale Statistik anzuführen. Mit über 90 Überfällen im Jahr 2001 verzeichnete es viermal mehr Angriffe als das zweitplatzierte Land. Die gefährlichsten Piraten sind mit modernsten Kommunikationssystemen ausgerüstet und lauern an Bord von Mutterschiffen auf ihre Beute. In der Nähe der zahllosen kleinen und großen Häfen wimmelt es nur so von bewaffneten Piraten. Ganze Schiffe werden gestohlen, und es werden Flotten von Phantomschiffen gebildet, die außerhalb des Gesetzes operieren. Drogen- und Menschenschmuggel blühen, und die Korruption ist weit verbreitet.

Innenpolitisch gesehen sind Indonesiens Probleme mit der Schifffahrt ein bloßes Randphänomen im Vergleich zu der ungeheuren Korruption, die in der ganzen Republik herrscht. Präsident Suharto regierte das Land 30 Jahre. Als er 1997 gestürzt wurde, war Indonesien wirtschaftlich am Ende, seine Währung war verfallen. Suhartos Regierungszeit war geprägt von Bestechung, Vetternwirtschaft und der Veruntreuung öffentlicher Gelder zugunsten des Präsidenten, seiner Familie und seiner Freunde. Doch trotz der fatalen Auswirkungen von Begünstigung, Menschenrechtsverletzungen und weit verbreitetem Betrug konnte das Land bis zum Zusammenbruch des Regimes ein erstaunlich hohes Wachstum verzeichnen.

Indonesien gilt aufgrund seiner Größe und seiner Geographie als schwer regierbar. Es besteht aus einer Vielzahl großer und kleiner Inseln, die ein Seegebiet von Tausenden von Quadratkilometern bedecken. Die gut 200 Millionen Einwohner leben auf 6000 von insgesamt 17 000 Inseln. Die Küsten Indonesiens sind 54 000 Kilometer lang, also weit mehr als der Erdumfang. Eine wirksame Überwachung dieser Küsten übersteigt Indonesiens Möglichkeiten bei weitem.

Das weit verstreute Inselreich beginnt nordwestlich von Australien und dehnt sich bis zu der großen Insel Sumatra nach Norden. Der nordwestliche Teil Sumatras erstreckt sich fast parallel zur Westküste Malaysias und Thailands. Zwischen Sumatra und diesen Staaten liegt eine Meerenge, die Straße von Malakka. Sie ist das Jagdrevier unzähliger Piraten, die in dem steten Strom langsamer Schiffe in der Straße leichte Beute machen. Alle Tanker, Frachter, Kreuzfahrtschiffe und Containerschiffe, die in dem Gewässer fahren, sind der Gefahr von Piratenüberfällen ausgesetzt. Von allen Wasserstraßen der Welt hat die von Malakka den schlechtesten Ruf.

«Viele Verbrechen gegen die Schifffahrt in der Region Indonesiens wurden vermutlich auch von der indonesischen Marine oder mit ihrer Beteiligung begangen», enthüllt Eric Ellen. «Der Sold der Matrosen ist so niedrig, dass sie leicht in Versuchung geraten. Berichte über die Bauart der von den Piraten verwendeten Wasserfahrzeuge und ihre Kleidung, die an uns weitergeleitet wurden, stützen diesen Verdacht. Die Marine war keineswegs an allen Überfällen beteiligt, aber in den letzten 20 Jahren sollen Schiffe der Marine nach Ansicht vieler Kenner der Region bei Piratenüberfällen auf hoher See als Mutterschiffe fungiert haben. Man kann die ranghöchsten Offiziere der Marine von der Mitverantwortung für die Überfälle nicht freisprechen», fährt Ellen fort. «Es mag sein, dass Besatzungen gelegentlich auf eigene Faust gehandelt und Schiffe angegriffen haben, ohne dass die Admirale es wussten. Doch die große Zahl von Angriffen in den letzten 20 Jahren ist Beweis genug, dass Piraterie in der indonesischen Marine stillschweigend geduldet wurde. Die Festnahme einzelner Piraten, wer sie auch sein mögen, ist da nur ein Anfang. Die Bosse haben von der Justiz wenig zu fürchten. Die Regierung muss auch korrupte Beamte in der Polizei und der Justiz ausschalten.» Die Richter wurden zum großen Teil noch von Präsident Suharto ernannt. Zum Erbe seines Regimes gehört eine Justiz, die in Straf- und Zivilprozessen meist käuflich ist. Ohne mächtige Freunde kann ein Angeklagter nicht auf ein gerechtes Urteil hoffen. «Bandenführer wissen, dass sie in der Regel nur ein paar Leute zu schmieren brauchen, wenn sie mal in der Patsche sitzen», sagt Ellen. «Der Fall der *Baltimar Zephyr* ist ein hervorragendes Beispiel für die Zustände in Indonesien.»

Das Mutterschiff Das dänische Management des Frachters *Baltimar Zephyr* musste feststellen, wie schwer es ist, einen Akt der Piraterie vor der indonesischen Küste zu beweisen. War vielleicht ein Mutterschiff an dem Verbrechen beteiligt, und wenn ja, war es ein indonesisches Kriegsschiff? War das der Grund, warum die Untersuchung des Überfalls sabotiert wurde? Wenn ein Schiff in Küstennähe angegriffen wird, könnten die Täter mit einem Schnellboot aus einem kleinen Hafen gekommen sein. Doch wenn der Tatort 30 oder gar 130 Kilometer vor der Küste liegt? «Nach meiner Erfahrung», bestätigt Ellen, «operieren Schnellboote nicht von Land aus auf solchen Distanzen. Die ganze Logistik eines solchen Unternehmens – Treibstoffversorgung, Wetterbedingungen auf See, Ortung der Beute bei Nacht – spricht dagegen.» Viel besser lässt sich der Überfall von einem Mutterschiff aus lenken, das sich bereits auf hoher See befindet, und noch besser von einem indonesischen Kriegsschiff aus, das angeblich auf Patrouille ist, um Verbrechen auf hoher See zu verhindern. Traf dies auf den Überfall vom 11. Dezember 1992 zu?

Die *Baltimar Zephyr* war auf dem Weg von Freemantle in Australien nach Singapur und sollte später nach Kalkutta weiterfahren. Singapur lag in nördlicher Richtung und war noch etwa 30 Fahrstunden entfernt. Bis zur indonesischen Küste im Westen waren es etwa 100 Kilometer. Das 1991 in Shanghai gebaute Schiff mit 2584 Bruttoregistertonnen lief unter der Flagge der Bahamas. Es war etwa 91 Meter lang und für den Transport unterschiedlicher Frachten konstruiert. Das Deck war auch für den Containertransport eingerichtet, und auf dieser Fahrt hatte die *Baltimar Zephyr* tatsächlich Container geladen, ein Umstand, der später noch eine Rolle spielen sollte.

Kapitän des Schiffes war der 45-jährige Engländer John Bashforth aus Derbyshire, ein bei der Besatzung beliebter und von ihr respektierter Mann, Erster Offizier war der 41-jährige philippinische Staatsbürger Teodolfo Pereja. Außer dem Kapitän kamen alle Besatzungsmitglieder von den Philippinen. Die *Baltimar Zephyr* lag an jenem 11. Dezember tief im Wasser, denn sie war voll beladen. Das Hauptdeck lag nur etwa 1,8 Meter über der Wasserlinie.

Die Ladung selbst, Traktoren und Bergbaugeräte, war für Piraten eigentlich nicht interessant. Sie war zu sperrig für einen Diebstahl auf hoher See. Wie Bashforth jedoch wusste, versuchten Piraten in diesen Gewässern manchmal das ganze Schiff zu kapern. Dies war ein Risiko. Hätte sich die *Baltimar Zephyr* in Küstennähe befunden, wäre das wahrscheinlichste Szenario ein schneller Überfall durch einige bewaffnete Einheimische gewesen, die maritime Version eines Autoeinbruchs – Scheibe einschlagen, zugreifen, weglaufen. Doch es gab noch eine dritte Möglichkeit: ein Überfall durch Angehörige der Marine, die von ihrem Kriegsschiff aus operierten und Wertsachen erbeuten wollten, um ihren mageren Sold aufzubessern.

Im Gegensatz zu anders lautenden Berichten fuhr die *Baltimar Zephyr* nicht in der berüchtigten Straße von Malakka. Der Spießrutenlauf durch dieses piratenverseuchte Gewässer wäre erst nach dem Zwischenstopp in Singapur erfolgt. Das Schiff pflügte durch die Javasee etwa 240 Kilometer nördlich von Jakarta, ein ebenfalls von Piraterie verseuchtes Gebiet. Es lief eine Dünung von Stärke zwei auf der Seegangs-Skala. Die Wellen waren ein bis zwei Meter hoch, und die Windgeschwindigkeit betrug 20 bis 30 Kilometer pro Stunde. Der Seegang war bewegt, musste aber erfahrene Angreifer nicht davon abhalten, an einem zwölf Knoten schnellen Schiff längsseits zu gehen. Ein Angriff war erschwert, aber möglich.

Am 11. Dezember hatte die Besatzung der *Baltimar Zephyr*

allen Grund, mit ihrem Kapitän zufrieden zu sein. Er hatte für das Weihnachtsessen ein ganzes Schwein versprochen und angekündigt, dass die Schiffseigner eine neue Waschmaschine bereitstellen würden. An diesem Tag hatte Bashforth für die Fahrt durch die gefährlichen Gewässer zusätzliche Sicherheitsvorkehrungen getroffen: Die Türen zu den Unterkünften sollten abgeschlossen werden, und der Ausguck sollte besonders wachsam sein. Falls jedoch bewaffnete Piraten das Schiff enterten, sollte die Besatzung keinen Widerstand leisten. Mit diesen Anweisungen machte der Vollmatrose Charlito de Vera um 21 Uhr seinen Kontrollgang und schloss dabei, wie er glaubte, alle Türen zu den Unterkünften persönlich ab. Auf jeden Fall hatte er die Absicht gehabt, dies zu tun.

Es war eine mondlose Nacht. Das Wetter war gut, und die See war schwarz. Kapitän Bashforth arbeitete den größten Teil des Abends auf der Brücke. Die meiste Zeit sprach er mit Pereja über Geschäftliches. Als Rudergänger war außerdem der etwa 30-jährige de Vera auf der Brücke. De Vera war noch nicht lange auf der *Baltimar*. Er hatte erst im November in Hongkong angeheuert, bevor das Schiff in Richtung Australien auslief. Er sollte später bestätigen, dass Pereja eine größere Summe Bargeld bei sich hatte, weil er in Singapur für 2000 Dollar einen Computer kaufen wollte. De Vera hatte gehört, wie der Erste Offizier zu Bashforth sagte, Piraten würden sein Geld nie finden, weil er es gut versteckt habe.

Die Unterkünfte auf der *Baltimar Zephyr* befanden sich im Achterschiff. Unter der zweiflügeligen Brücke lagen, in absteigender Reihenfolge, das C-Deck, das B-Deck und das A-Deck. Im C-Deck waren die Kabinen von Bashforth und seinem Ersten Offizier. Im B-Deck wohnten die anderen Offiziere, und im C-Deck die Matrosen. Das Hauptdeck diente als Laderaum. Dort waren auch die Container gestapelt. Die drei Decks waren im Inneren des

Schiffes durch eine Treppe mit der Brücke verbunden. Achtern der Unterkunft führte eine Außentreppe zur Brücke hinauf. Von dieser Treppe aus konnte man durch wasserdichte Stahltüren auf alle Decks gelangen. Laut de Vera waren sie alle verschlossen. Kein Mitglied der Besatzung konnte sich erinnern, eine der Türen geöffnet zu haben, doch ist nicht auszuschließen, dass jemand log. Hinter jeder Stahltür befand sich noch eine weitere Tür aus Holz.

Wenn die Holz- und die Stahltür verschlossen waren, konnte man ohne weiteres nach draußen gelangen, doch hinein konnte man nur mit einem Schlüssel, oder man musste Gewalt anwenden. Manchmal verfügen Angreifer über einen Satz Hauptschlüssel. In diesem Fall aber war ein Schloss mit einem Stück Metall blockiert, wie man später feststellte. Hatten die Piraten das Schloss beschädigt, oder hatte ein Besatzungsmitglied Sabotage verübt? Und wie verträgt sich das beschädigte Schloss mit de Veras Aussage, er habe alle Türen abgeschlossen?

Die Außentreppe führte auf einen Gang außen an der Brücke, von dem je eine Tür in die beiden Flügel der Brücke führte. Als der Kapitän nach unten ging, ließ er Pereja zurück, der bei gedämpftem Licht noch im Kartenraum arbeitete. Ebenfalls zur Brücke gehörte der Funkraum, den Bashforth jedoch stets verschlossen hielt, damit niemand ohne Erlaubnis telefonierte. Zu de Veras Aufgaben auf der Brücke gehörte es auch, alle 20 Minuten nach hinten Ausschau zu halten. Piratenüberfälle erfolgen in aller Regel von achtern, und manche Schiffe stellen bei der Fahrt durch gefährliche Gewässer am Heck eine Wache auf. Doch bereits ein regelmäßiger Blick nach hinten vermindert das Risiko eines Überraschungsangriffs beträchtlich, wenn der Ausguck so genau hinsieht, dass er ein kleines, schwarzes Boot erspäht, das mit abgeschalteter Beleuchtung heranrast.

Auf der Brücke war die Sicht nach vorn gut, doch für einen Blick nach achtern musste man eine der beiden Türen öffnen und ein paar Schritte auf den äußeren Gang hinausgehen. De Vera musste die Tür also alle 20 Minuten auf- und wieder zuschließen. Ob er es einmal vielleicht vergessen hat? Er selbst behauptete später, er habe es nicht vergessen.

Auf der Brücke gab es je einen Radarschirm an Steuerbord und an Backbord. Genau wie die Rückspiegel am Auto haben jedoch auch die Radarsysteme vieler Schiffe einen toten Winkel. Hinter dem Heck der *Baltimar Zephyr* gab es einen weiten Keil, in dem ein Angreifer vom Radar nicht erfasst werden konnte. Deshalb war sorgfältige Überwachung durch Menschen unverzichtbar. De Vera sah zu keinem Zeitpunkt etwas Ungewöhnliches. Außer dem normalen Funkgerät verfügte das Schiff zusätzlich über einen Fernschreiber, ein UKW-Funkgerät und ein Inmarsat-Satellitenkommunikationssystem. Außerdem war ein Handy an Bord, mit dem man rund um den Erdball telefonieren konnte, und die Brücke war über eine Telefonanlage mit allen Kabinen verbunden.

Vielleicht aus Furcht vor einem Piratenüberfall zog sich Bashforth erst um 22.45 Uhr, etwas später als üblich, in seine Kabine zurück. Alles war ruhig. Fast die gesamte Besatzung befand sich in ihren Kabinen. Pereja und de Vera hatten als Einzige Dienst. Auf der Brücke hörte man nur das Zischen der Klimaanlage, die mit der feuchtheißen Außenluft kämpfte. Die beiden Männer gingen schweigend ihren Aufgaben nach. Durch die sieben großen Fenster auf der Vorderseite der Brücke konnte man sehen, wie der Bug des Schiffes die Wellen durchpflügte und eine salzige, weiße Schaumspur hinterließ. Weiter hinten, Richtung Unterkünfte, stapelten sich die Container und schränkten mittschiffs die Sicht von der Brücke ein.

Es war fast Mitternacht und de Veras Wache war fast zu Ende, als er ein Geräusch in unmittelbarer Nähe hörte. Erschrocken drehte er sich herum und spähte hinter sich in den Kartenraum. Er war entsetzt von dem Anblick, der sich ihm bot. In dem Raum stand ein Eindringling; sein Gesicht war in dem gedämpften Licht nicht zu erkennen. Der Erste Offizier hatte seine Hände erhoben. Der Unbekannte drückte ihm eine Pistole an die Schläfe. Der Pirat hatte ein Halstuch vor das Gesicht gebunden, eine typische Maskierung für Piraten in diesen Breiten, und seine Sonnenbrille sah aus wie eine Ray-Ban. Er trug Hemd, Hose und schwere Arbeitsstiefel, hatte ein Gewehr umgehängt und eine Pistole in der Hand – mit dem Finger am Abzug. De Vera konnte später nur sagen, dass er etwa 1,60 Meter groß war und eine mittelbraune Hautfarbe hatte, eine Beschreibung, die auf Tausende von Indonesiern zutrifft.

Trotz des Halbdunkels im Kartenraum war de Vera sofort klar, was los war. Mit einer gebieterischen Geste bedeutete der Mann den zwei Seeleuten, sich auf den Boden zu legen. Im Schock und voller Angst gehorchten sie. Das Schiff war in der Gewalt des Piraten. Er machte seinen beiden Gefangenen irgendwie verständlich, dass sie den Funkraum öffnen sollten, aber sie hatten keinen Schlüssel.

Ein Schuss krachte, Glas splitterte. Der Pirat hatte den Radarschirm an Steuerbord zerschossen. Seltsamerweise, aber wie sich später herausstellte, mit Absicht, ließ er den Backbordschirm intakt und wandte sich wieder dem Funkraum zu. Er rüttelte an der Tür, aber sie gab nicht nach, also zerschnitt er die Kabel des UKW-Funkgeräts und der internen Telefonanlage.

Die *Baltimar Zephyr* machte weiter zwölf Knoten Fahrt Richtung Singapur, doch die Brücke war nun unbemannt. Eines der weniger beachteten Risiken solcher Piratenüberfälle ist es, dass die Schiffe eine Zeit lang unbeaufsichtigt fahren und dabei mit einem anderen Schiff kollidieren oder auf Grund laufen könnten. Aber solche Bagatellen sind Piraten gleichgültig. Sie haben nur ein Ziel: Sie wollen das Schiff ausrauben.

Die Zerstörung der Kommunikationssysteme bedeutete, dass das Schiff nicht gestohlen werden sollte. Die Zerstörung auch nur eines Teils des Radarsystems ist nicht vereinbar mit diesem Ziel. Wenn das Schiff die Beute ist, dann kommt eine ganze Piratencrew an Bord und übernimmt die Brücke. Die Maßnahmen des einzelnen Piraten legten nahe, dass das Schiff nur ausgeraubt werden sollte. Durch die Zerstörung des Steuerbordradars entstand jedoch ein nicht überwachbares Seegebiet, in dem die Fluchtroute zu einem Mutterschiff liegen konnte, einem viel größeren Schiff, das in der Nähe wartete. Wenn es ein solches Schiff gab, konnte es nun vom Radar nicht mehr erfasst werden.

Aller Wahrscheinlichkeit nach hatten die Piraten ein Schlauchboot mit einem starken Motor benutzt. Solche Boote können sich einem Schiff schnell von hinten nähern und sind kaum auszumachen. Um 100 Kilometer aufs Meer hinauszufahren, hätte es jedoch mit hochmodernen Navigationsinstrumenten ausgestattet sein müssen, was bei einem so kleinen Boot nicht möglich ist. Außerdem wäre es unwahrscheinlich, ein Schiff mit so geringem Freibord wie die *Baltimar Zephyr* so weit draußen bei Nacht ohne Radar zu orten.

Das Schlauchboot muss von einem Mutterschiff aus gestartet sein, das nur wenige Kilometer entfernt lag. Ob es sich dabei um ein Schiff der indonesischen Marine handelte oder um ein Piratenschiff, blieb ungeklärt. Nach der Aufholjagd durch das aufgewühlte Kielwasser des Schiffes war es am einfachsten, das Schiff von der Seite zu entern. Die Container an Deck boten mehr als genügend Schutz gegen wachsame Blicke von der Brücke. Einen Enterhaken über die Reling zu werfen und 1,80 Meter an der Schiffswand hochzuklettern ist für durchtrainierte junge Piraten eine Kleinigkeit. Einmal an Bord, sammelten sie sich vermutlich hinter den Containern, bevor sie sich trennten und ihren verschiedenen Aufgaben widmeten.

Der Mann mit der Pistole war zwar allein auf der Brücke, aber bestimmt war eine ganze Bande auf dem Schiff. Wie viele Piraten an Bord kamen, wird man wohl nie erfahren. Auch was sie taten, ist unklar, da zunächst kein Mitglied der Besatzung geweckt und zur Herausgabe von Bargeld und Wertsachen aufgefordert wurde. Ebenso ungewöhnlich war, dass nur ein Pirat die Brücke besetzte, auch wenn dort nur zwei Seeleute Dienst taten. In der Regel sind die Angreifer der Besatzung zahlenmäßig weit überlegen.

Nachdem der Pirat das Kommunikationssystem beschädigt hatte, hielt er de Vera die Pistole an den Kopf und fragte leise: «Offizier?» De Vera verneinte. Da wandte sich der Pirat Pereja zu und zwang ihn aufzustehen. De Vera hörte, wie Pereja den Piraten anflehte: «Bitte töten Sie mich nicht. Ich habe Familie.» Der Mann mit der Pistole gab keine Antwort, sondern zwang den Offizier, die Tür zu öffnen, die von der Brücke ins Schiffsinnere führte. Er war offensichtlich auf der Suche nach Wertsachen und dem Safe.

De Vera war kein Held. Vielleicht plagt ihn noch heute sein Gewissen, weil er nichts unternahm, sondern auf dem Boden der Brücke liegen blieb, obwohl er allein und unbewacht war. Aber er hat sich eigentlich nichts vorzuwerfen. Er war unbewaffnet, und er musste davon ausgehen, dass sich mindestens ein Dutzend bewaffnete Piraten auf dem Schiff herumtrieben. Als er etwa fünf Minuten starr vor Angst dagelegen hatte, hörte er unter Deck einen

Schuss. Die fünf Minuten müssen ihm wie eine Ewigkeit vorgekommen sein. Er hätte nach einem Versteck suchen können, aber er sagte später, er habe zu viel Angst gehabt, um auch nur aufzustehen. Also rührte er sich nicht von der Brücke, solange die Angreifer an Bord waren. Aber er bekam keinen Piraten mehr zu Gesicht. Die Bande muss die Unterkünfte durch eine andere Tür weiter unten verlassen haben.

De Vera erklärte den Ermittlern später, der Eindringling müsse durch die einzelne innere Tür auf die Brücke gelangt sein. Dies ist nur möglich, wenn er zuvor eine andere Tür auf dem A-, B- oder C-Deck benutzt hatte, wo sich die Unterkünfte befanden. Das Stück Metall, das sich später in der Stahltür auf dem A-Deck fand, konnte für ein gewaltsames Eindringen benutzt worden sein, doch es gab noch eine andere Erklärung.

Zwei Besatzungsmitglieder bestätigten später, dass sie nach dem Überfall sowohl die innere Holztür als auch die äußere Stahltür des A-Decks offen vorgefunden hatten. Wahrscheinlich hatten die Piraten auf diesem Weg das Schiff wieder verlassen. Natürlich konnte der Mann mit der Pistole auch über die äußere Treppe auf die Brücke gekommen sein, aber diese hätte verschlossen sein müssen. De Vera hatte vielleicht vergessen, sie nach seinem letzten Kontrollgang zu schließen. Doch dafür gibt es keinen Beweis, und der Matrose war sicher, dass er keine der beiden Außentüren unverschlossen gelassen hatte. Auf die Aussage stützten die indonesischen Ermittler ihre Vermutung, dass der Eindringling nur durch die innere Tür auf die Brücke gelangt sein konnte.

Perejas Geld Niemand weiß, was genau passierte, nachdem Pereja von der Brücke geführt wurde. Zweifellos schwankte er zwischen Hoffnung und Verzweiflung in den entsetzlichen Minuten, in denen der Pirat die Waffe auf ihn gerichtet hielt. Vielleicht versuchte er, sein Leben zu retten, indem er half, den Safe im Büro des Kapitäns zu öffnen, das sich unmittelbar neben dessen Schlafraum in dem C-Deck befand. Der Safe wurde später offen und leer vorgefunden. Aber seltsamerweise war auf dem Tisch neben dem Safe Bargeld liegen geblieben. Von Zeit zu Zeit lagen bis zu 30 000 US-Dollar im Safe, doch nach Auskunft der Eigentümer dürfte er am Tag des Überfalls nicht viel enthalten haben. Das Geld auf dem Tisch – 153 US-Dollar, 150 australische Dollar und 240 Hongkong-Dollar – war keine fette Beute für einen Piraten, aber doch mehr, als ein schlecht besoldeter Matrose der Marine einfach liegen ließ. Es gehörte vermutlich John Bashforth.

Teodolfo Pereja wurde im Büro des Kapitäns kaltblütig ermordet. Er musste sich auf den Boden knien und wurde aus nächster Nähe in den Kopf geschossen. Was aber wurde gestohlen? Möglicherweise versprachen die Piraten dem Offizier, sein Leben zu schonen, wenn er ihnen sein privates Geldversteck zeigte, und brachten ihn dann trotzdem um. Es ist wahrscheinlich, dass er ihnen seine Ersparnisse aushändigte, um sein Leben zu retten. All dies setzt jedoch voraus, dass die Piraten Informationen von einem Besatzungsmitglied besaßen, sonst hätten sie von Perejas Geld nichts gewusst.

Wer außer de Vera und Kapitän Bashforth wusste von dem Geld? Die indonesischen Ermittler stellten diese Frage nicht. De Vera sagte den Indonesiern nicht, dass er von dem Geld gewusst hatte, sondern gab es erst bei einer späteren Befragung freiwillig zu. Offensichtlich hatte sich Perejas Schatz nicht im Safe befunden.

Hatte er die Piraten zuerst zu seinem Versteck geführt? Vielleicht in seiner Kabine? Oder war zuerst der Safe geöffnet worden? Weder für den einen noch für den anderen Ablauf gibt es Beweise. Wenn man den Zeitfaktor berücksichtigt, wird wichtig, wo Pereja sein Geld versteckt hatte. Es ist unwahrscheinlich, dass die Piraten das Schiff mit leeren Händen verließen. Außerdem muss noch Geld für die Heuer der Besatzung im Safe gewesen sein.

Wenn Pereja mit den anderen Besatzungsmitgliedern allzu offen über sein Geld gesprochen hatte, ist es denkbar, wenn auch unwahrscheinlich, dass einer es stahl und die Tat den Piraten in die Schuhe schob. Eine andere Möglichkeit ist, dass die Piraten einen Komplizen an Bord hatten, einen Maulwurf, der für sie arbeitete. Möglicherweise hatte er das Gerede über das Geld des Ersten Offiziers mitbekommen, dann den Piraten per Handy die Position des Schiffes durchgegeben und mitgeteilt, wann Pereja auf der Brücke war. Ein solcher Spitzel hätte den Piraten auch helfen können, in die Unterkünfte einzudringen.

Bei der Durchsuchung des Schiffs fanden die Ermittler kein verstecktes Geld. Entweder hatte es gar nicht existiert (was höchst unwahrscheinlich ist), oder Pereja hatte es so gut versteckt, dass es nicht zu finden war. Oder er hatte das Versteck den Piraten gezeigt, und die hatten sich mit dem Geld davongemacht. Wenn ein Besatzungsmitglied Pereja wegen des Geldes ermordet und die Tat durch einen erfundenen Piratenüberfall kaschiert hat, dann hat er die Beute so gut versteckt, dass sie nicht gefunden wurde, als die Ermittler das Schiff später mehrfach nach anderen Beweisen durchsuchten. Auch das ist durchaus möglich.

Der einzige Hinweis, dass das Geld überhaupt existierte, kam von de Vera. War er an dem Verbrechen beteiligt, so hätte er wohl kaum freiwillig zugegeben, von dem Geld gehört zu haben. Wenn es stimmt, was er sagt, wussten nur drei Personen an Bord von dem Geld – Pereja, Bashforth und er selbst.

Bashforth konnte mit seinem Wissen nichts anfangen. Er wurde ebenfalls brutal ermordet. Es waren weitere Pistolenschüsse gefallen, die de Vera nicht gehört hatte. Bashforths Leiche wurde in einem Gang auf dem A-Deck gefunden, in der Mannschaftsunterkunft zwei Stockwerke unter seiner Kabine. Man hatte ihn in den Oberschenkel und in die linke Brusthälfte geschossen; die zweite Wunde war tödlich gewesen.

Vermutlich hatte der Kapitän in seiner Kabine ein verdächtiges Geräusch auf dem C-Deck gehört, etwa als Pereja den Angreifer in seine eigene Kabine führte, oder er hatte den Schuss gehört, mit dem Pereja umgebracht wurde. Vermutlich wurde Pereja jedoch gezwungen, den Piraten zur Kapitänskajüte zu führen und den Kapitän zu wecken, damit er den Safe öffnete. Ob Pereja in Bashforths Gegenwart umgebracht wurde, noch bevor der Safe offen war, ist unklar. Es ist jedoch sehr unwahrscheinlich, ja eigentlich kaum vorstellbar, dass ein Mann wie Bashforth angesichts der Drohung, dass Pereja umgebracht werden sollte, den Safe nicht geöffnet hätte. Er hätte sich zweifellos an die Instruktionen gehalten, die er selbst an diesem Tag ausgegeben hatte, und keinen Widerstand geleistet. Nur der Kapitän konnte den Safe öffnen, und das hat er bestimmt getan, denn schließlich enthielt er nicht die Kronjuwelen.

Eine Woche zuvor in Freemantle hatte sich Bashforth bei einem Unfall eine Zehe gebrochen und konnte deshalb nicht gut laufen. Trotzdem verließ er seine Unterkunft und stieg die zwei Treppen ins A-Deck hinunter. Vermutlich gelang es ihm nicht, die Piraten zu besänftigen, indem er den Safe öffnete. Oder er wurde Zeuge, wie sie Pereja bedrohten oder umbrachten. Also floh er trotz seiner Verletzung und versuchte verzweifelt, sich in der Mannschaftstoilette zu verbarrikadieren, kam aber nicht mehr dazu, die Tür abzuschließen. Vielleicht wäre er ohne die gebrochene Zehe schnell genug gewesen und hätte sich in Sicherheit bringen können.

Der Mord blieb nicht unbemerkt. Der Schiffskoch Manuel Agravante schlief in seiner Kabine im A-Deck, als er durch zwei Schüsse und einen Schrei geweckt wurde. Er spähte vorsichtig aus seiner Kabine und sah den Kapitän neben dem WC am Boden liegen. Neben ihm stand ein Bewaffneter, der mit einer Skimaske vermummt war. Er sah den Koch und richtete die Pistole auf ihn, feuerte aber nicht. Dieser maskierte Bandit war offensichtlich nicht der Pirat, den de Vera auf der Brücke gesehen hatte. Der Koch schlug die Tür zu und schloss ab. Gleich darauf rüttelte jemand an der Tür, entfernte sich dann jedoch, ohne sie aufzubrechen. Wenn man Agravante glauben darf – und warum sollte man nicht? –, dann war de Vera nicht der Einzige, der einen Eindringling sah. Trotzdem kamen die indonesischen Ermittler zu dem Schluss, de Vera habe als Einziger einen Fremden auf dem Schiff gesehen.

Weitere Aussagen sprachen dafür, dass mehr als ein Pirat an Bord war. Auch der Chefingenieur, der nach dem Überfall so verängstigt ist, dass er nicht mehr zur See fährt, hörte in seiner Kabine die Schüsse und später Stimmen in einer fremden Sprache. Dasselbe galt auch für den Zweiten Ingenieur. Er wachte von den Schüssen auf und hörte dann Schritte und Männerstimmen, die sich in einer seltsamen Sprache unterhielten. Indonesier sprechen verschiedene Dialekte oder Sprachen, je nachdem aus welcher Region sie kommen.

Wie viele Angreifer? Es ist unwahrscheinlich, dass bei einem Überfall nur ein oder zwei Angreifer an Bord kommen. Banden, die Wertsachen rauben wollen, setzen normalerweise auf den Überraschungseffekt, sie sind bewaffnet und stets in der Übermacht. Wenn es in diesem Fall wirklich nur zwei waren, würde das die Vermutung bestätigen, dass ein Spitzel an Bord ihnen half, Perejas Geld zu rauben. Es ist ungewöhnlich, dass die anderen Besatzungsmitglieder nicht bedroht wurden. Kein ernsthafter Versuch wurde gemacht, in ihre Kabinen einzudringen; nur bei zweien rüttelte jemand an der Tür. Manchmal, wenn ein Überfall im Chaos endet, wird jemand versehentlich getötet, und die Piraten verlassen in Panik das Schiff. Doch Pereja wurde kaltblütig ermordet. Der Safe war offen. Die Piraten hatten ihr erstes Ziel erreicht. Warum wurde danach noch der Kapitän erschossen? Dass er wegrannte und versuchte, sich an einem halbwegs sicheren Ort einzuschließen, ist kein Grund, ihn umzubringen. Die Bande hätte das Schiff verlassen können, ohne ihn zu ermorden. In der Toilette wäre er keine Bedrohung für sie gewesen.

Der Zweite Offizier Gueverra war in seiner Kabine im B-Deck, als er die Schüsse hörte. Aus den unteren Decks drang das Getrappel rennender Menschen, und eine Tür wurde zugeschlagen. Es war genau 23.54 Uhr. Auch Gueverra blieb in seiner Kabine eingeschlossen. Erst sehr viel später, als es auf dem Schiff schon lange still war, löste er Feueralarm aus, indem er ein brennendes Feuerzeug an den Sensor in seiner Kabine hielt. Wie alle anderen hatte auch er keine Ahnung, was los war. Hatten die Piraten das Schiff noch in ihrer Gewalt? Waren sie geflohen? Es ist kaum verwunderlich, dass Gueverra und der Rest der Besatzung zunächst nichts taten, sondern einfach abwarteten und hofften, mit dem Leben davonzukommen.

Der Vollmatrose Igano schlief im A-Deck. Auch er hörte Schritte und die Geräusche eines Handgemenges, gefolgt von zwei Schüssen. Vermutlich hörte er, wie John Bashforth zu fliehen versuchte und dann bei der Toilette gestellt und erschossen wurde. Danach war es still. Igano blieb in seiner Kabine und hoffte, nicht als Nächster an die Reihe zu kommen. Doch niemand näherte sich seiner Kabine. Er wartete ein paar Minuten, dann spähte er auf den Gang hinaus, wo er seinen Kapitän liegen sah. Bashforths Beine zuckten noch. Erschrocken schloss sich Igano wieder in seiner Kabine ein. Was war geschehen? Offensichtlich waren Piraten an Bord gekommen. Er wartete etwa 40 Minuten, dann beriet er sich verstohlen mit dem Vollmatrosen Rosell in der Kabine nebenan. Beide hatten keine Ahnung, ob die Piraten noch an Bord waren.

War jemand auf der Brücke? Gab es außer dem Kapitän weitere Tote? Hatten die Piraten das Schiff übernommen? Wenn nicht, wer führte es dann? Alles schien ruhig. Sich gegenseitig Mut machend, schlüpften die beiden Matrosen durch die Bullaugen ihrer Kabinen und versteckten sich in Kran Nr. 2, der nahe bei ihren Kabinen stand. Dort blieben sie und spähten nur gelegentlich hinaus, voller Furcht, entdeckt zu werden oder weitere grausige Entdeckungen zu machen.

Die Lage normalisiert sich Was die verängstigten Seeleute nicht wussten, war, dass die Piraten das Schiff bereits verlassen hatten. Nach dem Mord an den beiden höchsten Offizieren des Schiffes waren sie geflohen, entweder aus Panik oder weil sie mit der Beute zufrieden waren. Nach dem Mord an Bashforth hätten sie in sein Büro zurückkehren und das Geld holen können, das sie auf dem Tisch zurückgelassen hatten. Vermutlich blieb es nur deshalb liegen, weil Bashforth die Flucht ergriff und der oder die Mörder ihn verfolgten.

Als der Zweite Offizier den Feueralarm auslöste, normalisierte sich die Lage allmählich. Rund 90 Minuten war das Schiff nur mit dem Autopiloten gefahren, ohne Rudergänger. Die Besatzung kam vorsichtig aus ihren Kabinen und Verstecken. Über Funk und Inmarsat wurden Notrufe abgesetzt. Doch kein einziges Schiff antwortete. Gueverra, der jetzt das Kommando hatte, nahm per Handy Kontakt mit den dänischen Eignern der *Baltimar Zephyr* auf.

Die Besatzung sah ein Schnellboot bedrohlich nahe kommen, und Gueverra befahl, zur Verteidigung gegen einen befürchteten zweiten Angriff Benzinbomben zu bauen. Ein Schnellboot, das so weit von der Küste entfernt war, musste von einem Mutterschiff kommen. Doch es fand kein zweiter Angriff statt.

Der Zweite Offizier sah zwei weitere Schiffe etwa sieben Meilen voraus und ein weiteres fünf Meilen entfernt an Steuerbord. War das an Steuerbord das Mutterschiff? In der Dunkelheit konnte er nicht ausmachen, ob es sich um ein Schiff der indonesischen Marine oder um einen einfachen Frachter handelte, wie sie von Piraten bei Raubzügen fern der Küste als Basis benutzt wurden. Keines der gesichteten Schiffe hatte auf die Notrufe der *Baltimar Zephyr* reagiert, obwohl sie nahe genug waren, um helfen zu können. Waren sie alle indonesische Kriegsschiffe? Oder hatten die Besatzungen vielleicht Angst, in einen Überfall verwickelt zu werden? Mitunter wurden Retter unter ähnlichen Umständen selbst zu Opfern.

In der Morgendämmerung setzte die *Baltimar Zephyr* auf Anweisung der erfahrenen und besonnenen dänischen Eigentümer ihre Fahrt nach Singapur fort. Im Auftrag der Reederei hielt sich dort inzwischen ein Offizier bereit, der das Schiff übernehmen sollte. Die Reeder wollten unbedingt vermeiden, dass das Schiff einen indonesischen Hafen anlief.

In den folgenden 24 Stunden setzte das Schiff seine Fahrt ohne weiteren Zwischenfall fort. Der Plan wurde von Stig Jensen gebilligt, dem geschäftsführenden Direktor der Baltimar Aps Ltd. in Dänemark, einer Agentur, die für die Reederei Baltimar Zephyr Limited aus Nassau arbeitete. Laut Plan sollte sich die *Baltimar* am 13. Dezember um 7.00 Uhr mit der *Sea Dragon* treffen, einem Schiff, das die Agenten von Baltimar Aps in Singapur organisiert hatten. Treffpunkt war das berühmte Horsburgh Light am östlichen Ende der Zufahrt von Singapur. An Bord der *Sea Dragon* war Kapitän Suresh Prabhakar, der auf der *Baltimar Zephyr* das Kommando übernehmen sollte.

Gescheiterte Pläne Die *Baltimar Zephyr* traf sich tatsächlich mit der *Sea Dragon*, um den neuen Kapitän zu übernehmen, doch dann kam alles anders als geplant. Das Rendezvous fand wenige Meilen vor der Insel Bintan statt, also noch in indonesischen Hoheitsgewässern. Exakt zur vereinbarten Zeit tauchte unerwartet ein indonesisches Patrouillenboot auf und intervenierte. Obwohl die Besatzung darauf verwies, dass die Reederei das Schiff nach Singapur beordert hatte, befahl das Kriegsschiff der *Baltimar Zephyr*, einen indonesischen Hafen anzulaufen. Die Indonesier hatten das Seerecht auf ihrer Seite, und die *Baltimar* musste wohl oder übel den Kurs ändern.

Singapur ist stolz darauf, dass es das Seerecht strikt einhält. Deshalb hätte dort eine gründliche und faire Untersuchung des Doppelmordes stattgefunden. Das kann jedoch von Indonesien nicht behauptet werden, zumal die Marine des Landes verdächtigt wurde, an früheren Überfällen auf Schiffe beteiligt gewesen zu sein. Nun sollte das Verbrechen von Vertretern eines korrupten Regimes untersucht werden, in dem die Marine große Macht besaß, in der Tat ein unerträglicher Gedanke. Wie sich bald herausstellen sollte, hatten die Dänen allen Grund, dieser Untersuchung mit gemischten Gefühlen entgegenzusehen.

Die *Baltimar Zephyr* wurde gezwungen, den Hafen Tanjunguban auf der Insel Bintan anzulaufen, etwa eine Stunde von Singapur entfernt. Als das Schiff angelegt hatte, kamen Prabhakar und ein Arzt an Bord. Dann begannen die Ermittlungen, an denen die Marine, die Polizei, die Einwanderungsbehörde, der Zoll und ein Arzt beteiligt waren. Offiziell zuständig für die Untersuchung war der mächtige Konteradmiral Yusuf Effendi, den Prabhakar allerdings nie zu Gesicht bekam.

«Die Agentur in Dänemark ist unverzüglich an mich herangetreten», berichtet Ellen. «Gerade als eine ordentliche Untersuchung in Singapur gesichert schien, mischte sich die indonesische Marine ein. Ich meldete den Vorfall der IMO. Die Leichen hätten eigentlich sofort an Land gebracht werden sollen, doch das geschah erst nach vier Tagen. Wir hatten mit den Vorgängen in Indonesien nichts zu tun, aber natürlich wussten wir von der Untersuchung. Ich machte mir bezüglich des Ergebnisses keine großen Hoffnungen. Ich wünschte, ich hätte mich geirrt, aber was dann in Indonesien ablief, hatte mit einer ordentlichen Untersuchung nichts zu tun.»

Informierte Beobachter gewannen den Eindruck, dass die Indonesier von vornherein die Morde der Besatzung anlasten und einen Piratenüberfall ausschließen wollten. Insbesondere versuchten sie zu beweisen, dass der Chefingenieur eine Meuterei angezettelt hätte, ein Mann, der seit drei Jahren für Reederei arbeitete und noch nie aufgefallen war. Auf welche Beweise die Indonesier ihre Vermutung stützten, wurde nie enthüllt. Der Verlauf der Untersuchung legt den Verdacht nahe, dass die Ermittler die Marine und die Regierung Indonesiens unbedingt von jedem Verdacht auf Piraterie entlasten wollten. Mit dem vorgefassten Urteil, Meuterei sei das Motiv für die Morde gewesen, suchten sie nach Beweisen, die ihre These bestätigten, und ignorierten andere, die ihr widersprachen.

Parteiische Ermittlungen Bei der Durchsuchung des Schiffes wurde keine Mordwaffe gefunden, obwohl drei Schüsse abgefeuert worden waren. Wenn ein Mitglied der Besatzung eine Waffe benutzt hatte, dann hatte er sie über Bord geworfen oder gut versteckt. Die Pistole (oder die Pistolen) hatte das Kaliber .45 wie die FN-Dienstwaffe der indonesischen Marine. Die Ermittler wussten zwar nichts von Perejas Geld, aber sie fanden es auch nicht, als sie nach Waffen suchten. Neben dem Geld auf dem Tisch im Büro des Kapitäns fanden sie jedoch einen zerknüllten Notizzettel, der angeblich die Theorie stützte, dass die Besatzung den Mord begangen habe. Sie behaupteten, das Englisch auf dem Zettel sei für indonesische Piraten zu gut, obwohl sie wussten, dass einer der indonesischen Piraten, die zuvor die *Australian Star* angegriffen hatten, hervorragend Englisch gesprochen hatte. Die Botschaft war mit einem schwarzen Marker gekritzelt und ließ an Deutlichkeit nichts zu wünschen übrig. Sie lautete:

«I NEED YOUR ALL MONEY. IF YOU DO NOT LIKE HURT NO SPEAK. FOLLOW ORDER. ALSO YOU TAKE CREW MONEY.»

Auf der Rückseite des Zettels stand:

«NO FOLLOW YOU DIE.»

I NEED YOUR ALL
MONEY IF YOU
DO NOT LIKE
HURT NO SPEAK
FOLLOW ORDER
ALSO YOU TAKE
CREW MONEY

Auf dem Zettel waren keine Fingerabdrücke. Die indonesischen Ermittler fanden an Bord weder den Marker noch Papier, das für die Notiz verwendet worden war. Hatte ein Besatzungsmitglied den Zettel geschrieben, um den Mord zu vertuschen, so musste er Stift und Notizblock zusammen mit der Waffe über Bord geworfen haben.

Der Wortlaut auf dem Zettel ist interessant. War er Pereja gezeigt worden, so hatte er zwei Bedeutungen: Erstens, er sollte sein gesamtes Geld herausrücken («I NEED YOUR ALL MONEY»), und zweitens, er sollte das Geld aus dem Safe holen («ALSO YOU TAKE CREW MONEY»). Dies setzt voraus, dass sich die Heuer der Besatzung im Safe befand. Eine besondere Bedeutung gewann der Zettel, wenn die Täter Insider-Informationen über Perejas Geld besaßen und wussten, dass er zum Zeitpunkt des Überfalls der Dienst habende Offizier sein würde. Dann hatten sie mit der Frage «Offizier?» herausgefunden, welcher von den beiden Männern auf der Brücke Pereja war. Es ist durchaus möglich, dass der Zettel speziell für Pereja bestimmt war, den Mann mit dem Geld.

Vielleicht rückte der Erste Offizier sein verstecktes Geld nicht heraus, weil er fälschlicherweise annahm, die Piraten wüssten nichts davon. Stattdessen führte er den Mann mit der Pistole in das Büro des Kapitäns, einen kleinen, engen Raum, in dem gerade genug Platz für einen Tisch, einen Stuhl und den Safe war. Pereja hoffte vermutlich, dass niemandem etwas passieren würde, wenn Bashforth den Safe öffnete. Der Kapitän muss den Safe geöffnet haben. Danach leuchtete jemand mit einer Lampe hinein, aber nach Angaben der Reederei enthielt er nicht viel Geld. War der Pirat (oder die Piraten) über den fast leeren Safe und die Tatsache, dass Pereja sein Geld nicht herausgab, so wütend, dass er Pereja einfach exekutierte? Und gab Pereja sein Geld nicht heraus, weil er dachte, der Pirat könne davon nichts wissen? So könnte es gewesen sein, wenn sich ein Komplize der Piraten an Bord befunden hätte. Was man 1992 noch nicht wusste, weil es einige Jahre später bekannt wurde: Manche Banden ließen einen ihrer Leute auf dem Schiff anheuern, das sie überfallen wollten.

Bei dem bizarren Versuch, zu klären, welches Besatzungsmitglied das Verbrechen begangen haben könnte, führten die Indonesier de Vera auf die Brücke, verbanden ihm die Augen und befahlen ihm, sich wieder auf den Boden zu legen. Dann musste die ganze Besatzung an ihm vorbeigehen, und jeder musste «Offizier?» flüstern. Der Matrose erkannte natürlich keine Stimme wieder. Die Handschrift jedes Besatzungsmitglieds wurde mit der auf dem Zettel verglichen, aber keine stimmte überein. All dies brachte die Indonesier nicht von ihrem Vorhaben ab, die Besatzung der Meuterei zu überführen. Für die Schriftprobe verwendeten die Ermittler die alte englische Redensart: «The Quick Brown Fox Jumps

Over The Lazy Dog!» Ein solcher Test war eine Farce und hatte keinen Aussagewert, wenn er mit Filipinos durchgeführt wurde, die nur gebrochen Englisch sprachen.

Die indonesischen Ermittler kamen zu dem Schluss, das Wetter sei bei Stärke zwei auf der Seegangs-Skala für einen Piratenüberfall zu schlecht gewesen, was ebenfalls für eine Meuterei spreche. Suresh Prabhakar, der neue Kapitän der *Baltimar*, gab zu bedenken, dass die See unter solchen Bedingungen verhältnismäßig ruhig sei. Aber selbst bei bewegter See wäre der Überfall für indonesische Piraten wohl kein Problem gewesen. Bereits im April hatten neun Piraten die *Australian Star* überfallen, ein sechsmal größeres Schiff als die *Baltimar Zephyr*, das viel schwerer zu entern war und zum Zeitpunkt des Überfalls über 17 Knoten machte. Aber auch das wurde von den Indonesiern einfach ignoriert.

Untersuchung abgeschlossen Die Ermittlungen gingen noch einige Tage weiter und wurden am 19. Dezember plötzlich eingestellt. Das Ergebnis lautete: Da die Türen zu den Unterkünften und zur Brücke verschlossen waren und Seegang Stärke zwei geherrscht hatte, musste eine Meuterei stattgefunden haben. Falls die Indonesier für diese Behauptung irgendwelche Beweise hatten, so rückten sie nie damit heraus. Suresh Prabhakar, der neue Kapitän des Schiffes, musste drei kuriose Erklärungen unterschreiben, bevor Schiff und Besatzung freigegeben wurden. In der ersten bestätigte er, dass die Untersuchung eingestellt werden könne, und räumte ein, dass die Außentüren seines Wissens abgeschlossen gewesen seien. Allerdings betonte er bei der Unterzeichnung, dass er nicht an Bord gewesen sei und deshalb überhaupt nichts bezeugen könne!

In der zweiten Erklärung räumte er ein, dass keine ausreichenden Beweise für einen Piratenakt vorlägen. Außerdem entschuldigte er sich bei der indonesischen Regierung für die Unannehmlichkeiten, die ihr entstanden seien, und für Angriffe in der Presse, als ob er Einfluss auf die Medien gehabt hätte, die sich misstrauisch zur Rolle der indonesischen Marine geäußert hatten. Mit der dritten Erklärung bestätigte der Kapitän, dass die Besatzung von den Ermittlern gut behandelt worden sei. Sie hätten sich «die ganze Zeit wie perfekte Gentlemen benommen und ihr Bestes getan». Dieses formelle Schreiben endete kurioserweise mit der Wendung «und wünschen Ihnen allen ein frohes Weihnachtsfest». Ob Prabhakar den Weihnachtsgruß selbst als ironischen Kommentar hinzugefügt hat, weiß nur er selbst.

Kapitän Prabhakar hatte getan, was er tun musste, denn ohne die Unterschriften hätte er die *Baltimar Zephyr* vermutlich nicht freibekommen. Er wollte Schiff und Besatzung so schnell wie möglich nach Singapur bringen, weil er sich in Indonesien nicht sicher fühlte. Die Untersuchung konnte sich lange hinziehen, wenn sie unter der Voraussetzung durchgeführt wurde, dass nur eine Meuterei stattgefunden haben konnte. Die Schiffseigner hatten ein Unternehmen zu führen. Sie mussten Fracht nach Kalkutta bringen, und ihre Kosten stiegen ohne Ertrag. Die Untersuchung auf Bintan hatte nur einen Zweck: Sie sollte die indonesische Marine reinwaschen.

Morddrohung Über den Fall erschien eine Flut von Berichten. Ellen fand einen Bericht vom 22. Dezember 1992. «Es hatte zwei Morde gegeben, beide sinnlos, aber es hätte leicht einen dritten geben können. Einer der an der Untersuchung Beteiligten wurde mit dem Tode bedroht, falls er irgendwelche Informationen preisgab. Ich kenne die betreffende Person und zweifele nicht daran, dass sie die Warnung sehr ernst nahm. Die Sache beweist meines Erachtens nur, dass gewisse Kreise die Wahrheit um jeden Preis vertuschen wollten. Natürlich brachte ich die Drohung beim nächsten Treffen der IMO zur Sprache.» Ellen nimmt seine Brille ab und schüttelt den Kopf. «Kein Wunder, dass so viele Überfälle vor Indonesiens Küsten nicht gemeldet wurden. Ich hoffe nur, dass die jüngsten Anzeichen, die auf eine Besserung hoffen lassen, sich bestätigen und die indonesische Marine inzwischen tatsächlich den Kampf gegen die Piraten aufnimmt.»

Die Nachricht über den Mord an einem britischen Kapitän und einem Filipino löste weltweit Empörung aus. Nur in der indonesischen Presse erschienen Schlagzeilen wie «Meuterei auf der Baltimar».

Überaus freundschaftliche Beziehungen Nach altem englischem Recht fand nach einem gewaltsamen Tod am Wohnort des Toten, in diesem Fall in Derbyshire, eine Untersuchung statt. Bei diesem so genannten *inquest* untersucht der leitende Gerichtsmediziner die Todesursache.

Zu diesem Zweck wird das Beweismaterial von der englischen Polizei gesammelt und gesichtet. Wichtige Zeugen werden verhört, und es wird offiziell festgestellt, wie das Opfer zu Tode kam. Bei Todesfällen im Ausland ist der Gerichtsmediziner jedoch auf die Kooperation ausländischer Behörden angewiesen, was die Untersuchung erschweren kann.

Der Leichenbeschauer Ihrer Majestät forderte das Beweismaterial in Indonesien an, doch es wurde nicht geliefert. Tat die britische Regierung genug dafür, dass die benötigten Dokumente übersandt wurden? Schließlich unterhielt die konservative britische Regierung zur Regierung Suharto enge wirtschaftliche Beziehungen, auch wenn ihr das Regime nicht gerade sympathisch war. Dass die indonesischen Ermittler ihr Material zurückhielten, war ein Skandal. Doch auch ohne ihre Mithilfe konnte der zuständige Gerichtsmediziner in seinem Bericht vom 26. Juli 1993 feststellen, dass John Bashforth nicht eines natürlichen Todes gestorben war. Er schrieb: «Das vorliegende Beweismaterial lässt den Schluss zu, dass der Täter einer Bande bewaffneter Räuber angehörte, die das Schiff während der Fahrt enterten und wieder verließen.»

Als auch in diesem Bericht von einem Piratenüberfall die Rede war, wuchs der Druck auf die Regierung, Ermittlungen zur Ergreifung der Mörder einzuleiten.

Im britischen Unterhaus wurden kritische Fragen gestellt. Besonders die Gewerkschaft NUMAST sorgte dafür, dass die Morde in der britischen Öffentlichkeit und im Parlament ein Thema blieben. Doch bei der Suche nach Wahrheit und Gerechtigkeit war man auf Indonesien angewiesen, ein Land, in dem Polizei und Justiz käuflich waren.

Präsident Suharto war 1967 mit Unterstützung der US-Regierung an die Macht gekommen. Westliche Staaten, allen voran Großbritannien, die USA und die Bundesrepublik, hofierten ihn. Ihre Waffenhändler machten mit Indonesien gute Geschäfte. Dass Suhartos Regime die Menschenrechte verletzte, korrupt war und auf Osttimor einen blutigen Bürgerkrieg führte, hielt weder die genannten Staaten noch andere Waffenproduzenten davon ab, Suharto als Freund zu behandeln.

Das Problem im Umgang mit Diktatoren wie Suharto besteht darin, dass sie auf Kritik sehr empfindlich reagieren. Je schlimmer eine Diktatur ist, desto sensibler werben ausländische Regierungen um ihre Gunst. Ein diplomatischer Fauxpas genügt, und schon macht ein anderer Staat das geplante große Waffengeschäft.

Seit den achtziger Jahren hatte British Aerospace in großem Umfang Kampfflugzeuge des Typs Hawk an Indonesien geliefert. Dabei ging es um riesige Summen. Waffenexporte haben schon immer viel zum Ausgleich der britischen Handelsbilanz beigetragen. Die Lage der britischen Wirtschaft war in den frühen neunziger Jahren keineswegs rosig, und der Schatzkanzler wollte unbedingt eine starke Volkswirtschaft als Basis für nachhaltiges Wachstum aufbauen. Er wollte die Waffengeschäfte mit Indonesien auf keinen Fall durch diplomatische Streitigkeiten gefährden. Das Außenministerium war durch die britische Botschaft in Jakarta gut über die indonesischen Animositäten bezüglich des geleugneten Piratenproblems informiert, und die konservative britische Regierung verspürte nur geringe Neigung, für eine rechtsstaatliche Untersuchung des Mordes an John Bashforth ihre hoch geschätzten Wirtschaftsbeziehungen mit Indonesien zu gefährden.

Doch das Thema ließ sich nicht unter den Teppich kehren. Die NUMAST bestand weiter auf einer Aufklärung der Morde, und sie war damit nicht allein. Großbritannien war immer stolz darauf, für die Wahrheit einzutreten und seine Bürger zu schützen. Viele empfanden das kriecherische Verhalten der Regierung als Schande für ein Pionierland des internationalen Seehandels, dem immer noch großes Gewicht zukam. Die Linke protestierte, weil die Regierung vor einer Rechtsdiktatur in die Knie ging. Aber auch konservativen Kreisen in der Londoner City, in den großen Reedereien, Versicherungen, Maklerbüros und Banken missfiel es, dass die Schifffahrt nicht vor Piraten geschützt wurde. Die Regierung geriet von allen Seiten unter wachsenden Druck.

Im Dezember 1994, zwei Jahre nach den Morden, gab die indonesische Regierung bekannt, dass nach der Untersuchung keine Anklage erhoben werde. Die Akte wurde geschlossen, was in gewissen Kreisen mit Erleichterung registriert worden sein dürfte. 1996 wurde jedoch ein diplomatischer Durchbruch erzielt, als der indonesische Außenminister London besuchte. Er versprach, die Akten des eingestellten Verfahrens der britischen Justiz zugänglich zu machen. Es war ein großer Coup der NUMAST und angesichts ihrer Behutsamkeit ein bemerkenswerter Erfolg der britischen Diplomatie.

Scotland Yard ermittelt Beamte der Abteilung Organisiertes Verbrechen von New Scotland Yard erhielten den Auftrag, die Akten der indonesischen Ermittlungen zu durchforsten und einen Bericht zu schreiben. Die Aufarbeitung alter Dokumente ist stets schwierig. Der für den Fall zuständige Detective Superintendent Jeffrey Rees ist heute mit der Condon Enquiry über die betrügerische Manipulation internationaler Kricketspiele betraut, aber seine inzwischen in den gleichen Rang beförderte damalige Kollegin, Suzanne Williams, stand für ein Gespräch zur Verfügung. Sie bestätigt, dass die Ermittlungen durch die Zurückhaltung wichtiger Dokumente behindert wurden.

Die britischen Ermittler stellten in ihrem Abschlussbericht fest, dass sie «eine Beteiligung der Besatzung zwar niemals ganz ausschließen können, aber nach Abwägung aller Tatsachen zu dem Schluss kommen, dass Kapitän Bashforth und sein Erster Offizier Pereja zweifellos von räuberischen Piraten ermordet wurden, die von einem anderen Wasserfahrzeug aus an Bord der *Baltimar Zephyr* kamen».

Nach britischem Recht würde dies vollkommen ausreichen, um ein Strafverfahren zu eröffnen. Wer an dem Überfall beteiligt war, konnten die Beamten jedoch nicht feststellen. «Ich glaube, wir hätten den Hergang genauer klären können, wenn die indonesischen Behörden uns mehr geholfen hätten», vermutet Suzanne Williams. Sie will nicht sagen, wer die Hauptverdächtigen waren. Die Vermutung liegt nahe, dass den Briten Unterlagen vorenthalten wurden, die der Meuterei-These widersprachen und in eine Richtung wiesen, in der nach dem Willen der indonesischen Marine nicht ermittelt werden sollte.

Während die Briten in den Akten stöberten, relativierten die Indonesier ihr im Dezember 1992 veröffentlichtes Untersuchungsergebnis, das *definitiv* auf Meuterei gelautet hatte. Nun hieß es plötzlich, sie hätten eine Meuterei nur *vermutet*. Die Geschichte wurde umgeschrieben, doch viele Spuren waren bereits verwischt. Die Anstifter des brutalen Verbrechens und die Täter können heute ruhig schlafen. Die Akten sind endgültig geschlossen.

«Die Untersuchung des Falles war ein Skandal», bestätigt Ellen. «Was für einen Eindruck macht dieses Chaos auf andere, die vielleicht einen Überfall melden wollen? Wir brauchen möglichst genaue Zahlen, um das Ausmaß des Problems darzustellen. Mir tat das Team von Scotland Yard Leid, das erst nach so langer Zeit die Arbeit aufnahm und dem man dann auch noch viel wichtiges Beweismaterial vorenthielt.

Unsere Quellen in der Region bestätigten, dass die indonesische Marine an Piratenüberfällen beteiligt war. Aber ich kann nicht mit Sicherheit sagen, dass sie auch die *Baltimar Zephyr* überfallen hat, obwohl einiges dafür spricht. Andere organisierte Verbrecherbanden betätigten sich ebenfalls als Piraten.»

Die Triaden Wie vieles in China ist auch das Phänomen der Triaden schwer zu verstehen. Wer sind sie? Wie sind sie organisiert? Kontrollieren sie in manchen Ländern die gesamte Unterwelt, und in welchen Ländern sind sie überhaupt präsent? In seiner Eigenschaft als Polizeipräsident und als Direktor des International Maritime Bureau ist Eric Ellen überall auf ihre Spuren gestoßen. Dank seiner engen Kontakte zum Organised Crime and Triad Bureau in Hongkong und im ganzen Fernen Osten hat er herausgefunden, wie die Triaden operieren. Durch die Mitarbeit der früheren taiwanesischen Polizeiinspektorin S. Lin Kuo hat er zusätzliche Einblicke gewonnen.

«Hinzu kam der Einsatz von Informanten», berichtet Ellen. «Alle Polizisten bauen solche Kontakte auf, und ich war keine Ausnahme. Für nützliche Informationen werden sie gut bezahlt, aber sie gehen auch ein hohes Risiko ein. Kommen ihnen ihre Freunde auf die Schliche, droht ihnen ein grässlicher Tod. Doch ich freue mich, sagen zu können, dass wir bei vielen Gelegenheiten die Hilfe von Informanten in Anspruch genommen haben, von meinen jedoch keiner entlarvt worden ist.

Informanten halfen uns, Schiffe aufzuspüren. Ja, sie informierten uns sogar über geplante Überfälle oder andere Verbrechen. Sie hatten Wind davon bekommen, dass eine Piratencrew zusammengestellt wurde oder ein Schiff als Mutterschiff eingesetzt werden sollte. Einmal erfuhren wir, dass der Kapitän eines Schiffes plötzlich erkrankt und durch einen Verbrecher ersetzt worden war. Das war eine wertvolle Information. Das Bureau hat mit seinem Netzwerk von V-Leuten verhindert, dass Versicherungen und andere Institutionen in den letzten 20 Jahren riesige Verluste erlitten. Ich werde keine Einzelheiten verraten, da ich auf keinen Fall die Enttarnung von Informanten riskieren darf.»

«Ich habe keinen Zweifel, dass die Hauptverantwortlichen für *schwere* Verbrechen gegen die Schifffahrt in Fernost mit den Triaden in Verbindung stehen», fährt Ellen fort. «Bei diesen Verbrechen wird mit Phantomschiffen gearbeitet, und die Gewinnspannen sind riesig. Aber wenn man es so formuliert, entsteht der Eindruck, die Triaden wären ein riesiges Netzwerk mit einer hierarchischen Struktur und einem Big Boss. Das trifft keineswegs zu. Das Phänomen wird weithin missverstanden. Die Triaden sind vor über 300 Jahren als Geheimbünde in China entstanden, und zwar mit politischen Zielen. Sie wollten die Ching-Dynastie stürzen. Diese Geheimbünde wurden erst später kriminell, vor allem nach dem Exodus vom chinesischen Festland nach Hongkong in den letzten 150 Jahren. Sie wuchsen noch schneller, als nach dem Sturz der nationalchinesischen Regierung im Jahr 1949 Chinesen in alle Welt flohen. In Hongkong kämpften rivalisierende Organisationen um die Vorherrschaft. Um es einmal in Zahlen auszudrücken: Vor knapp 50 Jahren wurden die Probleme so gravierend, dass 600 Funktionäre der Triaden aus Hongkong ausgewiesen und über 10 000 einfache Mitglieder interniert wurden. Doch das war nicht das Ende der Triaden. Sie erholten sich und sind heute stärker denn je.

Besonders traditionsverhaftete Triaden benutzen immer noch alte Titel wie ‹Drachenkopf› für ihren Chef und geben den Personen in den Schlüsselpositionen des Geheimbunds sogar Nummern. Meist ist jedoch vom *Cho Kun* (Vorsitzenden), *Cha So* (Schatzmeister) und *Heung Chu* (Weihrauchmeister) die Rede. Diese drei stehen an der Spitze. Überraschenderweise wird der Vorsitzende wie in einem ordentlichen Verein ganz normal gewählt. Die Geheimbünde bestehen praktisch nur aus Männern. Sie setzen ganz auf Macht und Stärke, ein Image, das ihnen erhebliche Autorität verleiht und sorgfältig gepflegt wird.

Ich weiß nicht genau, wie viele Geheimbünde gegenwärtig in Hongkong operieren, aber es dürften etwa 50 sein. Sie sind voneinander unabhängig, und jeder hat seine großen drei Männer an der Spitze. Unter den Funktionsträgern stehen die normalen Mitglieder, die sich mit Verbrechen die Hände schmutzig machen. Die Triaden können aber auch Banden beauftragen, ein Schiff zu kapern.»

Captain Mukundan ist ein Kenner der Region. «Ich konnte untersuchen, wie bei einigen Überfällen vorgegangen wurde, und teile Eric Ellens Ansicht», sagt er. «Will der Boss einer Triade beispielsweise ein bestimmtes Schiff entern lassen, dann beauftragt er eine Bande und schließt mit ihr einen Vertrag über die Bezahlung ab. Wichtiger noch ist jedoch, dass sich die Triade verpflichtet, den Piraten die besten Anwälte zu besorgen und ihre Haftentlassung zu erwirken, falls etwas schief geht. Natürlich kann der Einfluss der Triaden in der Region auch die Polizei und das Rechtssystem korrumpieren. Daher unser häufiger Frust, wenn Piratenbanden, kaum dass sie gefasst waren, wieder freigelassen wurden, insbesondere in China.»

Ellen erklärt, wie die Triaden operieren: «Neue Rekruten bekommen zunächst nur eine geringe Bezahlung, aber vielen reicht schon das Privileg, in einen Geheimbund aufgenommen zu werden. Sie werden schnell in alle Aktivitäten der Bande eingebunden – Straßenraub, Drogenhandel, Handel mit falschen Rolexuhren, Schmuggel, Zuhälterei oder Piraterie. Die Besten steigen auf und dürfen eine eigene Bande rekrutieren, die unter ihrem Befehl arbeitet. Dieser Prozess setzt sich fort, und die besten Mitglieder gewinnen an Macht und Verantwortung, während ihre Banden im Rahmen der Gesamtstruktur operieren.

Westliche Medien berichten, dass Triaden brutale Gewalt anwenden, um Geheimhaltung und Effizienz zu gewährleisten. Das trifft zu. Weniger bekannt ist jedoch, warum sie auch gegen Außenstehende so gewalttätig sind. Die erfolgreichsten Mitglieder genießen in der Organisation den größten Respekt. Dieser Respekt basiert auf Gewaltandrohung und Einschüchterung nach dem Motto: ‹Leg dich nicht mit mir an!› Bei Revierkämpfen im Drogenhandel oder in anderen Bereichen gibt es häufig Tote. Ein neues ehrgeiziges Mitglied wird sich neue Einkommensquellen erschließen und Rivalen dabei mit der notwendigen Brutalität ausschalten, um sich Respekt zu verschaffen. Ältere Führungsmitglieder, die sich den notwendigen Respekt verschafft haben, bemühen sich um einen ehrbaren Ruf und benutzen das mit kriminellen Mitteln erworbene Vermögen, um legale Geschäfte als Fassaden aufzubauen. Aber damit gehören sie noch immer nicht zu den Großen Drei. Wer gewählt werden will, muss sich in einem langwierigen Prozess ein kriminelles Imperium aufbauen und Teile dieses Imperiums anderen Mitgliedern seines Geheimbunds als Subunternehmern überlassen.

Wenn es den geschäftlichen Interessen einer Triade dient, arbeitet sie mit einer anderen zusammen, ein Phänomen, das in der internationalen Kriminalität häufig zu beobachten ist, ganz gleich ob es um Menschenhandel oder Piraterie geht. Wenn ein Schiff in Indonesien gestohlen, seine Ladung aber in China verkauft wird, kann es zwischen Verbrecherorganisationen in den beiden Ländern ein Joint Venture geben. Das Mitglied einer Triade in Jakarta kann nicht gleichzeitig einer Triade in Xiamen angehören. Triaden haben keine Zweigniederlassungen. Vor etwa zehn Jahren wurde tatsächlich einmal der Versuch unternommen, ein weltweites Triaden-Imperium aufzubauen, das sich The United World Chinese Association nannte. Das Projekt scheiterte, aber wenn es gelungen wäre, hätte die neue Organisation ungeheure Macht besessen. Wenn wir also feststellen, der Überfall auf ein Schiff und seine anschließende Entführung geht auf das Konto von Triaden, sprechen wir nicht unbedingt von *einer* Organisation. Wir meinen, dass ein Geheimbund, eine Bande, die vielleicht über hochgebildete Führer verfügt, den Überfall organisiert und entweder allein oder im Joint Venture mit einer anderen Organisation gehandelt hat.»

«Die Führer der Triaden wissen, dass sie unangreifbar sind», fährt Ellen fort. «Ihnen ist bekannt, dass wir durch unsere Informanten genau wissen, wer sie sind, aber sie verlassen sich darauf, dass wir ihnen vor Gericht nichts nachweisen können. Sie arbeiten beispielsweise in der Schifffahrt, im Import-Export, im Bankwesen, in der Versicherungsbranche oder im Handel. Sie spielen den ehrbaren Bürger und pflegen einen aufwendigen Lebensstil, während sie ihr eigentliches Geschäft geheim halten. S. Lin Kuo und ich haben die Führer von Triaden kennen gelernt, die Vorsitzenden solcher Geheimbünde. Sie hätten als Vorstandsvorsitzende eines multinationalen Unternehmens durchgehen können. Ihre Macht beruht auf ihrem Ruf und darauf, dass sie die wichtigsten Leute in der Gesellschaft kennen. Sie können notfalls massiven Druck auf diese Leute ausüben. Sie haben den Verstand, die Kontakte und die Schläger dafür. Auf diese Weise können sie Polizisten, Richter und Politiker einschüchtern oder bestechen.

Wenn Piraten oder andere Bandenmitglieder verhaftet werden, verraten sie niemals die Namen ihrer Bosse. Sie würden dafür mit einem baldigen, nicht aber gnädigen Tod bezahlen. Schweigen ist wie in der Mafia fundamental. Der Unterschied besteht darin, dass John Gotti und andere Mafiabosse in den USA allgemein als die Paten der jeweiligen Familie bekannt waren. Die Struktur der Triaden ist dagegen viel geheimer. Ihre Spitzenleute bringen es häufiger zu respektablen Posten in Politik, Justiz, Militär oder Finanzwesen.»

S. Lin Kuo wuchs in Taiwan auf, wo sie für die Polizei als verdeckte Ermittlerin tätig war. Sie ist Expertin auf dem Gebiet des organisierten Verbrechens. «Die großen drei Führer einer Triade halten Distanz zu den brutalen Enterkommandos. Sie haben so etwas nicht mehr nötig, aber sie wären nicht, was sie sind, wenn sie nicht früher Gewalt angewandt hätten. Bei persönlichen Begegnungen wirken sie sehr kultiviert. Ich habe keine Angst, wenn ich den Vorsitzenden eines Geheimbunds befrage. Solche Situationen sind meiner Ansicht nach nicht gefährlich. Ich hatte ein viel mulmigeres Gefühl, als ich mit Eric ein Verbrechen in Tokio untersuchte, an dem die japanische Mafia – die Yakuza – beteiligt war, die mit anderen Verbrechersyndikaten zusammenarbeitet. Damals nahmen wir an einem gefährlichen Treffen teil und atmeten erleichtert auf, als wir danach ein paar Straßenzüge entfernt waren und noch lebten.»

Bevor S. Lin Kuo einem Verbrecher gegenübertritt, stellt sie gründliche Nachforschungen an und gräbt sämtliche Fakten aus, die auf die Beteiligung an einer Straftat hinweisen könnten. Gelegentlich muss sie mit Gangstern verhandeln, um die Freigabe einer Ladung zu erreichen. «Wenn ich beispielsweise nach Hongkong reiste, ging ich in der Regel davon aus, dass ich beschattet wurde. Es ist ein unbehagliches Gefühl, aber ich hatte nie Angst. Wenn ich eine Akte angelegt hatte, hielt ich es für richtig, eine Begegnung zu arrangieren, selbst mit Gangsterbossen. Ich glaube, in diesem Fall ist es ein Vorteil, wenn man eine Frau ist. Es ist gut, wenn man unterschätzt wird. Wenn ich kein Geständnis bekam, nachdem ich den Gangster mit meinen Ermittlungsergebnissen konfrontiert hatte, wandte ich mich meist an die Polizei. Häufig stellte ich fest, dass die Beamten die Bosse der Triaden kannten, aber nicht genug Beweise für eine Anklage hatten.

Die Annahme ist falsch, dass diese Bosse sagenhaft reich sind, auch wenn ihre Verbrechen sehr einträglich sind. Sie leben auf großem Fuß. Häufig müssen sie ein Schiff und seine Ladung stehlen, um ihre Spielschulden zu begleichen! Eine Operation mit einem Phantomschiff kann ihnen Millionen einbringen, und dennoch können sie knapp bei Kasse sein. In der Regel sind sie leidenschaftliche Spieler und Weiberhelden. Teuer kann es auch werden, wenn ein Piratenüberfall schief geht. Ein Problem, das die Triaden allerdings nicht haben, sind die Zusatzkosten, die durch die Geldwäsche entstehen. Seit der kürzlich eingeführten, schärferen Kontrolle des Geldtransfers sind die Kosten für Geldwäsche von fünf auf 25 Prozent gestiegen.

Die Triaden jedoch haben ihr eigenes Geldtransfersystem, bei dem das Geld keine Grenzen passiert. Deshalb können die Behörden diesen Geldstrom nicht überwachen. Wenn Geld beispielsweise von Shanghai nach Singapur transferiert werden soll, wird ein Schuldschein ausgestellt und privat in Singapur eingelöst. Das Schuldenkonto wird wieder ausgeglichen, wenn jemand Geld von Singapur nach Shanghai transferieren will. Das System funktioniert ähnlich wie die in Indien und im Nahen Osten gebräuchliche *Hawala*. Der Geldtransfer läuft über ein Netz von Kontakten, ohne dass Geld bewegt wird. Manchmal wird ein Code benutzt, damit auf der anderen Seite die richtige Person kassiert. Geld kann mit Hilfe einiger Telefonanrufe innerhalb weniger Stunden von Dubai nach New York transferiert werden. In einem Fall wurde die Nummer einer Banknote als Code benutzt. Die Triaden und die Hawala-Systeme bewegen Millionen Dollar auf Vertrauensbasis. Entsprechend schwer werden Vertrauensbrüche bestraft.»

Zu der Frage, wie viele Piratenbanden im Raum Indonesien arbeiten, gehen die Meinungen auseinander. S. Lin Kuo meint, es seien vielleicht nur zwei. Ellen glaubt, es seien vier, und Kapitän Mukundan hält bis zu fünf für möglich. Illegale Operationen der chinesischen oder indonesischen Marine sind dabei nicht berücksichtigt. Durch einige Verhaftungen in letzter Zeit konnte die Zahl der Piraten reduziert werden. Aber wenn es finanziell lukrativ ist, werden neue Männer in das Geschäft einsteigen und sie ersetzen.

Gefahren in der Bucht Von China über die Philippinen und Hongkong bis nach Malaysia und Indonesien ist das organisierte Verbrechen auf See weit verbreitet. Gleich ob die Verbrechen von kriminellen Marineoffizieren oder von internationalen Banden begangen werden, die innerhalb einer Triade operieren, noch immer hat man das Gefühl, dass diese Verbrecher nach Belieben schalten und walten können. Internationale Initiativen sind nicht über die allerersten Schritte zu ihrer Bekämpfung hinausgelangt. Die Banden verfügen über Maschinengewehre, Pistolen und Raketenwerfer und wenden so viel Gewalt an, wie nötig ist, um die Schiffe auf ihrer Wunschliste auszurauben oder zu stehlen. Ob sie von einem Mutterschiff, einem Penthouse in Singapur oder einem schäbigen indonesischen Hotel aus operieren, die Resultate sind immer die gleichen: Diebstahl, Gewalt und Mord.

Eine dieser Banden hatte ihre Operationsbasis auf den Philippinen in der Manila Bay. Die Inselgruppe bietet ideale Bedingungen für Piraten. Der Staat umfasst etwa 7000 Inseln, die polizeilich kaum zu überwachen sind. Die große Anzahl kleiner Häfen ermöglicht es Schiffen, gegen ein Schmiergeld ihre gestohlene, mit falschen Papieren versehene Ladung zu löschen. Die Piratenbande in der Manila Bay wurde von dem inzwischen verstorbenen Kapitän Emilio Changco befehligt. Changco konnte sich die Kosten für ein Mutterschiff auf hoher See sparen, weil er von dem riesigen Hafen Manila aus operierte. Seine Spezialität war der Diebstahl von Schiffen, meist mit der Ladung. In den achtziger Jahren, seiner besten Zeit, wohnte Changco in einem Hotel am Hafen, und das große Panoramafenster in seinem Zimmer diente als Schaufenster für seine Kunden. Das Fenster bot einen herrlichen Blick auf die Manila Bay, in der Schiffe unterschiedlichsten Typs Ladung aufnahmen oder löschten. *Du wählst, ich stehle*, war das Angebot, das Changco jedem machte, der 300 000 Dollar auf den Tisch legte. Die Crew des ins Visier genommenen Schiffes wurde bei dem Überfall mit oder ohne Rettungsfloß über Bord geworfen. Nur wer Glück hatte, überlebte.

Changcos Geschäfte waren kein Geheimnis. Dass er seinen aufwendigen Lebensstil mit Schiffsdiebstahl finanzierte, war allgemein bekannt. Er hatte drei Arten von Kunden: Personen, die ein Schiff oder seine Ladung wollten, ohne zu bezahlen; Personen, die ihr eigenes *gestohlenes* Schiff wiederhaben wollten; und Schiffseigner, die ihr eigenes Schiff stehlen lassen wollten. «Versicherungsbetrug war dabei ein lukrativer Nebeneffekt», erläutert Ellen und deutet auf ein Papier über Betrugsfälle mit Einzelschiffen. «Eine Firma besaß ein einziges Schiff. Es wurde überversichert, genau wie die *Salem*. Vielleicht war es schon völlig heruntergekommen und hätte für viel Geld überholt werden müssen. Der Besitzer wollte sich das Schiff stehlen lassen, um den alten Seelenverkäufer gegen nagelneue Dollarscheine zu tauschen. Also bezahlte er Changco, damit er es stahl, und kassierte die überhöhte Versicherungssumme für das verschwundene Schiff. Ergebnis? Alle machten Gewinn außer Lloyd's in London.»

Typisch für viele Diebstähle in der Manila Bay war der Fall des 5300-Bruttoregistertonnen-Frachters *Silver Med*. Am 14. September 1988 war das Schiff mit einer Ladung Rattan unterwegs nach Taiwan. Was dann passierte, war typisch für Changcos dreiste Vorgehensweise. Bei ihren Ermittlungen gegen das organisierte Verbrechen auf See in der Region fand S. Lin Kuo heraus, dass ein Mitglied des Syndikats, das den Raub des Schiffes organisierte, Arzt war. Eine Bande von acht Männern ging als Polizisten verkleidet an Bord. «Das Schiff war in Liberia registriert und wurde in Piräus von Agenten aus dem Nahen Osten gemanagt», erinnert sich Captain William Chadwick, Chef der Ermittlungsabteilung im liberianischen Marine Safety Department. «Wir erhielten die Meldung, dass das Schiff unerwartet und ohne Genehmigung ausgelaufen war, als es in der Manila Bay auf Instruktionen wartete. Wir kamen schnell dahinter, dass es sich um eine Entführung handeln musste. Es hatte in den drei Monaten zuvor fünf ähnliche Fälle gegeben. An Bord des Schiffes befanden sich 14 indische Offiziere, mindestens fünf philippinische Matrosen und die Frau des Ersten Offiziers. Sie wurden auf See ausgesetzt, aber sie überlebten.

Wir meldeten den Vorfall und konnten das Schiff in Kota Kinabalu, im Norden der indonesischen Insel Borneo, aufspüren. Die dortige Hafenbehörde wurde ersucht einzugreifen, aber als die Polizei kam, war das Schiff bereits ausgelaufen. Der Name des Schiffes wurde ständig geändert. Schließlich wurde es im Februar 1989 unter dem Namen *Sea Rex* nach seiner Rückkehr auf die Philippinen in Luzon aufgebracht. An Bord waren vier Filipinos und drei Seeleute aus Singapur. Manche meinen, das Schiff hätte nach China weiterfahren und dort zur Verschrottung verkauft werden sollen, aber es spricht mehr dafür, dass es als Phantomschiff verwendet werden sollte, was für Piraten viel lukrativer ist.» Das

Rattan war natürlich verschwunden. Vermutlich war es in einem abgelegenen Hafen verkauft worden, wo niemand Fragen stellte.

«Die Dreistigkeit dieses Mannes war unglaublich», sagt Ellen. «Ein Eigner, dem man das Schiff gestohlen hatte, bezahlte Changco 300 000 Dollar, dann stahl dessen Gang das Schiff wieder zurück. Doch Changcos Dreistigkeit und die Tatsache, dass er eine Marktnische gefunden hatte, sollten nicht darüber hinwegtäuschen, dass er ein brutaler Krimineller war. Seine Verbrechen kosteten die Versicherungen Millionen und forderten zahlreiche Todesopfer. Zu den verschwundenen Schiffen gehören die *Comicon* mit 25 verschollenen Besatzungsmitgliedern, die *Antoinette*, die *Cresat 1* und die *Mayon*. Die letzten drei Schiffe verschwanden alle in der Manila Bay. 1988 verschwand der Bulkcarrier *Negotiator*, als er in der Subic Bay von Manila vor Anker lag, und auch seine Besatzung blieb spurlos verschwunden. Ich bin überzeugt, dass diese Schiffe nicht verkauft und abgewrackt wurden, jedenfalls nicht sofort. Sie wurden vielmehr als Phantomschiffe benutzt und nahmen in der Region gestohlene Fracht auf. Oder sie wurden von chinesischen Schleppern, den so genannten Schlangenköpfen, für den Menschenschmuggel benutzt.»

Changco verstieß jahrelang ungestraft gegen die Gesetze, bis er schließlich den Fehler beging, ein staatseigenes Schiff zu stehlen, den Öltanker *Tabango* der staatlichen Ölgesellschaft Philippine National Oil Corporation. Damit überspannte er den Bogen, und die philippinische Regierung unternahm endlich etwas. Changco wurde von der philippinischen Polizei verhaftet und landete hinter Gittern. Ellen kommentiert skeptisch, was danach geschah: «Im Jahr 1992 wurde Changco angeblich bei einem Fluchtversuch erschossen. Er soll versucht haben, über einen hohen Gefängniszaun zu klettern. Er war damals ein kranker Mann und konnte nur noch am Stock gehen. Ein solcher Fluchtversuch war außerordentlich unwahrscheinlich. Vermutlich wurde er ganz einfach zum Schweigen gebracht.»

Emilio Changco muss ein Vermögen gemacht haben. Er bot den schlecht ausgebildeten Jugendlichen aus den Slums von Manila zwar keine Reichtümer, aber doch die Chance, als Mitglied seiner Bande Schiffe zu stehlen, und mit diesem Job ließ sich Geld verdienen. Außerdem war es ein aufregender Job: In der Bucht Schiffe zu entern und zu stehlen vermittelte den ansonsten Chancenlosen ein Gefühl der Macht.

Heute, mehr denn je, werden die Philippinen von politischen und religiösen Konflikten erschüttert. Weitere Konflikte sind unvermeidlich, und noch mehr Waffen werden ins Land gelangen. Zwangsläufig werden die Machtkämpfe rivalisierender Politiker die Armut verschärfen und die Volkswirtschaft schwächen. Der katastrophale Wertverlust der indonesischen Rupie im Jahr 1997 hat zu permanenten politischen Unruhen in der gesamten Region geführt. Durch Armut, den Zugang zu Waffen und die Existenz von Banden, die unzufriedene Jugendliche aufnehmen, wird sich die Epidemie brutaler Überfälle auf wehrlose Seeleute weiter ausbreiten.

Der geheimnisvolle Mr. Wong Mr. Wong wurde im November 1998 verhaftet und Ende 1999 wegen diverser Überfälle auf Schiffe zu einer Gefängnisstrafe verurteilt. Das Urteil lautete ursprünglich auf sieben Jahre und wurde später auf vier verkürzt. Noch im Gefängnis beteuerte Mr. Wong seine Unschuld. Sein wirklicher Name und seine Herkunft waren nicht leicht zu klären, aber man vermutet, dass er aus Singapur stammt und in Wirklichkeit Chew

Cheng Kiat heißt. Aber auch diesen Namen kann er irgendwann angenommen haben, so wie auch die Schiffe umgetauft wurden, die vermutlich auf seinen Befehl gestohlen wurden.

Mr. Wong trieb Piraterie in großem Maßstab. «Für mich wirkt er trotzdem nicht wie der Boss einer Triade», sagt S. Lin Kuo bestimmt. «Er war ein *Bandenführer*, ein wichtiger Mann und ein ziemlich guter Fang für die Polizei. Gut möglich, dass er im Rahmen einer Triade operierte und seine Bande von einem Triaden-Boss benutzt wurde, der irgendwo weit vom Schuss saß – vermutlich in China. Ich habe guten Grund anzunehmen, dass ein einziger Mann hinter allen Delikten mit Phantomschiffen in der Region steckte und dass dieser Mann in China saß. Wong hatte wahrscheinlich eine eigene Bande, die bei Piratenüberfällen als Crew eingesetzt wurde. Crews arbeiten normalerweise als Team und warten auf die nächste Beute.»

Mr. Wongs Revier Mr. Wong wurde beschuldigt, den indonesischen Teil eines Verbrechersyndikats geführt zu haben, das in China, Hongkong, Südkorea, Singapur und anderswo operierte. Da Singapur immer erfolgreicher und wohlhabender wurde, musste die kleine Inselrepublik nach Expansionsmöglichkeiten suchen. Singapur besitzt kein eigenes Land, das es noch erschließen könnte, und ist deshalb auf die Zusammenarbeit mit seinen Nachbarn angewiesen.

Die Beziehungen zum nördlichen Nachbarn Malaysia gestalten sich manchmal schwierig. Die nächste malaysische Stadt, Johor Bahru, ist nur durch eine stark genutzte Brücke von Singapur getrennt. Noch vor 15 Jahren stach der Unterschied zwischen dem sauberen, von High-Tech-Schick geprägten Singapur und dem schmutzigen und schäbigen Johor sofort ins Auge, wenn man Singapur verließ. Inzwischen steigt der Lebensstandard in Johor dank engerer Beziehungen zur prosperierenden Nachbarrepublik.

Etwa 40 Fährminuten südlich von Singapur liegt die kleine Insel Batam. Sie war vor 20 Jahren noch arm und unterentwickelt und brauchte dringend Investitionen. Singapur hingegen wollte unbedingt wachsen, und so entstand das Goldene Dreieck von Singapur, Johor und Batam. Singapur brachte den beiden ärmeren Gebieten Infrastruktur, neue Unternehmen und Wohlstand. Batam ist Teil des zu Indonesien gehörenden Riau-Archipels. Den Investitionen auf Batam folgten weitere auf den anderen Inseln und in der Provinz Riau auf dem indonesischen Festland.

Die Gewässer um die vielen Inseln der Provinz Riau haben attraktive Badestrände und ließen sich leicht für den Tourismus erschließen. Doch seit Jahren sind sie ein ebenso beliebter Tummelplatz für Piraten, die mit Schnellbooten operieren. Auch Mr. Wong betrachtete das Goldene Dreieck als sein Jagdrevier. Die Häfen von Johor und Batam spielten bei seinen dunklen Geschäften eine wichtige Rolle.

Batam wird von zahlreichen Fähren aus Singapur angelaufen. Singapur besitzt den verkehrsreichsten Hafen der Welt und ist allein schon deshalb für Piraten attraktiv. Hinzu kam, dass die Küstenwache von Singapur früher nur ein kleines Gebiet überwachte. Sobald ein Schiff den Leuchtturm von Horsburgh passiert hatte, war es Freiwild für die Piraten. Hätte man die Behörden des autoritären Singapur schon früher mit größeren Befugnissen ausgestattet, um die Schiffe im Phillip-Kanal und in der Straße von Malakka besser schützen zu können, hätte Mr. Wong nicht so reiche Beute gemacht.

«Heute gibt es drei bilaterale Abkommen zwischen Indonesien,

Malaysia und Singapur», erläutert Captain Mukundan. «Die Überfälle nahmen so überhand, dass sogar Japan – im Interesse seiner eigenen Handelsmarine – seine Bereitschaft erklärte, sich an einer Flotte zur Sicherung dieses Wasserwegs zu beteiligen. Aber dazu kam es nicht. Die drei Anrainer waren dagegen. Es gibt bis heute kein Abkommen, das es einem malaysischen Kriegsschiff erlauben würde, ein Piratenschiff ohne indonesische Zustimmung in indonesische Gewässer zu verfolgen. Einmal durften die Verfolger in indonesische Gewässer vordringen, aber nicht sehr weit, und das flüchtige Schiff entkam. Doch der operative Informationsaustausch zwischen den Anrainern und die koordinierten Aktionen gegen Piraten haben inzwischen beeindruckende Ausmaße angenommen. Dies ist ein Anfang – und ein Fingerzeig, was erreicht werden könnte. Wenn die Anrainer genügend Mittel zur Verfügung stellen, um das Problem zu lösen, lässt sich die Piraterie wieder unter Kontrolle bringen.

Das Piratenunwesen hängt eng mit den wirtschaftlichen Verhältnissen in Indonesien und seinen Regionen zusammen. Bis zum Einbruch der Rupie 1997 war die Zahl der Piratenüberfälle in der Straße von Malakka rückläufig. Das betraf aber vor allem spontane Überfälle durch Einheimische und weniger die komplexen Überfälle, bei denen Schiffe mitsamt Ladung gestohlen wurden. Als das Land verarmte, stieg die Zahl der Verbrechen wieder an.»

Abgesehen von Singapurs eigenem umfangreichem Import-Export-Geschäft laufen auch viele Schiffe, die nach Westen oder Osten unterwegs sind, seinen Hafen an, um Treibstoff zu bunkern, Reparaturen durchzuführen oder andere Dinge zu erledigen. Seit der FERIT-Untersuchung 1979 ist das Ausmaß des Piratenproblems und der Verbrechen gegen die Schifffahrt in der Region weltweit bekannt. Die Räuber kamen größtenteils aus Indonesien und insbesondere aus Häfen an der Ostküste Sumatras. Viele der häufig brutalen Überfälle waren das Werk lokaler Gangster, die nur kurz an Bord gingen, den Safe des Schiffes ausräumten, den Seeleuten ihre Wertsachen abnahmen und dann mit ihren Schnellbooten in einen kleinen Hafen auf der indonesischen Seite der Straße von Malakka flüchteten. Dort wurde die Beute geteilt, und Polizisten und Hafenbeamte bekamen ihren Anteil, damit sie wegsahen. Singapur hingegen war als Basis für diese Art Piraten nicht geeignet, auch wenn sich deren wichtigste Führer dort in den vornehmsten Hotels trafen.

Mr. Wong spielte freilich in einer ganz anderen Liga. Er arbeitete ähnlich wie Kapitän Changco und stahl Schiffe, aber mit anderen Methoden. Changco stahl ein Schiff im Auftrag eines Kunden; seine Basis war ein Hotel mit Blick auf die Manila Bay. Mr. Wong dagegen verbrachte die meiste Zeit auf seinem Mutterschiff in Batam. Und niemand gab ihm Aufträge. Seine Bande stahl in *seinem* Auftrag und pickte sich die Schiffe heraus, die den größten Profit versprachen. «Es war wohl ein Joint Venture mehrerer Triaden aus verschiedenen Ländern», sagt Ellen. «Mr. Wong war vermutlich Boss der Organisation in Singapur, operierte aber von Indonesien aus.»

Mit dem plötzlichen neuen Wohlstand auf der armen Insel Batam kamen auch Laster und Verbrechen. Auf der anderen Seite der schmalen Wasserstraße hatten die großen Kriegsflotten der Welt Singapur schon lange als Stützpunkt oder sicheren Hafen genutzt. Vor allem britische Kriegsschiffe waren ständig dort stationiert, um die vielfältigen britischen Interessen zu schützen. Auch amerikanische Seeleute waren stets in der Stadt. In den sechziger Jahren war es für die Matrosen ein Highlight, wenn ihr Schiff in Singapur anlegte und sie sich in der Bugis Street ins Nachtleben stürzen konnten. Dort gab es schlanke, rehäugige Frauen (und Transvestiten) im Überfluss.

Der Regierung von Singapur allerdings waren die Bars und die grell geschminkten Frauen und Männer, denen die Bugis Street ihren Ruf verdankte, ein Dorn im Auge. Mit dem Wirtschaftsaufschwung wuchs auch der Platzbedarf, und für die florierenden Unternehmen wurde ein Hochhaus nach dem anderen errichtet. Die Bugis Street, eine kleine Enklave des Lasters zwischen dem arabischen und dem indischen Viertel, wurde Geschichte. Was heute noch von ihr übrig ist, wirkt steril und hält dem Vergleich mit früheren Zeiten nicht stand, als sich die Seeleute nach vielen Wochen auf See dort regelrecht austobten. In Batam und Johor sieht die Sache allerdings anders aus. Der Arm der Regierung von Singapur reicht nicht bis hierhin. Zu Hause mochten die Einwohner Singapurs ein Strafgesetzbuch akzeptieren, das die Redefreiheit beschränkte, das Kaugummikauen verbot und das unachtsame Überqueren einer Straße oder das Nichtbetätigen der Spülung nach Benutzung einer Toilette unter Strafe stellte. Doch sie ließen es sich nicht nehmen, über den schmalen Wasserarm zu setzen und sich in der neuen Bugis Street zu vergnügen, die in Batam entstanden war.

So trug die Sittenstrenge in Singapur dazu bei, dass an den beiden anderen Ecken des Goldenen Dreiecks das entstand, was man euphemistisch ein pulsierendes Nachtleben nennt. Karaoke-Bars, Striptease-Clubs, Bordelle und Massagesalons gibt es dort im Überfluss. Überall bieten Geldwechsler (von denen viele schlicht Geldwäscher sind) ihre Dienste an. In der Stadt Nagoya, wo die Fähren anlegen, entstehen immer mehr Hotels, um die Geschäftsleute und Touristen sowie die Prostituierten der blühenden Sexindustrie zu beherbergen. Die Singapurer, zu Hause zu Disziplin,

Sparsamkeit und Moral angehalten, stehen täglich an den Fähren Schlange, um in Batam die Freuden des Fleisches zu genießen. Auch Mr. Wong pendelte ständig zwischen Singapur und Batam. Seine chinesische Freundin arbeitete eine Zeit lang in einer Karaoke-Bar in Batam, in der verführerische Hostessen für alle möglichen Dienstleistungen zur Verfügung stehen.

Mr. Wongs Werdegang Mr. Wongs Doppelleben ist geheimnisumwittert. Angeblich war er Reeder oder Schiffsmakler, vielleicht auch beides. Im hektischen Geschäftsleben auf Batam erregten seine Aktivitäten nicht mehr Aufmerksamkeit als die Tausender anderer Malaiisch sprechender Singapurer, die zum Leben, Arbeiten oder zum Vergnügen auf die Insel kamen.

Wie sieht ein mächtiger Bandenführer aus? Woran erkennt man einen solchen Mann? In James-Bond-Filmen ist der Bösewicht immer sofort zu erkennen. Mr. Wong war ein unauffälliger, schlanker Mann mit einem runden, freundlichen Gesicht, der leicht in der Menge untertauchen konnte. In Singapur leben die beiden größten Bevölkerungsgruppen, Chinesen und Malaien, überwiegend harmonisch zusammen, auch wenn es bisweilen Spannungen gibt. Die Chinesen verstehen sich als Motor der wirtschaftlichen Entwicklung und sehen die Malaien als Juniorpartner. Die Regierung sorgt sich so sehr um das Gleichgewicht zwischen den Gruppen, dass sie vor einigen Jahren ihre Politik änderte. Hatte sie wegen des Platzmangels Paare früher aufgefordert, nur zwei Kinder zu bekommen, ermuntert sie heute wegen des rapiden Wachstums der malaiischen Bevölkerung die Chinesen, drei Kinder zu zeugen. Und die Ermahnungen der Regierung von Singapur haben Gewicht.

Mr. Wong gehörte vermutlich zum malaiischen Bevölkerungsteil, doch er war sehr produktiv und fleißig. Und obwohl er jahrelang eine der lukrativsten Formen der Piraterie ausübte, protzte er nicht mit seinem Reichtum. Wie die meisten Singapurer trug er in dem heißen, feuchten Klima meist einfache weiße Hemden und Hosen. Er führte ein einfaches Leben wie Tausende anderer Bürger auch.

Wie die Banden an Land arbeiten «Eines unserer Probleme bestand darin, dass diese Syndikate im Fernen Osten gut informiert waren, und zwar *zu gut* informiert. Sie hatten Zugang zu unseren Berichten und vertraulichen Bulletins, weil Mitglieder ihrer Bünde in renommierten Banken oder Reedereien arbeiteten. Wie wir herausfanden, wurden die Informationen schnell weitergegeben. Einmal erreichte ein interner Bericht binnen 24 Stunden den Führer eines Syndikats, weitergegeben wurde er von einer angesehenen Bank. Unsere Aufgabe besteht darin, unsere Mitglieder zu warnen, aber auch unter ihnen sind manchmal Kriminelle, die ausgerechnet für die Leute arbeiten, denen wir das Handwerk legen wollen. Wir müssen also peinlich genau darauf achten, was wir veröffentlichen, um Verleumdungsklagen zu vermeiden, aber auch um zu verhindern, dass unsere Informationen in die falschen Hände geraten.»

Die grazile, stets lächelnde Taiwanerin S. Lin Kuo berichtet über die Hintergründe der Bandenorganisation. Die 1957 unter dem Namen Shiao Lin, chinesisch für «Kleiner Bambus», in Taiwan geborene Frau war vor ihrer Arbeit im International Maritime Bureau als verdeckte Ermittlerin in Taiwan tätig. «Dabei erfuhr ich so viel über die Arbeitsweise der Banden», berichtet sie, «dass ich eine Liste der Bosse aufstellen konnte. Doch es kam überhaupt nicht infrage, die Namen oder andere Details zu veröffentlichen. Wir wollten nicht, dass sie wussten, was wir wussten. Wir mussten davon ausgehen, dass ihnen jemand unseren Bericht zuspielen würde, auch wenn wir ihn nur an die Versicherungen unter unseren Mitgliedern weitergaben. Solche Namen werden unseren Mitgliedern zur Kenntnis gebracht, und zwar dann, wenn wir es für unerlässlich halten.»

«In den achtziger Jahren», so Lin weiter, «hatte ich den Anstieg der Kriminalitätsraten in der Region verfolgt. Ursprünglich sollte ich die Vorarbeit für eine zweite FERIT-Untersuchung leisten.» FERIT wurde 1979 veröffentlicht. Das Gutachten stellte das damalige Ausmaß von Betrügereien in der Schifffahrt fest und hätte die Verantwortlichen eigentlich zum Handeln veranlassen müssen. «Doch es wurde bald offensichtlich, dass dies nicht ausreichte. Im Gefolge der Untersuchung wurden nur wenige Strafverfahren eingeleitet, und die Verbrechersyndikate weiteten ihre Aktivitäten aus. Ab 1988 verzeichneten wir einen deutlichen Anstieg der Straftaten. Operationen mit Phantomschiffen, Entführungen, unerlaubte Abweichungen vom Kurs, Frachtdiebstähle, Piratenüberfälle, Urkundenfälschungen und Containerdiebstähle. Es war Besorgnis erregend.

In den siebziger Jahren hatte man alte Seelenverkäufer versenkt und bei der Versicherung abkassiert. Doch ich stellte bald fest, dass man alte Schiffe inzwischen entführen ließ und die Versicherungen auf diese Weise betrog. Die unglücklichen Seeleute wurden einfach über Bord geworfen, damit das Ganze nach einem Piratenüberfall aussah. Ein gestohlenes Schiff braucht neue Papiere, und die Kriminellen hatten es geschafft, die Beamten in den Schiffsregistern Singapurs zu bestechen, damit sie ihnen eine vorläufige Bescheinigung über die Registrierung des Schiffes ausstellten. Die übliche Gebühr für die Registrierung betrug damals 5000 US-Dollar, aber die Beamten erhielten das Zehnfache für die illegalen Bescheinigungen. Die Angaben, die sie über Abmessungen oder Gewicht des Schiffs erhielten, waren falsch. Da sie beide Augen zudrückten, wurde nichts überprüft, und ein und dasselbe Schiff konnte unter verschiedenen falschen Namen mehrmals registriert werden. Die Gangster mussten lediglich das Bestechungsgeld zahlen und bei der Beschreibung des Schiffes ein wenig Phantasie entwickeln.

Diese Verbrechen waren sehr lukrativ. Sie brachten den Syndikaten Hunderte von Millionen ein. Was die kulturelle Identität der Banden oder Syndikate betrifft, so waren mehrere in Fernost aktiv. Einige bestanden aus Indern oder stammten aus Bangladesh, aber diese Banden lebten hauptsächlich vom Gold- und Zigarettenschmuggel und von Urkundenfälschung. Sie verkauften zum Beispiel mit Hilfe falscher Papiere nicht existente Schiffsladungen. Die Syndikate, die mit Phantomschiffen arbeiteten, waren vor allem chinesischen Ursprungs.»

«Diese Kriminellen», so S. Lin Kuo weiter, «konnten meist Englisch, aber untereinander sprachen sie Mandarin oder Dialekte, die in Fujian, Kanton oder in anderen chinesischen Provinzen gesprochen werden. Natürlich hatten sie zur Tarnung auch noch andere Geschäfte laufen. Einige besaßen gefälschte Pässe und mehrere Identitäten. Auch diese waren durch Bestechung beschafft worden. Einer meiner Informanten erklärte mir, wie man für nur 3000 US-Dollar einen malaysischen Pass beschafft. Mr. Wong beispielsweise hatte mindestens einen falschen Pass.»

Phantomschiffe Das bevorzugte Geschäft des Mr. Wong war nicht das Ausrauben von Mannschaften (obwohl er auch diese Verdienstquelle nicht verschmähte), sondern der Diebstahl von Schiffen und Ladungen. Die Vorgehensweise war denkbar einfach: Er ließ auskundschaften, welche Schiffe mit welchen Besatzungen und vor allem mit welcher Ladung ausliefen, und wählte ein Schiff mit einer attraktiven, wertvollen Ladung aus. Diese Informationen wurden von Wongs Kontaktleuten in den Reedereien beschafft. Danach schleuste er ein Mitglied seiner Bande auf dem Schiff ein.

«Die Ladung ist der Schlüssel», stimmt Ellen zu. «Nur manchmal ist das Schiff selbst die wertvollste Beute, etwa im Fall der hochmodernen *Petro Ranger*, aber im Allgemeinen sind die Piraten auf die Ladung scharf, beispielsweise auf Aluminiumbarren oder Öl. Sie vergewissern sich vorher, dass sie die Ladung heimlich in einem Hafen verkaufen können, wo keine Fragen gestellt werden. Ein einziges Geschäft kann ein oder zwei Millionen Dollar einbringen.»

Nachdem das Schiff ausgewählt und ein Vorvertrag über den Verkauf der Ladung geschlossen worden war, wurde Wongs Mutterschiff, die *Pulau Mas*, aktiv. Für das ins Visier genommene Schiff wurde ein neuer Name gewählt und die Papiere zu seiner Registrierung vorbereitet. Mr. Wong konnte die Gebühren (und das Schmiergeld) für die Registrierung sparen, weil er an Bord seines Mutterschiffs die Mittel hatte, leidlich echt wirkende Dokumente für das Schiff zu fälschen. Einer ordentlichen Überprüfung hätten sie nicht standgehalten, aber um die Ladung in einem Hafen mit bestechlichem Personal zu löschen, reichten sie völlig aus. Damit man das Schiff wie von Zauberhand verschwinden lassen konnte, verfügte die *Pulau Mas* auch über Farbe für den neuen Namenszug, einen Neuanstrich des Schornsteins und anderer Teile.

«Über Handy gab das Bandenmitglied an Bord des Beuteschiffes Wongs Männern die Position des Schiffes durch und informierte sie über die Anzahl der Leute auf der Brücke», erklärt Ellen. «Irgendwann fiel dann die Entscheidung zum Angriff. Bis zu 30 maskierte und bewaffnete Piraten bemannten ein Schnellboot und rasten ein paar Meilen übers Meer. Dies geschah stets bei Nacht. Der Überfall ging in der Regel schnell über die Bühne, mit viel Einschüchterung und wenig Widerstand. Die Besatzung des geenterten Schiffes wurde meist gefesselt und in eine Kabine gesperrt, während die neue Besatzung das Kommando übernahm. Danach änderten die Piraten mit ein paar Pinselstrichen Name und Aussehen des Schiffes, und schon hatte es sich in ein Phantomschiff verwandelt.»

«Gewaltakte», stellt Ellen fest, «wie sie bei manchen Schiffsdiebstählen vorkamen, sind eigentlich unnötig. Die meisten Besatzungen werden davor gewarnt, Widerstand zu leisten. Ich behaupte nicht, dass Wong Seeleute hat ermorden lassen, aber einige Piratenbanden wie zum Beispiel die Jump-Buddy-Jump-Bande taten es. Manche Banden hatten offenbar richtig Spaß am Morden. Wenn die Männer Glück hatten, wurden sie in einem Rettungsboot, auf einem Floß oder auf einer einsamen Insel ausgesetzt. Wenn sie Pech hatten, wurden sie über Bord geworfen oder schon auf dem Schiff ermordet.

Wenn die Ladung des Schiffs verkauft ist, finden Schiffsmakler immer wieder naive Händler, die bereit sind, ihre Ladung einem Schiff ohne ordentliche Papiere anzuvertrauen. Wer auf schnellen Profit aus ist, lässt sich vielleicht von extrem niedrigen Frachtkosten verführen. Aber in der Schifffahrt gibt es keine Freifahrscheine. Das Billigangebot ist offensichtlich eine Falle. Ein Telefonanruf beim Bureau würde genügen: *Ich schicke eine Fracht von Manila nach Phuket auf der in Zypern registrierten* Saucy Sue. *Ist das okay?*

Und wir sagen dann: *Nein, ist es nicht. Es ist nämlich kein Schiff dieses Typs unter diesem Namen registriert.* Ganz einfach. Er muss vielleicht mehr bezahlen, um seine Ladung auf einem registrierten Schiff zu transportieren, aber dann kommt sie auch an. Wenn er nicht anfragt, verliert er seine Ladung. Sie hätte Manila nur verlassen, um in irgendeinem obskuren Hafen gelöscht zu werden. Ergebnis? Ein weiterer riesiger Gewinn durch dieses eine Phantomschiff. Warum Händler bei der Auswahl ihrer Schiffe so leichtfertig sind, geht über meinen Verstand. Willkommen in der Welt von Mr. Wong. Schicken Sie die Rechnung einfach an die Versicherung. Und hoffen Sie inständig, dass sie zahlt.»

Wongs Bande führte viele erfolgreiche Überfälle aus, insbesondere auf Tanker. Interessanterweise ging im April 1998 ein wichtiger Überfall schief. War sein Scheitern der Anfang von Wongs Sturz? Oder misslang die Entführung der *Petro Ranger*, weil Wong schon damals seinen Einfluss an eine rivalisierende Bande verloren hatte? War dieser Fehler und der daraus resultierende finanzielle Verlust womöglich der Grund für seine Verhaftung?

Die *Petro Ranger* wurde von Wongs Bande angegriffen, kurz nachdem sie aus Singapur in Richtung Ho-Chi-Minh-Stadt ausgelaufen war. Der Überfall war eine komplizierte Operation. Das Schiff war neu und groß und die Brücke mit einem ultramodernen computergestützten Kontrollsystem ausgerüstet. Außerdem war die Ladung sehr wertvoll. Gas, Öl und Kerosin an Bord brachten auf dem chinesischen Schwarzmarkt zwei bis drei Millionen Dollar. Wong ging nach bewährtem Plan vor. Er hatte schon Dutzende von Tankern gestohlen und unter neuer Identität nach China gebracht.

Zwölf Piraten übernahmen die *Petro Ranger*, die über eine Besatzung von 21 Mann verfügte. Die mit automatischen Gewehren und Macheten bewaffneten Banditen hatten kein Problem, das Schiff in ihre Gewalt zu bringen, aber sie brauchten die Mannschaft, um die komplizierte Technik auf der Brücke zu bedienen. Alle Besatzungsmitglieder wurden massiv eingeschüchtert und einige leicht verletzt, aber niemand wurde umgebracht.

Die Piraten strichen den blauen Schornstein des Schiffes rot und tauften den Tanker in *Wilby* um. Ein neues Phantomschiff durchpflügte die See. «Ein solcher Tanker konnte der Bande nach dem Löschen der gestohlenen Ladung noch weitere 40 Millionen US-Dollar einbringen – leicht verdientes Geld», sagt Ellen. Er hatte diese Art von Verbrechen jahrelang bekämpft. «Wir vermuteten, dass durch Überfälle wie diese alle paar Wochen ein neues Phantomschiff geschaffen wurde. Das ist schon schlimm genug, aber die Phantomschiffe fahren anschließend unter wechselnden Namen, und mit ihnen werden weitere Ladungen gestohlen.»

Nach Wongs schlauem Schlachtplan sollte die *Petro Ranger* ihre Ladung vor der chinesischen Insel Hainan im Südchinesischen Meer löschen. Das Verfahren war bewährt. Die Ladung würde in andere Schiffe umgeladen und auf das chinesische Festland gebracht, wo geschmuggeltes Öl dank der hohen Treibstoffsteuer mit hohem Gewinn verkauft werden konnte. In der Regel waren korrupte chinesische Beamte eingeweiht, und so gab es meist keine Schwierigkeiten. Diesmal jedoch wurden die Piraten beim Umladen ertappt und festgenommen. Aber auch die ursprüngliche Besatzung des Tankers wurde verhaftet. Wurde Wongs Bande hereingelegt, weil jemand höhere Schmiergelder zahlte? Wongs sonst so reibungslos laufende Maschine war erstmals ins Stocken geraten.

Was wäre mit der Besatzung geschehen, wenn die chinesische Polizei nicht eingegriffen hätte? Der Tanker wäre unter dem Namen *Wilby* wieder in See gestochen, und die ursprüngliche Crew wäre zur Last geworden. Die Mannschaften der Tanker *Hualien* und *Tenyu* wurden nie gefunden und gelten als ermordet.

Was mit der Besatzung der *Petro Ranger* und den Piraten passierte, ist hochinteressant. Die indonesische Bande wurde freigelassen und durfte nach Hause fahren, wo sie vermutlich wieder das tat, was sie am besten konnte – Schiffe stehlen. Dagegen wurden die Besatzung des Tankers und ihr australischer Kapitän lange wie Verbrecher behandelt. Mr. Wongs Freunde in China hatten vielleicht nicht verhindern können, dass die *Petro Ranger* aufgebracht wurde, aber sie erreichten immerhin die Freilassung der Piraten.

Captain Mukundan meint, dass die Verhaftung der Wong-Bande und zwei spätere Festnahmen ein bis dahin gut gehendes Unternehmen erschütterten.

Die *MT Pulau Mas* Es gibt unterschiedliche Berichte über Wongs Festnahme. Der unerschrockene, preisgekrönte indonesische Journalist Andreas Harsono schrieb in der thailändischen Zeitschrift *The Age* ein Feature über Wong. Darin schildert er zwei Versionen der Festnahme: Die erste stammt von dem indonesischen Konteradmiral Sumardi. Er erklärte, Wong sei am 1. Dezember 1998 im Hotel 88 auf Batam verhaftet worden. Die zweite Version zeichnet jedoch ein komplizierteres Bild. Ihr zufolge wurde Wong schon eine Woche zuvor in malaysischen Gewässern an Bord der *Pulau Mas* verhaftet. Wie so oft bei diesem geheimnisumwitterten Mann ist auch hier die Wahrheit schwer zu ermitteln.

Freunde von Mr. Wong, einschließlich seiner Freundin aus Batam, behaupteten, er sei in Johor verhaftet worden. Er hätte von dem malaysischen Hafen aus angerufen und behauptet, ein indonesisches Kommando mit Marineoffizieren habe sein Schiff geentert und 50 000 Singapur-Dollar von ihm verlangt. Wie Wong behauptete, war das Enterkommando mit einem Patrouillenboot der indonesischen Marine gekommen. Laut Wong übernahm das Enterkommando die *Pulau Mas*, ein kleines 400-Tonnen-Schiff, und fuhr damit in indonesische Gewässer. Es entbehrt nicht einer gewissen Ironie, dass der große Schiffsdieb auf diese Weise selbst Opfer einer Entführung wurde. Wurde Wong verhaftet und sein Schiff beschlagnahmt? Wahrscheinlich nicht, denn dazu war die indonesische Marine in Johor nicht befugt. Es handelte sich wohl eher um eine private Auseinandersetzung. Vermutlich versuchte jemand, die Rückzahlung einer Schuld zu erzwingen, und bediente sich dazu der Marine. Die Marine scheint für ihr Vorgehen keine Rechtsgrundlage gehabt zu haben, sodass es sich um einen Akt der Piraterie handeln könnte. Doch die Faktenlage ist unklar.

Mr. Wong wurde weder in Haft genommen noch sofort angeklagt. In seinem verletzten Stolz mag er den Vorgang wie eine Verhaftung empfunden haben. Wahrscheinlicher ist jedoch, dass es sich um einen Fall von Selbstjustiz handelte, bei dem Offiziere der indonesischen Marine ihre Macht gebrauchten oder missbrauchten, um einem alten Freund zu helfen. Ob Konteradmiral Sumardi etwas von dieser Expedition nach Johor wusste, ist nicht bekannt.

Wie auch immer die Indonesier an Bord der *Pulau Mas* gekommen waren, was sie fanden, als sie das Schiff durchsuchten, war jedenfalls ein Glücksfall für die Ermittler. Wong hätte schon eine sehr lebhafte Phantasie gebraucht, um sich herauszureden. Die Marinesoldaten fanden 15 Paar Handschellen, 14 Gesichtsmasken, Messer, gefälschte Einwanderungsstempel, gefälschte

Stempel für Datum und Uhrzeit und zwölf Kartons Farbe. Auch gefälschte Stempel und falsche Vordrucke für Schiffspapiere wurden gefunden. Ein Schnellboot mit einem starken 200-PS-Motor vervollständigte das Bild. Offensichtlich war ein weiterer Überfall geplant. Das Schiff war eine wahre Fundgrube für die Ermittler, denn es hatte eine komplette Piratenausrüstung an Bord.

Das Geheimnis der *Pulau Mas* war enthüllt: Sie war ein Mutterschiff, das einer Piratencrew als Basis für Überfälle weit vor der Küste diente. Die Farbe zum Umstreichen eines gekaperten Schiffs und die Papiere, die ihm und der Crew zu einer neuen Identität verhalfen, waren vorhanden.

Der indonesische Geheimdienst Guskamar hielt Wong offensichtlich für den führenden Kopf eines Verbrechersyndikats, das in China, auf den Philippinen, in Hongkong und in Malaysia operierte. Wong wurde inhaftiert und verurteilt, bestreitet aber nach wie vor seine Schuld. Laut Konteradmiral Sumardi gab er allerdings an, dass sein Syndikat an dem Überfall auf die *Petro Ranger* und an der Kaperung von vier weiteren Tankern beteiligt war: der *MT Atlanta*, der *MT Suci*, der *MT Pendopo* und der *MT Plaju*. Eine Beteiligung an dem Überfall auf den Tanker *MT Tenyu* oder irgendeinem anderen Überfall, bei dem Seeleute ermordet wurden, gab er nicht zu. Doch diese Überfälle entsprachen durchaus seinem Stil.

Wie Ellen und S. Lin Kuo vertrat auch Konteradmiral Sumardi die Ansicht, dass der oberste Boss, der mit Wong zusammenarbeitete, in China saß und Wong die Tanker in seinem Auftrag gestohlen hatte.

Das Bureau in Aktion «Ja», stimmt Captain Mukundan zu, «auch die *Pulau Mas* wird offiziell von uns geführt. Sie taucht in unserer Statistik als Opfer eines Piratenüberfalls in Johor auf.» Vielleicht kann sogar Mr. Wong über die Ironie dieser Tatsache schmunzeln, denn er hat seine Gefängnisstrafe bald abgesessen. Unterdessen will das Bureau erreichen, dass weitere 17 in Haft befindliche Piraten vor Gericht gestellt werden. «Wir wollen, dass nach den jüngsten Festnahmen Anklage erhoben wird», sagt Mukundan. «Eine Piratenbande entführte die *MT Selayang* und wurde im Juni 2001 gefasst. Eine andere wurde auf der *MV Inabukwa* in philippinischen Gewässern von der Küstenwache festgenommen. Dank der hervorragenden Zusammenarbeit zwischen den philippinischen und den indonesischen Behörden wurde diese Bande nach Indonesien gebracht und angeklagt. Nun hoffe ich, bald von einer erfolgreichen Strafverfolgung zu hören. Indonesien hatte Schwierigkeiten, die Piraterie in den Griff zu bekommen, aber Beispiele in jüngerer Zeit haben gezeigt, dass es im Rahmen seiner beschränkten Möglichkeiten den Willen hat, gegen Piraten zu ermitteln und sie anzuklagen. Was wir jetzt brauchen, sind Gerichtsurteile gegen Piraten.»

Man spürt eine gewisse Skepsis in Mukundans Worten. Dabei hat er nicht nur die Korruption in Polizei und Justiz im Kopf, sondern auch die zwischen den Piratenbanden und ihrem Auftraggeber übliche Abmachung, die besagt, dass der Auftraggeber keine Kosten scheut, um gefangene Piraten freizubekommen, und bei Bedarf ihre Verteidigung finanziert. Eine Freilassung wäre eine herbe Enttäuschung für den Direktor des IMB, der unermüdlich für die Festnahmen gearbeitet hat. Unter seiner Führung hat sich das Bureau hinter den Kulissen um bessere Beziehungen zwischen den zuständigen Behörden bemüht, damit sie ihre Aktionen gegen die Piraterie aufeinander abstimmen konnten. Die 17 Piraten auf der *Selayang* waren keine Amateure. Ihre Schiffsdiebstähle trugen Wongs Handschrift, auch wenn er selbst nichts damit zu tun hatte. Die hochkarätigen Verbrecher, die hinter den Überfällen auf die *Selayang* und die *Inabukwa* steckten, werden ihre Beziehungen zu Regierungs- und Justizkreisen spielen lassen, um Verurteilungen zu verhindern.

Dass ein Großteil der Probleme in Indonesien auf dem Missbrauch der Justiz beruht, wurde ausgeführt. Aber auch die juristische Handhabung der Piratengesetze in Indien wird vom Bureau aufmerksam beobachtet. So hat ein Überfall in indonesischen Gewässern seinen spektakulären Höhepunkt in Bombay, im Zuständigkeitsbereich der indischen Justiz, gefunden. Mit der *MV Alondra Rainbow* hatten die Bosse des organisierten Verbrechens zunächst eine gute Wahl getroffen. «Die *Alondra Rainbow* war ein japanisches Schiff mit Aluminiumbarren an Bord», erklärt Captain Mukundan. «Ihre Ladung war 20 Millionen US-Dollar wert, eine Menge Geld.» Nach einem brutalen Überfall durch maskierte Piraten wurde die Besatzung des Schiffes auf einem Rettungsfloß ausgesetzt und erst nach sieben Tagen gerettet. Die Ladung der *Alondra* ging an einen Käufer, mit dem man sich zuvor schon geeinigt hatte.

Das Bureau konnte das Schiff dank seiner Kontakte verfolgen, und nach einer Schießerei mit der indischen Marine wurde es schließlich im Arabischen Meer aufgebracht. Die Piraten hatten versucht, den Maschinenraum zu fluten und das Schiff in Brand zu setzen. Als es den Hafen anlief, lag sein Heck tief im Wasser.

«Wir würden es begrüßen, wenn die Täter in Indien in einem rechtsstaatlichen Verfahren verurteilt würden», meint Captain Mukundan. «Zunächst einmal wurden aber die teuersten Anwälte von Bombay als Verteidiger engagiert. Daran konnte man erkennen, dass eine sehr einflussreiche Persönlichkeit hinter der Bande stehen musste. Zum Zeitpunkt der Festnahme hatte Indien das 1988 in Rom geschlossene Übereinkommen zur Bekämpfung widerrechtlicher Handlungen gegen die Sicherheit der Seeschifffahrt noch nicht unterzeichnet. Inzwischen ist Indien dieser internationalen Konvention beigetreten, aber so spät, dass der Beitritt für das laufende Verfahren nicht mehr relevant ist. Die Konvention gibt dem Staat, der die Täter verhaftet hat, das Recht, über einen Piratenüberfall zu urteilen, der außerhalb seiner Hoheitsgewässer verübt worden ist.»

«Es stellte sich die juristische Frage, mit welcher Begründung Indien Anklage erheben konnte. Das indische Gesetz, das ursprünglich auf dem englischen Common Law basiert, wurde kodifiziert, und nun kommt es darauf an, ob die alten Piratengesetze übernommen wurden. Die Piraten wurden einer Reihe von Straftaten angeklagt, und ein Prozess ist in Vorbereitung. Man darf gespannt sein, wie die indischen Gerichte nach dem System des Common Law entscheiden. Das Bureau war an der Initiative des Comité Maritime International (CMI) beteiligt, das Mustergesetze zur Piraterie ausarbeiten soll. Die Staaten sollen sie in angemessener Form in ihr eigenes Rechtssystem integrieren. Ländern, denen es aus irgendwelchen Gründen schwer fällt, die in Rom formulierte Konvention zu unterzeichnen, bieten die Mustergesetze des CMI eine Alternative. Ein einheitliches Vorgehen würde in begründeten Fällen eher zu Urteilen gegen Piraten führen. Anwälte nutzen jedes Schlupfloch im Gesetz, um eine Verurteilung ihrer Mandanten zu verhindern. Das ist ihr Job. Finden sie Lücken im Gesetz, dann ist der Fall juristisch einwandfrei geklärt, aber um welchen Preis für die Schifffahrt?»

«Ein Schwachpunkt der in Rom erarbeiteten Konvention ist, dass sie die Signatarstaaten unter bestimmten Bedingungen zur Strafverfolgung *verpflichtet*», meint Mukundan weiter. «Einige Länder fürchten, dass die fehlende Möglichkeit, auf eine Strafverfolgung zu verzichten, der guten Absicht widerspricht, ein streng rechtsstaatliches Verfahren einzuführen. Sie haben deshalb die Unterzeichnung verweigert. Dies trifft insbesondere auf den Fernen Osten zu. Selbst die Republik Singapur hat nicht unterzeichnet, obwohl sie sich für gewöhnlich als Bastion der Rechtsstaatlichkeit darstellt.»

«Auch Indonesien hat die Konvention von Rom nicht unterzeichnet – eine weitere Altlast des Suharto-Regimes. In vielen Ländern ist eine Justizreform notwendig, damit Piraten verurteilt werden können, aber die Justiz ist nur ein Teil des Problems.» Eric Ellen teilt diese Ansicht. «Gute Gesetze kommen nicht immer zur Anwendung, selbst wenn sie in Kraft sind», sagt er. «Die Strafverfolgung wird durch korrumpierende Einflussnahme blockiert, und ich beziehe mich da nicht nur auf Indonesien. Das Problem gilt für weite Teile der Dritten Welt. Bis zu dem Mord an Sir Peter Blake habe ich nie erlebt, dass in Brasilien jemand für einen brutalen Überfall angeklagt worden wäre. In Zusammenarbeit mit Geheimdiensten, Interpol und der lokalen Polizei haben wir häufig feststellen müssen, dass sehr einflussreiche Leute an Verbrechen gegen die Schifffahrt beteiligt sind und von ihnen profitieren, aber vor Ort wurde nichts unternommen, um sie zu verhaften.»

So taucht ein ehemaliger Vertrauter Suhartos immer wieder in den Akten des Bureau auf. Anscheinend führt er mehrere angesehene Unternehmen, aber wenn die Behauptungen stimmen, die über ihn im Umlauf sind, ist er zudem in Piraterie, Zuhälterei, Menschenhandel und andere kriminelle Machenschaften verwickelt.

Der Mann ist so bekannt, dass es falsch wäre, seinen Namen zu veröffentlichen, solange das Beweismaterial nicht erdrückend ist. Einen solchen Goliath des organisierten Verbrechens zu Fall zu bringen oder seinen korrumpierenden Einfluss zu neutralisieren ist eine beängstigende Aufgabe.

Der Mann wurde mit dem berüchtigten Überfall auf die *Cheung Son* in Verbindung gebracht, der in Kapitel 9 beschrieben wird. Auch Soni Wee, ein indonesischer Pirat, der in China hingerichtet wurde, arbeitete angeblich für diesen hoch angesehenen Unternehmer aus Jakarta. Die Gerüchte können sich als falsch oder verleumderisch erweisen. Aber solange der Verdächtige auf freiem Fuß ist, vereiteln sein Einfluss, seine Macht und sein Reichtum die Aufnahme von Ermittlungen, ganz zu schweigen von einer Anklage.

Im Kampf gegen die kriminellen Angriffe auf die Schifffahrt hängt (aus prinzipiellen Gründen) viel davon ab, wie der Prozess in Indien ausgehen wird und ob eines der beiden Strafverfahren gegen Piraten in Indonesien abgeschlossen werden kann. Wenn alle angeklagten Piraten freikommen, dann wird die Zahl der Angriffe im Jahr 2002 vermutlich wieder zunehmen. Lässt man die Piraten frei, werden sie zweifellos weiter ihrem kriminellen Gewerbe nachgehen.

Im Fernen Osten liegen enormer Reichtum und extreme Armut dicht nebeneinander. Als Länder mit stabilen, blühenden Volkswirtschaften haben weder Singapur noch Hongkong in ihren Häfen und Gewässern echte Probleme mit Verbrechen gegen die Schifffahrt. Ärmere Länder wie Malaysia, die Philippinen, Indonesien, Vietnam und Thailand leiden dagegen alle in unterschiedlichem Ausmaß unter dieser Art von Kriminalität. In diesem Kapitel ging es vornehmlich darum, wie das organisierte Verbrechen die

Gelder für ein Leben in Macht und Verschwendung beschafft. Aber rund um die Häfen dieser Welt gibt es auch viele Kleinkriminelle, die schlicht und einfach zu Hause hungrige Mäuler zu stopfen haben. Diese Banden sind in allen Ländern der Dritten Welt aktiv. Sie drohen, rauben und vergewaltigen. Auch sie sind eine ständige Bedrohung für Frachten und Mannschaften.

KAPITEL 4

Riskante Häfen

Die Armut schlägt zurück

Einst liefen Schiffe bei schwerem Wetter wenn irgend möglich den nächstbesten Hafen an, denn es war gefährlicher, einen Sturm auf offener See abzureiten, als in einem fremden Hafen Schutz zu suchen. Heute hat dieser Grundsatz in allzu vielen Ländern seine Gültigkeit verloren.

Das Zentrum für Piraterie des International Maritime Bureau in Kuala Lumpur veröffentlicht jede Woche einen aktualisierten Bericht über gefährliche Häfen. Einige Häfen sind absolut tabu. In andere sollte man sich nur wagen, wenn man einen bis an die Zähne bewaffneten Sicherheitsdienst an Bord hat.

Häfen sind ein Nährboden für Verbrechen aller Art: Fracht- und Containerdiebstahl, Drogenschmuggel, Menschenschmuggel, Geldwäsche, Raubüberfälle am Kai und Versicherungsbetrug durch fingierte Diebstähle aus Containern. Im folgenden Kapitel geht es nur um einen Typ von Verbrechen: den bewaffneten Raubüberfall auf große und kleine Schiffe, die am Kai liegen oder in den Gewässern direkt vor der Küste ankern. Und zwar am Beispiel zweier sehr unterschiedlicher, aber verwandter Fälle, die sich auf verschiedenen Kontinenten ereignet haben. Der weltweit bekannte Segel-Crack Sir Peter Blake wurde in der Amazonasmündung in Brasilien ermordet, und Schauplatz des zweiten Verbrechens waren die Hoheitsgewässer von Sierra Leone. Aus juristischer Sicht handelt es sich in beiden Fällen um bewaffnete Raubüberfälle, da sie nicht auf hoher See verübt wurden. Nach der Definition des IMB waren beide Verbrechen Akte der Piraterie.

Aus statistischen Gründen definiert das Bureau Piraterie als «das Betreten oder das versuchte Betreten eines Schiffes oder Bootes in der offenkundigen Absicht, Diebstahl oder ein anderes Verbrechen zu begehen – mit der Absicht oder Fähigkeit, beim Verfolg dieses Aktes Gewalt anzuwenden». Unter diese Definition fallen somit alle tatsächlichen oder versuchten Überfälle auf Schiffe, gleich ob sie am Kai festgemacht haben, vor Anker liegen oder sich auf hoher See befinden. Ausgenommen sind kleine Diebstähle, es sei denn, die Täter sind bewaffnet.

Gewarnt sein heißt gewappnet sein. Ein Kapitän, der bestimmte Häfen oder Gewässer ansteuert, ohne zu wissen, welche Überfälle dort verübt worden sind, handelt leichtfertig. Die Banden setzen auf den Überraschungseffekt, ihre stärksten Waffen sind Schnelligkeit und Gewaltanwendung. Wie man Überfällen vorbeugen oder begegnen kann, ist Gegenstand einer permanenten Debatte. Zu den besonders gefährlichen Häfen in Afrika gehören Lagos (Nigeria), Luanda (Angola), Conakry (Guinea) und Daressalam (Tansania). In Brasilien sind Überfälle etwas Alltägliches. Im Jahr 2001 wurden insgesamt 335 Angriffe in Häfen oder an Ankerplätzen gemeldet. Aber diese Zahl verharmlost das Problem eher. Auf jeden gemeldeten Zwischenfall kommen mehrere, die von Kapitänen und Reedern verschwiegen werden. Die tatsächliche Zahl dürfte bei 1500 liegen, das sind vier pro Tag.

«Ich behaupte», bekräftigt Ellen, «dass nur jeder fünfte Überfall in Hafennähe gemeldet wird. Normalerweise wird das Bureau informiert, wenn es Tote oder Verletzte gegeben hat. Manche Firmen melden alles, doch meistens vertuscht der Kapitän den Vorfall aus Angst, dass seine Chefs ihn dafür verantwortlich machen könnten. Die örtliche Polizei macht häufig viel Wind, bewirkt aber sehr wenig, und das Schiff hängt im Hafen fest. Das ist ein großes

Problem für die Reeder. Zeit ist Geld. Ein Schiff, das nicht fährt, verursacht Kosten. So verständlich das alles auch ist, es macht die Verbrechensbekämpfung in Häfen noch schwieriger. Wenn wir alle genau wüssten, was in jedem Hafen geschieht, könnten wir den Gewerkschaften, den Vereinten Nationen und den Regierungen schlagkräftige Argumente an die Hand geben.»

In Häfen hat die Kriminalität schon immer geblüht. Doch bei weitem am größten sind die Gefahren und Risiken in jenen Teilen der Welt, in denen Armut und soziale Not herrschen. Doch wenn Armut auch den Kern des Problems darstellt, so ist sie doch nicht von den anderen Geißeln in Ländern mit einkommensschwacher Bevölkerung zu trennen – der Korruption und der Unterfinanzierung der Polizei.

Der Tod eines Helden Der America's Cup ist wohl die begehrteste Trophäe, die es im internationalen Segelsport zu gewinnen gibt. Traten ursprünglich nur Briten und US-Amerikaner gegeneinander an, konkurrieren heute unter anderem Australier und Neuseeländer mit dem Know-how und der Finanzkraft der scheinbar übermächtigen amerikanischen Yachtbauer. Wer den Pokal gewinnen will, braucht nicht nur sehr viel Geld, sondern auch eine Crew, die zu seemännischen Höchstleistungen fähig ist. Sie muss Erfahrung, Geschick, Mut, Entschlossenheit und Teamgeist auf sich vereinigen, nur dann vermag sie den Rest der Welt zu schlagen. Neuseeland, das sonst mehr für seine ganz in Schwarz gekleidete Rugby-Mannschaft bekannt ist, stellte 1995 eine solche Crew, die dem Rest der Welt davonsegelte und den America's Cup gewann. Und der Chef dieser Crew war Peter Blake. Ein Land mit drei Millionen Einwohnern hatte die Amerikaner und ihre perfekt funktionierende Organisation buchstäblich ausmanövriert. Blake, wegen seiner Segelerfolge ohnehin schon ein Superstar, wurde über Nacht zum Nationalhelden. Und 2000 setzte er noch einen drauf und holte den Pokal ein zweites Mal nach Neuseeland. Außerdem gewann er die Jules Verne Trophy und nahm an den ersten fünf Whitebread Round-the-World-Races teil, die er 1989 und 1994 als Sieger beendete.

Blake war der geborene Star, ein kerniger, groß gewachsener Mann von imponierendem Äußeren, mit buschigem Schnurrbart, durchdringendem Blick und vollem flachsblondem Haar, das bereits in ein distinguiertes Grau überging. Und er war bereit, den tödlichen Gefahren des Meeres zu trotzen.

Mit den Jahren war er ein begeisterter Umweltschützer geworden, der sich insbesondere für die Erhaltung der weltweiten Wasserressourcen stark machte. Er gründete die Organisation Blake's Expeditions. Mit Unterstützung des Umweltprogramms der Vereinten Nationen, deren Sonderbotschafter er wurde, rief er ein Fünf-Jahres-Projekt ins Leben mit dem Ziel, Forschungen anzustellen und über die Bedeutung von Gewässerschutz und Wasserqualität aufzuklären.

Die *Seamaster* Nach einem Forschungsaufenthalt in den Eiswüsten der Antarktis während des Jahres 2001 waren Blake und seine Crew mit der Yacht *Seamaster* nach Norden zur Amazonasmündung gesegelt. Hier waren sie in den Tropen, unmittelbar südlich des Äquators. Die *Seamaster* war ein ganz besonderes Schiff. Sein Aluminiumrumpf war verstärkt worden, damit es im Packeis der Polarregionen sicherer manövrieren konnte. Mit seinem geringen Tiefgang konnte es sogar *auf* dem Eis operieren!

Die *Seamaster* war 36 Meter lang und hatte zwei 27 Meter hohe Masten. Zusätzlich war sie mit zwei 350-PS-Motoren ausgerüstet. Mit ihrem silbernen Aluminiumrumpf, an dessen Seite in blauen Lettern das Logo *blakeexpeditions.com* prangte, sah sie aus wie das Spielzeug eines reichen Mannes. Mit finanzieller Unterstützung des Sponsors Omega-Uhren war sie nach der Ankunft in Brasilien für die neuerliche Expedition umgerüstet worden, denn nach der eisigen Kälte der südlichen Hemisphäre stellte die feuchte Hitze der Tropen ganz neue Anforderungen.

Brasilien Im Januar 2002 wurde in São Paulo ein Bürgermeister gekidnappt und später ermordet aufgefunden. Die Entführungen wohlhabender oder einflussreicher Leute nehmen überhand, die Lage wird immer schlimmer. Das geforderte Lösegeld wird häufig von Lloyd's in London gezahlt, das auch gegen solche Fälle versichert. Nach Schätzungen des US-Außenministeriums werden in Lateinamerika jährlich 12 000 bis 15 000 Menschen gekidnappt. Viele von ihnen werden ermordet. Auch der Bürgermeister wurde nicht freigekauft – ein Opfer mehr in einer Gesellschaft, in der durch Armut und Neid der Wert eines Menschenlebens schwindet.

Brasilien ist auch das Land Pelés, des berühmtesten Fußballers, der jemals gegen einen Ball getreten hat, und das Land Ayrton Sennas, eines der größten Formel-1-Piloten aller Zeiten. Als Senna Mitte der neunziger Jahre in Italien tödlich verunglückte, befiel die Nation eine Trauer, wie man sie in ähnlicher Weise nur bei den Begräbnisfeierlichkeiten für Lady Di oder John F. Kennedy erlebt hat. Aus bescheidensten Verhältnissen stammend, hatten es diese nationalen Idole zu Reichtum gebracht und den Menschen im Land viel zurückgegeben. Viele Brasilianer, denen das Leben wenig zu bieten hat, empfinden für ihre Helden eine Verehrung, die in den USA oder Europa nur schwer nachzuvollziehen ist. Und als Blake ermordet wurde, reagierte die Nation mit der Bestürzung von jemandem, der weiß, was es heißt, einen Helden zu verlieren. Staatspräsident Fernando Cardoso höchstpersönlich intervenierte und forderte die Bestrafung der Schuldigen.

In Brasilien wimmelt es von Leuten, die als «Ratten» bezeichnet werden. Diese Menschen leben nicht nur als *ratas de agua* an den Flüssen, sondern sind auch im Rechtssystem aktiv. *Gerichtsratten* sind Schmiergeldverteiler, die sich in Gerichtsgebäuden herumdrücken und im Auftrag prozessierender Parteien Beamte bestechen. Dass Richter der untergeordneten Gerichte gekauft oder günstig gestimmt werden, ist eine Selbstverständlichkeit. Doch die brasilianische Polizei ist keinen Deut besser, wobei der Ausdruck «die Polizei» eine unzulässige Vereinfachung darstellt in einem Land, in dem es neben der Bundes- und Landespolizei auch eine Militärpolizei, eine Zivilpolizei und eine Gemeindepolizei gibt. «Es interessiert mich wenig, wie sich die Polizei dort nennt», klagt der ehemalige Polizeichef Ellen verbittert, «sondern nur, was sie tut, und in den letzten 20 Jahren hat sie herzlich wenig getan – bis zu dem Mord an Blake.»

Geld regiert die Welt, und wer keines hat wie die Menschen in den dichter besiedelten Gebieten Brasiliens, will einen Teil vom Kuchen. Wohlstand und Luxus sind zum Greifen nah und doch unerreichbar.

In den abgeschiedenen Kleinstädten und Siedlungen an den Nebenflüssen des Amazonas sind die Menschen warmherzig und freundlich. Hier ist Reichtum kein gehässiger Nachbar wie in der Großstadt. In São Paulo leben 40 Millionen Menschen. Hier ist der Wohlstand allgegenwärtig, auch wenn er nicht immer zur Schau gestellt wird. Aber zwischen den Apartmenthäusern, die sich an den Flussufern reihen oder an steile Hänge schmiegen, dehnen sich die Favelas – beengte Elendsquartiere, deren Bewohner ums nackte Überleben kämpfen, ohne Aussicht auf Besserung. Jede brasilianische Großstadt hat ihre Favelas.

Jeden Morgen mit zerlumpten Kleidern in einem solchen Elendsquartier aufzuwachen und nach einem sturzbachartigen Regenguss zwischen Hütten mit aufgeweichten Pappdächern durch den Schlamm zu stapfen, um etwas Essbares aufzutreiben, muss hart sein für ein Kind, das ständig wohl genährte Menschen in sauberen Kleidern sieht. Wer in einer Favela geboren wurde, träumt nicht einmal mehr von sozialer Gerechtigkeit. Gerechtigkeit ist selbst ein fragwürdiges Gut. Wird sie jemals erlangt, dann nur nach jahrelanger Bestechung. «Gerichtsurteile und Kinderpopos», weiß der brasilianische Volksmund, «sind vollkommen unberechenbar.» Und: «Niemand über 50 sollte einen Prozess beginnen, wenn er dessen Ende noch erleben will!» Selbst führende Politiker füllen sich die Taschen mit Schmiergeldern. Einem Spitzenpolitiker war das Glück besonders hold – er zog in der Staatslotterie gleich zwei Mal das große Los!

In den Großstädten haben wohlhabende Leute oft nicht mehr den Mut, ihren Reichtum öffentlich zur Schau zu stellen. Wer protzt, zieht die Aufmerksamkeit bewaffneter Straßenräuber und Kidnapper auf sich. Leute, die sich einen Rolls-Royce oder einen dicken BMW leisten könnten, fahren lieber einen Japaner – mit Panzerglasscheiben, versteht sich. Auch der Autor benutzt ein solches Fahrzeug, wenn er sich in Rio oder São Paulo aufhält. Auf die Frage, wie sicher ein Spaziergang um zehn Uhr abends in einem Kneipenviertel von São Paulo sei, erhielt er zur Antwort: «Sie würden keine 300 Meter weit bis zur nächsten Ecke kommen.»

Jeden Tag werden auf den Straßen von São Paulo 14 Morde verübt – ein Großteil der Opfer sind Leute, die nach Geld aussehen. Die Täter werden immer jünger – viele 14-Jährige besitzen Messer, manche sogar Schusswaffen. Ein Leben zählt da wenig.

In Macapá, der Hauptstadt des Territoriums Amapá, musste die *Seamaster* jedem zufälligen Beobachter ins Auge fallen. Eine solche Yacht ließ sich nicht verstecken. Die Flussratten müssen förmlich von ihr angezogen worden sein. Weitab von São Paulo und klein, besitzt das Territorium nur ein schlecht ausgebautes Verkehrsnetz, auch wenn ein Flughafen die Hauptstadt mit der Küstenmetropole Belém verbindet. Macapá selbst hat rund 250 000 Einwohner. Es ist groß genug, um Arbeitslosen und Kleinverdienern vor Augen zu führen, was Reichtum ist, und übersichtlich genug, um ihnen zu demonstrieren, wie viel Macht und Annehmlichkeiten sich mit Geld kaufen lassen. Unweit der mit hohen Mauern umfriedeten oder streng bewachten Luxusvillen mit ihren blühenden Gärten liegen die Favelas mit ihren behelfsmäßig aus Wellblech und Brettern gezimmerten Hütten, in denen ihre Bewohner dauerhaft zu leben gezwungen sind. Neben der grellen Armut sind Drogen ein weiteres ernstes Problem. Ein Teil der Drogen wird aus Kolumbien importiert, der Rest kommt aus dem riesigen Hinterland, an das zehn Nachbarstaaten angrenzen. Das Angebot an Drogen und die Untätigkeit der Polizei haben eine Drogenkultur entstehen lassen, die vermutlich nicht mehr zu kontrollieren ist.

Der Amazonas Der Amazonas ist mit über 6500 Kilometern der zweitlängste Fluss der Welt, darüber hinaus der wasserreichste und mächtigste. Die Wassermassen, die sich an seiner Mündung im Nordosten Brasiliens in den Atlantik ergießen, entsprechen

20 Prozent des gesamten Wassers, das aus Flüssen ins Meer fließt. Kreuzfahrtschiffe, die an der Mündung vorbeifahren, bleiben über 70 Kilometer vor der Küste, um den schmutzig braunem Fluten auszuweichen. Tatsächlich wurde der Fluss von einem Forscher entdeckt, der 150 Kilometer vor der Küste das Süßwasser schmeckte und sich daraufhin auf die Suche nach der Quelle machte.

Im Landesinnern ist der gewaltige Strom stellenweise zehn Kilometer breit, und dennoch ist seine Strömungsgeschwindigkeit so beträchtlich, dass die *Seamaster*, wie Blake berichtete, flussabwärts dreimal so schnell fuhr wie zwei Monate zuvor bei der Fahrt ins Landesinnere. Dort hatte er sich mit Einheimischen getroffen, die Natur bewundert und Material für einen TV-Zweiteiler über Umweltfragen gesammelt. Mit an Bord waren Wissenschaftler, die nach Impfstoffen forschten und Gegenmittel gegen Schlangengifte entwickelten. Das Team hatte Expeditionen in den Dschungel unternommen und Indianerdörfer besucht.

Helen Clark, die neuseeländische Premierministerin, verbrachte anlässlich eines Staatsbesuchs in Brasilien mehrere Tage auf der *Seamaster*. Sie konnte nicht ahnen, dass sie kurze Zeit später in der Thomas Becket Church von Emsworth in der englischen Grafschaft Hampshire einen Nachruf auf Blake halten sollte. Selbst der Name der Kirche erscheint bedeutungsvoll – sie ist nach dem Erzbischof benannt, der im Jahr 1170 auf Befehl des Königs in der Kathedrale von Canterbury von vier Rittern ermordet wurde.

Bei den meisten Fahrten auf dem Amazonas war die Sicherheit an Bord des Schiffes gewährleistet, sodass nur am Bug ein Mann wachte, um nach unbeleuchteten Fahrzeugen und im Wasser treibenden Baumstämmen Ausschau zu halten. Der Fluss ist die Heimat der gefürchteten Piranhas, die in Schwärmen schwimmen und einen Menschen in Sekundenschnelle bis auf die Knochen abnagen können. Riesige Anakondas lauern im Wasser und halten nach geeigneter Beute Ausschau – die durchaus auch ein Mensch sein kann, wenn sich die Gelegenheit ergibt.

Doch in den Provinzregionen Brasiliens lauert eine Gefahr, die für die Menschen eine weitaus größere und realere Bedrohung darstellt. Diese Bedrohung allein prägt das Verhältnis zu Leben und Tod – und nicht nur in Brasilien, sondern überall in Süd- und Mittelamerika.

Die Chagas-Krankheit Die Chagas-Krankheit ist nach dem Arzt benannt, der sie 1907 als Erster beschrieben hat. Heute, fast hundert Jahre später, gibt es noch immer kein Heilmittel für die Unglücklichen, die sich infiziert haben. Jeder fünfte Südamerikaner erkrankt an ihr. Da aber Menschen, die in Städten wie Recife, Rio oder São Paulo in Penthäusern oder anderen modernen Wohnungen leben, in aller Regel verschont bleiben, kann man sich vorstellen, wie häufig diese Infektionskrankheit in ländlichen Gebieten oder Favelas auftritt. Sie rangiert noch vor Aids, und Aids ist in Brasilien weit verbreitet.

Von den 170 Millionen Bewohnern des Landes dürften demnach ungefähr 30 Millionen dieser verhängnisvollen Infektion zum Opfer fallen. Die Krankheit kann auf zweierlei Art übertragen werden – durch die Vinchusa-Wanze oder durch infizierte Blutkonserven. Die Wanze nistet häufig in Lehm- und Holzhütten. Nachts, wenn sie der Hunger überkommt, kriecht sie aus Ritzen und Spalten und beißt das unglückliche Opfer. Das Insekt legt seinen Kot auf der Wunde ab und sorgt auf diese Weise dafür, dass ein todbringender Parasit in die Blutbahn von Mensch oder Tier gelangt. Da unablässig Menschen vom Land in die Städte strömen, sind mittlerweile sogar die großen Ballungszentren betroffen. Bis heute gibt es keine Schutzimpfung. Die tödlichen Folgen der Krankheit zeigen sich in der Regel erst 20 Jahre nach der Infektion, mitunter aber auch viel früher. Das Opfer stirbt gewöhnlich an Herzversagen. Wer weiß, dass er gebissen wurde, weiß auch, dass der Parasit zunächst den Dickdarm, dann die Speiseröhre und schließlich den Herzmuskel befällt. Und wem der Tod durch diese Krankheit droht, den schreckt eine mögliche Gefängnisstrafe nicht davon ab, wegen einer Uhr oder Kamera einen reichen Ausländer umzubringen.

5. Dezember 2001 Sir Peters Expedition war in jeder Hinsicht ein voller Erfolg gewesen, die Dreharbeiten waren abgeschlossen, und Weihnachten stand vor der Tür. Man schrieb den 5. Dezember 2001, und der Crew war nach Feiern zumute.

Blake steuerte die *Seamaster* auf Santana nahe der Amazonasmündung zu. Der Hafenmeister von Fazendinha, Claudio Lira, wusste, dass bei Santana Flussratten ihr Unwesen trieben, und schlug ihm deshalb vor, mehrere hundert Meter vom Ufer entfernt zu ankern. Eine routinemäßige und langwierige Zollkontrolle folgte, und dann wurden Pläne für die nächste Reiseetappe geschmiedet – tags darauf sollte es nach Norden in Richtung Venezuela gehen, vorbei an der berüchtigten Teufelsinsel.

Die Hitze des Tages war vorüber, die Sonne gegen 18 Uhr am Horizont versunken, und schwarze Nacht senkte sich auf die grauen und braunen Fluten. Am frühen Abend setzte die Besatzung nach Fazendinha über und besuchte ein Restaurant, in dem sie *Caipirinhas* trank, eine lokale Spezialität aus Zuckerrohrschnaps, die in gezuckerten Gläsern serviert wird.

Nach der Rückkehr blieben acht Mann an Deck und tranken noch ein paar Bierchen, während unter ihnen der Fluss wogte. Vom Ufer drang das unablässige Sirren der Insekten herüber. Dann und wann fuhr ein Boot vorbei, rote und grüne Lichter in der Dunkelheit. Sonst blieb es ruhig, und alles war in tiefes Dunkel gehüllt. Ein wichtiges Fußballspiel beherrschte die Gedanken und Gespräche, und fast ganz Brasilien saß vor dem Fernseher.

Die Besatzung der *Seamaster* bestand aus mehreren Neuseeländern, zwei Briten, einem Franzosen, einem Amerikaner und einen brasilianischen Koch. Der Kameramann Leon Sefton und ein weiteres Crew-Mitglied hatten sich bereits in ihre Kabinen zurückgezogen, doch Sir Peter war noch an Deck. Man hörte Musik und scherzte, ohne nach der anstrengenden Expedition an irgendeine drohende Gefahr zu denken, als sich eine ältere Barkasse der *Seamaster* näherte. An Bord befanden sich der 20-jährige Rubens da Souza und ein zweifelhafter Haufen.

Die Männer trugen Kapuzenmützen, Gesichtsmasken und mindestens einer einen Motorradhelm. Sie gingen geräuschlos längsseits, und zwar an einer Stelle, wo sie von der Crew nicht gesehen werden konnten. Plötzlich waren sie alle an Bord und fuchtelten mit Schusswaffen, um sich Respekt zu verschaffen. Rodger Moore, ein in Neuseeland lebender Brite, bemerkte als Erster die bewaffneten Gestalten. Er warf seine Bierflasche nach dem Banditen, der ihm am nächsten war, und erhielt dafür einen kräftigen Schlag auf den Schädel. Anthony Bullock wurde mit einem Pistolenknauf niedergestreckt und verlor das Bewusstsein.

In der allgemeinen Aufregung reagierte Blake sofort. Er stürzte die Treppe hinunter zu den Kabinen unter Deck. «Wir werden überfallen», rief er. «Das ist kein Witz!» In seiner Kabine hatte er zwei Gewehre Kaliber .308 und Munition.

Leon Sefton hörte in seiner Kabine den Lärm, verdächtig viel Lärm. Es klang nach einem Handgemenge, und er konnte sich keinen Reim darauf machen. Leute rannten hektisch hin und her, Gegenstände polterten übers Deck. Er ging zur Tür, um nachzusehen. Als er hinausspähte, sah er Blake durch die halb offen stehende Tür in seiner Kabine. Er nahm an, dass der Skipper schon länger unter Deck war und gerade zu Bett gehen wollte, und so beschloss er, selbst oben nachzusehen, was passiert war.

Er hatte kaum die ersten Stufen erklommen, als oben auf der Treppe eine vermummte Gestalt erschien und mit erhobener Waffe auf ihn zukam. Er konnte nur die Augen in den Sehschlitzen der schwarzen Kapuze erkennen. «Geld! Geld!», schrie der Mann, und Sefton hob instinktiv die Hände. Zu einem Kampf kam es nicht. Nicht bevor Blake auftauchte. Der Skipper hatte ein Gewehr und Munition aus seiner Kabine geholt und wollte nun wieder an Deck, um die Lage zu beeinflussen oder unter Kontrolle zu bringen. Doch dazu war es zu spät. Er sah Sefton, der mit erhobenen Händen dastand, und ihm gegenüber einen Mann, der später als ein gewisser Israel da Costa identifiziert wurde.

«Runter von meinem Schiff», brüllte er und hob das Gewehr. Der Eindringling verstand ihn mit Sicherheit, obwohl er kein Englisch sprach, doch er wich nicht zurück. Sefton hörte den Schusswechsel, konnte später aber nicht sagen, wer das Feuer eröffnet hatte. Das Multitalent Blake war offenbar auch ein brauchbarer Schütze, denn sein Geschoss traf den anderen am Arm und an der Hand, wobei der Angreifer einen Finger einbüßte. Ein Schuss, der den Gegner kampfunfähig machen, aber nicht töten sollte. Obwohl auch da Costa feuerte, blieb der Skipper unverletzt. Aber nicht lange.

Doch dann hatte Blakes Gewehr eine Ladehemmung – vermutlich weil es in dem feuchten Klima zu selten gereinigt worden war. Hätte es nicht geklemmt, wäre es Blake möglicherweise gelungen, an Deck zurückzukehren und sich Respekt zu verschaffen. So aber stand er wieder ohne Waffe da.

Sefton, nun nicht mehr von dem Maskierten bedroht, rannte sofort los, um das zweite Gewehr aus Blakes Kabine zu holen, doch Sir Peter hielt ihn zurück und schickte ihn stattdessen ins Vorschiff, um eine Luke zu öffnen, die ihnen im Notfall als Fluchtweg dienen konnte. Blake eilte selbst in seine Kabine und versuchte fieberhaft, die Ladehemmung zu beheben, als ein anderer Angreifer, der 23-jährige Ricardo Colares Tavares und Chef der Bande, von oben mindestens zwei Schüsse abgab, bevor er dem großen Neuseeländer aus nächster Nähe zwei Kugeln in den Rücken schoss, von denen eine verhängnisvollerweise die Hauptschlagader traf.

Tödlich getroffen sackte der Skipper neben seiner Kabinentür zu Boden. Ein sinnloser Racheakt, den Tavares an einem Mann verübte, der ihm den Rücken zukehrte und keine unmittelbare Bedrohung für ihn darstellte. Tavares riss dem Toten die Omega-Uhr vom Handgelenk. Auch die Gewehre nahm er mit. Als Sefton zurückkehrte, fand er seinen Freund tot am Boden. Alle Wiederbelebungsversuche waren vergeblich.

Oben an Deck rafften die Banditen alle Wertsachen zusammen, die ihnen in die Hände fielen. Don Robertson musste von seinen Bordkameraden zurückgehalten werden, als er auf die Bande losgehen wollte. Eine Kugel verletzte ihn leicht am Rücken, als er bereits wieder auf dem Deck lag. Zwei Zentimeter tiefer, und es hätte einen zweiten Toten gegeben. Kameras, Uhren und zwei Gewehre statt des erhofften Batzen Geldes – eine magere Ausbeute, und obendrein noch ein Toter. So plötzlich, wie der Überfall begonnen hatte, war er auch wieder vorüber. Die Brasilianer sprangen in ihre Barkasse und flüchteten, nicht ohne ein Gummischlauchboot der *Seamaster* mitzunehmen.

Drüben am Ufer saß Hafenmeister Claudio Lira in seiner schäbigen Holzhütte vor dem Fernseher und feuerte seine Fußballidole an. Der von ihm empfohlene Ankerplatz hatte sich als verhängnisvolle Wahl entpuppt. Die Bande war aus der rund zehn Kilometer entfernten Stadt gekommen, und es ist unwahrscheinlich, dass sie ohne festes Ziel in der Nacht auf dem Fluss herumgefahren war. Wie und von wem sie den Tipp bekam, dass auf der *Seamaster* reiche Beute zu machen sei, wird wohl niemals ans Licht kommen. Jemand muss das Schiff bei Tageslicht gesehen und die Bande zu dem tödlichen Raubzug verleitet haben.

Zwei Mitglieder von Blakes Crew fuhren mit dem zweiten Schlauchboot an Land und alarmierten Lira, der sofort den Rettungsdienst verständigte. Die örtlichen Behörden übernahmen den Fall. Während die Crew endlosen schikanösen Verhören unterzogen wurde, verbreitete sich die bestürzende Nachricht und erreichte schließlich auch den Staatspräsidenten in der fernen Hauptstadt Brasilia.

Diplomatischer Druck Wer täglich mit Piratenakten zu tun hatte, für den kam die Nachricht von dem Piratenüberfall, dem Blake zum Opfer fiel, keineswegs überraschend. Die Zahl solcher Angriffe auf Yachten, Vergnügungsschiffe und Frachter geht jedes Jahr in die Tausende, und wenn es auch nicht jedes Mal Tote zu beklagen gibt, so gehen viele Angreifer doch weitaus brutaler vor. Der Tod eines weltweit bekannten Segelstars ließ den Ruf nach wirksamen Maßnahmen sicherlich lauter werden. Die brasilianische

Regierung geriet ins Kreuzfeuer der internationalen Kritik, und dass Premierministerin Clark das Land erst kürzlich besucht hatte, verlieh der Forderung nach Bestrafung der Mörder besonderen Nachdruck. Brasilien, das einen beständigen Kampf um die Stabilität des Real, der Landeswährung, führt, kam der Vorfall sehr ungelegen. Die Berichterstattung über den Mord lenkte die Aufmerksamkeit auf die Armut im Land, die Entführungen, die Korruption und die hohen Mordraten in Rio und São Paulo. Der Fall führte vor Augen, wie riskant eine Fahrt auf dem Amazonas war. Der Medienrummel schadete dem Tourismus und schreckte möglicherweise sogar potenzielle Investoren ab. Welcher internationale Geschäftsmann möchte schon in der täglichen Angst vor einem Raubüberfall oder einer Entführung leben, umgeben von korrupten Polizisten, Richtern und Politikern?

Die lokale Polizei beteuerte, dass ihr für eine wirksame Strafverfolgung die Mittel fehlten. Das war zweifellos richtig, doch als Staatspräsident Cardoso höchstpersönlich verlangte, dass die Mörder dingfest gemacht werden *müssten*, legte man mit einem Mal doch die Entschlossenheit an den Tag, die in der Regel zum Erfolg führt.

Sir Peter hatte seit geraumer Zeit Morddrohungen erhalten, die letzte nur Tage vor seinem Tod. Umweltschützer machen sich nicht nur Freunde – insbesondere wenn ihr Engagement mit den Profitinteressen armer Volkswirtschaften oder lokaler Unternehmen kollidiert. Unverwüstlich wie stets, hatte der Neuseeländer solche Schmähbriefe, wie sie viele Prominente bekommen, lange mit einem Schulterzucken abgetan. Doch in der Zeit unmittelbar vor dem Überfall hatten die anonymen Schreiber einen neuen Ton angeschlagen, der ihn so beunruhigte, dass er darüber berichtete. Ob ihm bekannt war, dass in Amazonien ein anderer Umweltschützer ermordet worden war, wissen wir nicht. Chico Mendes hatte sich für die Rettung des Regenwaldes eingesetzt und war 1988 von Farmern aus der Gegend um Manaus erschossen worden. Des einen Umweltkampagne ist des anderen Ruin.

Die brasilianischen Geheimdienste bestätigten, dass sie wegen der Drohbriefe ermittelt hatten, doch nach dem Überfall von Macapá hatte es den Anschein, als sei ein anderer den anonymen Briefschreibern zuvorgekommen.

Ermittlungserfolg Die Polizei hatte versucht, die Kriminalität auf dem Fluss und andernorts einzudämmen, doch es war ein ungleicher Kampf gewesen – nicht zuletzt wegen der steigenden Zahl von Drogendelikten, die allerdings auch in anderen, bekannteren Regionen Brasiliens ein immer gravierenderes Problem darstellen. Diesmal jedoch kooperierte die Bevölkerung, die es mit Bestürzung aufnahm, dass ein so berühmter Mann in ihrer Stadt erschossen worden war. Der erste Angreifer, Israel da Costa, steckte in der Klemme. Er hatte auf dem Boot einen Finger verloren, und das bewies unwiderlegbar, dass er an dem Überfall beteiligt gewesen war. Der Polizei gelang der erhoffte Durchbruch, als ein Mann mit neun Fingern das städtische Krankenhaus aufsuchte. Er wurde verhaftet. Außerdem meldete sich ein Taxifahrer, der in der Mordnacht mehrere Männer zu einem Haus im Armenviertel der Stadt gefahren hatte. Die Fahrgäste hatten mit 40 Real und einem der Gewehre bezahlt, die Sir Peter gestohlen worden waren.

Innerhalb von 24 Stunden wurde die Bande festgenommen, und Ende Januar 2002, nur sechs Wochen später, begann der Prozess gegen sechs Männer, die des Raubmords beschuldigt wurden. Noch im Dezember kursierten erste Gerüchte über Misshandlungen der Angeklagten durch die Zivilpolizei. Von einem der Männer gelangte ein Foto in die Öffentlichkeit. Darauf waren Verletzungen zu sehen, die man ihm angeblich im Polizeigewahrsam beigebracht hatte, um ein Geständnis zu erzwingen. Wenn die Vorwürfe stimmen, hatte man ihm mit Handschellen die Hände an dic Füße gefesselt, eine Plastiktüte über den Kopf gestülpt und brutal auf ihn eingeschlagen.

Auch der Todesschütze Tavares behauptete anfangs durch seinen Anwalt, dass sein Geständnis mit der Folter erpresst worden sei. Die Polizei dementierte, doch in einer Stellungnahme zu dem Fall, über den weltweit berichtet wurde, bestätigte Justizministerin Elizabeth Sussekind zur allgemeinen Bestürzung: «Folterungen durch die Polizei sind in Brasilien etwas Alltägliches.»

Ricardo Colares Tavares hat (freiwillig oder nicht) zugegeben, dass er die tödlichen Schüsse abgegeben hat, bestreitet aber jede Tötungsabsicht und hat durch seinen Anwalt sein tiefes Bedauern über das Geschehene zum Ausdruck gebracht. Tavares, offenbar über viele Jahre ein Bewunderer des französischen Ozeanforschers und Naturschützers Jacques Cousteau, konnte es nicht fassen, dass er gewissermaßen dessen Nachfolger getötet hatte. Da Costa behauptet, er sei von Blake angegriffen worden und habe in Notwehr geschossen.

Nielson Amaral, der Anwalt des Todesschützen, hat alles getan, um seinen Mandanten vor dem Gefängnis zu retten. Einen Freispruch strebt er nach eigenem Bekunden nicht an. Er räumt ein, dass sein Mandant die tödlichen Schüsse abgegeben hat, wirbt aber um Verständnis für seinen Klienten, der im Leben nie eine Chance gehabt habe. Schon im Alter von acht Jahren sei er drogenabhängig gewesen – die Ehe der Eltern zerrüttet, der Vater ein Schläger, der Mutter und Sohn prügelte. Um sich den benötigten

Stoff zu beschaffen, habe er gestohlen. Zum Zeitpunkt des Mordes habe Tavares auf einen Prozess wegen einer anderen Straftat gewartet.

Wenn das alles stimmt, haben wir es hier mit einer Geschichte zu tun, wie sie auch der Polizei in Marbella, Manchester oder Mailand vertraut ist. Drogensüchtige Jugendliche nehmen in der Kriminalstatistik einen großen Raum ein. Jugendliche, die unter Drogen Diebstähle begehen, neigen zu brutalen Gewaltausbrüchen.

Aber ist das wahr? Oder ist die Geschichte des Verteidigers nur darauf angelegt, Tavares das Gefängnis zu ersparen und zu einer Entziehungskur zu verhelfen? Die Schwester des Mitangeklagten Irandir Colares Cardoso, Spitzname Junior, ist an die Öffentlichkeit getreten, nachdem sie die Berichte des Anwalts gelesen hatte. Sie zeichnet ein ganz anderes Bild ihres Cousins Ricardo Tavares. Sie behauptet, dass Tavares wie sie und ihr Bruder aus der Mittel- oder Oberschicht kommt. Nach ihrer Aussage hat er eine gute Schulausbildung genossen und erst nach der High School die kriminelle Laufbahn eingeschlagen.

Nach dem Mord, so erzählt man sich vor Ort, soll seine Mutter ins 2000 Kilometer entfernte São Paulo geflogen sein, um sich dort in einer Klinik behandeln zu lassen. Wenn das stimmt, kann er nicht aus ärmlichen Verhältnissen stammen. Solche Kliniken sind für zahlungskräftige Patienten reserviert. Eine zerrüttete und verarmte Familie könnte sich nicht einmal das Flugticket leisten. Danach hätten wir es mit einem jungen Mann aus begütertem Haus zu tun, der auf die schiefe Bahn geraten und ins Drogenmilieu abgerutscht ist. Dort könnte er es mit seiner Schulbildung und Wortgewandtheit zum Bandenchef gebracht haben.

Die anderen Angeklagten geben eher einen Querschnitt durch die einkommensschwachen Bevölkerungsgruppen. Einer ist Elektriker, ein anderer Maurer, ein dritter Fischer. Vermutlich hatte keiner große Zukunftsaussichten, aber das gilt auch für viele andere, die deshalb nicht gleich stehlen und bewaffnete Raubüberfälle verüben. Alle Bandenmitglieder waren vorbestraft. Hinweise auf frühere Morde liegen nicht vor. So bemerkenswert schnell der Prozess begann, so ungewöhnlich ging er weiter. Die Zeugen der Anklage, Blakes Crew, gaben rasch ihre Aussagen zu Protokoll und wurden entlassen. Tavares erhielt über 35 Jahre Gefängnis, fünf andere wurden zu Haftstrafen zwischen 20 und 35 Jahren verurteilt. Die Strafe dreier weiterer Angeklagter wurde zur Bewährung ausgesetzt.

Auf der *Seamaster* hatte die Bande zu Anfang keine Schüsse abgegeben. Die Banditen gebrauchten ihre Waffen lediglich, um einzuschüchtern und Gehorsam zu erzwingen. Allem Anschein nach feuerte da Costa erst, als er Sir Peters Gewehr sah. Wenn das stimmt, wird diese Tragödie von neuem die Diskussion darüber entfachen, ob Seeleute Waffen tragen und Widerstand leisten sollen. Seit Jahren wird über die Bewaffnung von Schiffsbesatzungen gestritten.

Wie in den meisten anderen Ländern, in denen Straßenraub und Raubüberfälle an der Tagesordnung sind, wird auch in Brasilien dazu geraten, mit dem Täter zu kooperieren und umstandslos die Wertsachen herauszurücken – vielleicht rennt der Täter dann weg, ohne Gewalt anzuwenden. Nach Ansicht einiger Experten gilt dasselbe auch für Piratenangriffe. Andere vertreten die Auffassung, dass Gewalt mit Gewalt beantwortet werden sollte. Eines steht jedoch fest: Das brisante Gemisch aus Armut, Drogen und Waffen bringt überall auf der Welt gleichartige Verbrechen hervor.

Sierra Leone Die *MT Cape Georjean* ankerte vor dem westafrikanischen Sierra Leone. Dieser Staat mit seinen fünf Millionen Einwohnern liegt nördlich des Äquators und grenzt im Süden an Liberia, im Norden an Guinea. Liberia hat in seinem Haupthafen Monrovia keine nennenswerten Probleme. Als Billigflaggenland mit einer der größten registrierten Handelsflotten kann es sich unsichere Häfen nicht leisten. Das Risiko, einem Gewaltverbrechen zum Opfer zu fallen, ist in Conakry, der Hauptstadt des Nachbarn Guinea, ungleich höher. Dort beherrschen bewaffnete Banden die Kais, und die willfährigen oder eingeschüchterten Sicherheitskräfte wollen oder können nichts dagegen tun.

Sierra Leone ist in jüngerer Zeit nicht als besonders riskantes Ziel eingestuft worden, doch wie in jedem Land der Dritten Welt kann sein Hafen nicht als sicher angesehen werden. Was im Oktober 2001 geschah, kann der Auftakt zu einer Serie bewaffneter Überfälle gewesen sein. In der Nähe der Docks braucht sich nur herumzusprechen, wie leicht dort reiche Beute zu machen ist, und schon häufen sich die Überfälle auf Schiffe.

Nach zehn Jahren Bürgerkrieg und blutigen Machtkämpfen zählte ein Menschenleben nicht mehr viel, das Wertesystem war zerfallen, und zwei Millionen der insgesamt fünf Millionen Einwohner waren vertrieben worden. Doch Anfang des Jahres war mit Unterstützung der britischen Regierung ein Frieden ausgehandelt worden. Tausende hatten ihre Waffen abgeliefert. Eine ungleich höhere Zahl aber nicht.

Der blutige Krieg, in dem über 50 000 Menschen umgekommen und Zehntausende vergewaltigt oder verstümmelt worden waren, hatte das Land, das eigentlich reich an Bodenschätzen war, verarmen lassen. Bauxit, Diamanten und Kakao konnten Geld ins Land bringen, doch zu lange hatten Hass und Krieg regiert. Der traurigste Aspekt dieses Krieges waren die Kindersoldaten. 13-Jährige und Jüngere wurden entführt und zu Soldaten gemacht. Die Revolutionary United Front überzeugte Tausende von Halbwüchsigen, dass sie ihr bitteres Los der Regierung verdankten, die ihnen keine Ausbildung ermöglicht hatte. Jungs, die eigentlich Fußball spielen oder angeln gehen sollten, trugen Schusswaffen und machten zehn Jahre lang rücksichtslos von ihnen Gebrauch. Der Krieg ist mittlerweile vorbei, aber die Perspektiven der heute 23-Jährigen sind noch düsterer geworden. Mord und Vergewaltigung sind in ihr Gedächtnis eingegraben. Und sie haben noch immer Waffen.

Bei Einbruch der Dunkelheit lag die *Cape Georjean* etwa drei Meilen vor der Küste am Kap Sierra Point nahe der Hauptstadt Freetown. Man schrieb Donnerstag, den 11. Oktober 2001. Der 5200-Tonnen-Tanker hatte zehn Besatzungsmitglieder, vorwiegend Russen. Zu den anderen gehörte John Bailey, ein Engländer aus der Grafschaft Yorkshire, deren Bewohner für ihre Courage und Geradlinigkeit bekannt sind. John Bailey war ein typischer Vertreter dieses Menschenschlags.

Die meisten Besatzungsmitglieder hielten sich unter Deck auf. Das Schiff wiegte sich sanft in der Dünung am Ankerplatz. Die Lichter von Freetown spiegelten sich im dunklen Wasser, und der Gestank der Abwässer verpestete die feuchtheiße Luft. Es war Regenzeit, und es herrschte drückende Schwüle.

Im Schutz der Nacht pirschten sich acht Einheimische in einem kleinen Boot an die *Cape Georjean* heran und kletterten, mit Kalaschnikows und Keulen bewaffnet, unbemerkt an Bord. Sie überrumpelten den Obermaat und nahmen ihn als Geisel, ehe sie auf Raubzug gingen und die Kajüten durchkämmten. Bei dem Handgemenge vor seiner Gefangennahme wurde der Obermaat geschlagen, aber nicht lebensgefährlich verletzt.

Die nächste Station war der Kapitän, und Sekunden später befand auch er sich in ihrer Gewalt. Der Ukrainer spielte eine Schlüsselrolle bei ihren Plänen. Normalerweise haben es diese lokalen Banden nicht auf die Fracht oder gar auf das Schiff selbst abgesehen, in der Regel bevorzugen sie Wertsachen. Sie plündern die Kabinen und zwingen die Seeleute mit vorgehaltener Waffe zur Herausgabe von Bargeld, Handys, Schmuck und Hi-Fi-Anlagen. Doch ihr Hauptinteresse gilt dem Safe, der meist in der Kapitänskajüte oder einem angrenzenden Büro steht. Diese Bande bildete keine Ausnahme. Sie wollte Geld.

Der 52-jährige Marine-Superintendent John Bailey hatte in seiner Kabine geschlafen, als er in den frühen Morgenstunden, es war noch dunkel, durch Schreie geweckt wurde. Als erfahrener Seemann wusste er um die Gefahren, die in Häfen lauerten – tatsächlich war das Schiff erst wenige Wochen zuvor schon einmal überfallen worden. Bailey hatte in seiner Kabine eine halbautomatische Schrotflinte, eine so genannte Pumpgun. Er war sich über das Risiko im Klaren, wusste aber auch, dass seine Kollegen in Gefahr waren, als er mit der Waffe zur Tür ging.

Er wollte die Tür gerade öffnen, da hörte er, dass die Angreifer ihm zuvorgekommen waren. Vor der Tür wurde eine automatische Waffe durchgeladen. Er konnte sich die Szene hinter der Tür vorstellen, und sie gefiel ihm nicht. Der Überraschungseffekt war seine einzige Chance, und in der Hoffnung, den Gegner zu überrumpeln, riss er die Tür auf. Die Überraschung ist manchmal ein schlechter Verbündeter. Eine schwarze Gestalt richtete aus kurzer Distanz eine Kalaschnikow auf seine Brust. Noch bevor Bailey reagieren konnte, drückte der andere den Abzug.

Damit hätte die Geschichte eigentlich zu Ende sein müssen – John Bailey erschossen, ein weiteres Opfer der weltweiten Piraterie, das in die Statistik des IMB einging, ohne dass die Gesellschaft davon Kenntnis nahm. Doch der Schuss löste sich nicht, die Kalaschnikow klemmte.

Jetzt eröffnete der Seemann das Feuer. Seine Pumpgun spuckte eine Schrotladung in den schmalen Gang. Schrotkörner pfiffen als Querschläger durch die Luft. Bailey warf sich zu Boden, und noch im Fallen feuerte er ein zweites Mal auf den verletzten Mann, der im nächsten Moment um die Ecke verschwand. Der Gang war wieder leer. Bailey bewahrte kühlen Kopf. Er versah sich mit Munition und nahm die Verfolgung auf. Nicht ahnend, dass er es nicht nur mit zwei oder drei, sondern mit acht Gangstern zu tun hatte.

Die Angreifer waren noch an Bord, da gelang es Bailey, einen Notruf abzusetzen. Er wurde von der britischen Küstenwache in Falmouth aufgefangen, einem Hafenstädtchen in Cornwall, im Südwesten Englands. Außerdem rief er über Satellitentelefon einen Direktor der Reederei Atlantic Bunkering Limited namens Neil Thornton an, der sich zu dieser Zeit in Newcastle on Tyne, einer Stadt im englischen Nordosten, befand. Nach dem kurzen Gespräch rief Thornton die Küstenwache an und erfuhr, dass man in Falmouth Maßnahmen veranlasst hatte. Militär, Polizei und ein Sonderberater der britischen Streitkräfte in Freetown waren bereits auf dem Weg.

Doch bis zum Schiff waren es drei Meilen, und die bewaffneten Gangster befanden sich noch immer an Bord. Bailey machte sich wieder an die Verfolgung und gab noch etwa 17 Schüsse ab. Wie viele er verwundet, eventuell sogar getötet hatte, konnte er aufgrund der Dunkelheit nicht sagen. Zufrieden sah er, wie die Enterer über Bord sprangen. Die Gefahr war gebannt.

Obwohl Sierra Leone dem Commonwealth angehört, war kein Schiff der Royal Navy verfügbar. In früheren Tagen, bevor die Welt in den Augen der Politiker so sicher wurde, dass sie Armeen und Flotten verkleinerten, hätten die Briten zwecks Abschreckung Kriegsschiffe in der Nähe gehabt, die in einem Fall wie diesem Unterstützung hätten leisten können. Diese Zeiten sind vorbei, und Handelsflotten sind seitdem größeren Gefahren ausgesetzt.

Bailey wurde später von der Polizei verhört und ohne Anklage wieder auf freien Fuß gesetzt. Die überlebenden Enterer, die auf leichte Beute gehofft hatten, dürften es sich zweimal überlegen, ehe sie wieder ein Schiff überfallen. Und wohl auch andere, die im Hafen vom Reinfall ihrer «Kollegen» gehört haben. «Wer wagt, gewinnt», lautet ein bekanntes Sprichwort. Wie die Vorfälle in Brasilien und Afrika zeigen, kann sich der Wahlspruch im einen Fall als richtig und im anderen als falsch erweisen. Bailey und Blake handelten mutig und wollten ohne Rücksicht auf die eigene Sicherheit anderen helfen. Eine Ladehemmung rettete John Bailey das Leben, Sir Peter Blake brachte eine Ladehemmung den Tod.

Riskante Häfen «Dieser Zwischenfall in Sierra Leone hätte in Dutzenden von Häfen passieren können.» Ellen studiert auf dem Bildschirm seines Computers die Daten aus Kuala Lumpur. «Sehen Sie sich das an. Im Jahr 2000 hat die Zahl der Überfälle um 50 Prozent zugenommen. Jeder Polizeichef, der hier so etwas duldet, würde unter Beschuss geraten – und zu Recht. Aber der Strafverfolgung in diesen Gegenden fehlt wirksame internationale Unterstützung. Wir sind auf die Polizei vor Ort angewiesen, und die will oder kann nichts tun.

Die Achtung vor dem Leben wird untergraben oder ausgehöhlt, wenn sich Stämme oder Bevölkerungsgruppen gegenseitig bekriegen. Sierra Leone, Vietnam, der Balkan, der Nahe Osten, Bangladesh, Indonesien und die Philippinen – alles gute Beispiele dafür, dass zwischen blutigen Kriegen und zunehmender Gewaltkriminalität ein Zusammenhang besteht. Oder haben Sie schon einmal von Piratenüberfällen in Kopenhagen, Lissabon oder New York gehört? Dort haben die Bürger noch Respekt vor dem Leben, und extreme Armut gibt es nicht. Die meisten haben ihr Auskommen, genug zu essen, ein Dach über dem Kopf, einen Job. Dagegen sind in oder nach einem Krieg Waffen im Überfluss vorhanden und gelangen sogar in die Hände von Halbwüchsigen. Arbeitsplätze werden vernichtet, Häuser und Familien zerstört.»

Ein Blick auf die Piratenwarnungen auf der Website des IMB in Kuala Lumpur zeigt, dass Santana und Fazendinha, wo Sir Peter ermordet wurde, Risikohäfen sind. Andererseits ist es in der Nähe aller brasilianischen Ballungsräume gefährlich. Ellen wendet sich vom Bildschirm ab. «Jeder Kapitän, der mit seinem Schiff solche Häfen anläuft, spielt mit dem Tod. Ein einziger Fehler, und es kommt zu einem Gewaltverbrechen.»

Er schüttelt den Kopf, so nah an der Resignation, wie man es von ihm nicht kennt. «Vor annähernd zehn Jahren habe ich geschrieben, dass die Hafenbehörden der Tatsache ins Auge sehen müssen, dass an den meisten Straftaten Mitarbeiter beteiligt sind und dass die Korruption bis in die höchsten Ebenen reicht. Ich hatte seitdem keinen Grund, meine Meinung zu ändern. Korruption ist zur Gewohnheit geworden. Man wird sie nie ganz ausrotten können, aber anständige Gehälter zu zahlen wäre ein Anfang. Man muss Menschen, die einer eintönigen Arbeit nachgehen, das Gefühl geben, dass sie wichtig sind. Aber solange die Führung mit schlechtem Beispiel vorangeht und die Gefahr, wegen Korruption belangt zu werden, gering ist, werden Menschen auch weiter zu Mittätern oder nehmen Geld dafür, dass sie ein Auge zudrücken.»

«Yachten sind besonders gefährdet», warnt Ellen. «Nehmen wir als Beispiel eine Gruppe junger Leute, die mit einem gecharterten Segelboot ein paar Wochen in der Karibik kreuzt. Sie können vielleicht segeln, verschwenden aber keinen Gedanken an ihre Sicherheit. Sie wissen, was ich meine – sie führen an Bord ein beschauliches Leben, trinken zum Essen eine Menge und schlafen dann tief und fest, während die Yacht vor Palmen und weißen Sandstränden sanft im Wasser schaukelt. Nur wenige würden, wenn überhaupt, auf die Idee kommen, nachts eine Wache aufzustellen. Sie sind geradezu ein gefundenes Fressen – bewaffnete Einheimische aus Antigua, Barbados oder Trinidad können problemlos an Bord klettern. Meist werden bei Überfällen ankernde Yachten nur gestohlen, aber gerade in diesen Gewässern kommt es ziemlich häufig auch zu Vergewaltigungen.»

Schon wenn es gelingt, die Angreifer am Entern zu hindern, ist die Gefahr für Leib und Leben erheblich geringer. «Bei dieser Art von Überfall setzen die Eindringlinge auf den Überraschungseffekt. Sind sie erst einmal an Bord, ist der Rest Glücksache. In den rund 20 Jahren seit Gründung des Bureau hatten wir sehr viele tote und verletzte Seeleute. Die Zahl der Zwischenfälle geht in die Zehntausende.»

Notwehr «Wer ein Boot oder eine kleine Vergnügungsyacht chartert, muss die Sicherheit ernst nehmen und braucht einen klaren Aktionsplan für den Fall eines Überfalls. Obwohl viele Angreifer bewaffnet sind, werden Besatzungsmitglieder eher selten verletzt. Gegenwehr ist, wie heldenmütig auch immer, riskant. Mir sind Fälle von Seeleuten bekannt, die Widerstand leisteten und die Angreifer zurückschlugen. Natürlich werden die sagen, dass es sich ausgezahlt hat, Waffen zu haben, aber in der Regel ist es ratsamer, sich zu ergeben und darauf zu hoffen, dass die Bande nur stiehlt und dann verschwindet. Vor ein paar Jahren habe ich eine Konferenz geleitet, bei der Frank Pentti, ein Sprecher von der US Maritime Administration (MARAD), Leitlinien für den Fall eines Angriffs vorstellte. Ich kann seine eindringliche Warnung nur wiederholen: Spielen Sie nicht den Helden, wenn die Enterer bewaffnet sind!

Ich bin nicht dafür, dass Crews bewaffnet werden, mit einer Ausnahme: In der Karibik gibt es so viele Gewaltverbrechen und Morde auf kleinen Booten, dass Notwehr in einer verzweifelten Lage gerechtfertigt erscheint – beispielsweise um zu verhindern, dass die Ehefrau oder Tochter vor Ihren Augen vergewaltigt oder ermordet wird. Im Übrigen ist das Mitführen von Waffen nicht immer legal. Bei der Ankunft in Großbritannien wird beispielsweise jede Waffe beschlagnahmt und nicht mehr zurückgegeben.

Wenn Sie eine Schusswaffe tragen, dann ist Mitleid mit einem bewaffneten Eindringling fehl am Platz. Wenn Sie sich schon bewaffnen und das Risiko dadurch erhöhen, wäre es ein Fehler, ihn nur verwunden zu wollen. Aber wenn Sie einen Angreifer erschossen haben, erwarten Sie bloß keine Sympathie von der örtlichen Polizei. Ich habe erlebt, wie anständige Leute wegen angeblichen Mordes ins Gefängnis wanderten und dort unerträglich leiden mussten.

Ein Kanadier wurde an einer Anlegestelle vor Kreta überfallen. Italienische Banditen versuchten, sein kleines Boot zu entern, doch er schlug sie mit einem Ruder in die Flucht. Darauf benutzten sie ihr Boot als Sturmbock und fuhren absichtlich in sein Boot. Sie drohten, ihn zu versenken, und als sie ihr Boot in Position brachten, um ihn ein zweites Mal mit hoher Geschwindigkeit zu rammen, schoss er mit einer Schrotflinte. Ein Angreifer starb. Der Kanadier schmorte neun Monate im Gefängnis und wartete auf seinen Prozess, weil er angeblich das zur Notwehr erforderliche Maß überschritten hatte. Dann wurde er auf Kaution freigelassen und bat mich um Rat. Die Italiener waren unter anderem wegen schwerer Körperverletzung und Drogendelikten vorbestraft, wurden aber nicht als Zeugen aufgerufen. Ich fand es empörend, wie er behandelt wurde. Dabei hatte er wirklich damit rechnen müssen, ermordet zu werden. Ich konnte ihm keinen besseren Rat geben, als die Kaution sausen zu lassen und abzuhauen. Was er dann auch getan hat.»

Was die Bewaffnung von Seeleuten auf großen Schiffen angeht, bleibt Ellen eindeutig bei seiner Meinung. «Ich halte das nicht für die richtige Antwort. Die Piraten kommen in großer Zahl, häufig mit überlegener Feuerkraft. Ein einzelner Mann, sagen wir ein Sicherheitsoffizier, hat im Grunde genommen keine Chance. Und eine Bewaffnung der gesamten Besatzung hätte verheerende Folgen. Will man sie bewaffnen, müssen sie an der Waffe ausgebildet werden und dann regelmäßig trainieren. In Häfen ist es vernünftiger, man stellt sich einer Bande, die das Schiff überfällt, nicht in den Weg.

Ein Notruf von einem Schiff an die örtliche Polizei in gefährlichen Häfen wird ignoriert. Schlägt man die Angreifer mit Gewalt zurück, formieren sie sich erfahrungsgemäß neu und greifen ein zweites Mal an, eventuell sogar mit Verstärkung und schwerer bewaffnet. Normalerweise ist es kein Zufall, wenn ein Schiff in einem Hafen überfallen wird. Mitarbeiter der Hafenbehörde haben den Piraten einen Tipp gegeben, dass dort eine geeignete Fracht oder Wertsachen zu holen sind.»

Auch Captain Mukundan sieht in der Bewaffnung der Besatzung keine Lösung. «Ich bin dagegen. Seeleute bekommen oft zu wenig Schlaf. Oft sind sie zahlenmäßig unterlegen. Außerdem sind Schiffe kein ideales Schlachtfeld. Es gibt viele Querschläger. Und wer soll überhaupt Waffen bekommen? Bewaffnet man einen oder zwei, müssen sie regelmäßig trainieren. Und diese beiden sollen es dann mit einer Bande von fünf oder 30 Piraten aufnehmen, die unter Umständen mit automatischen Gewehren ausgerüstet sind und obendrein den Überraschungseffekt auf ihrer Seite haben? Die Antwort muss nein lauten. Vereinzelte Beispiele für heldenhaftes Verhalten ändern nichts daran, dass eine Konfrontation gefährlich ist. Der beste Rat, den man Leuten in kleinen oder großen Booten geben kann, lautet: Sehen Sie zu, dass die Angreifer gar nicht erst an Bord kommen.»

Gelegenheit macht Diebe – oft werden Überfälle durch Seeleute provoziert, die beim Landgang in einer Kneipe vor Einheimischen mit Schmuck und Bargeld protzen. In Häfen, in denen keine Gefahr besteht, verhaftet zu werden, können die Banden unbesorgt um ihr Schiff herumfahren. Wasserschläuche können gute Dienste leisten. Man kann die Angreifer mit dem Wasserstrahl hindern, an Bord zu kommen, und ihr Fahrzeug unter Wasser setzen. Doch im Allgemeinen ist es das Sicherste, wenn man sich ergibt.

Besatzungsmitglieder und Gäste auf kleinen Booten haben oft mehr Bargeld dabei, als sie brauchen, und bringen wertvollen Schmuck mit. Ein weiterer Fehler, den Crews häufig machen: Sie schlafen in warmen Nächten bei offenen Luken und bilden sich ein, ihr Schiff sei so uneinnehmbar wie Fort Knox. Nachts im Hafen muss man die Türen genauso abschließen wie in Santa Monica oder Frankfurt.

Viele dieser Gewaltverbrechen in Häfen werden von jungen

Leuten begangen, die keine Zukunftsperspektive haben. Die Chancen, legal in ein Wohlstandsland auszuwandern, werden immer geringer. Deshalb muss man in ihren Heimatländern für stabile Verhältnisse sorgen, aber das ist ein nahezu aussichtsloses Unterfangen, solange korrupte Politiker sich an Hilfsprogrammen bereichern und Stämme oder religiöse Gruppen sich bekämpfen. Der britische Premierminister Tony Blair hat erklärt: «Der Zustand Afrikas ist eine offene Wunde im Gewissen der Welt. Aber wenn die Welt sich als Gemeinschaft damit befassen würde, könnten wir sie heilen.» Diese vor seiner Westafrika-Reise im Februar 2002 gehaltene Rede konzentriert sich auf den Zusammenhang zwischen Armut und Terrorismus. Unter diesem Blickwinkel müssen auch Kriminalität im Allgemeinen und Angriffe auf die Schifffahrt gesehen werden.

Zudem hat der Premierminister erkannt, dass eine Beendigung der Bürgerkriege durch Hilfe von außen im Eigeninteresse der reicheren Nationen liegt. Wie und ob er einen Durchbruch erzielen kann, muss abgewartet werden. Sein Ziel ist, die Minister der G8-Staaten für eine Initiative namens Neue Partnerschaft für Afrikas Entwicklung (NEPAD) zu gewinnen. Ein wichtiger Aspekt dabei ist die Bekämpfung der Korruption.

Die Verfügbarkeit von Waffen hat dazu geführt, dass Überfälle immer brutaler werden. Die ruhigen Gewässer um die griechische Ferieninsel Korfu locken von jeher viele kleine Yachten. Doch die Nähe zum krisengeschüttelten Albanien ist heute ein großer Unsicherheitsfaktor, wie Ellen weiß: «Ich erinnere mich, dass 1996 der Charterer der Yacht *Carenia* vor Korfu ermordet wurde, doch das ist nur ein Fall von vielen. Die mutmaßlichen Täter sind schwer bewaffnete Albaner. Die griechische Küstenwache hat sich sogar Feuergefechte mit diesen Piraten geliefert, wenn sich die Gelegenheit dazu bot. Auch in der Karibik gab es einen denkwürdigen Fall. Zwei Seeleute und ein älteres amerikanisches Ehepaar wurden erschossen, als sie mit der *Comptacenter Challenger* vor Barbuda ankerten, einer Fünf-Sterne-Insel bei Antigua. Der Mord löste weltweit Empörung aus. Da er dem Tourismus schadete, wurden die Mörder verhaftet und verurteilt.»

Der Beruf des Einbrechers ist nicht mehr das, was er mal war. Der klassische Einbrecher war Handwerker, darauf spezialisiert, schnell und heimlich in ein Haus einzudringen, um eine physische Konfrontation zu vermeiden. Er war stolz auf sein illegales Gewerbe. Wurde er ertappt, leistete er keinen Widerstand. Heute geht die sprunghaft gestiegene Zahl von Einbrüchen auf das Konto rücksichtsloser junger Leute, die in ungeordneten Verhältnissen leben und diejenigen verachten, die sie bestehlen. Sie stehlen häufig, um ihre Drogensucht zu finanzieren, und sind oft high, wenn sie ihre Straftaten begehen.

«Crack hat auf die Karibik übergegriffen», fügt Ellen hinzu. «Aus diesem Grund ist die Zahl der Gewaltdelikte gestiegen – aber es gibt noch eine weitere Ursache, die weit weniger bekannt ist: Die US-Regierung hat einige der hartgesottensten Verbrecher in ihre Heimat zurückgeschickt und auf kleine Inselgemeinschaften losgelassen, die gegen diese mächtigen und einflussreichen Leute nichts ausrichten können, weil die Mittel fehlen. Die Folge war ein Aufschwung des Drogenhandels und der Import der in amerikanischen Großstädten erlernten Brutalität und Unterweltmethoden.»

«Die meisten Überfälle», fährt Ellen fort, «wie der auf die *Cape Georjean* werden von jungen Männern verübt, die Geld brauchen und denen es einen Kick verschafft, mit vorgehaltener Waffe verängstigte Leute auszurauben. Aber das soziale Klima verursacht noch gravierendere Probleme. Das organisierte Verbrechen wittert die Verzweiflung und lockt mit einem vermeintlich glamourösen Leben. Es bietet jungen Männern die Chance, eine ganz große Nummer zu werden, Macht auszuüben und auf großem Fuß zu leben. Für einen arbeitslosen 18-Jährigen in Port Harcourt oder Banjul ist das verführerisch. Gewalt ist ein Symbol der Macht, ein Statussymbol. Je brutaler die Gewalt, desto größer der Respekt, den der Gangster abnötigt.

Hat das organisierte Verbrechen einen Hafen erst einmal im Griff, können wir nicht mehr viel ausrichten. Durch Gewaltandrohung und Bestechung organisieren die Banden alles vom Frachtdiebstahl bis zum Menschen- und Drogenschmuggel. Wird im Hafen ein Schiff überfallen, sehen die Verantwortlichen weg. Diese Gewaltherrschaft ist schwer zu beseitigen. Ich sage es nicht gern, aber der Kampf gegen das organisierte Verbrechen, das haltlosen Jugendlichen eine bessere Zukunft verspricht, droht verloren zu gehen. Diese Banden bringen ihre Botschaft besser an den Mann als die Politiker, die zu sehr mit Machtkämpfen und eigenen schmutzigen Geschäften beschäftigt sind, um Schulabgängern wirklich Hoffnung machen zu können. Nehmen Sie nur die Triaden, wo immer sie auch operieren mögen: Eine solche Bande kann für einen jungen Mann, der sich ihr anschließt, der Schlüssel zu Wohlstand und Macht sein. Es ist Sache der Vereinten Nationen und reicher Staaten, die armen Länder im Kampf gegen den Hunger zu unterstützen und der Hoffnungslosigkeit ein Ende zu machen. Jeder Tag ohne gezielte Hilfe eröffnet dem organisierten Verbrechen die Chance, in diese Lücke zu stoßen.

Sehen Sie sich Somalia an. Das Land wird heute verdächtigt, die Al Qaida zu unterstützen. Wir wissen seit Jahren, dass Touristen in Mogadischu oder im benachbarten Djibouti jederzeit mit einem Überfall, einer Entführung oder Schlimmerem rechnen müssen. In Somalia gibt es keinerlei Regierungsgewalt, die Wirtschaft liegt am Boden. Die Kriminalität ist außer Kontrolle geraten. Das Zentrum für Piraterie in Kuala Lumpur warnt jede Woche unverblümt auf seiner Website: ‹Nähern Sie sich der somalischen Küste höchstens bis auf 50 Meilen und halten Sie möglichst 100 Meilen Abstand. Der Funkverkehr, einschließlich Ultrakurzwelle, sollte in diesen Gewässern auf ein Minimum beschränkt werden.› Überall in diesem Gebiet kreuzen Piraten, die nach leichtsinnigen Opfern Ausschau halten. An einem typischen Tag im Januar 2002 waren dort mindestens sechs Schnellboote auf Raubzug.»

Nicht nur Frachtschiffe sind gefährdet. Das Rote Meer, das nördlich von Djibouti beginnt, ist ein beliebtes Ziel für Yachten und kleine Vergnügungsschiffe. «Junge Leute, die dort Urlaub machen, unterschätzen allzu oft die Gefahren. Entweder haben sie keine Ahnung von den Risiken oder sagen sich einfach, mir wird schon nichts passieren. Aber die Mordrate ist dort besonders hoch. Und die Wahrscheinlichkeit einer Verhaftung und Verurteilung gleich null. Warum sollten Piraten ihre Opfer am Leben lassen? Damit sie die Behörden verständigen? Sie werden einfach hingerichtet und über Bord geworfen.»

Entführung und Mord Die Methoden der Drogenschmuggler ändern sich ständig. Legen die Behörden einen Kanal trocken, suchen sich die findigen Kriminellen einen neuen. Früher entführten sie regelmäßig Yachten und Vergnügungsboote und benutzten sie für den Drogenschmuggel, insbesondere in den Gewässern südöstlich der USA. Bis in die achtziger Jahre hinein machten sich die Schmuggler rund um die Bahamas und Exuma Islands bevorzugt an arglose Crews heran und stahlen ihr Boot. Gefangene wurden nicht gemacht. Es stand zu viel auf dem Spiel.

Diese kleinen, versteckt liegenden Inseln mit ihren vom Wind gebeugten Palmen und ihren von Strauchwerk gesäumten Sandstränden sind bis heute vom Massentourismus verschont geblieben. Sie werden gern von Luxusyachten und Vergnügungsschiffen angelaufen, die meist in winzigen Häfen oder geschützten Buchten auf der Leeseite ankern. Diese spärlich besiedelten Inseln sind für Drogenschmuggler ein Geschenk des Himmels. Mit Flugzeugen werden die Drogen aus Kolumbien nach Panama, Nicaragua, Kuba, Kingston oder Georgetown auf Grand Cayman gebracht und dann per Boot von Eiland zu Eiland weiterbefördert.

Über viele Jahre spielte Norman's Cay, etwa eine halbe Flugstunde von Nassau entfernt, eine wichtige Rolle. Hier landeten die kleinen Maschinen, tankten auf und flogen zurück, um Nachschub zu holen. Auf der schmalen Landebahn, die man in den Wald geschlagen hatte, wurde Kokain und kolumbianisches Marihuana ausgeladen und anschließend auf verschiedenen Booten, die häufig gestohlen waren, nach Nassau oder Miami und Südflorida geschmuggelt.

Miami wurde zum Zentrum des Drogenhandels in der westlichen Hemisphäre. Und Norman's Cay, nur 200 Meilen von Florida entfernt, war der Umschlagplatz. Die schmale Landebahn existiert noch heute, doch die kleine Hütte daneben ist zerfallen. Die Insel war von Carlos Lehder, einer führenden Figur des Medellín-Kartells, eigens für den Drogenhandel gekauft worden. Zu seinen Partnern zählten der berüchtigte Pablo Escobar und die Ochoa-Familie. Diesen skrupellosen Leuten beim Drogenschmuggel in die USA im Weg zu stehen zahlte sich nicht aus. Die wenigen Bewohner der Insel wurden von Lehder vertrieben, als seine bewaffneten Wächter begannen, am Strand zu patrouillieren, und Dobermänner die Landebahn sicherten. Turbopropflugzeuge vom Typ King Air und alte DC-3-Maschinen flogen mit Drogen ein, die anschließend weiterverteilt wurden. Ein ganzer Trupp Frauen verwöhnte die Drogenbarone in einem kleinen Privathotel auf dieser Insel.

Wer diese Gewässer befuhr, begab sich in Gefahr. Das Gewicht der transportierten Drogenmenge zwang das Kartell, die Ware auf eine größere Anzahl von Schiffen zu verteilen, denn ein tief im Wasser liegendes Boot hätte in einem Hafen im Süden Floridas womöglich Verdacht erregt. Die Zahl der Überfälle auf Boote, die für den Schmuggel gestohlen wurden, schnellte in die Höhe. Zu dieser Zeit wurde in der Nähe von Norman's Cay ein Ehepaar aus Fort Myers auf seiner Vergnügungsyacht ermordet.

Obwohl die korrupte Pindling-Familie in Nassau mit gewaltigen Summen geschmiert wurde, damit sie vor den Machenschaften auf der Insel die Augen verschloss, setzte die amerikanische Drogenbehörde 1982 durch, dass Norman's Cay von der Regierung der Bahamas geschlossen wurde. Carlos Lehder machte sich aus dem Staub. Eine verunglückte DC-3, die kurz hinter der Landebahn halb aus dem Wasser ragt, erinnert noch heute an die Medellín-Tage. Auch Ellen erinnert sich. «Es war eine ungünstige Zeit für Bootsausflüge in diesen Gewässern. Todesfälle und verschwundene Boote waren an der Tagesordnung. Die Zahl der Entführungen ist mittlerweile stark zurückgegangen. Für den Drogenschmuggel in die USA benutzen Banden heute andere Methoden. Doch es kommt immer noch vor, dass eine Crew zur falschen Zeit am falschen Ort ist und irgendwo in der Karibik oder in diesem Teil des Atlantiks Drogenschmuggler bei der Arbeit überrascht. Meistens werden Drogen per Flugzeug aus Kolumbien ausgeflogen und dann punktgenau auf hoher See oder in der Umgebung dieser Inseln abgeworfen. GPS und Mobiltelefone haben diese Beförderungsweise viel zuverlässiger gemacht. Aber wenn so etwas passiert, sollte man besser nicht als Zeuge vor Ort sein. Das kann das Leben kosten.»

Die schottische Polizei hat unlängst die Yacht *Red Scorpion* aufgebracht. An Bord befanden sich drei Schmuggler aus den Niederlandenmit Cannabis im Wert von 43 Millionen Pfund. Bei einer ähnlichen Aktion in Jersey ging eine Bande ins Netz, die mit einem kleinen Boot eine Rekordmenge Cannabis hatte schmuggeln wollen. Vor Brisbane wurde eine Yacht abgefangen, die Kokain im Wert von 22,5 Millionen australischen Dollar transportierte. In allen Teilen der Welt werden Drogen in kleinen Booten geschmuggelt. Die Gefahr, ungewollt darin verwickelt zu werden, kann nirgendwo ausgeschlossen werden. Noch weniger darf das Risiko ignoriert werden, dass man darum gebeten wird, Drogen zu transportieren. Viele Seeleute sind in Hafenkneipen angesprochen und gefragt worden, ob sie nicht als Kuriere fungieren wollten. Auf den Besitz von Drogen oder den Handel mit ihnen steht in manchen Ländern die Todesstrafe.»

Lernen Sie Ihre Crew kennen «Es ist wirklich wichtig, seine Bordgenossen zu kennen», betont Ellen. «Uns sind Fälle bekannt, bei denen Yachten von einem blinden Passagier gestohlen wurden. Vor dem Ablegen sollte man das Boot routinemäßig gründlich durchsuchen. Die meisten Leute ersparen sich diese Mühe – und fahren gut damit. Andere werden auf See aus dem Schlaf geweckt, neben sich einen Bewaffneten und im Umkreis meilenweit kein Land. Bringt der blinde Passagier das Boot für ein Drogenkartell in seine Gewalt, wird der Besitzer selten am Leben bleiben. Eine simple Vorsichtsmaßnahme – vor dem Ablegen einfach nur das Boot durchsuchen, aber die Leute tun es nicht.

Warme Länder und die Lockungen eines unbeschwerten Lebens reizen viele junge Leute unter 30. Einfach in den Tag hineinleben, sich ab und zu einer Crew anschließen, bis zum nächsten Hafen mitsegeln und dann von Bord gehen. Sie kommen und gehen, lassen sich treiben ohne ein bestimmtes Ziel. Sie tun Mitfahrgelegenheiten auf oder arbeiten die Überfahrt als Crew-Mitglied ab – alles ganz harmlos und nur zum Spaß. Meistens ist das in Ordnung, aber unter ihnen sind auch Kriminelle, die darauf aus sind, das Boot in ihre Gewalt zu bringen, sowie sich eine Gelegenheit bietet. Sie hängen in Kneipen und kleinen Häfen herum, in Städten wie St. John's oder Buchten wie English Harbour auf Antigua. Sie halten die Ohren offen, setzen in Umlauf, dass sie sich einer Crew anschließen wollen, und natürlich tut sich immer etwas auf. Dasselbe passiert am anderen Ende der Welt im Indischen Ozean, auf Bali oder am Great Barrier Reef in Australien.

Einmal auf See, übernehmen sie mit vorgehaltener Waffe das Boot, zum Beispiel wenn sich ein anderes Boot nähert. Die Crew wird ausgeraubt, vielleicht sogar ermordet, und von dem anderen Boot kommt eine neue Crew an Bord. Die Yacht oder das Vergnügungsboot wird nun für den Drogenschmuggel benutzt oder unter neuem Namen verkauft.

Machen Sie einen Sicherheitscheck, ehe Sie in See stechen. Was sind das für Leute, die mit Ihnen fahren? Hat sich in letzter Minute etwas geändert, ist jemand dazugestoßen? Ist sonst noch jemand an Bord, den Sie nicht gut genug kennen, um ihm vertrauen zu können? Es mag übertrieben erscheinen, sich die Ausweise anzusehen, doch es kann Ihnen das Leben retten. Anzeigen für aufregende Bootsferien in exotischen Gegenden verraten Ihnen nichts über die Kehrseite der Medaille. Das müssen andere tun. Das Bureau und die International Schifffahrtsorganisation IMO bemühen sich, diese Verbrechen ins allgemeine Bewusstsein zu bringen, denn Aufklärung bedeutet weniger Verbrechen.»

Die See und kleine Boote eignen sich bestens für einen Mord. «Wenn zwei Leute auf einem Boot sind und einer behauptet, der andere sei über Bord gespült worden, lässt sich nur schwer ein Mord nachweisen.» Ellen lächelt wehmütig. «Ich würde sagen, das ist eine gute Methode, um mit einem Mord ungeschoren davonzukommen. Ich hatte mit einigen Fällen zu tun, bei denen meines Erachtens ein Verbrechen vorlag, doch die Beweise reichten nicht für eine Anklage. Es ist immer schwierig, Verbrechen aufzuklären, die in internationalen Gewässern begangen werden, und wenn es eine scheinbar plausible Erklärung dafür gibt, dass ein Mann über Bord gegangen ist, wird die Akte schnell geschlossen. Nur wenn sich jemand verplappert oder Hinweise auf ein Motiv vorliegen, wird wegen Mordverdachts ermittelt.»

Typisch ist ein Fall, der sich 1999 im Indischen Ozean ereignete. Alan MacLean, ein junger Schotte, hatte eine unbeschwerte Zeit auf den Seychellen verlebt. Aus unerfindlichen Gründen ging er an Bord einer Yacht, deren Skipper ein gewisser Philippe Sorel war, eine Franzose, mit dem er sich schon bei einer früheren gemeinsamen Fahrt nicht vertragen hatte. Zu ihrer ersten Fahrt waren sie von Australien aus in See gestochen, unterwegs aber so heftig aneinander geraten, dass sich MacLean in seiner Kabine eingeschlossen hatte – nach Aussagen einer dritten Person, die sich an Bord befand, könnte es bei dem Streit um Drogen gegangen sein. Was MacLean auf den Seychellen dazu bewegte, erneut mit Sorel zu reisen, ist unklar.

Das Boot, die 13 Meter lange Yacht *Correlation*, hielt Kurs auf Aden und segelte in Gewässern oder zumindest in der Nähe von Gewässern, die von somalischen Piraten unsicher gemacht wurden. Nach Aussagen Sorels enterten Piraten das Boot und bedrohten sie mit Kalaschnikows. Die drei Segler, Sorel, seine marokkanische Geliebte und MacLean, seien zunächst unter Deck geflohen, doch dann habe sich MacLean ein Didgeridoo (kein Witz!) gegriffen, sei wieder nach oben gestürmt und auf die bewaffneten Piraten losgegangen – behauptet jedenfalls Sorel. Die Geschichte klingt außerordentlich unwahrscheinlich, könnte sich aber trotzdem genau so zugetragen haben. Angeblich wurde MacLean dabei mit einer Kalaschnikow erschossen. Sorel säuberte das Boot und bestattete MacLean auf See, angeblich weil sein Leichnam in dem heißen Klima schnell verweste.

Doch es blieben Ungereimtheiten. Da es keine somalische Behörde gab, die Ermittlungen hätte anstellen können, nahmen sich die Jemeniten der Sache an – ohne Ergebnis. Bei einer weiteren Untersuchung wurden an Bord weder Blutspuren noch Einschüsse gefunden – obwohl das Boot angeblich überfallen worden war. Ein Report der IMO widersprach dem wenig überzeugenden Bericht der Jemeniten und ließ Sorel wieder in einem verdächtigen Licht erscheinen. Nun ist es an den Franzosen, zu untersuchen, was auf der in Frankreich registrierten Yacht tatsächlich geschah.

KAPITEL 5

Menschenschmuggel

Tod im Container

Immer wenn irgendwo Armut, Ungerechtigkeit oder Hoffnungslosigkeit herrschen, versuchen Menschen anderswo ein neues Leben zu beginnen. Geschichten von einer besseren Welt jenseits der Meere gewinnen dann eine magische Anziehungskraft. Und niemand versteht es besser, diese Anziehungskraft zu nutzen, als das organisierte Verbrechen. Verbrecherbanden in Teilen Ostchinas verdienen heute schätzungsweise acht Milliarden Dollar pro Jahr mit dem Verkauf von Hoffnungen. Sie leben von Menschen, die glauben, ein neues, erfülltes Leben warte auf sie, wenn sie nur anderswo einen Neubeginn wagen – am besten in den USA, Europa oder Australien. Für viele Chinesen ist Amerika das Land gewaltiger Reichtümer und Chancen. Sie nennen es den Goldenen Berg. Manche bekommen den Berg nie zu sehen, weil sie auf dem Weg dorthin qualvoll sterben. Andere wünschten, sie hätten sich nie auf den Weg gemacht, denn kaum einer findet das Gold. Reichtum und Macht gewinnen nur die Menschenschmuggler: die Triaden und ihre Schlangenköpfe, die als Schlepper fungieren.

China und die chinesischen Triaden sind zwar weltweit führend im illegalen Transport von Migranten, aber dieses üble Gewerbe wird auch anderswo ausgeübt. So fließen Ströme illegaler Einwanderer aus Afghanistan, Haiti, der Türkei, Indonesien und den Balkanstaaten nach Westeuropa. Die russische Mafia und mit ihr verbündete Gruppen sind in diesem lukrativen Geschäft stark engagiert, das für ihre Kunden fast immer Verzweiflung und Erniedrigung bedeutet.

Das International Maritime Bureau befasst sich mit dem Problem des Menschenschmuggels, seit Tausende vietnamesischer Boat-People Opfer von Überfällen wurden. Sie flohen nach dem Vietnamkrieg aus ihrem zerstörten Land und wollten in Hongkong oder anderswo ein neues Leben beginnen. Bevor ihr Schicksal in den siebziger und achtziger Jahren und die Schrecken der Insel Koh Kra geschildert werden, legen Eric Ellen und S. Lin Kuo dar, wie der Menschenschmuggel im heutigen China funktioniert.

Der Schlangenkopf Es ist früher Abend, und die engen Straßen von Fuzhou sind verstopft, als der Schlangenkopf seine Runde macht. Die Stadt liegt in der Provinz Fujian an der chinesischen Ostküste, und in der Region sind Hunderte Schlepper wie er aktiv. Er besitzt ein schickes Haus, einen Whirlpool, einen Fitness-Raum und ein eigenes Auto, genießt seinen Reichtum. Wegen des Unheils, das er anrichtet, macht der Mann Ende 20 sich weiter keine Gedanken. Heute muss er mit einer Reihe von Familien Kontakt aufnehmen. Der Begriff «Schlangenkopf» – chinesisch *She-Tou* – rührt daher, dass die Menschenschmuggler wie Schlangen gewundene und verborgene Pfade nutzen, um ihre Kunden in fremde Länder zu bringen.

Der junge Mann eilt zwischen schäbigen Mietshäusern dahin, in deren Fenstern zahlreiche Käfige mit Vögeln hängen, dabei weicht er immer wieder Radfahrern aus. Nach seinem nächsten Termin wird er die Stadt verlassen und die kleinen Bauerndörfer in der Umgebung abklappern, wo weitere Kunden voller Hoffnung auf einen Reisevertrag warten. Wenn er ein paar Tage gearbeitet hat, kehrt er wieder in sein Haus in der Nähe des Changi-Flughafens in Singapur zurück.

Sein nächster Kunde ist ein junger Mann, der sein Leben in der Vorstadt von Fuzhou aufgeben und auf den Goldenen Berg reisen will. Sobald er in Amerika ist, soll seine Frau nachkommen und ihm viele Kinder schenken, die alle eine großartige Zukunft haben werden. Ying Xing Kui arbeitet in einem Restaurant als Küchenhilfe, und seine Frau ist Näherin. In der großen Stadt Xiamen könnten sie beide mehr verdienen, aber nur wenn sie das Glück hätten, Stellen zu finden. Vielleicht könnten sie sich auch durch Bestechung Jobs verschaffen. Aber in Amerika, da ist alles besser. Freunde von Ying Xing Kui waren bereits dort, und was sie berichteten, war phantastisch. Die Löhne waren hoch, 20-mal höher als in Fuzhou, und die Leute hatten Waschmaschinen, Fernsehgeräte und andere High-Tech-Geräte und konnten reisen, wohin sie wollten.

Leider hatte der einfache und wenig welterfahrene Ying Xing Kui den entscheidenden Unterschied nicht begriffen, dass seine Freunde legal in die USA eingereist waren und nicht mit Hilfe der Schlangenköpfe. Amerika nimmt nach einer Reihe von Kriterien jedes Jahr eine Vielzahl von Immigranten auf. Aber Ying Xing Kui erfüllte diese Kriterien nicht. Deshalb hatte er sich an die Schlangenköpfe gewandt, clevere Leute mit guten Verbindungen, die behaupteten, Männer wie ihn mit dem Schiff in die USA bringen *und* ihm einen Job verschaffen zu können. Solche vortrefflichen Helfer waren nicht schwer zu finden.

Der Vertrag Der Schlangenkopf hatte schon Dutzende von Ausreisewilligen geworben. Nun stieg er die Treppe zu der düsteren Einzimmerwohnung hinauf, in der Ying Xing Kui mit seiner Frau wohnte. Die drei setzten sich an einen schwach beleuchteten

Tisch, und das Paar lauschte aufgeregt, als ihnen der *She-Tou* den Reiseplan schilderte. Zunächst einmal zeigte er ihnen ein Album mit Fotos aus New York und London. Es enthielt Schnappschüsse von glücklichen Familien, die neben großen Häusern und großen Autos standen. Sie waren angeblich mit Hilfe der Schlangenköpfe in den reichen und glücklichen Westen gelangt. Ying Xing Kuis Traumziel war Chinatown in New York. Der Schlangenkopf erklärte ihm, dass er voraussichtlich von einem Fischerboot nach Taiwan gebracht werden würde. Dort sollte er weit vor der Küste auf ein größeres Schiff umsteigen. Vielleicht würde er auch nach Hongkong fahren und sich einer anderen Gruppe anschließen. Oder er würde auf dem Landweg nach Hongkong gebracht werden, eine viele Stunden dauernde Fahrt. Doch er könnte auch direkt über den Pazifik gebracht werden und in Seattle oder San Diego an Land gehen. Von dort aus würde er dann zu seinem neuen Leben nach New York transportiert werden. Aber er durfte nichts mitbringen. Überhaupt nichts! Nicht einmal einen Koffer mit den notwendigsten Habseligkeiten. *Und das Geld? Wie viel? 38000 US-Dollar. Aber zunächst nur zehn Prozent. Okay? In dem Preis sind auch der falsche Pass aus Singapur und andere Kosten enthalten.*

Ying Xing Kui war nicht überrascht. Er hatte sogar schon gehört, dass 50000 Dollar bezahlt wurden. Vielleicht komme ich auf ein kleineres Schiff, das ein bisschen weniger komfortabel ist, überlegte er. Unter seiner Matratze holte er Geld hervor – geliehenes Geld von seinen Eltern und Schwiegereltern und alles, was er und seine Frau für diesen großen Augenblick gespart hatten. Er machte seine Anzahlung und bekam einen richtigen Vertrag vorgelegt. Er warf einen kurzen Blick darauf, dann verkaufte er voll naiver Hoffnung seine Zukunft. Der Rest des Geldes sollte in Raten von seinem Verdienst bezahlt werden, von dem hohen Verdienst auf dem Goldenen Berg – oder von seiner Familie in China.

Acht Wochen später, im Dezember 1999, verabschiedete sich Ying Xing Kui liebevoll von seiner Frau. Sie versprach, so bald wie möglich nachzukommen. Dann machte er sich auf den Weg zu dem Treffpunkt in Xiamen. Er hatte keinerlei Habseligkeiten bei sich, nichts, wodurch man ihn hätte identifizieren können. Am vereinbarten Treffpunkt warteten die Schlangenköpfe, die für die Triade arbeiteten und die Reise organisierten. Sie wussten, dass man an dieser Stelle problemlos mit einem Fischerboot in See stechen konnte. Polizei und Marine an der Küste waren bestochen und würden sich nicht für ein Boot interessieren, das mit einer Fracht von 20 Menschen leise in die Straße von Formosa hinausglitt.

Am folgenden Morgen wurde Ying Xing Kui, der sich im Schutz von ein paar Seilrollen und mit einem Fischernetz als Kopfkissen zum Schlafen niedergelegt hatte, von einem Ruf geweckt. Vor ihnen lag das Schiff, das sie zu ihrem nächsten Treffpunkt bringen sollte. Er kannte sich mit Schiffen nicht besonders aus, aber dieses kam ihm recht groß vor, jedenfalls im Vergleich zu dem Fischerboot, auf dem er sich mit 20 anderen hoffnungsvollen Migranten drängte. Vielleicht würde er eine eigene Kabine bekommen. Das hoffte er sehr.

Das Phantomschiff Das Schiff war ein kleiner 1500-Tonnen-Frachter. Piraten hatten ihn im Auftrag der Triade vor den Philippinen gestohlen, und er operierte jetzt als Phantomschiff unter einem neuen Namen und mit einer fingierten Registrierung in Belize. Als Ying Xing Kui das Schiff betrat, musste er feststellen, dass schon Hunderte Migranten an Bord waren, Männer, Frauen und Kinder, die sich schreiend und schiebend auf dem Schiff drängten, als sie auf den begrenzten Raum verteilt wurden. Es gab weder Kabinen noch richtige Waschgelegenheiten, aber ein großes Gedränge, als Reis und Nudeln ausgegeben wurden. Ying Xing Kui wurde in einen finsteren Laderaum gesperrt, in dem es nach Kunstdünger stank.

Sobald die Migranten an Bord untergebracht waren, schien sich niemand mehr um sie zu kümmern. Keiner der Passagiere wusste, was ihnen bevorstand. Einige hatten Anrufe von Freunden bekommen, die mit den Schlangenköpfen ausgewandert waren und ihnen rieten, dasselbe zu tun. Das Leben in Amerika sei gut: viel Geld, große Autos und eine Menge zu essen. Sie wussten nicht, dass keiner freiwillig angerufen hatte. Wenn die Illegalen in den USA eintrafen, merkten sie rasch, dass sie sich mit Haut und Haaren an die Schlepperbande verkauft hatten. Sie mussten arbeiten wie Sklaven, manchmal über hundert Stunden in der Woche, und der größte Teil ihres Lohns wurde einbehalten, um ihre Restschuld bei der Bande zu tilgen. Ihre Bewacher, die allesamt dem Netz der Schlangenköpfe angehörten, hatten sie mit schrecklichen Drohungen gezwungen, ihren Freunden die Reise zu empfehlen. Mancher war schon eines gewaltsamen Todes gestorben, weil er versucht hatte, die in der Heimat Zurückgebliebenen zu warnen. Triaden kennen keine Skrupel, wenn es um die Durchsetzung ihrer Interessen geht. In London beispielsweise wurden drei junge Leute in einem Keller mit Benzin übergossen, angezündet und sterbend zurückgelassen. Nur Helden oder Narren versuchten das Spiel der Triaden zu durchkreuzen.

Der alte Seelenverkäufer fuhr nach Süden und legte im Hafen von Hongkong an, wo sich seine unter Deck versteckte menschliche Fracht ungesehen an Land schleichen konnte, weil die entsprechenden Leute bestochen waren. Hongkong ist neben den Marshall-Inseln der Hauptumschlagplatz für Schleppertouren. S. Lin Kuo kennt das System: «Häufig werden die Flüchtlinge über Land nach Hongkong gebracht. Wenn Europa das Ziel ist, transportieren die Banden sie so weit wie möglich auf dem Landweg. Das ist billiger. Bei Reisen in die USA werden die Auswanderer generell in die Laderäume eines Frachters gepackt, 20 pro Raum. Das Schiff hatte zuvor vielleicht Kohle, Eisenerz, Getreide oder irgendeine andere Fracht geladen. Sie können sich vorstellen, was für Zustände da herrschen.

Das Schiff, das den Pazifik überquert, ist immer ein alter Seelenverkäufer, der praktisch nicht mehr seetüchtig ist, da kann jeden Augenblick eine Katastrophe passieren. Nur der Rost und ein paar Nieten halten so ein Schiff noch zusammen. Meist wird es von dem Geld für die Überfahrt gekauft – manchmal nur für eine Überquerung. Solche Fahrzeuge werden oft in der Nähe der amerikanischen Küste einfach verlassen. Nahrungsmittel, Wasser und Toilettenpapier sind streng rationiert. Es gibt keinerlei Sicherheitsspielraum. Der Vorrat reicht exakt für die Dauer der Überfahrt und keine Minute länger.»

Ying Xing Kui und seine Leidensgenossen hatten auf ihrer Pauschalreise durch die Hölle und in die Hölle noch schlechtere Bedingungen. Für sie gab es weder Kojen noch einen zwar dreckigen, aber geräumigen Laderaum. Für 38 000 US-Dollar bekommt man eine schöne Kingsize-Kabine mit persönlicher Minibar und privater Terrasse auf einem Dampfer der Cunard-Linie, aber bei den Schlangenköpfen gibt es dafür nur einen Stehplatz für die Überfahrt und ein bisschen Proviant. Manche Auswanderer bezahlen inzwischen 60 000 Dollar für dieses Minimum. Der Geiz der Banden gegenüber ihrer Kundschaft steht in lebhaftem Gegensatz zu den fürstlichen Gewinnen, die sie selbst bei jeder Fahrt einstreichen. Shiao Lin verachtet sie dafür. «Die verschwenden nicht einen Gedanken an das Wohlergehen der Passagiere», sagt sie. «Die Bedingungen sind schlimmer als bei einem Tiertransport. Für diese Gangster zählt nur der Gewinn.»

Willkommen in Ihrer Kabine Ying Xing Kui wurde mit einer Hand voll anderer Migranten durch dunkle Gassen um den Hafen herumgeführt, bis sie zum Containerdepot kamen. Die rund 250 illegalen Passagiere aus dem Schiff verschwanden, aufgeteilt in kleine Gruppen, in verschiedene Richtungen. Jede versteckte sich in einem anderen Container. Riesige Kräne luden unaufhörlich kreischend und ächzend Container auf und ab. Ying Xing Kui hatte nicht damit gerechnet, in einen zwölf Meter langen Container gepfercht zu werden, doch ein Irrtum war ausgeschlossen. Der für die Gruppe verantwortliche Schlangenkopf führte sie in ihren Container. Die 18 Auswanderer sahen sich um: Ein wenig Essen und Wasser war vorhanden, und in einer Ecke stand ein Eimer für die Exkremente. Hier also sollten sie die Reise zum Goldenen Berg hinter sich bringen, die, wie man ihnen gesagt hatte, 14 Tage dauern würde. Die Türen des Containers wurden zugeknallt, verschlossen und versiegelt. Die Migranten waren Gefangene. Inzwischen hatte der kleine Küchenhelfer Angst. In dem Container war es stockfinster, und dieser ruckte und quietschte, als er zum Verladen aufgenommen wurde. Seine Insassen spürten, wie sie emporgehoben und wieder heruntergelassen wurden, und sie erwarteten, nun bald das Pochen und Vibrieren einer Schiffsmaschine zu spüren.

Doch es blieb aus. Was war passiert? Man hatte ihnen gesagt, dass sie sofort in See stechen würden. Selbst der Schlangenkopf war besorgt. Etwas war schief gegangen. Ying Xing Kui kämpfte mit Panikattacken. Er ahnte, dass er seine Frau nie wieder sehen würde. Er würde niemals zulassen, dass sie eine solche Höllenfahrt ertragen musste. Jetzt wäre er liebend gern nach Fuzhou zurückgekehrt. Tage vergingen. Der Proviant schwand dahin. Eine Woche lang stand der Container auf dem Kai, erst dann wurde er erneut emporgehoben und auf einem Schiff verstaut, das in die USA fuhr. Die Auswanderer befanden sich jetzt im Laderaum der *Cape May*, eines Frachters mit dem Bestimmungsort Seattle.

Die Überfahrt verlief ohne Zwischenfälle. Als sich das Schiff der amerikanischen Küste näherte, wurde die See rauer. Aber nicht alle in dem Container nahmen den schweren Seegang überhaupt noch wahr. Es gibt Schlimmeres, wenn man eingesperrt ohne Nahrung und Wasser überleben muss. Die Rationen waren wegen der Verzögerung auf dem Kai in Hongkong schon lange verbraucht. Ying Xing Kui und seine Leidensgenossen hatten für die Überfahrt insgesamt 680 000 Dollar an die Bande bezahlt, aber diese Menschenverächter hatten nicht im Traum daran gedacht, 100 Dollar mehr für Nahrungsmittel und Wasser aufzuwenden.

Ying Xing Kui war wie benebelt, sein Mund war trocken, und sein Hals schmerzte. Er wusste, sie würden alle verdursten oder verhungern. Sein Körper war völlig ausgetrocknet. Hätte er einen Spiegel gehabt, er hätte sich nicht wiedererkannt. Die Gesichtshaut spannte über den Knochen, und seine Augen lagen tief in ihren Höhlen. Er atmete flach, und sein Herz raste. Apathisch nahm er die leisen Geräusche seiner Leidensgenossen wahr, die alle schon zu schwach waren, um sich zu bewegen, und er spürte, wie ihn das Leben verließ.

Angekommen am Goldenen Berg Ying Xing Kui überlebte. Die *Cape May* legte am 11. Januar 2000 im Seehafen von Seattle auf Harbor Island an. Der Container wurde aus dem Bauch des Schiffes geholt und auf dem Kai abgestellt. Dann wurde er mit 35 weiteren zum Containerterminal transportiert. Als Nächstes war die Fahrt nach New York geplant. Ein Lastwagen sollte mit dem Container und seinen Insassen die lange Reise von der Westküste zur Ostküste der USA unternehmen.

Im Winter, wenn eisige Nordwinde aus dem kanadischen Tiefland über den Norden der USA hinwegfegen und oft große Schneemassen mit sich bringen, ist es auf dem Weg in den Osten der USA fast immer bitterkalt. Doch Ying Xing Kui und seinen ausgezehrten Mitgefangenen blieben die eisigen Temperaturen erspart. Ein Tipp aus Hongkong hatte im kanadischen Vancouver und in den Seehäfen an der US-amerikanischen Westküste einen massiven Einsatz von Sicherheitskräften ausgelöst. Schon am 2. Januar hatte der Immigration and Naturalisation Service (INS) in Seattle einen Container beschlagnahmt und geöffnet und darin zwölf illegale Einwanderer gefunden. Sie waren mit einem anderen Frachter, der *OOCL Faith*, angekommen. Die Gruppe hatte mit ihrer Überfahrt mehr Glück gehabt als Ying Xing Kui und seine Leidensgenossen. *Ihr* Schiff hatte Hongkong pünktlich am 19. Dezember verlassen. Beamte der Einwanderungsbehörde hielten den bereits evakuierten Container unter Beobachtung. Als ein Lastwagen eintraf, um die Einwanderer abzuholen, wurden die Fahrer, zwei Chinesen aus New York, verhaftet. Die beiden Männer, Yu Zheng und Sheng Ding, bekannten sich des Menschenschmuggels für schuldig.

Weitere 25 verängstigte Chinesen wurden am 3. Januar in einem Container entdeckt, den die *California Jupiter* abgeladen hatte. Sie hatte Hongkong am 20. Dezember verlassen und in Vancouver, auf der kanadischen Seite der Grenze, angelegt. Was aber geschah mit Ying Xing Kui und seiner Gruppe, die mit der *Cape May* angekommen waren? Am 11. Januar mussten Hafenarbeiter den Container öffnen. Sie fuhren angewidert zurück, so schlimm war der Gestank der völlig entkräfteten Chinesen. Ying Xing Kui gehörte zu den Überlebenden, aber drei seiner Leidensgenossen hatten die Überfahrt nicht nur mit all ihrem Geld, sondern auch mit dem Leben bezahlt. Hu Zhang, Dian Biao und Ben Qing Zhu waren infolge des Nahrungs- und Wassermangels vermutlich an Herz-Kreislauf-Versagen gestorben. Nach Ermittlungen in New York erfolgten weitere Verhaftungen, und gegen drei Chinesen, eine Frau und zwei Männer, wurde Anklage erhoben. Zu den Anklagepunkten gehörte «die Missachtung und bewusste Inkaufnahme des Verlusts von Menschenleben». Wenn die richtigen Leute verhaftet wurden, dürfte dieser Vorwurf absolut angemessen sein. Die Höchststrafe für das erwähnte Verbrechen und andere Anklagepunkte beträgt in den USA lebenslang.

Im November 2001 wurde ein Frachter von Sicherheitskräften in Hongkong gerammt und beschlagnahmt. In den Laderaum des kleinen Schiffes waren 150 Menschen gepfercht, die aus der chinesischen Provinz Fujian nach Hongkong geschmuggelt werden sollten. Ihre Entdeckung war ein weiterer wichtiger Erfolg der internationalen Zusammenarbeit der Strafverfolgungsbehörden. An den amerikanischen Ermittlungen waren außer den Beamten des INS das FBI, die amerikanische Küstenwache, die Hafenpolizei von Seattle und die Abteilung Organisiertes Verbrechen und Triaden der Polizei von Hongkong beteiligt.

Versenkt den Seelenverkäufer Im Dezember 2000 fing ein Schiff der US-Küstenwache ein altes Schiff ab, wie es S. Lin Kuo oben beschrieben hat. Die *Wing Fung Lung* war mit 249 Chinesen voll gestopft, als sie gestoppt wurde. Das Schiff war auf dem Weg in die USA, aber noch 500 Kilometer von der Küste entfernt. Bei der ersten Aufforderung, sich zu identifizieren, behauptete der Kapitän, das Schiff stamme aus Taiwan, habe nur sechs Mann an Bord und transportiere Sperrholz und Reis. Eine schnelle Überprüfung ergab, dass die Angaben falsch waren.

Damit hatte die Küstenwache eine juristische Handhabe, das Schiff als staatenloses Fahrzeug zu überprüfen. Außerdem waren in den Bullaugen mehr als sechs Gesichter zu erkennen. Der Kapitän verweigerte die Erlaubnis für eine Durchsuchung. Ein 25-köpfiges Enterkommando wurde zusammengestellt, um sie gewaltsam durchzuführen. Wenn man es nur mit einer Schiffsbesatzung zu tun hat, ist das ein tragbares Risiko. Aber wenn man es mit der Besatzung und 249 aufgebrachten und verängstigten Chinesen zu tun hat, sieht die Sache anders aus. Die Passagiere hatten riesige Summen bezahlt und den Goldenen Berg fast erreicht. Sie wollten sich von den amerikanischen Sicherheitskräften nicht aufhalten lassen. Der Kapitän der *Wing Fung Lung* befreite die Passagiere, die im Hauptladeraum eingesperrt waren, um Chaos zu erzeugen. Plötzlich wimmelte es an Deck von halb verhungerten, durstigen und verwirrten Menschen. Unter ihnen auch die Schlangenköpfe und die Mannschaft, die in der Menge untertauchten, um einer Verhaftung zu entgehen. Zeitgleich versuchte die Mannschaft, das Schiff zu versenken, bevor das Enterkommando an Bord kam, und ließ für sich selbst ein Rettungsfloß zu Wasser. Als die Amerikaner das Schiff betraten, waren die Flutventile im Maschinenraum geöffnet, und das Wasser stand bereits 30 Zentimeter hoch. «Es überrascht mich überhaupt nicht, dass die Verbrecher den Versuch machten, die Immigranten zu ertränken und sich selbst zu retten», sagt Ellen. «Die Passagiere sind für sie eine Ware, die man nach Belieben wegwerfen kann. Ihre Missachtung von Menschenleben ist grenzenlos. Die Männer der Küstenwache hätten gelyncht werden können.» Als die Amerikaner die Ventile schlossen und das Wasser wieder aus dem Schiff pumpten, versuchten die Schlangenköpfe den Frachter anzuzünden. Die auf dem Oberdeck versammelte Menge griff das Enterkommando mit Drahtseilen an. Ein Schlangenkopf entriss einem Beamten die Pistole und feuerte einen Schuss ab, aber niemand wurde getroffen. Schließlich brachte die Küstenwache die Menge mit Pfefferspray und Schlagstöcken unter Kontrolle. «Eines der Probleme besteht darin, die Gangster von den Passagieren zu unterscheiden», sagt S. Lin Kuo. «Man hält Ausschau nach Hinweisen. Wer ist eher wohl genährt und nicht so ausgemergelt wie die andern? Auch Tätowierungen können verräterisch sein. Oder man bemerkt, dass manche Personen Befehle geben und nicht Befehle empfangen. Wenn man Glück hat, findet man auch Passagiere, die bei der Identifizierung behilflich sind, aber die meisten haben zu viel Angst, dies zu tun. Verständlicherweise.»

Die *Wing Fung Lung* erreichte glücklich die Küste, und die 249 Chinesen wurden abgeschoben. Sie hatten Glück, dass sie noch am Leben waren, aber Pech, dass man sie erwischt hatte. Es gab Festnahmen, und die Rädelsführer wurden angeklagt. Die Gewalt bei solchen Einwanderungsversuchen hat zugenommen. 1997 gab es nur einen dokumentierten Fall von Gewaltanwendung. Im Jahr 2000 waren es 18 Fälle, aber nicht immer waren Chinesen beteiligt. Kubaner versuchen immer wieder vor dem Castro-Regime in die USA zu fliehen. Auch Haitianer versuchen illegal einzuwandern.

Diese Migranten aus der Karibik ergaben sich früher in ihr Schicksal, wenn sie abgefangen wurden. Heute jedoch werden auch sie gewalttätig, wenn sie eine Chance sehen, auf diese Weise nach Florida zu gelangen.

Die Tragödie in Dover Wenn die Nachricht von den drei Toten in Seattle in der Provinz Fujian kaum abschreckend wirkte, dann vielleicht die Horrorgeschichte von den 58 Menschen, die in einem Container starben, als sie illegal nach Großbritannien einreisen wollten. Die Umstände waren ähnlich wie bei den Toten von der *Cape May*, nur dass der überfüllte Container am 18. Juni 2000 bereits auf einem Lastwagen unterwegs war. Der Sattelschlepper war durch die Niederlande gefahren und hatte dann die Fähre von Zeebrügge nach Dover genommen. Die Überfahrt dauerte nur sechs Stunden, aber der Fahrer hatte zuvor das einzige Luftloch des Containers verschlossen. Den Eingesperrten ging nach fünfeinhalb Stunden der Sauerstoff aus. Während die Immigranten langsam erstickten, saß Perry Wacker, der niederländische Fahrer des Lastwagens, in der Bar des Schiffes und schaute sich Filme an.

Im Inneren des Containers, der außer den Flüchtlingen auch noch Tomaten enthielt, gab es Anzeichen, dass die 60 Eingeschlossenen verzweifelt um ihr Leben gekämpft hatten. Sie hatten vergeblich versucht, eine Öffnung in die Containerwand zu brechen. Die Chinesen, die bereits 13 000 Kilometer zurückgelegt hatten, saßen hilflos in der Falle. Sie kamen aus der Provinz Fujian und waren auf dem Luftweg von Peking nach Jugoslawien gebracht worden. Dort erhielten sie falsche koreanische Pässe. Danach ging es auf dem Landweg über Ungarn nach Österreich. Ein Lieferwagen transportierte sie in Gruppen durch Österreich und Frankreich, und schließlich kamen sie mit dem Zug in die Niederlande. Sie wussten nicht, dass sie auf der letzten Etappe ihrer Reise im Container nach England geschmuggelt werden sollten. Auf dem ganzen Weg waren sie von Schlangenköpfen bewacht worden, die gut aufpassten, dass ihnen ihre wertvolle Ware nicht entfloh.

Die Bedingungen in dem Container nach seiner Öffnung waren so schlimm, dass man ihn nur mit einem robusten Magen betreten konnte. Zwischen den Tomaten und Leichen mussten die Helfer nach Überlebenden suchen. Vier Frauen und 54 Männer waren gestorben. Zwei lebten noch und konnten ihre Geschichte erzählen.

Die Tragödie löste große internationale Empörung aus. Auch wenn in Großbritannien – wie in vielen anderen Ländern – die Sorge besteht, dass illegale Einwanderer und Scheinasylanten, die untertauchen, nicht konsequent genug kontrolliert werden könnten, weckte der Container voller Todesopfer Respekt vor den Chinesen, die so viel riskierten, um ein gelobtes Land zu erreichen. Die britische Öffentlichkeit war aufgebracht, weil die Migranten eines so grausamen Todes sterben mussten, und sie begrüßte es, dass einige der verantwortlichen Menschenschmuggler angeklagt wurden. Die Lehre aus der Tragödie bestand vielleicht darin, dass nicht die Unglücklichen, die ihr Leben riskierten und oft verloren, der Feind waren, sondern die Maschinerie der Triaden.

In der Provinz Fujian verbreitete sich die Nachricht von den Toten schnell. Eine Zeit lang war es unklug, sich als aktiver Schlangenkopf blicken zu lassen. Der Bürgermeister von Fuzhou sprach seinen Bürgern aus dem Herzen, als er forderte, harte Urteile gegen die Schuldigen zu verhängen. Auch hier waren die Leute aufgebracht, als sich herumsprach, wie die Opfer gelitten hatten. In einer schon lange fälligen, überregionalen Kampagne wurden 400 Schlangenköpfe verhaftet, eine Zahl, die sich wenig später verdoppeln sollte. Aber die Auswanderer halten an ihrer törichten Zuversicht fest. Zahlreiche Menschen meldeten sich freiwillig für illegale Reisen in die USA, nach Kanada oder nach Europa, und neue Schlangenköpfe haben die Lücken in den Reihen der Schlepper geschlossen.

Im Juli 2001 berichtete das IMB, dass der Menschenschmuggel trotz der Toten im Hafen von Dover zunehme. Der deutsche Bundesnachrichtendienst schätzt, dass jährlich etwa 400 000 illegale Einwanderer nach Europa kommen und die Schlepper mit ihnen vier Milliarden US-Dollar Umsatz machen. «Die Besatzungen von Schiffen haben kaum Kontrolle über den Inhalt der Container, die sie transportieren», sagt Michael Howlett vom Transit Fraud Department des IMB. «Sie merken manchmal nicht, dass sie blinde Passagiere an Bord haben, aber sie können trotzdem juristisch für die Sicherheit von Menschen haftbar gemacht werden, die in ihrer Ladung gefunden werden. Es wird immer dringlicher, ein zentrales Gremium zu schaffen, das die illegale Einwanderung auf der ganzen Erde quantifiziert und als zentrale Hilfsinstanz für die Organisationen fungiert, die rund um den Erdball mit dem Problem befasst sind.»

Kaum jemand würde dem widersprechen. Darüber hinaus jedoch ist es notwendig, die Banden zu zerschlagen. Wie üblich werden fast nur kleine und mittlere Gangster gefasst und verurteilt. Die großen Drahtzieher, die die kleinen kontrollieren, werden nicht bestraft. Diese Moguln, die jedes Mal ihren Anteil kassieren, wenn ein Migrant voller Hoffnung zwischen 38 000 und 60 000 Dollar für eine illegale Einreise bezahlt, haben gut gesicherte Positionen inne und sind unerreichbar für den Arm des Gesetzes. Ihr Einfluss auf wichtige Regierungsstellen ist gewaltig, und die enormen Finanzmittel, die sie aus Menschenschmuggel, Drogenhandel oder Zuhälterei beziehen, verwenden sie zu einem gewissen Prozentsatz auch zu ihrem eigenen Schutz.

Trotzdem erzielten die Strafverfolgungsbehörden in diesem Zusammenhang wenigstens einen bemerkenswerten Erfolg.

Sister Ping Sister Ping, eine über 50-jährige Chinesin, hat ein matronenhaftes Äußeres. Die in New York ansässige Dame wirkt eher wie eine freundliche Großmutter als wie ein Gangsterboss. Trotzdem wurde sie inzwischen wegen Menschenschmuggels verhaftet. Schon 1994 war sie von Teilnehmern einer Konferenz des IMB unter dem Vorsitz von Eric Ellen in Kalifornien als Täterin identifiziert worden. Dr. Peter Unsinger und Charlotte Shiang-yun Wong von der San Jose University hielten ein hervorragendes Referat über Menschenschmuggel, das später vom Bureau publiziert wurde. Sister Ping war schon damals eine legendäre Figur. «Das Geschäft [des Schmuggelns von Ausländern] ist inzwischen so lukrativ, dass die als Sister Ping bekannte Cheng Chui Ping, die vor etwa zehn Jahren von Fujian illegal in die USA einreiste, durch den Schmuggel über 30 Millionen US-Dollar verdient haben dürfte und kürzlich für drei Millionen US-Dollar ein Haus gekauft hat.»

Trotz dieses eindeutigen Verdachts sollte es noch einige Jahre dauern, bis die Chinesin sich vor einem Gericht verantworten musste. «Wir wussten bereits 1993, welche Rolle Sister Ping offensichtlich spielte», sagt Ellen. «Aber die Beweise zu liefern stand auf einem anderen Blatt. Sie konnten erst im Gefolge der ersten großen Tragödie im Menschenschmuggel zusammengetragen werden. Das Unglück ereignete sich im Juni vor Long Island, New York, als der aus Fujian kommende Frachter *Golden Venture* sein Ziel fast erreicht hatte. Das Schiff, das 300 illegale Einwanderer an Bord hatte, lief wegen eines Navigationsfehlers auf Grund. Was folgte, war ein Albtraum. Als sich die Retter näherten, sprangen Hunderte Immigranten ins Wasser, obwohl man sie bat, an Bord zu bleiben. Sie hatten zweifellos Angst, festgenommen und abgeschoben zu werden, und wollten an Land schwimmen. Am Ende waren zehn Menschen ertrunken – eine Katastrophe –, aber es hätte noch weit schlimmer kommen können.»

«Wir verfügten über zuverlässige Informationen von unseren V-Leuten, dass Sister Ping bei der Schmuggelaktion mit der *Golden Venture* eine Schlüsselrolle gespielt hatte», fährt Ellen fort. «Unsere Kontaktleute in Taiwan, Hongkong und der Provinz Fujian hatten uns davon überzeugt. Trotzdem erwies sich die Beschaffung der Beweise als sehr schwierig. Wir wussten, dass Sister Ping nicht allein gearbeitet hatte. Deshalb waren wir begeistert, als Guo Liang Chi wegen der Tragödie mit der *Golden Venture* von Hongkong an die USA ausgeliefert wurde. Das war ein Anfang. 1998 bekam er 20 Jahre für die Planung einer Straftat.

Sister Ping blieb zunächst auf freiem Fuß, denn sie führte zur Tarnung ein legales Geschäft in Manhattan. Erst im April 2001 wurde sie endlich in Hongkong verhaftet. Ihr Vermögen, darunter verschiedene Immobilien im Raum New York, wurde auf 40 Millionen Dollar geschätzt. Trotz ihres harmlos erscheinenden Äußeren wird sie nicht nur im Zusammenhang mit der *Golden Venture* angeklagt, sondern auch wegen einiger übler Fälle von Entführung und Lösegelderpressung.»

S. Lin Kuo ergänzt die Details: «Entführungen, bei denen ein Lösegeld erpresst wird, sind unter den im Ausland lebenden chinesischen Bevölkerungsgruppen häufig. Manchmal sind frisch eingereiste Immigranten betroffen, die ihre zehnprozentige Anzahlung geleistet haben. Sie schulden den Schmugglern immer noch, sagen wir, 35 000 Dollar und werden von ihnen praktisch gefangen gehalten. Ihre armen Verwandten zu Hause werden bedroht und gezwungen, noch mehr Geld aufzubringen, damit die Auswanderer freigelassen und sie selbst nicht gefoltert werden.»

Gefangene des Systems Detective Superintendent Suzanne Williams kennt das Entführungsproblem von ihrer Arbeit bei Scotland Yard. «Entführung und Lösegelderpressung ist im Vereinigten Königreich viel häufiger als allgemein angenommen, betrifft aber vor allem bestimmte ethnische Gruppen und insbesondere die Chinesen. Eine Bande von Schlangenköpfen bringt zum Beispiel einen Einwanderer hierher, und er arbeitet, um seine Schulden abzuzahlen. Dann jedoch wird er von einer *anderen* Bande entführt, und sie verlangt ein Lösegeld. Dieses Lösegeld wird von der ersten Bande für das Opfer bezahlt. Doch nach seiner Freilassung hat der Unglückliche dann noch mehr Schulden, die er mit hohen Zinsen zurückzahlen muss.»

Manchmal wird ein Einwanderer auch in ein so genanntes «sicheres Haus» gebracht, das mehr einem Gefängnis gleicht. Dort halten ihn die Schlepper so lange fest, bis seine gesamten Schulden abgezahlt sind. Dies kann in London, Manchester, San Francisco oder New York geschehen. Sobald sich der Einwanderer in dem «sicheren Haus» befindet, werden seine Verwandten in China so lange terrorisiert, bis sie alles auf einmal abbezahlt haben.

Die zu entrichtende Summe einschließlich der erpresserischen Zinsen entspricht dem Lohn für 24 Jahre Arbeit im Großraum Fuzhou. «Das System ist barbarisch», sagt Ellen. Die Londoner Polizei machte Razzien in einigen «sicheren Häusern» und befreite Menschen, die dort schon seit Jahren festgehalten wurden. Wie viele

Immigranten ermordet wurden, ist nicht bekannt, aber es gibt zahlreiche Berichte über Folter und Verstümmelungen. Besonders häufig werden Finger abgeschnitten und Zähne gezogen.

«Der chinesische Staat unterstützte diesen Schmuggel direkt oder legte zumindest keinen Wert darauf, ihn zu verhindern», berichtet Ellen. «Angesichts der riesigen Bevölkerung und der gewaltigen Armut in China schien die Regierung es gern zu sehen, wenn ihre Staatsbürger auswanderten. Allein aus der Provinz Fujian sind schätzungsweise zehn Millionen Menschen ausgewandert. Die Ersparnis für die chinesische Volkswirtschaft ist offensichtlich.»

Menschenhandel Die Trennlinie zwischen Menschenschmuggel und Menschenhandel ist unscharf. Was als Menschenschmuggel beginnt, kann als Menschenhandel enden. Menschenschmuggel ist ein Geschäft auf Gegenseitigkeit. Die Kunden der Schmuggler bezahlen, um sich ein neues Leben im Ausland zu erkaufen. Beim Menschenhandel, dessen Opfer in der Regel Frauen und Kinder sind, gibt es dieses freiwillige Element nicht. Hier werden die Opfer gegen ihren Willen zu Dienern oder Sklaven gemacht.

Nach dieser Regel beginnt der Menschenhandel im chinesischen Einwanderungsgeschäft beispielsweise, wenn Frauen von ihren Männern, Kindern und Freunden getrennt und gezwungen werden, ihre Schulden für die Überfahrt in Bordellen oder anderen Einrichtungen der Sexindustrie abzuarbeiten. «Der Europarat veranstaltete in Zusammenarbeit mit dem Weltkinderhilfswerk der Vereinten Nationen in Budapest eine Konferenz über die sexuelle Ausbeutung von Kindern», berichtet Peter Schatzer, der Direktor der International Organisation for Migration (IOM). «Die Delegierten zeichneten ein düsteres Bild: Weltweit werden über eine Millionen Kinder sexuell ausgebeutet. Der Menschenhandel mit Minderjährigen aus den früheren Ostblockstaaten nimmt nach Aussage der Delegierten in alarmierendem Ausmaß zu.»

Außerdem ist die illegale Einwanderung in Europa laut Schatzer inzwischen ein so ernstes Problem, dass die EU die Einführung von Visa in Erwägung zieht, doch diese Maßnahme reicht seiner Ansicht nach nicht aus. In seinen Augen sollte man sich auf die Verhütung der Massenmigration konzentrieren, indem man in den Heimatländern der Migranten mehr Arbeitsplätze schafft und die Einkommen erhöht. Interessanterweise ist jedoch die Armut in der Provinz Fujian weniger extrem als in anderen chinesischen Provinzen. Das Reisen ist in Fujian eine alte kulturelle Tradition, die durch echte Erfolgsgeschichten *legaler* Immigranten aufrechterhalten wird.

Verhütung der Massenmigration Eine der notwendigen, vorbeugenden Maßnahmen besteht laut Schatzer darin, über die Risiken einer Reise mit den Schlangenköpfen aufzuklären und zu verdeutlichen, welche Gefahren nach der Ankunft am Reiseziel drohen. Dies ist zweifellos sinnvoll, aber nicht ausreichend, wie der große Andrang illegaler Einwanderer auch nach der Tragödie von Dover beweist. Als Mittel, um Arglose zu warnen, sollte auch das Internet nicht unterschätzt werden. «Wenn sich die Regierungen nicht darauf einigen, das Problem des Menschenschmuggels jeweils im eigenen Land zu bekämpfen», sagt Ellen, «und wenn sie nicht internationale Initiativen unterstützen, die den Menschenschmuggel weniger lukrativ machen könnten, dann wird sich die Lage weiter verschlimmern. Dann können die Anführer der Banden ihr Geld und ihren korrumpierenden Einfluss weiterhin ungestört einsetzen und die Migranten fast ohne strafrechtliches Risiko ausbeuten.» Entscheidend ist die Haltung der chinesischen Regierung. Ist sie bereit zu handeln?

Boat-People Die Grundlage der viele Milliarden schweren Exportindustrie des Menschenschmuggels wurde nicht zuletzt im Umfeld des Vietnamkriegs geschaffen. Damals engagierten sich gewissenlose Elemente, um den Vietnamesen bei ihrer Flucht vor dem Kommunismus zu helfen.

Wenn irgendwo Gewinnchancen bestehen, werden sie auch genutzt. In Vietnam trieb die Angst, nachdem im April 1975 das kommunistische Regime auch im Süden an die Macht gekommen war, in den folgenden 14 Jahren Millionen Menschen zur Flucht. Anfangs versuchten die Flüchtlinge vor allem der politischen Unterdrückung zu entrinnen, aber in späteren Jahren wollten sie vor allem der Armut entkommen.

Ihr verzweifelter Wunsch, das Land zu verlassen, brachte unseriöse Unternehmen hervor, die gegen hohe Geldbeträge eine sichere Überfahrt über den gefährlichen Golf von Thailand nach Malaysia versprachen. «Das Versprechen einer sicheren Flucht aus dem vom Krieg verwüsteten Vietnam kostete vier Unzen Gold, die damals 1000 Dollar wert waren», berichtet Ellen. «Diese Summe überstieg das Jahreseinkommen eines vietnamesischen Kleinbauern, der jährlich weniger als 150 Dollar verdiente, um ein Vielfaches. Natürlich wurde nie für eine wirklich sichere Überfahrt gesorgt. Sichere Boote gab es gar nicht. In einem Fall, der uns bekannt wurde, stach ein überfülltes Boot mit einem Schullehrer am Ruder in See. Der Mann war noch nie auf dem Meer gewesen. Diese Geschichte war typisch. Für die Organisatoren der Flucht zählte nur das Geld, das sie an den verzweifelten Menschen verdienen konnten. Was dann auf See passierte, war eine Schande. Und was vielen Flüchtlingen auf Koh Kra passierte, die wir Rape Island nannten, ist ungeheuerlich. Seit den Konzentrationslagern sind unschuldige Menschen nicht mehr so behandelt worden.»

«Im Bureau erhielten wir viele erschütternde Berichte», fährt Ellen fort. «Der folgende ist typisch für Dutzende von Fluchtversuchen, die damals dokumentiert wurden. Am 12. Februar 1987 stach eine kleine Gruppe von Vietnamesen von Ca Mau in der Provinz Minh Hai aus mit einem kleinen Boot in See. Sie wollten Malaysia oder Thailand erreichen, wo es Transitlager für vietnamesische Flüchtlinge gab. Vor ihnen lag eine lange und gefährliche Überfahrt. Schon zehn Stunden nach ihrer Abfahrt griff sie ein Fischerboot an. Die mit zwei Gewehren und einer Pistole bewaffneten Piraten führten bei allen Flüchtlingen eine Leibesvisitation durch, dann schleppten sie die drei Frauen und das Kind auf ihr Boot. Dort wurden die Frauen mehrmals vergewaltigt.

Zwölf Stunden später brachte man sie auf ihr eigenes Boot zurück. Einige Stunden später griffen zwei andere Fischerboote das Boot der Flüchtlinge an. Die drei Frauen und das Kind wurden abermals geraubt, aber diesmal rammten die Piraten das kleine Flüchtlingsboot, und es sank. Die Besatzung des zweiten Fischerboots zog die vier Männer aus dem Wasser, fesselte ihnen die Hände und warf sie wieder ins Meer. Als die Männer fast ertrunken waren, wurden sie wieder herausgezogen und in den Fischbunker des Bootes geworfen. Inzwischen fesselten die Piraten auf dem anderen Boot einer Frau die Hände und warfen sie über Bord, weil sie keine Verwendung mehr für sie hatten. Zum Glück konnte sie sich von ihren Fesseln befreien und wurde von anständigen Fischern gerettet. Das Schicksal der anderen sieben Mitglieder der kleinen Gruppe ist ungewiss. Ich vermute, dass die Frauen und das Kind auf die Insel Koh Kra gebracht oder zur Verwendung in der Sexindustrie einem Verbrechersyndikat übergeben wurden. Vielleicht wurden sie auch einfach gefesselt und ermordet, als die Piraten nichts mehr mit ihnen anfangen konnten.»

Menschen in Not Vor 20 Jahren gehörten nicht nur der Schutz des Handels und der Kampf gegen das organisierte Verbrechen zu Ellens Pflichten. Trotz zahlreicher Konferenzen und hektischer Telefonate, in denen es um die Freigabe von Schiffen oder das Aufspüren gestohlener Ladungen ging, nahm er sich immer auch Zeit, die ungenügenden Maßnahmen zum Schutz der Boat-People anzuprangern. Die humanitäre Katastrophe dieser Flüchtlinge hatte schon 1975, vor der Gründung des Bureau, begonnen.

«Es gab Piraterie, Korruption, Menschenschmuggel und Menschenhandel», berichtet er. «Gegen die fliehenden Vietnamesen wurden so viele Grausamkeiten verübt, dass ich einfach etwas unternehmen musste, sobald ich mit dem Bureau über eine Basis zum Handeln verfügte.

Das Zentrum des Problems war der Golf von Thailand. Tausende von Vietnamesen flohen in kleinen Booten über den Golf. Die meisten Boote waren hoffnungslos überladen. Viele Flüchtlinge ertranken auf dem stürmischen Gewässer. Andere, die mit Seefahrten keine Erfahrung hatten und nur der sicheren Gefahr in ihrer Heimat entrinnen wollten, versäumten es, genug Nahrung und Wasser mitzunehmen und verhungerten oder verdursteten auf der Reise. Doch es gab eine noch schlimmere Gefahr: die Piraten!» Das Gesicht des erfahrenen Kriminalisten bekommt einen bedrückten Ausdruck, wenn er sich an den endlosen Kampf um eine konzertierte Aktion zum Schutz der fliehenden Unschuldigen erinnert. «Die Thais hassten die Vietnamesen aufgrund von Streitereien um Fischgründe und wegen alter Gebietsstreitigkeiten, die 300 Jahre zurückreichten.

Hunderttausende verzweifelter Menschen versuchten mit ein paar Habseligkeiten in ein neues Leben zu fliehen. Und ich glaube, in der ersten Zeit schaffte es die Mehrheit nicht. Die genaue Zahl der Toten und Ermordeten ist aus nahe liegenden Gründen nicht bekannt. Der Golf von Thailand wurde nicht genug überwacht, um Piraterie zu verhindern. Schiffseigner erlaubten ihren Kapitänen nicht, die Insassen sinkender Boote zu retten. Grausame Menschen, vor allem thailändische Fischer, stahlen, vergewaltigten und mordeten.

Piraterie wurde zu einem Massenphänomen, doch die Behörden blieben gleichgültig und unternahmen nichts. Auch Rassismus spielte eine Rolle. Die einzige Erklärung für die entsetzlichen Verbrechen bestand darin, dass der thailändischen Regierung das Schicksal der Vietnamesen gleichgültig war. Ich besitze Filmmaterial über das Verhalten der Thais gegenüber den Boat-People. Der aus den historischen Konflikten erwachsene Hass war verblüffend. Man konnte zu dem Schluss kommen, dass für die Thailänder nur ein toter Vietnamese ein guter Vietnamese war. Die Einstellung der thailändischen Fischer scheint für einen Großteil der Thais typisch zu sein, und das war vermutlich auch der Grund für die klägliche Reaktion der thailändischen Regierung auf Ereignisse, die ihr wohl bekannt waren.»

Wie konnte man erreichen, dass die Überfahrt weniger gefährlich wurde, und was sollte man mit den Flüchtlingen tun, die sicher in ein anderes Land gelangt waren? Das waren die beiden Probleme, die es zu lösen galt. Das Rote Kreuz und Organisationen der Vereinten Nationen errichteten Lager in Malaysia, Thailand, Indonesien und Hongkong. Das letzte Transitlager wurde erst im Jahr 2001 geschlossen. Damals wurden die letzten sechs der vielen hunderttausend Flüchtlinge nach Frankreich geschickt. Das wichtigste Ziel hatte darin bestanden, die Mehrheit der Flüchtlinge in Vietnam zu repatriieren, ohne dass sie dort Repressalien ausgesetzt würden. Das hieß, sie zur Rückkehr in ein Land zu bewegen, dessen Regierung ihnen ihrer Ansicht nach feindlich gesinnt war. Obwohl manche Einzelheiten kritisiert werden, wurde durch die Versorgung der Flüchtlinge und die humanitären Anstrengungen zu ihren Gunsten eine menschliche Tragödie ungeheuren Ausmaßes verhindert. Im Allgemeinen wurden die Repatriierten wohl auch nicht verfolgt.

Einige Flüchtlinge fuhren Richtung Hongkong nach Norden, doch die meisten nahmen Kurs auf Thailand oder Malaysia, nachdem sie die Südspitze ihres Landes umrundet hatten. Die thailändischen Hoheitsgewässer erstrecken sich über die Mitte des Golfs hinaus, den die meisten Vietnamesen auf ihrer Flucht kreuzten. Sie mussten noch etwa 250 Kilometer zurücklegen, wenn sie den Golf erreicht hatten. An seinem nördlichen Ende liegt Bangkok, Hauptstadt von Thailand und wichtiger Seehafen.

«Hunderte von Handelsschiffen befuhren täglich diese Gewässer», berichtet Ellen, «aber die Berichte häuften sich, dass 20, ja 40 Schiffe einfach an Menschen vorbeifuhren, die sich in Seenot befanden. Die Besatzungen wollten die Verzögerung, die Kosten und die Gefahren vermeiden, die mit einer Rettung verbunden waren. Zudem kann eine Rettung aus Seenot auch noch politische Probleme nach sich ziehen. Ich erinnere mich noch genau an ein frisch auf den Bermuda-Inseln registriertes Schiff. Sein Kapitän rettete ein paar Flüchtlinge, und was wäre fast passiert? Die Beamten des Schiffsregisters der Bermuda-Inseln drohten, die Registrierung des Schiffes aufzuheben, damit der Kapitän die Vietnamesen nicht auf das Inselparadies bringen konnte. Dieser Vorfall und die Empörung über die Behörde führten dazu, dass die Bermuda-Inseln eine Zeit lang überhaupt keine Schiffe mehr registrierten.

Gerettete Boat-People sollten zum nächsten Hafen gebracht werden, den das Schiff planmäßig anlief: Wenn das Schiff mit nördlichem Kurs nach Bangkok fuhr, mussten die Flüchtlinge nur kurzfristig versorgt werden. Wollte es jedoch beispielsweise nach Dubai, das Tausende von Kilometern entfernt in den Arabischen Emiraten liegt, dann war die Versorgung von, sagen wir, 70 Leuten, von denen manche vielleicht medizinische Hilfe brauchten, kaum zu leisten. Falls der nächste Hafen ungeeignet war, musste der Staat, in dem das Schiff registriert war, die Flüchtlinge aufnehmen. Die Bermuda-Inseln waren nicht bereit, diese Last zu tragen, aber auch andere Länder wie Liberia, Honduras und Belize waren schlecht darauf vorbereitet, Flüchtlinge aufzunehmen. Staaten wie Großbritannien, Frankreich, die USA, Deutschland und Norwegen hatten da bessere Möglichkeiten, aber sie hatten viel weniger Schiffe registriert als die Billigflaggenländer.

In den achtziger Jahren bestand meiner Ansicht nach ein schreiendes Bedürfnis nach besser organisierten Hilfsleistungen, und ich trug dieses Anliegen allen vor, die etwas bewirken konnten. Die USA gründeten einen Fonds zur Entschädigung von Schiffseignern, deren Schiffe stoppten und Flüchtlinge aufnahmen. Doch die Existenz des Fonds wurde kaum bekannt gemacht. Das Hochkommissariat für Flüchtlinge bei den Vereinten Nationen (UNHCR) veröffentlichte Leitlinien, wie sich Kapitäne bei einer Rettung verhalten sollten.

Ich machte Lobbyarbeit für bessere Schutzmaßnahmen gegen die Piraterie auf hoher See. Dabei hatte ich besonders mit der Haltung der thailändischen Regierung zu kämpfen. Es fehlte an effektiven Patrouillen im Golf und an einer Luftüberwachung. In den ersten Jahren war die Abschreckung durch Verhaftungen und Verurteilungen schwach. Anklagen wurden nur widerstrebend erhoben. Manchmal fehlte es an stichhaltigen Beweisen, aber häufig ließen die Strafverfolger auch den notwendigen Diensteifer vermissen. Die thailändische Regierung hatte nicht den politischen Willen, etwas zu tun, auch wenn ihre Diplomaten das Gegenteil beteuerten. Außerdem wurde viel zu wenig getan, um die eigentliche Ursache der Massenflucht zu beseitigen: die Einschüchterungsversuche und die Übergriffe der kommunistischen Regierung in Vietnam.»

Aus geographischen Gründen waren Boote die einzig praktikable Fluchtmöglichkeit. In den fünf Jahren zwischen 1980 und 1984 erreichten etwa 250 000 Flüchtlinge ein anderes Land. Etwa ein Fünftel hatte ein vorüberfahrendes Schiff aufgenommen. In den frühen achtziger Jahren wurden etwa 65 Prozent der kleinen Fluchtboote angegriffen, und zwar häufig mehr als einmal. Im Durchschnitt fuhren 70 Personen auf einem Boot, aber viele hatten doppelt so viele Menschen an Bord, was ihre Seetüchtigkeit stark beeinträchtigte. Typischerweise saßen in einem zehn Meter langen und 3,5 Meter breiten Boot etwa 40 Menschen. Auf Booten, die nur drei Meter länger waren, befanden sich manchmal über 70 Personen.

Mit finanzieller Unterstützung der USA wurden verschiedene Initiativen gestartet, um den Flüchtlingen zu helfen, darunter ein gemeinsames Programm mit der thailändischen Regierung. Es kam jedoch schnell zum Erliegen, als die Thailänder von den USA zusätzliche 30 Millionen US-Dollar verlangten. Dem Projekt lagen gute Absichten zugrunde, aber das Geld war schlecht angelegt. Im Rahmen der Initiative wurden falsche Flüchtlingsboote als Köder eingesetzt, um Piraten zu einem Überfall zu verleiten und festzunehmen. Auch ein Patrouillenboot der thailändischen Marine kam jetzt zum Einsatz. Diese Maßnahme war angesichts von 14 000 thailändischen Fischerbooten im Golf jedoch nicht mehr als eine Geste. Die Mörder hatten weiterhin nahezu freie Hand. «Ich schätze, dass jede Verurteilung etwa eine Million Dollar kostete. Es war hoffnungslos. Wir machten Lobbyarbeit, hielten Seminare, verhandelten mit den wichtigsten Organisationen, aber die großen Anstrengungen von Außenstehenden reichten einfach nicht aus, um die thailändischen Behörden aus ihrer tief verwurzelten Gleichgültigkeit zu reißen.»

Die zweite, von den Vereinten Nationen angeregte Initiative bestand in der Einführung nächtlicher Patrouillen und darin, bei der Registrierung von Fischereifahrzeugen Computer einzusetzen. Ein Zentrum zur Bekämpfung der Piraterie wurde eingerichtet, um die Informationen über Piratenüberfälle zu sammeln und auszuwerten, und eine Kommandoeinheit wurde gegründet, die das Problem auf See bekämpfte. «Allmählich», so Ellen, «führte der konstante Druck vieler Stellen einschließlich des IMB dazu, dass die Zahl der Überfälle abnahm und einige Täter angeklagt und verurteilt wurden.»

Die Piraten Die häufig vorgebrachte Behauptung, die Angriffe auf die Flüchtlinge seien von lokalen thailändischen Fischern verübt worden, ist durchaus richtig. Als jedoch bekannt wurde, dass man im Golf von Thailand ungehindert rauben, morden und vergewaltigen konnte, beteiligten sich offensichtlich auch noch andere Elemente an diesem «Sport». Außerdem waren selbstverständlich nicht alle thailändischen Fischer in das grausame Treiben verwickelt; viele Flüchtlinge verdankten ihnen sogar ihr Leben. Aber mit der rapiden Zunahme der Flüchtlingsboote nahm auch die Piraterie rapide zu. Die Versuchung, bei den fast immer unbewaffneten Menschen leichte Beute zu machen, war fast unwiderstehlich. Vertreter der IOM und des UNHCR und andere informierte Beobachter erkannten, dass ein großer Anteil der Flüchtlinge aus eher wohlhabenden Schichten stammte und deshalb Wertsachen mit sich führte, die für die verarmten thailändischen Fischer interessant waren. Es bestand der Verdacht, dass sich selbst die thailändische Polizei bisweilen an der Jagd auf die Boat-People beteiligte. «Wir brachten einen Fall an die Öffentlichkeit», bestätigt Ellen, «von dem wir wussten, den wir aber selbst nicht beweisen konnten. Es bestand der Verdacht, dass die thailändischen Behörden einige Piratenakte vertuscht hatten. Außerdem wurde ein Vertreter des UNHCR einmal bei Songkhla an der thailändischen Ostküste Zeuge eines Überfalls. Wenn sein Bericht korrekt ist, und ich habe keinen Grund, daran zu zweifeln, dann nahm die thailändische Polizei ein Boot voller Flüchtlinge unter Feuer und tötete mehrere Insassen. Bei einem anderen Zwischenfall im Jahr 1981 verteidigten 19 Flüchtlinge ihr Boot erfolgreich gegen einen Piratenüberfall, der vermutlich von Fischern verübt wurde. Einige Piraten wurden getötet, und die Vietnamesen übernahmen das Fischerboot. Sie wurden von drei der überlebenden Piraten angezeigt, von der thailändischen Marine festgenommen, vor Gericht gestellt und zum Tode verurteilt. Über gefasste Piraten wurden, wenn man sie überhaupt einmal festnahm, dagegen nur selten harte Urteile verhängt. Erst später, als der thailändische Staat unter großen internationalen Druck geriet, härter gegen die Verbrechen vorzugehen, wurden einige harte Urteile verhängt, beispielsweise 50 Jahre Gefängnis.»

Die Entwicklung der Tragödie lässt vermuten, dass an der Piraterie und dem Menschenschmuggel im Golf von Thailand auch das organisierte Verbrechen beteiligt war. Ursprünglich waren die thailändischen Fischer zornig auf die Vietnamesen, weil viele Thais beim Fischen in den umstrittenen Gewässern vor der vietnamesischen Küste festgenommen worden waren. Manche hatten jahrelang in vietnamesischen Gefängnissen gesessen. Solche Erinnerungen schürten den Hass. Außerdem bestand die irrationale Furcht, dass die Boat-People eine Bedrohung für Thailand darstellten und die Migration eine Art Invasion sei. Dieser Unsinn bildete einen fruchtbaren Nährboden für Intoleranz und Rassenhass.

Rape Island Die Insel Koh Kra ist ein idyllisches Fleckchen Erde, das westlich von Vietnam im Golf von Thailand liegt. Die nur knapp einen halben Quadratkilometer große, unbewohnte Insel befindet sich etwa 130 Kilometer östlich der bekannten Ferieninsel Koh Samui. Sie ist heute ebenfalls ein beliebter Ferienort, vor 20 Jahren jedoch setzten hier die Piraten gefangene Boat-People aus. Auf der abgelegenen Insel lebten thailändische Verbrecher ihre Phantasien von Vergewaltigung, Grausamkeit, Kindesmissbrauch und Mord an ihnen aus.

«Ich hatte mit Ted Schweitzer, dem für die Region zuständigen UNO-Vertreter, zu tun», berichtet Ellen. «Er tat, was in seiner Macht stand; trotzdem schaffte er es jahrelang nicht, die Verbrechen auf der Insel abzustellen. Er erzählte mir, dass sich manchmal bis zu 500 Piraten auf der Koh-Kra-Insel befanden und die Flüchtlinge quälten. Laut Schweitzer ermordeten die Fischer sehr häufig

Männer und manchmal auch Kinder, bevor sie die Frauen auf die Insel brachten. Manchmal wurden Frauen zum Geschlechtsverkehr gezwungen, um das Leben ihrer Kinder zu retten. Ted suchte die Insel mehrfach in Begleitung der thailändischen Marine auf, sah die Folgen der Gräueltaten mit eigenen Augen und rettete so viele Menschen, wie er konnte. Man hätte erwarten sollen, dass die Vereinten Nationen Streitkräfte auf die Insel geschickt hätten, um dem grausamen Treiben ein Ende zu bereiten. Aber unangebrachte diplomatische Rücksichten standen auch in diesem Fall einem entschlossenen Handeln entgegen.»

Nur wenige wissen heute noch etwas über die Geschichte der Insel und die dort begangenen Verbrechen gegen die Menschlichkeit. Heute werden Tauchurlauber eingeladen, die blauen Gewässer vor der subtropischen Insel zu erforschen. Allerdings werden sie vor den Haien gewarnt, die angeblich davon angezogen werden, dass es in dem Gebiet nur wenige Menschen gibt. Dies hört sich sehr nach einem Märchen für Touristen an. Viel wahrscheinlicher kommen die Haie, weil sie sich noch an die vielen toten und sterbenden Vietnamesen vor der Küste der Insel erinnern.

Thailand sollte Koh Kra für die Öffentlichkeit sperren. Die Insel sollte eine Gedenkstätte werden für die Menschen, die auf ihr gestorben sind. Doch das wird nicht passieren. Man will auf das Geld der Touristen nicht verzichten. Der thailändische Staat hat das Ausmaß der Verbrechen ohnehin nie zur Kenntnis genommen.

Die Geschichte eines Opfers Nguyen Thi Thuy war 17, als das zehn Meter lange und drei Meter breite Flüchtlingsboot im Schutz der Nacht Phu My in Vietnam verließ. Die Insassen verhielten sich absolut still, weil sie Angst hatten, von einem vietnamesischen Patrouillenboot entdeckt und angegriffen zu werden. 1979 waren die kommunistischen Behörden noch stolz darauf, wenn sie einen Fluchtversuch verhinderten. Wie alle Erwachsenen an Bord hatte auch Nguyen Thi Thuy gehört, dass die Patrouillenboote die leichten Fahrzeuge der Flüchtlinge häufig rammten und ihre Insassen ertrinken ließen.

Die 38 Flüchtlinge, die der kleine Yamaha-Dieselmotor langsam durch die sanfte Dünung schob, hatten drei extrem gefährliche Tage und Nächte vor sich. Die junge Frau hatte ihren verwitweten Vater in Vietnam zurückgelassen, weil er zu krank für die Reise war. Nur ein Onkel und ein Vetter von ihr waren mit an Bord, die anderen Flüchtlinge kannte sie nicht. Essen und Wasser waren knapp. Fast der ganze verfügbare Stauraum war mit Treibstoffkanistern für die lange Überfahrt gefüllt.

Als die Flüchtlinge die Südspitze Vietnams umrundet hatten, wurde die Dünung stärker. Allen war übel von den Abgasen des Dieselmotors und vor Hunger. Doch ansonsten verlief die Reise zunächst ohne Zwischenfälle. Sie sahen ein paar Schiffe, mehrere Tanker und ein Containerschiff, die alle nach Norden fuhren. Keines reagierte, als sie riefen und mit Kleidungsstücken winkten. Die kleineren Kinder wurden wegen der langen Fahrt quengelig und klammerten sich weinend und Trost suchend an ihre Eltern.

Das Boot hatte über die Hälfte der Strecke hinter sich, als der Motor ausfiel. Plötzlich war es ganz still, und man hörte nur noch die Arbeitsgeräusche des jungen Mannes, der verzweifelt versuchte, den Diesel wieder zum Laufen zu bringen. In diesem Augenblick erschienen zwei Fischerboote am Horizont und nahmen Kurs auf die hilflosen Boat-People. Als sie das Boot erreicht hatten, gingen sie längsseits und fielen über die verwirrten Flüchtlinge her. Die Frauen wurden auf eines der Fischerboote geschleppt, auch Nguyen Thi Thuy. Das Letzte, was sie von ihren beiden Verwandten sah, war, wie die Piraten mit Eisenstangen auf sie einschlugen. Was aus ihnen oder den anderen etwa 20 Männern an Bord wurde, ist bis heute nicht bekannt.

Alle Frauen mussten sich ausziehen, darunter auch einige Großmütter. Dann wurden sie wiederholt und über mehrere Stunden brutal vergewaltigt, wobei sich die Täter keine Mühe gaben, ihre Identität zu verbergen. Am folgenden Morgen hatte Nguyen Thi Thuy Schmerzen am ganzen Körper, ihr Gesicht war grün und blau geschlagen, und ihr Mund war geschwollen. Sie saß wimmernd auf dem Deck und lehnte sich an eine ältere Frau, die ebenfalls ohnmächtig schluchzte. Die Männer hatten ihre Lust befriedigt und ließen sie in Ruhe.

In der Ferne tauchte eine Insel auf, erkennbar an der weißen Gischt der Brandung und am dunklen Grün der Sträucher und Bäume, die sich über das blaue Wasser erhoben. Noch ein weiteres Fischerboot steuerte auf die Insel zu, und die junge Frau sah, dass es ebenfalls vietnamesische Frauen, aber auch Männer an Bord hatte. Etwa fünf Kilometer vor der Küste sah sie mit Schrecken, wie mindestens acht Männer von ihren lachenden Peinigern über Bord geworfen wurden. Die Boote ließen die im Wasser treibenden Männer hinter sich zurück, aber ihre Hilfeschreie schallten noch lange über die ruhige See.

Entsetzt erkannte Nguyen Thi Thuy, dass man die Männer einfach ertrinken ließ. Jetzt wusste sie, dass sie ihren Onkel und ihren Vetter nie wieder sehen würde. Nguyen Thi Thuy versuchte ihre schlimmsten Befürchtungen zu unterdrücken, während die Insel immer näher kam.

In der kleinen Bucht lagen schon mehrere andere Fischerboote. Als ihr Boot sich der Küste näherte, sah sie die nackte Leiche einer jungen Frau vorbeitreiben. Auf dem Strand jagten zwei junge Fischer einen alten gebrechlichen Mann, im nächsten Augenblick knieten sie auf ihm, und er schrie in Todesangst. An einem Baum war ein junger Mann aufgehängt. Eine Gruppe von etwa 30 Frauen wurde auf ein wartendes Fischerboot getrieben. Nguyen Thi Thuy verstand nicht, warum. Hatten die Piraten keine Verwendung mehr für sie? Wurden sie an Land gebracht und freigelassen? Plötzlich stand die junge Frau auf dem Strand und rannte ungehindert davon. Sie lief nicht weit, nur bis sie außer Sicht der Männer war, die sie alle geschändet hatten. Dann legte sie sich im Schutz einiger Felsen unter ein gewaltiges Schutzdach aus dickem Laubwerk. Aber andere Männer spürten sie auf und vergewaltigten sie erneut. Wie oft sie an diesem und den folgenden Tagen vergewaltigt wurde, weiß sie nicht mehr. Sie war ein Sexspielzeug, mit dem jeder Seemann machen konnte, was ihm gefiel. Auf der Insel befanden sich sehr viele Frauen aller Altersgruppen und nur wenige Männer. Die Männer hatten wohl die Aufgabe, Frauen einzufangen, die sich zu weit vom Hauptstrand entfernten. Ständig wurden neue Frauen auf die Insel gebracht. Andere Frauen verschwanden, aber warum oder wohin, war ihr nicht klar.

Nguyen Thi Thuy hatte jedes Zeitgefühl verloren, aber sie musste schon Monate auf der Insel gewesen sein, als eines Morgens die Erlösung kam. Ein neues Boot war in der Bucht eingetroffen, und obwohl sie damals nicht wusste, was für ein Boot es war, spürte sie sofort, dass die Einstellung dieser Mannschaft sich radikal unterschied von der viehischen Grausamkeit, mit der sie und die anderen Frauen zuvor behandelt worden waren. Das Boot hatte Ted Schweitzer, der Vertreter des UNHCR, organisiert, um von dem Transitlager in Songkhla an der thailändischen Ostküste nach Koh Kra zu fahren.

«Niemand weiß, wie viele auf dieser schrecklichen Insel umkamen oder misshandelt wurden.» Ellen greift nach einem Stapel mit Akten. «Als wir 1987 unsere Konferenz in der Woods Hole Oceanographic Institution durchführten, wurden einige sehr gute Reden gehalten, besonders eindrucksvoll jedoch war die Rede von Pascal Boulanger, der Berichte des UNHCR referierte. Sie schilderten detailliert die Leiden auf der kleinen Insel. Schweitzer rettete etwa 1250 Menschen vor dem, wie es in den Berichten hieß, ‹sicheren Tod›. Laut Boulanger trieben vor der Insel Leichen im Meer, man hatte verstümmelte Menschen gefunden, die tot oder sterbend auf der Insel lagen. Gefangene mit Goldzähnen hatten häufig Gesichtsverletzungen. Ihre Zähne waren mit Schraubenziehern, Zangen und Hämmern entfernt worden. Das Ausmaß des Leidens ist kaum zu fassen, aber dieses Beispiel ist mir im Gedächtnis haften geblieben. Die Fischer, die an Rape Island anlegten, spürten die Frauen auf, die sich oft vergeblich zu verstecken suchten. Eine Frau, die ein sehr begehrtes Opfer der Vergewaltiger war, versteckte sich im hohen Gras. Ihre Peiniger waren zu faul, lange nach ihr zu suchen, und steckten das Gras in Brand, um sie auszuräuchern. Doch sie kam nicht heraus. Sie hatte so sehr unter ihren Peinigern gelitten, dass sie in dem Flammenmeer blieb. Ihre Verbrennungen waren schrecklich, doch sie waren für sie das kleinere Übel.»

In den sechs Jahren von 1982 bis 1986 wurden insgesamt 22 Piraten verurteilt. Allerdings wurden sie nicht wegen Piraterie angeklagt, sondern vor allem wegen gemeinschaftlichen Raubs, gemeinschaftlicher Vergewaltigung, gemeinschaftlicher Körperverletzung und gemeinschaftlichen Mordes. Später wurden einige harte Urteile verhängt. Hätte es diese harten Urteile früher gegeben, dann wäre vielleicht verhindert worden, dass sich das Ganze zu einer riesigen sadistischen Orgie auswuchs. Alle Vietnamesen, die sich mit Gewalt gegen ihre Peiniger wehrten, erhielten die Todesstrafe, aber der erste Pirat wurde erst im Dezember 1986 zum Tode verurteilt, und zu diesem Zeitpunkt hatten die Verbrecher bereits über zehn Jahre gewütet.

«Mangel an Beweisen war sicher ein Problem», sagt Ellen. «Aber ich weiß auch, dass nicht genug unternommen wurde, um Zeugen zu finden und Verurteilungen zu erreichen. Die thailändischen Behörden waren einfach nicht gewillt, energisch zu handeln. Im Dezember 1980 wurden sechs Fischer von der *Suchinnawa* wegen Vergewaltigung, unzüchtiger Handlungen und Freiheitsberaubung angeklagt, die auf Koh Kra an sieben Vietnamesinnen verübt worden waren. Das Gericht stellte das Verfahren ein, weil es die Identität der Beteiligten nicht für hinreichend geklärt hielt. Im selben Monat wurde ein thailändischer Fischer angeklagt, weil er mutmaßlich mehrere Vietnamesen ausgeraubt hatte und sie ertrinken ließ. Dies geschah vor Koh Kra. Laut Anklage hatte er das Boot mit den Flüchtlingen gerammt und zum Sinken gebracht. Trotzdem lautete die Anklage nicht auf Mord, aber das war unerheblich. Er wurde freigesprochen, weil er nicht eindeutig zu identifizieren war.» Mit einem undurchdringlichen Ausdruck legt Ellen die Akte aus der Hand. «Wir wissen nicht, ob diese Männer bei besserer Beweislage verurteilt worden wären. Sie wurden freigesprochen, also sind sie nicht schuldig. Das Problem war, von den völlig verängstigten jungen Frauen überzeugende Zeugenaussagen gegen ihre Peiniger zu erhalten. Heute haben wir DNA-Tests und andere moderne Techniken, mit denen sich eine Verbindung zwischen Täter und Opfer vielleicht hätte beweisen lassen, obwohl die Verbrechen oft lange vor den Festnahmen begangen wurden. Die Fischer hätte man auch der Piraterie anklagen können, aber wenn es nicht einmal gelingt, den Angeklagten zu identifizieren, dann spielt es keine Rolle mehr, auf was die Anklage lautet.»

Koh Kra wurde als Durchgangslager für Sexsklavinnen benutzt. Die Frauen auf der Insel dienten nicht nur dem perversen Vergnügen der Fischer und anderer Besucher: Wenn sie die Insel wieder verließen, landeten sie meist in der Sexindustrie von Bangkok oder anderen Städten. Wie stark das organisierte Verbrechen an den Gräueltaten beteiligt war, ist nicht ganz klar. Verbrecherbanden, die auf Phuket, in Pattaya oder in Bangkok Mädchen-Bars betrieben, profitierten gewiss von den Entführungen. Vermutlich verkauften die Fischer ihre Opfer an die Banden, oder diese hatten sich die Verdienstquelle direkt erschlossen.

Was als Gelegenheit für Diebstahl und Vergewaltigung begonnen hatte, etablierte sich als etwas noch Schlimmeres. Harte Sofortmaßnahmen hätten vielleicht verhindern können, dass der Kult der Grausamkeit solche Ausmaße erreichte. Nicht alle weiblichen Boat-People endeten in der Hölle von Koh Kra. Viele Boote wurden zwar angegriffen, aber die Frauen erreichten trotzdem die Küste und kamen in einem Transitlager unter. Viele Tausende jedoch waren tatsächlich einige Zeit auf Koh Kra. Wenige Glückliche wurden vom UNHCR gerettet. Die anderen wurden zu einem Leben als Hostessen und Prostituierte im Drogenmilieu gezwungen, das ihre schlimmsten Albträume übertraf.

Laut UNHCR wurde in der Zeit der Boat-People auch viel Positives erreicht. Wichtige Lehren wurden aus der Tragödie gezogen, und viele Flüchtlinge wurden erfolgreich wieder angesiedelt. Mindestens 500 000 von insgesamt zwei Millionen Flüchtlingen aus Laos, Kambodscha und Vietnam wurden in ihre Heimat zurückgeschickt, aber die meisten leben heute in anderen Teilen der Welt. Da viele spätere Flüchtlinge eher der Armut als der Diktatur entrinnen wollten, schwand das Mitgefühl der internationalen Öffentlichkeit allmählich.

Auch wenn das UNHCR im humanitären Bereich durchaus Positives leistete, übt Ellen doch berechtigte Kritik am Management der Flüchtlingslager und insbesondere am Verhalten der Verantwortlichen in der Seeschifffahrt. «Es tut mir bis heute Leid, dass Familien von der Leitung der Flüchtlingslager eher zerstört als zusammengehalten wurden. Die Überlebenden wurden aus Gründen, die offenbar mit dem römisch-katholischen Glauben zu tun hatten, nach Geschlechtern getrennt und in verschiedenen Lagern untergebracht, auch die Kinder durften nicht bei ihren Eltern bleiben. Selbst heute, nach so vielen Jahren, frage ich mich noch, wie man überhaupt auf einen solchen Gedanken kommen konnte, und ich finde es unfasslich, dass seine Verwirklichung zugelassen wurde. Diese verängstigten und verarmten Menschen hatten eine gefährliche Seereise und häufig Staatsterror, Diebstahl und Vergewaltigung überlebt. Nun aber wurden Männer von ihren Frauen und Mütter von ihren Kindern getrennt. Ich hoffe, dass nie wieder etwas so Inhumanes getan werden wird, und schon gar nicht im Namen einer Religion.»

Weil die Marine und andere Institutionen zu wenig Patrouillen durchführten, weil die Luftüberwachung ungenügend war und weil zu viele Schiffe einfach weiterfuhren, anstatt Menschen in Not zu helfen, blieb die Verbrechensbekämpfung auf See ineffektiv, bis das letzte Flüchtlingsboot in See stach. «Die Verantwortlichen in der Seeschifffahrt und in den Regierungen haben wenig Anlass, zufrieden mit ihren Leistungen zu sein. Ich würde gern daran glauben, dass so etwas nie wieder passieren kann, aber das wäre zu optimistisch. Auch nach Auschwitz und Bergen-Belsen wurde gesagt, dass man eine solche Barbarei nie wieder zulassen dürfe.»

Australien macht Probleme Heute gibt es eine große vietnamesische Gemeinde in Australien, und das Leben dort ist auch für Einwanderer aus anderen Teilen der Welt attraktiv. Anscheinend hat sich die australische Bevölkerung jedoch für eine harte Haltung gegenüber der wachsenden Zuwanderung entschieden. Obwohl diese Haltung von internationalen Organisationen wie dem UNHCR heftig kritisiert wurde, machte der australische Premierminister John Howard sie 2001 zu einem wichtigen Wahlkampfschwerpunkt. Howard wurde im November mit großer Mehrheit für eine dritte Amtszeit gewählt. Offensichtlich wird seine harte Haltung von einer Mehrheit der australischen Bevölkerung geteilt.

Wahrscheinlich hätte das Einwanderungsproblem im australischen Wahlkampf auf jeden Fall eine Rolle gespielt. Für all jene, die mit einer harten Linie gegen Menschenschmuggel und illegale Einwanderung Wählerstimmen gewinnen wollten, kam die Geschichte des Containerschiffs *Tampa* im August und September 2001 gerade recht. Diesmal ging es um afghanische Flüchtlinge. Vielleicht weiß die Welt heute besser Bescheid über die harte Realität unter dem Talibanregime in Afghanistan, nachdem das Regime mit amerikanischer Unterstützung von Truppen der Nordallianz gestürzt wurde. Afghanen flohen schon Jahre zuvor aus ihrem Land und beantragten meist politisches Asyl. Wenn eine Dienstleistung sehr gefragt ist, findet sich auch jemand, der sie erbringt. So kam es, dass, ähnlich wie in der chinesischen Provinz Fujian, Verbrecherbanden in das lukrative Geschäft des Menschenschmuggels einstiegen und Afghanen illegal nach Australien brachten. Die Fluchtroute führte in der Regel über Pakistan nach Malaysia. Dort hatten indonesische Kriminelle, die sich häufig auch als Piraten betätigten, eine Fluchtorganisation aufgebaut. Sie brachten die Afghanen per Schiff nach Australien, wo sie heimlich an Land gingen und dann politisches Asyl beantragten. Ihre Zahl stieg, und die australische Regierung beschloss, harte Maßnahmen gegen den Menschenschmuggel zu ergreifen.

Im Spätsommer 2001 versuchten mehr als 400 Flüchtlinge mit einer kaum seetüchtigen Fähre über den Indischen Ozean von Indonesien nach Australien zu gelangen. Im August begann das mit einer Besatzung von vier Indonesiern bemannte Schiff zu sinken. Es funkte SOS, und Kapitän Arne Rinnan von der *Tampa* fing den Notruf auf. Rinnan wollte helfen. Er hielt es für seine absolute Pflicht als Seemann, auf einen solchen Notruf zu reagieren. Im Gegensatz zu vielen anderen Schiffseignern war Wilhelm Wilhelmsen, der Besitzer der *Tampa*, der gleichen Ansicht und erlaubte seinem Kapitän, die Tragödie zu verhindern. «Nehmen Sie keine Rücksicht auf Kunden, Route oder Ladung», lautete sein Funkspruch. «Wir stehen diese Sache durch bis zum Ende.» Wilhelmsens Worte, Ausdruck einer entschlossenen Humanität, wirken heute fast altmodisch. Von Flugzeugen geleitet fuhr die *Tampa* mit Volldampf zu der in Seenot geratenen Fähre, wo der Kapitän selbst auf das mit verzweifelten Menschen überfüllte Schiff hinübersprang.

Nach dem Seerecht war die *Tampa* nicht verpflichtet, die Flüchtlinge, wie von ihnen gewünscht, nach Australien zu bringen. Sie befanden sich auf einem indonesischen Schiff, und die *Tampa* fuhr unter norwegischer Flagge. Es war jedoch notwendig, schnell zu handeln. Die Fähre hatte schwangere Frauen und einige Kranke an Bord. Die Flüchtlinge hatten Todesängste ausgestanden und waren nun auf der *Tampa* in Sicherheit. Doch das Schiff war für so viele Passagiere nicht eingerichtet. Zudem war es schrecklich heiß an Bord, insbesondere in den Containern, wo die Flüchtlinge schlafen mussten.

Kapitän Rinnan nahm Kurs auf die zu Australien gehörende Weihnachtsinsel, um die Flüchtlinge dort abzusetzen. Dabei ignorierte er das ausdrückliche Verbot, in australische Hoheitsgewässer einzudringen. Seine Passagiere begannen auf der tagelangen Reise unter fast unerträglichen Bedingungen unruhig zu werden. Einige drohten, über Bord zu springen. All dies ließ die australische Regierung völlig kalt. Sie entsandte Spezialkräfte, die das Schiff zunächst umkreisten und dann enterten, um zu verhindern, dass es die Flüchtlinge auf der Weihnachtsinsel absetzte.

Diplomaten in Genf, Jakarta, Canberra und Oslo suchten nach einer Lösung, während die Spannungen an Bord der *Tampa* wuchsen. John Howard wollte mit der indonesischen Staatspräsidentin Sukarnoputri sprechen, aber sie beantwortete seine Anrufe nicht. Ein Mitglied von Rinnans Besatzung meldete, dass die Mannschaft um ihre Sicherheit fürchte, wenn die Passagiere nicht bald abgesetzt würden. Man kann die Enttäuschung der Geretteten verstehen, aber dass sie die Mannschaft bedrohten, die ihnen gerade das Leben gerettet hatte, ist schon ein starkes Stück. In einer harten gerichtlichen Auseinandersetzung mit Menschenrechtlern, die sich für die Passagiere einsetzten, erstritt sich die australische Regierung das Recht, die Flüchtlinge auf ein wartendes Truppenschiff der australischen Marine überzusetzen. Sie wurden nach Papua-Neuguinea gebracht und dann nach Nauru und schließlich nach Neuseeland geflogen, das sich bereit erklärte, einige anerkannte Flüchtlinge aufzunehmen.

Viele Schiffseigner, die die Nachrichten über die *Tampa* verfolgt haben, werden davor zurückscheuen, in eine ähnliche politische Auseinandersetzung verwickelt zu werden. Ihre Schiffe werden in Zukunft Notrufe ignorieren.

Die Rolle der USA Außer den Chinesen haben noch andere Gruppen die von den Boat-People geprägte Methode der Selbsthilfe übernommen. Sie versuchen, der tiefen Armut in Haiti und dem kommunistischen Regime von Fidel Castro auf Kuba zu entrinnen, und überqueren den Atlantik in der Hoffnung, heimlich in Florida an Land gehen zu können. Wenn die Schiffe aufgebracht werden, werden die Insassen sehr unterschiedlich behandelt. Haitianer werden aufgrund eines Abkommens mit ihrer Regierung zurückgeschickt. Kubaner dagegen dürfen in der Regel bleiben, weil sie vor einem der Lieblingsfeinde der USA geflohen sind. Auf der Grundlage, dass jeder Feind Castros ein Freund der USA ist, hat sich Florida immer mehr zu einem spanischsprachigen amerikanischen Bundesstaat entwickelt, in dem sehr viele Kubaner und Lateinamerikaner leben. Ihre Einwanderung ist jedoch immer noch illegal, und sie überqueren in viel zu kleinen Booten ein Meer, auf dem haushohe Wellen keine Seltenheit sind. Hunderte sind dabei ertrunken, aber Tausende sind wohlbehalten angekommen.

Wenn die amerikanische Küstenwache Migranten abfängt, werden insbesondere Haitianer häufig gewalttätig. Sie wissen, dass sie ausnahmslos zurückgeschickt werden. Abgefangene oder aus Seenot gerettete Kubaner haben bessere Chancen. Im Gegensatz zu den Piraten im Golf von Thailand tun die Amerikaner ihr Möglichstes, um Leben zu retten. Trotzdem ertrinken immer wieder Flüchtlinge. Allein im November 2001 kamen über 200 Haitianer ums Leben, die sich im Vertrauen auf Gott und ihr Glück in völlig ungeeigneten Booten aufs Meer gewagt hatten. Solange sich die Lebensumstände auf Kuba und Haiti nicht verbessern, werden weiterhin viele Bewohner ihr Heil in der Flucht suchen. Ein ähnliches Problem mit Migranten aus anderen Ländern hat auch Italien.

Tod in der Adria Die azurblauen Gewässer der Adria sind bekannt für ihre herrlichen Strände, für die slowenische Perle Piran im Norden und die kroatischen Badeorte Rovinj und Dubrovnik weiter im Süden. Im Norden des schmalen, lang gestreckten Nebenmeers liegt auf der italienischen Seite Venedig. Und am Absatz des italienischen Stiefels, wo die Adria am schmalsten ist, befinden sich die großen Seehäfen Brindisi und Bari.

Unter Titos Herrschaft blieb der Vielvölkerstaat Jugoslawien stabil, zusammengekittet durch das Charisma des Marschalls und sein Geschick, anderen Staaten Finanzhilfen zu entlocken.

Nach Titos Tod waren es die Slowenen leid, durch harte Arbeit weniger produktive jugoslawische Regionen wie Montenegro, den Kosovo und Bosnien zu unterstützen. Slowenien trennte sich von Jugoslawien und wurde 1991 nach einem elftägigen Krieg mit Serbien selbstständig. Kroatien folgte dem slowenischen Beispiel. Zusätzliche Nahrung erhielt der Konflikt dadurch, dass Deutschland die internationale Anerkennung der beiden abgespaltenen Länder durchsetzte und damit den ganzen alten Hass in der Region erneut aufleben ließ. Konflikte aus längst vergangenen Zeiten wurden wieder lebendig, und der Balkan explodierte in einer Mischung aus Gebietsansprüchen und Rassenhass.

In den neunziger Jahren waren Kroatien, Serbien, Bosnien, der Kosovo, Makedonien und Albanien direkt oder indirekt in Kriege verwickelt oder von Kriegsfolgen betroffen. Selbst Bewohner ein und desselben Dorfes fielen übereinander her, wenn sie verschiedenen Volksgruppen angehörten. Führer wie Franjo Tudjman in Kroatien und Slobodan Milošević in Serbien verschärften das Blutvergießen noch und lösten durch Unterdrückung und Mord einen gewaltigen Flüchtlingsstrom aus. Fluchtrouten führten durch Ungarn und Slowenien. Der Autor selbst wurde Zeuge, wie sich

Flüchtlinge im Zug von Zagreb nach Ljubljana unter den Sitzen versteckten. Sie hatten Glück. Die Polizei übersah sie, als sie den Zug durchsuchte. Glück hatten sie auch, weil sie den Landweg und nicht den Seeweg über die Adria für ihre Flucht gewählt hatten. Hunderte von Kriegsflüchtlingen nahmen nämlich kleine Boote, um nach Bari oder Brindisi überzusetzen. Die italienische Regierung war so besorgt über das Anschwellen dieses Stroms, dass sie den Migranten ihren Flüchtlingsstatus entzog und sie als illegale Einwanderer einstufte. Allein im Kosovo packten 195 000 Menschen ein paar Habseligkeiten zusammen und flohen in alle Richtungen. 1999 wimmelte es auf der Adria von Flüchtlingsbooten, die Italiens Küste erreichen wollten. Viele Boote waren so überfüllt, dass sie zu tief im Wasser lagen, und es kam vor, dass über hundert Menschen auf einmal ertranken. Ein kleines Schiff, das die Überfahrt schaffte, hatte mehr als 1100 Personen an Bord.

Wie immer hatten sich die Schlepper den neuen Markt schnell erschlossen. Für den Platz in einem Boot nahmen Sie, was sie kriegen konnten. Im Vergleich zu den Gewinnen der Schlangenköpfe waren ihre Einnahmen jedoch eher bescheiden. Eine Überfahrt, die vielleicht nur an die italienische Küste führte, kostete bis zu 3000 Deutsche Mark – kaum genug für einen Schlangenkopf, um sich auf dem chinesischen Schwarzmarkt einen neuen Whirlpool, oder eine Rolex zu kaufen. Dass die Schlepper aus Geldgier die Boote überluden, kostete viele Menschen, die zuvor schon viel durchgemacht hatten, das Leben. Inzwischen ist es auf dem Balkan relativ friedlich. Die von den Politikern gelegte Bombe ist explodiert, aber der Pulverdampf hat sich verzogen. Friedenstruppen sind stationiert, und die schlimmen Erinnerungen verblassen mit der Zeit. Tudjman ist tot, und Milošević ist als Kriegsverbrecher angeklagt. Die Flutwelle der Flüchtlinge ist verebbt.

Italien bleibt wegen seiner geographischen Lage und seines relativen Reichtums ein attraktives Ziel für Flüchtlinge aus anderen Krisengebieten. Türken, die nach Deutschland wollen, Afghanen, die fast jedes andere Land ihrem eigenen vorziehen, Nordafrikaner und Chinesen versuchen alle, an einer günstigen Stelle der langen italienischen Küste heimlich an Land zu gehen. Im März 2002 kenterte ein mit Flüchtlingen überfülltes Boot vor Sizilien; es gab 50 Tote. Die elf Überlebenden behaupteten, sie hätten Menschenschmugglern je 4000 US-Dollar für die Überfahrt bezahlt. Das Boot kam aus der Türkei und hatte Migranten aus Nigeria, dem Sudan und der Türkei an Bord. Wieder einmal hatte die Gier der Schlepper, die das Boot überluden, zu einer Tragödie geführt. Für 244 000 Dollar hätten sie wenigstens ein geeignetes Boot für die 61 Flüchtlinge besorgen können.

Es bleibt den Politikern überlassen, im ehemaligen Jugoslawien, in der Türkei, in Afghanistan und in Afrika wieder für mehr Zuversicht zu sorgen, doch angesichts der Ausbreitung des religiösen Extremismus stehen die Chancen dafür nicht gut. Die in diesem Kapitel geschilderten Probleme der Migranten wurden von machthungrigen Politikern oder religiösen Fanatikern verursacht, die anderen ihre Politik oder ihren Glauben aufzwingen wollten. Dabei waren häufig persönliche Eitelkeit und Selbstüberschätzung im Spiel. Eigenschaften, wie sie auch die Personen kennzeichnen, die das im nächsten Kapitel geschilderte Verbrechen begingen: Mord auf hoher See aus Gewinnstreben. Schlüsselfiguren waren führende Gestalten der österreichischen High Society, eine Gruppe von Spitzenpolitikern und Spitzenverdienern.

KAPITEL 6

Tote reden nicht

High Society, Betrug und Mord

Wien ist berühmt für seine großartigen Bauwerke und gilt als Inbegriff von Kultur und Eleganz. Die Touristen strömen in die österreichische Hauptstadt und besuchen die sorgfältig konservierten Relikte des Habsburgerreichs. Zu diesen gehören auch die Kaffeehäuser: An den Wänden große Ölgemälde, auf den Tischen feinstes Porzellan, sind sie Zeugen einer vergangenen Epoche und das Gegenbild zur nüchternen Funktionalität einer Starbucks-Kaffeebar. Die Wiener sind stolz auf ihre Kaffeehäuser. Dort treffen sie sich mit Freunden, plaudern lange und ausführlich, genießen Kaffee und Mehlspeisen. Ein solcher Tempel des Wohllebens ist die Konditorei Demel am Kohlmarkt, nur ein paar Schritte vom Parlament entfernt. Einst war das Demel k. u. k. Hofzuckerbäckerei. Und an diesem von lebhaft schwatzenden Besuchern bevölkerten Ort wurde eines der schlimmsten und bösartigsten Verbrechen gegen die Schifffahrt ausgeheckt.

Wien, die Hauptstadt eines Landes ohne direkten Zugang zum Meer und weitab vom Meer gelegen, ist eine überraschende Brutstätte für eine solche Tat, deren Ursprung man eher in Hongkong, Piräus oder Jakarta erwarten würde. Aber im ersten Stock der Konditorei Demel traf sich regelmäßig eine Gruppe von Männern – mächtige Männer, Rechtsanwälte, Politiker. Sie gehörten zum «Club 45», einer exklusiven Vereinigung mit den Verbindungen und der Macht, Dinge zu bewegen. Ihr Einfluss war so groß, dass sie glaubten, sie stünden über dem Gesetz. Der Zutritt zum Club wurde streng kontrolliert, denn es konnte vorkommen, dass sich dort der österreichische Bundeskanzler bei einem Drink mit dem Verteidigungsminister austauschte. Der Inhaber des Demel, Udo Proksch, kannte den sowjetischen Staatschef Leonid Breschnew und zählte König Hussein von Jordanien zu seinen alten Freunden. Aber seine Verbindungen reichten auch in die Halbwelt von Spionage und Waffenhandel.

Udo Proksch Proksch war mittelgroß, korpulent und glatzköpfig. Wie ein österreichischer Napoleon trat er in den Ballsälen und auf den Partys der Reichen und Schönen auf. Wo er war, wurde viel gelacht, und schöne Frauen wie Imelda Marcos hingen an seinen Lippen. Er feierte mit den Stars des Formel-1-Zirkus, mit Weltmeister James Hunt und dem österreichischen Rennfahrer Niki Lauda, der damals gerade seine Fluglinie Lauda Air gründete. Proksch hatte einen Pilotenschein und flog eine Vampire.

Dabei stammte er aus bescheidenen Verhältnissen, 1934 war er in Ostdeutschland zur Welt gekommen. Viele sind überzeugt, dass er in Wien für die Stasi spionierte. Aber dank seines Charismas gelang es ihm, zu einer wichtigen Figur im gesellschaftlichen Leben Wiens zu avancieren. Er erregte gern Aufsehen, und sei es durch einen Fallschirmsprung. So landete er am Fallschirm mit einer Torte in der Hand mitten in der Party eines Freundes. Proksch kannte sich aber nicht nur mit Süßspeisen aus, sondern auch mit Waffen und Sprengstoffen, vor allem kannte er mächtige Männer in Wien und im Ausland.

Wiederaufbereitung Die Atomkraft und der Verbleib der radioaktiven Abfälle waren in den siebziger Jahren in Österreich ein großes Thema. 1960 hatten die Planungen für das erste österreichische Kernkraftwerk in Zwentendorf begonnen. Die Bauarbeiten daran zogen sich bis in die siebziger Jahre hin, und der Widerstand wuchs. 1976 war das Kernkraftwerk betriebsbereit, aber angesichts des öffentlichen Unmuts zögerte die Regierung die Inbetriebnahme hinaus, weil sie den Verlust von Wählerstimmen fürchtete. In den Wiener Kaffeehäusern diskutierte man über Uran, seine Verfügbarkeit und die Probleme im Umgang damit.

Im Jahr 1976 ging bei der Wiener Bundesländerversicherung ein Antrag auf Versicherung einer High-Tech-Anlage ein, die von Österreich über den italienischen Hafen Chioggia nach Hongkong verschifft werden sollte. Nichts daran war ungewöhnlich – einfach ein Routineantrag zur Versicherung von Gütern, die auf dem Seeweg transportiert werden sollten. Allerdings war der Versicherungswert beträchtlich.

Einer der Hauptbeteiligten beim Abschluss der Versicherung und an der ganzen *Lucona*-Affäre war ein Deutscher namens Hans Peter Daimler. Er und Proksch kannten sich seit Jugendzeiten. Daimler, ein hinter seinen Brillengläsern finster blickender Geschäftsmann, hatte das Gebaren eines Mannes mit Stil und erweckte nicht den Eindruck, dass er sich zu unbedachten Schritten hinreißen ließ.

Die offizielle Version lautete, dass eine Fabrik zur Aufbereitung von nichteisenhaltigen Metallen geliefert werden sollte, insbesondere von Uran. Die Uranerz-Aufbereitungsanlage hatte einen Versicherungswert von 31 Millionen Schweizer Franken oder umgerechnet rund 20 Millionen US-Dollar – heute und erst recht damals eine beeindruckende Zahl. Aber die Zahl war andererseits auch nicht so hoch, dass sie sofort Verdacht erregt hätte. In der Schweiz wurde eine Exportfirma eingetragen, die Zapata AG, und aus den Unterlagen geht hervor, dass sie mit der in Hongkong registrierten North Pacific Trading einen Vertrag über Lieferung einer Anlage mit dem genannten Wert abgeschlossen hatte. (Ähnlichkeiten zwischen diesen Firmen und damals oder heute bestehenden anderen Firmen gleichen Namens sind rein zufällig.) North Pacific Trading war eine weitere Scheinfirma, eigens geschaffen für die Abwicklung von Prokschs großem Plan.

Proksch war nominell leitender Angestellter der 1970 in Zug gegründeten Zapata AG, einer typischen Briefkastenfirma ohne jegliche reale Geschäftstätigkeit. Die kleine Schweizer Stadt Zug ist bei Betrügern sehr beliebt, auch die Beteiligten der *Salem*-Affäre entschieden sich ein oder zwei Jahre später für Zug. Derartige Scheinfirmen eignen sich hervorragend, um heißes Geld verschwinden zu lassen oder die Inhaber vor der Justiz zu schützen. Eine kleine Scheinfirma kann man schnell gründen und genauso schnell wieder auflösen, wenn sie ihren Zweck erfüllt hat. Der ursprüngliche Plan sah vor, dass die Zapata die wertvolle Fracht im August 1976 auf den Weg bringen sollte, aber der Termin wurde verschoben. Schiff und Crew, die zunächst ausgewählt worden waren, entgingen ahnungslos dem Schicksal der *Lucona*. Die *Beatrix* stach ohne die brisante Fracht in See.

Die *Lucona* Erst im Januar 1977 wurde der Container mit der Nummer 083737-9 in Chioggia auf die *Lucona* verladen. Der kleine italienische Hafen Chioggia liegt wenige Kilometer südlich von Venedig an der Adria, im östlichen Teil des Mittelmeers. Dass der Container an Bord gelangte, steht zweifelsfrei fest. Fern seiner österreichischen Heimat beobachtete ein illustrer Augenzeuge das Verlademanöver: kein Geringerer als Leopold Gratz, der damalige Bürgermeister von Wien und Mitglied des Clubs 45. Bürgermeister Gratz dürfte wohl nicht allzu häufig von einem Kai aus dem Verladen von Containern zugeschaut haben. Zu seinen offiziellen Pflichten gehörte das jedenfalls nicht.

Der 1929 geborene Gratz absolvierte eine steile Karriere, bis er 1989 in den Strudel der *Lucona*-Affäre geriet. Er war Rechtsanwalt, wurde 1963 ins Parlament gewählt, amtierte von 1973 bis 1984 als Bürgermeister von Wien und wurde dann Außenminister. Auf dem Gipfel seiner Laufbahn war er Präsident des Nationalrates. Gratz, ein gut aussehender Mann mit üppigen grauen Haaren, war genau die Vertrauen erweckende Erscheinung, von der man sich gern zusichern lässt, dass eine wertvolle Fracht tatsächlich ordnungsgemäß verladen wurde – außer man ist misstrauisch und meint, es sei etwas zu viel des Guten, dass jemand wie er eigens deshalb nach Italien reist.

Die *Lucona* war 175 Meter lang, war in Panama registriert und hatte zwölf Mann an Bord. Ihr Kapitän, der 35-jährige Jacob Puister, war, wie der 31-jährige Erste Offizier Jacobuus Nicolaas van Beckum, Holländer, Letzterer stammte aus Den Haag. Kapitän Puister war sehr erfahren, er fuhr bereits seit 20 Jahren zur See. Die Crew bestand aus der üblichen Mischung von Nationalitäten und Hautfarben. Außerdem hatte der Kapitän seine Frau als Passagierin mit an Bord gebracht. Auf dem Vordeck der *Lucona* befand sich die weiße Brücke, und ein runder Schornstein erhob sich über dem Maschinenraum. Vor der Brücke waren Ladebäume für das Be- und Entladen angebracht.

Der Kapitän hatte Anweisung, alle zwölf Stunden eine Positionsmeldung zu geben. Nach dem Auslaufen steuerte die *Lucona* durch die warmen und überwiegend ruhigen Gewässer des östlichen Mittelmeers. Die Route nach Hongkong sollte durch den Suezkanal führen. Die *Lucona* legte im ägyptischen Port Said am Nordende des Kanals an. Die Container befanden sich unter Deck, und trotz der Ladung lag das Schiff nicht tief im Wasser. Die Weiterfahrt verzögerte sich, weil die Durchfahrtsgebühren für den Kanal nicht bezahlt worden waren. Das Schiff wurde fotografiert – es sollte das letzte Bild der *Lucona* sein.

Nach der Durchfahrt durch den Kanal nahm die *Lucona* Kurs auf das Rote Meer und den Golf von Aden. In Djibouti gab es einen unplanmäßigen Zwischenstopp, dann ging es ohne besondere Vorkommnisse weiter nach Osten. Bald befand sich die *Lucona* vor den Malediven, einer Gruppe kleiner Atolle und unzähliger Eilande mit weißen Traumstränden. Von dort sollte die *Lucona* in südöstlicher Richtung nach Colombo steuern, um Sri Lanka herum und hinaus in die Weite des Indischen Ozeans. Land würde erst in der Nähe der Grenze zwischen Thailand und Malaysia wieder am Horizont auftauchen.

Im Indischen Ozean Rund um die Inseln gibt es flache Gewässer, ansonsten ist der Indische Ozean bis zu 3000 Meter tief. Für ein Schiff, das 1977 auf den Meeresgrund sank, war das ein sicheres Grab, eine Ruhestätte, die niemals von Neugierigen auf der Suche nach der Wahrheit gestört werden würde.

Die Wettervorhersage für die Region klang gut, als der Frachter am Sonntag, dem 23. Januar, auf der Position 0850 Nord und 7030 Ost die Insel Minicoy passierte. Das Meer war ruhig an diesem Tag, der Himmel sonnig, und es wehte ein leichter Wind aus nordöstlicher Richtung. Das Thermometer war auf fast 38 Grad geklettert, und der Frachter hielt ohne besondere Vorkommnisse weiter Kurs auf Hongkong.

Die Crew war völlig ahnungslos, doch es stand bereits fest, dass der Tag nicht friedlich zu Ende gehen würde. Für sechs Menschen an Bord würde es keinen nächsten Tag mehr geben. Über ihre Leben hatten die Männer entschieden, die sich regelmäßig in den Räumen über dem Café Demel trafen. Um 14 Uhr Ortszeit löste van Beckum den Kapitän ab und übernahm die nächste Wache. Kapitän Puister blieb noch eine Weile auf der Brücke, dann suchte er sich mit seiner Frau einen Liegestuhl an Deck. Später ging er in seine Kabine hinunter.

Um 16 Uhr Ortszeit hatte sich immer noch nichts ereignet, was einen Eintrag ins Logbuch wert gewesen wäre. Das Meer dehnte sich in regloser Unendlichkeit. Hin und wieder tauchte ein anderes Schiff am Horizont auf, Fischerboote zeichneten sich vor den kleinen Inseln ab, und Fliegende Fische eskortierten die *Lucona* ein Stück. Für die Männer an Bord war der Frachter ihre kleine Insel, ein sicherer Kokon inmitten der endlosen Wasserfläche. Unten im Maschinenraum herrschte entspannte Ruhe. Die Maschinen klangen gut, die Anzeigen waren normal. Kapitän Puisters Ehefrau war inzwischen auf der Brücke. Ein paar Männer hatten sich an Deck in der Sonne ausgestreckt. Auf einmal begann das Schiff zu rollen und zu stampfen, und gleich darauf wurde es von zwei gewaltigen Explosionen erschüttert. Schwarzer Rauch und ein Feuerball stiegen vom Deck auf, die tödliche Bedrohung breitete sich von irgendwo unter Deck zur Brücke hin aus. Die Männer, die in der Sonne gelegen hatten, starben auf der Stelle, als das Schiff von der Explosion in einen Regen von Metallteilen und Splittern aller Art verwandelt wurde.

Hätten es womöglich zwölf Tote sein sollen? Wer plant, mitten auf dem Ozean mittels einer Bombe an Bord ein Schiff zu versenken, dürfte kein Interesse daran haben, dass Überlebende Zeugenaussagen machen können. Wären alle zwölf Menschen an Bord mit dem Schiff in die schwarze Tiefe des Ozeans gerissen worden, hätten Proksch und seine Kumpane gute Chancen gehabt, ungeschoren davonzukommen.

Der Funker an Bord der *Lucona* jedenfalls hatte keine Chance, noch SOS zu senden, zu schnell drang das Wasser in seine Kabine und die mittleren Abschnitte des Schiffsrumpfes ein. Die Explosion hatte die Bugregion zerstört, dort schoss das Wasser herein, die *Lucona* war rettungslos verloren. Sie bekam Schlagseite und begann rasch zu sinken, eingehüllt in dichten, tödlichen Rauch, begleitet vom Brüllen des Feuers. Das Wasser schwappte über das Frachtdeck und überflutete die Niedergänge. In dem beißenden Rauch sah man kaum die Hand vor Augen.

Kapitän Puister, der in seiner Koje gelegen hatte, wurde von der Gewalt der Explosion in die Kabine geschleudert. Dort kam er langsam zu sich und wusste sofort, dass etwas Schreckliches passiert sein musste. Als er auf den überfluteten Gang hinaustrat, war ihm klar, dass es für sein Schiff keine Rettung mehr gab. Unter Deck erloschen die Lichter.

Während die überlebenden Crew-Mitglieder das Schiff verließen, sank der Bug bereits unter Wasser, und das Heck hatte sich erhoben, die Schiffsschraube ragte über die Wasserlinie. Mit einer Mischung aus Glück und Mut gelang es ihnen, zu einem Rettungsboot zu schwimmen oder sich an Rettungsflöße zu klammern. Von dort aus beobachteten sie, wie das Schiff seine letzte lange Reise auf den Grund des Meeres antrat. Gerade einmal drei Minuten waren seit der Explosion vergangen, als nur noch ein paar Wrackteile auf dem Wasser schwammen. Die sechs Überlebenden hatten erneut Glück; sie wurden von einem vorbeikommenden Tanker, der *MT Sapem*, aufgenommen und ins östlich der Unglücksstelle gelegene Aden gebracht.

Etliche tausend Kilometer entfernt, in Wien, aß man um diese Zeit zu Mittag. Proksch und seine Mitverschwörer dürften ihr Leben im Kreise ihrer Freunde und Familien genossen haben, während auf der *Lucona* die Menschen um ihr nacktes Leben kämpften oder mit dem Schiff untergingen. Proksch plante wohl schon seinen nächsten Schritt – die Schadensmeldung für die High-Tech-Ausrüstung in Container Nummer 083737-9.

Kapitän Puister und seine Frau überlebten, ebenso der Erste Offizier van Beckum. Unter den Opfern waren eine junge Holländerin, zwei Matrosen aus Barbados, zwei Portugiesen und der Erste Ingenieur.

31 Millionen Schweizer Franken Wären bei der Explosion der *Lucona* alle Besatzungsmitglieder getötet und alle Beweise vernichtet worden, hätte Proksch eine Chance gehabt, die Versicherungssumme für die angeblich auf dem Weg nach Hongkong verlorene Uranfabrik zu kassieren. Bei 31 Millionen Schweizer Franken zögert ein Versicherer jedoch erst einmal, bevor er einen Scheck unterschreibt, und er wird umso zögerlicher, wenn Überlebende eine solche Geschichte zu erzählen haben. Ein Schadensfall ohne eindeutige Ursache wird von jeder Versicherung gründlich untersucht. Den Versicherern war 1977 durchaus bewusst, dass zwar tatsächlich Tragödien geschehen, dass aber nur allzu häufig kriminelle Machenschaften im Spiel sind. Schiffe versenken war damals geradezu in Mode. Im Fall der *Lucona* war der Rumpf separat versichert worden, und die Experten versuchten herauszufinden, wer von dem Verlust des Schiffes profitieren würde. Die für die Uranerz-Aufbereitungsanlage veranschlagte Summe deutete darauf hin, dass deren Besitzer das allergrößte Interesse hatten, Bargeld für den Verlust zu bekommen. Zwar gab es bei den österreichischen Versicherern nicht so viel Erfahrung mit Schadensfällen auf See wie bei Lloyd's in London, aber schon bald stellten sie die Überlegung an, dass Zapata 31 Millionen Franken für etwas kassieren würde, das eventuell niemals an Bord gelangt war. Nun ist ein Verdacht nicht dasselbe wie ein Beweis. Die Bundesländerversicherung veranlasste Nachforschungen über die Crew-Mitglieder, aber nichts deutete darauf hin, dass die Crew einen Coup geplant hatte.

Agenten von Lloyd's, die Repräsentanten in wichtigen Häfen, wurden gebeten, die Augen offen zu halten, ob irgendwo ein Schiff auftauchte, das Ähnlichkeit mit der *Lucona* besaß – und einen anderen Namen hatte. Auch verdächtige Geschäfte im Umkreis der Kais sollten sie melden, nur für den Fall, dass die *Lucona* gar nicht untergegangen, sondern irgendwohin dirigiert worden war und die vermeintlich zu Tode gekommenen Mitglieder der Crew jetzt die wertvolle Fracht verscherbelten. Zu Anfang konnte man nur Vermutungen anstellen und nichts ausschließen.

Ohne Überlebende wäre die Versicherung irgendwann vielleicht zu der Überzeugung gelangt, das Schiff sei von Piraten entführt worden und das Schicksal der Besatzung werde sich nicht klären lassen. Dann hätte sie vielleicht für die Fracht und den Schiffsrumpf bezahlt. Doch sechs Menschen hatten überlebt. Kapitän Puister berichtete nach seiner Rettung, die *Lucona* sei nach einer Explosion gesunken. In der Londoner City wurde der Verlust im Januar 1977 getreulich in Lloyd's Day Book in der Lime Street eingetragen.

Lloyd's, 1696 gegründet von Edward Lloyd, ist ein traditionelles Zentrum für Seeversicherungen. Edward Lloyd führte ein Kaffeehaus in der Tower Street mitten in London. Er hörte dort Neuigkeiten von Schiffen und erzählte sie weiter. So entstand das Unternehmen, das heute gar nicht weit entfernt von seinem Ursprung in einem ultramodernen Gebäude seinen Sitz hat. Reiche Londoner tranken damals bei Edward Lloyd ihren Kaffee, diskutierten über die Schiffsmeldungen und kamen überein, dass sie gegen die *Unbilden des Meeres* wetten und ihr Geld einsetzen wollten in der Hoffnung auf ansehnlichen Gewinn. Piratenüberfälle gab es auch damals schon häufig. Die technische Ausstattung der Schiffe war primitiv, und die Seekarten waren alles andere als zuverlässig. Aber die Männer machten im Allgemeinen gute Geschäfte. 1977 war Lloyd's zwar keineswegs der größte Versicherer, aber doch einer der wichtigsten.

Zum Glück für Lloyd's hatten sie nicht die Fracht der Zapata AG versichert. Um dieses Problem musste sich die österreichische Bundesländerversicherung kümmern, die allerdings ihre Rückversicherung in London abgeschlossen hatte. Wenn ein Verlust eintritt, ist es der normale Weg, dass der Inhaber der Versicherungspolice dem Versicherer den Schaden mitteilt und seine Ansprüche anmeldet. Es hätte seltsam ausgesehen, wenn die Zapata AG das nicht getan hätte. Dass die Crew-Mitglieder erzählten, die *Lucona* sei infolge einer Explosion gesunken, bedeutete nicht, dass die Zapata AG daran schuld war. Viele Ursachen für eine Explosion waren denkbar. Oder die Überlebenden sagten nicht die Wahrheit.

Proksch wartete nicht lange. Am 25. Januar, innerhalb von 48 Stunden nach der Explosion, verlangte er die Auszahlung seiner 31 Millionen Schweizer Franken. Die Versicherung zeigte sich allerdings unbeeindruckt. Die Sache stank, und fürs Erste dachten sie nicht daran, einen Scheck zu unterschreiben. Die Versicherungssumme war zu hoch, die Fracht war zu außergewöhnlich, die Umstände des Verlustes waren zu verdächtig. Man wollte Udo Proksch, Hans Peter Daimler, die Zapata AG und die wertvolle Fracht genauer unter die Lupe nehmen. Alle Ansprüche sollten gründlichst geprüft werden.

Scheinfirmen Die Versicherung stellte ein Team für die Nachforschungen zusammen. Nicht nur die Versicherungssumme erregte Verdacht, auch Größe und Gewicht der angeblich in dem Container transportierten Uranfabrik. Die Zapata AG untermauerte ihre Position mit der Vorlage der Rechnung an die North Pacific Trading. Und sie brachte eine eidesstattliche Erklärung von Leopold Gratz bei, dem Mann mit der steilen Karriere, der in Chioggia beobachtet haben wollte, wie die Fracht verladen wurde. Auch die Frachtpapiere wurden vorgelegt. Alles in allem waren die Beweisstücke beeindruckend, aber die Bundesländerversicherung blieb bei ihrer abwartenden Haltung.

Daraufhin reichte die Zapata AG Klage ein. Sie forderte die Versicherungssumme plus Zinsen für die inzwischen verstrichene Zeit. Die Sache spitzte sich zu, zugleich führten die gründlichen Nachforschungen immer weiter in die Vergangenheit zurück.

Der Umstand, dass als Firmensitz der Zapata AG ein abgelegener Bauernhof eingetragen war, sprach nicht gerade dafür, dass hier tatsächlich korrekt Waren im Wert von Millionen bewegt worden waren. Der Versicherung war ein erster Durchbruch gelungen, aber als Beweis reichte das noch nicht aus. Die Anteilseigner der Zapata AG waren durchweg respektable Geschäftsleute, Männer wie der 1932 in Polen geborene Steven Low. Er hatte zunächst in Kanada erfolgreich Geschäfte gemacht und Verbindungen geknüpft und seine Aktivitäten zunehmend nach Europa ausgedehnt; allerdings blieb manches an ihm geheimnisvoll. Dann war da Karl Lütgendorf, zeitweise österreichischer Verteidigungsminister mit einer an Churchill erinnernden Vorliebe für Zigarren. Solche Männer beschuldigt man nicht ohne handfeste Beweise des Betrugs und Mordes. Auch Zapata-Manager Proksch war einflussreich und in der österreichischen Finanzwelt angesehen.

Nun ist der Charakter der Anteilseigner keine Garantie für die Integrität des Managements einer Firma. Anteile zu besitzen bedeutet nicht notwendigerweise, die Kontrolle über das Unternehmen auszuüben, und impliziert noch weniger Kenntnis von etwaigen Betrügereien. Steven Low wurde 1986 in Paris im Zusammenhang mit den Wiener Ermittlungen gegen Proksch und Daimler befragt. Er legte dar, dass er keinerlei verantwortliche Rolle bei Zapata spielte. Offensichtlich bemühte er sich, auf Distanz zu gehen.

Auf dem Truppenübungsplatz Proksch war, wie wir bereits gesehen haben, ein Mann mit vielen Talenten. Deshalb dürfte es keine Überraschung gewesen sein, als die Ermittler herausfanden, dass er einige Jahre zuvor im niederösterreichischen Oberhöflein ein stillgelegtes Kohlenbergwerk gekauft hatte. Die Anlagen und Werkzeuge aus der Grube verkaufte er als Schrott an einen Schweizer Geschäftsmann namens Leo Tannaz, auch bekannt unter dem Namen Jean Mardin. Tannaz traf Proksch und Daimler in Hongkong. War es Zufall, dass zur gleichen Zeit dort die North PacificTrading gegründet wurde, eine Firma, die in den Betrug verwickelt war?

Im Jahr 1976, einige Monate vor dem Untergang der *Lucona*,

tummelte sich Proksch augenscheinlich auf einem weiteren Interessenfeld. Sein Freund und Clubkamerad Karl Lütgendorf war eine wichtige Persönlichkeit im Militär und in der Politik, und Proksch interessierte sich sehr für alles, was mit dem Militär zusammenhing. In jenem Sommer probierte der Kaffeehausbesitzer Proksch auf dem Truppenübungsplatz Hochfilzen Sprengstoffe aus. Ungefähr zur selben Zeit unterzeichnete die Zapata AG den Versicherungsschein für die Uranfabrik, die sie liefern sollte. Erst zwölf Jahre später, 1988, kamen Einzelheiten über die Verwicklung des Militärs in die Affäre ans Licht.

Ein ehemaliger Angehöriger der österreichischen Armee bekam 1976 die Anweisung, Proksch mit der Lieferung von 100 Kilogramm Sprengstoff plus Zündern auszuhelfen. Wer hatte die Anweisung erteilt? Angeblich kam sie *von ganz oben*: von keinem anderen als dem damaligen Verteidigungsminister und Zapata-Aktionär Karl Lütgendorf!

Die Spur nach Piesting Den Ermittlern schien es auch angebracht, den Standort zu erkunden, wo sich die Uranfabrik angeblich befunden hatte, bevor sie für die Lieferung nach Hongkong verpackt wurde. Die Spur führte in den kleinen Ort Piesting. Falls sie erwartet hatten, dort die Hinterlassenschaften einer High-Tech-Firma zu finden, wurden sie enttäuscht. Die angegebene Adresse erwies sich als eine Schreinerwerkstatt mit einem Hof voller Metallschrott und Abfällen. Von dort sollte eine derart teure Anlage zur Uranaufarbeitung stammen? Die Ermittler hatten größte Zweifel, einer schrieb: «Es war nicht möglich, diesen Saustall zu betreten.»

Weitere Nachforschungen erbrachten, dass 1976 eine Gruppe

italienischer Arbeiter gegen Barbezahlung angeheuert worden war, um verschrottete Anlagenteile einer Kohlengrube zu säubern. Die Ermittler waren überzeugt, dass es dabei um das Bergwerk ging, das Proksch erworben hatte. Geputzt und frisch lackiert sahen die Teile zumindest bei oberflächlicher Betrachtung ganz respektabel aus, und die Ermittler mutmaßten, dass diese Teile zur Verladung nach Chioggia transportiert worden waren. Auf genaueres Befragen räumte die Speditionsfirma ein, dass die angegebene Zahl der Frachtkisten falsch war. Am Abend des 4. Januar 1977 war lackierter Schrott in den mit 31 Millionen Schweizer Franken versicherten Container Nummer 083737-9 verladen worden.

Während die Ermittlungen fieberhaft vorangetrieben wurden, verweigerte die Versicherung weiterhin die Auszahlung an die Zapata AG. Die Gründe für ihre ursprüngliche Entscheidung, die Ansprüche aus der Police nicht anzuerkennen, erhärteten sich immer mehr. Proksch wandte sich an seine mächtigen Freunde und versuchte, mit Einflussnahme und auf gerichtlichem Weg an das Geld zu kommen, doch vergebens. Die Auseinandersetzung zog sich in die achtziger Jahre hinein. Die Gerichte waren nicht überzeugt, dass Zapata wirklich einen Anspruch gegen die Versicherung hatte.

Der Konflikt mit der Bundesländerversicherung war nicht das einzige Problem auf Prokschs Schreibtisch. Als in Österreich die Empörung über die Affäre wuchs, lautstark eine garantiert unabhängige Untersuchung gefordert wurde, warfen die Mitglieder des Clubs 45 ihren ganzen Einfluss in die Waagschale. Die gerichtlichen Ermittlungen wurden sabotiert. Gratz und andere blockierten alle ernsthaften Versuche, die Fakten in einem Strafverfahren ans Licht zu bringen. Staatsanwalt Wolfgang Mühlbacher sagte später vor einem parlamentarischen Untersuchungsausschuss aus,

Minister und andere einflussreiche Personen hätten der Justiz systematisch Steine in den Weg gelegt. Proksch handelte nach dem Motto «Angriff ist die beste Verteidigung» und reichte in Absprache mit seinem Freund, Innenminister Karl Blecha, Klage gegen die Polizei ein, die ihn angeblich schikanierte. Es war typisch für diesen Filz, dass ausgerechnet Blechas Bruder Proksch als Anwalt vertrat.

Vielleicht doch ein Verfahren? Erst 1983, sechs Jahre nach dem Untergang der *Lucona*, bekam der Damm langsam Risse. Gegen Proksch und Daimler wurde in mehreren Punkten Anklage erhoben, auch wegen Mordverdachts. Aber noch fehlten handfeste Beweise. Das verhinderten Prokschs mächtige Freunde, die sich zum Ziel gesetzt hatten, ihn mit allen Mitteln vor dem Gefängnis zu bewahren. Die einzigen handfesten Beweise, die es gab, lagen unerreichbar auf dem Grund des Indischen Ozeans.

Eine spätere Untersuchung des politischen Skandals förderte zutage, dass Innenminister Karl Blecha 1983 dafür gesorgt hatte, dass die polizeilichen Ermittlungen, die in Salzburg liefen, eingestellt wurden. Das half Proksch, denn seine korrupten Freunde konnten in Salzburg weniger ausrichten als in Wien. Blecha ließ die Akten an die Staatsanwaltschaft in Wien überstellen. Allerdings kamen die Ermittlungen dort, auch wenn sie, wie sich später zeigte, systematisch behindert wurden – nie zum Stillstand.

1984 wies Blecha die Polizei an, die *Lucona*-Akten ruhen zu lassen. Trotzdem durchsuchte die Polizei eine Reihe von Wohnungen, auch die von Hans Peter Daimler, der in dem *Lucona*-Deal so eng wie kein anderer mit Proksch zusammengearbeitet hatte. Die Durchsuchung war ein Erfolg, eindeutig hatte man mit gefälschten Dokumenten operiert. Die Polizei wusste, dass sie einen Durchbruch erzielt hatte, und beantragte bei der Staatsanwaltschaft Haftbefehle für beide Männer. Der Antrag wurde abgewiesen.

Ungeachtet Blechas Anweisung, den Fall ruhen zu lassen, durchsuchten Polizisten die Konditorei Demel, und das wurde wieder ein voller Erfolg. Warum sieben Jahre nach den Ereignissen überhaupt noch belastendes Material existierte, bleibt unklar. Vielleicht gab es gute Gründe, das eine oder andere aufzubewahren, aber warum an einem Ort, wo es so leicht zu finden war? Vielleicht hatte Proksch die Macht seiner Freunde überschätzt – oder die Entschlossenheit der Polizei unterschätzt. Angesichts von Prokschs Verbindungen ist es verwunderlich, dass er nicht vor der Durchsuchung einen Tipp bekam das belastende Material beseitigen konnte. Es war wohl so, dass nur ganz wenige Leute bei der Polizei von der Entscheidung wussten, das Demel zu durchsuchen.

Im Hinterhof des Demel und in den Räumen des Clubs 45 fand die Polizei Aktenordner und Papiere. Endlich hatte sie Beweise, dass Proksch in das Verbrechen verwickelt war, Material, das gut zum Dossier der Versicherung passte. Listen tauchten auf, in denen der Inhalt von 16 Containern verzeichnet war, die nach Chioggia gebracht worden waren – und sie stimmten überhaupt nicht mit dem überein, was die Zapata AG in ihrer Auseinandersetzung mit der Versicherung beanspruchte.

Die Aussagen von Gratz über die Verladung im Hafen von Chioggia reichten aus für eine Anklage wegen Meineids. Justizminister Harald Ofner machte sich lächerlich, indem er Rufe nach einer Anklageerhebung mit der Bemerkung abschmetterte: «Die Suppe ist zu dünn!» Aber 1985 nahm die Sache erneut eine überraschende Wende.

Rumänien hilft Im Jahr 1985 tauchte neues Beweismaterial auf. Nicht zum ersten Mal wurden Belege für die *tatsächliche Ladung* präsentiert. Schon 1977, in dem Jahr, als die *Lucona* gesunken war, hatte die Zapata AG ihre Ansprüche an die Versicherung mit Dokumenten untermauert. Damals hatte sie behauptet, die Uranaufbereitungsanlage sei von einer Schweizer Firma namens Decobul geliefert worden, angeblich an die Adresse in Piesting. Das Zivilgericht zeigte sich von dieser Mitteilung wenig beeindruckt und verlangte eine Stellungnahme von Decobul. Zapatas Ansprüche gegen die Versicherung wurden abgewiesen.

Mittlerweile schrieb man das Jahr 1985, und die Drahtzieher probierten einen anderen Weg, alle Beteiligten zu überzeugen, dass die Uranfabrik tatsächlich existiert hatte. Für Proksch und Daimler ging es darum, den Kampf mit der Versicherung zu gewinnen – dann wären sie reich geworden, und die Polizei hätte ihnen nichts mehr anhaben können. Alle Bemühungen, sie wegen Versenkung der *Lucona* vor Gericht zu bringen, müssten ins Leere laufen, wenn bewiesen wäre, dass das Schiff wirklich wertvolle Ladung transportiert hatte. Denn dann hätten sie kein Motiv mehr für eine derartige Tat gehabt.

Das neue Beweismaterial kam von der rumänischen Botschaft in Wien. Proksch hatte immer gute Beziehungen zum ehemaligen Ostblock unterhalten, und nun schien sich das auszuzahlen. 1985 war der rumänische Diktator Nicolae Ceauşescu noch an der Macht. Sein blutiges Regime endete erst mit seiner Verurteilung und Hinrichtung am Weihnachtstag 1989. Proksch bat seinen alten Freund um einen Gefallen und erhielt auf den ersten Blick eindrucksvolle Unterstützung vom Sohn des Diktators. Es wurde vermutet, dass auch Leopold Gratz seine Verbindungen zur rumänischen Botschaft spielen ließ, was dieser indes immer bestritt.

Seit Februar 1985 hatte sich die Schlinge um Udo Proksch immer enger zugezogen, und dass nun plötzlich acht Jahre nach dem Auslaufen des Schiffes neue Dokumente auftauchten, weckte Interesse – zumal sich auf einmal die Herkunft der Uranerz-Aufbereitungsanlage ganz anders las. Die neuen Rechnungen *bewiesen* angeblich, dass die teure Fabrik an Udo Proksch ausgeliefert worden war – nun aber nicht mehr, wie bereits gerichtlich bezeugt, durch eine Schweizer Firma, sondern aus Rumänien.

Die Versicherung hatte bereits Jahre zuvor eine unerfreuliche Begegnung mit Steven Low und Peter Daimler gehabt. Low, der später wegen einer ganz anderen Sache zu einer Gefängnisstrafe verurteilt wurde, hatte die Versicherung gezwungen, ihre Geschäftsbücher zu öffnen, um ihn zu überzeugen, dass sie die Zahlung nicht wegen fehlender Finanzmittel verweigerte. Es war ein gewagter Schritt, aber einer, der zur Unverfrorenheit einer Bande passte, die sich der Justiz überlegen und vor ihrem Zugriff sicher fühlte.

Wie bei der damaligen Begegnung blieb die Versicherung auch jetzt ungerührt, obwohl ihr «echte» Rechnungen der Regierung eines Nachbarstaates vorgelegt wurden. Sie lehnte die Zahlung ab und ermittelte weiter. Die Echtheit der Rechnungen wurde überprüft. Schnell stand fest: Die Papiere waren manipuliert worden. Die ursprünglichen Rechnungen lauteten auf den Verkauf von – Anlagenteilen einer Kohlengrube!

Gratz bestritt weiterhin jegliche Beteiligung, doch bei der späteren Untersuchung des Skandals kam ans Licht, dass die Rumänen die Dokumente an Gratz ausgehändigt hatten, bevor dieser sie dann dem zuständigen Richter übergab.

Im Oktober 1986 hatte die Anklage noch keine wirklichen Fortschritte gemacht, obwohl seit drei Jahren Beweise gesammelt wurden und vor allem die sehr belastenden, peinlich dilettantischen Fälschungen aus Rumänien aufgetaucht waren. Proksch konnte immer noch reisen, wie es ihm beliebte, allerdings hatte er eine Kaution hinterlegen müssen. Aber die Wiener Society und die regierenden Sozialdemokraten hatten ihre Reihen fest geschlossen, um Proksch zu schützen. 1988 verlor die sozialdemokratische Regierung die Wahl und die Macht. Elf Jahre nach dem Untergang der *Lucona* übernahm eine neue Koalition die Regierungsgeschäfte. Nun brannte Udo Proksch der Boden unter den Füßen.

Überstürzte Abreise Mit der Ablösung der Sozialdemokraten, die zehn Jahre lang die Affäre unter dem Teppich gehalten hatten, kam neuer Schwung in die Ermittlungen. Ohne seine Verbindungen war Proksch hilflos. Das Spiel war aus. Prokschs Freunde hatten keinen Einfluss mehr. Er beriet sich mit ihnen und kam zu dem Schluss, dass er einem Verfahren nicht entgehen würde. Zeit für eine kleine Luftveränderung. Proksch hatte schon früher einen falschen Namen verwendet, wenn es ihm opportun schien. Wieder verwandelte er sich in Serge Kirchhofer und verließ Österreich in der festen Absicht, nicht mehr zurückzukehren.

Zu Prokschs Freunden zählten auch der philippinische Präsident Ferdinand Marcos und dessen Frau Imelda, die wegen Korruption 1986 aus dem Amt gejagt worden waren. Höchstwahrscheinlich reiste Proksch nach Manila und Japan, auch wenn ihn das Ehepaar Marcos nicht mehr empfangen konnte. Irgendwo bekam er eine neue Identität: ein neues Gesicht von einem plastischen Chirurgen und einen neuen Pass. In Manila soll er bei der Produktion pornographischer Filme die Hand im Spiel gehabt haben, aber über diese Zeit liegen keine verlässlichen Informationen vor. Es ist höchst unwahrscheinlich, dass ein Mann mit seiner Energie am Strand gesessen und zugesehen hat, wie Kapitän Changco Schiffe stahl!

Im Jahr 1989 trat Gratz zurück, seine steile Karriere, die ihn bis ins Amt des Parlamentspräsidenten gebracht hatte, war zu Ende. Nun zeigte sich ebendieses Parlament entschlossen, die Wahrheit aufzuklären. Gratz bestritt jegliche Verfehlung und jegliche Form von Machtmissbrauch. Auch Blecha, der nach der Wahlschlappe sein Amt hatte niederlegen müssen, beteuerte, er werde weiterhin alles daransetzen, seinen guten Namen wiederherzustellen.

Und so hätte es weitergehen können – Proksch als reicher Mann mit guten Verbindungen auf der Flucht, bis er irgendwann gestorben wäre. Andere Justizflüchtlinge sind der Verhaftung erfolgreich entkommen, indem sie eine falsche Identität angenommen haben. Aber von Proksch hatte sich das Glück abgewandt.

Verhaftung «Letzten Endes», führt Ellen aus, «reiste er einmal zu viel mit einem falschen österreichischen Namen. Bei einem Zwischenstopp auf dem Londoner Flughafen Heathrow weckte sein Pass das Misstrauen eines scharfsichtigen Beamten der Einwanderungsbehörde. Proksch war auf dem Weg von Hongkong nach New York, warum er diese Reise unternahm, ist nicht bekannt. Passend zu seinem Ruf als Frauenheld reiste er in weiblicher Begleitung. Und er hatte 250 000 Dollar bei sich. Der Beamte studierte den Pass mit wachsendem Interesse. Beim Blättern durch die Einreisestempel stutzte er. Angeblich hatte der Gentleman, der da vor ihm stand, Terminal zwei in Heathrow passiert an einem Tag, als es geschlossen gewesen war! Dieser kleine Fehler in einem ansonsten überzeugenden Dokument war der Anfang von

Prokschs Ende, auch wenn es bis zur Verurteilung noch lange dauern sollte.»

Der Beamte der Einwanderungsbehörde hatte keine Ahnung, dass es sich bei dem verdächtigen Reisenden um Udo Proksch handelte. Er wurde erst einmal festgehalten, und sein Pass wurde genauer untersucht. Statt in die USA weiterzufliegen, wie er es vorhatte, oder mit seiner Begleiterin nach Deutschland zu entkommen, was beide versuchten, fand sich Proksch schließlich in einer Maschine nach Wien wieder. Seine Begleiterin flog mit ihm, ebenso der Koffer mit dem Geld, das dabei beinahe der Beschlagnahme entgangen wäre.

Die österreichische Polizei wusste nicht sicher, dass der Mann, der ihr mit einem falschen Pass überstellt wurde, Proksch war, aber sie vermutete es. Und die Vermutung bestätigte sich. Prokschs beharrliches Bemühen, sich der Justiz zu entziehen, hat auch eine ironische Seite. Wäre er 1977 vor Gericht gestellt worden, dann hätte er sich mit einem guten Anwalt wohl aus einer Anklage wegen Mordes herauswinden können. Es hätte Verdachtsmomente gegeben, ein paar ominöse Anhaltspunkte für ein Verbrechen und Spekulationen über ein etwaiges Motiv. Da war zwar sein auffälliges Interesse für Sprengstoffe, aber es gab keinen Beweis, dass er eigenhändig den Zünder eingestellt hatte.

Ein starker Verdacht und überzeugende Beweise sind zweierlei. Doch zehn Jahre entschlossener Ermittlungen eines Privatdetektivs im Auftrag der Versicherung hatten dazu geführt, dass ein Dossier gegen Proksch vorlag, das für eine Verhaftung noch am Flughafen ausreichte. Er hatte das Gewicht der Ladung falsch berechnet. Sie war viel leichter gewesen, als er gedacht hatte. Die Meldungen des Schiffes alle zwölf Stunden hatten ihn beunruhigt. Es kam viel schneller voran, als er wollte. Er musste sich etwas einfallen lassen, um die Fahrt zu verlangsamen. Die verzögerte Bezahlung der Durchfahrtsgebühren in Port Said und der unvorhergesehene Stopp in Djibouti waren geschickte Manöver gewesen, um sicherzustellen, dass sich die *Lucona* über tiefem Wasser befand, als die Bombe hochging. Aber die Ankläger brauchten eine Waffe mit Pulverspuren. Und an diesem Punkt kamen die Möglichkeiten der modernen Technik ins Spiel. Der Richter ordnete eine Untersuchung des Meeresbodens an, etwas, das 1977 noch nicht möglich gewesen wäre.

Erforschung der Tiefe Im Jahr 1980 sagte Eric Ellen in New York in einer Rede bei einer Konferenz über die Verhinderung von Betrügereien auf See voraus, der Tag sei nicht fern, an dem Verbrecher nicht mehr damit rechnen könnten, die Beweise für ihre Taten ein für alle Mal tief im Meer zu versenken. Und er behielt Recht. Im August 1990 machten sich Experten an die Arbeit, fast 14 Jahre nach den Ereignissen, in einer Meeresregion mit viel vulkanischer Aktivität. Allein dieser Umstand erschwerte ihre Aufgabe. Die Verwerfungen am Meeresgrund sorgten dafür, dass die Umrisse des Schiffswracks schwer zu erkennen waren. Auf glattem Meeresgrund wäre die Suche leichter gewesen.

Der Auftrag für die schwierige Aufgabe, Beweise auf dem Meeresgrund zu finden, ging an Oceaneering Advanced Technologies (AdTech). Diese Firma hatte auch schon nach den Wrackteilen des Raumschiffs *Challenger* gesucht, das 1986 kurz nach dem Start explodiert war. Damals war die Suche erfolgreich gewesen, allerdings hatte sie auch in flachen Gewässern sieben Monate gedauert. AdTech führte alle bekannten Informationen zusammen und beauftragte dann Daniel H. Wagner & Associates Inc. Dr. Joseph

Discenza erläutert die Aufgabenverteilung: «Wir bei Daniel H. Wagner sind darauf spezialisiert, Unterstützung bei Suchoperationen zu leisten, und zwar mit Statistik und der Entwicklung entsprechender Computerprogramme. Wir fangen damit an, dass wir sämtliche Informationen über die Navigation auswerten. Das ist die Grundlage für die Lokalisierung. Wir sehen uns an, welchen Kurs das Schiff nehmen wollte, und prüfen, ob irgendwelche Notfallmeldungen mit Positionsdaten eingegangen sind. Von der letzten bekannten Position aus ermitteln wir die weitere Schiffsbewegung anhand der Informationen über Geschwindigkeit und Kurs.

Manchmal haben wir Anhaltspunkte wie Wrackteile, die auf dem Meer treiben. Aus der Bewegung der Wrackteile in Verbindung mit Daten über Wind und Strömung können wir die Abtrift errechnen. Wenn all diese Daten und die Aussagen der Überlebenden vorliegen, ermitteln wir mit Hilfe statistischer Verfahren eine Verteilung möglicher Unglücksorte. Was dabei herauskommt, bezeichnen wir als *Wahrscheinlichkeitskarte*. Dieser Schritt ist für viele Menschen schwer verständlich. Anhand der Wahrscheinlichkeitskarte stellen wir einen Suchplan auf. Das übernimmt ein Computerprogramm, das aus den für die Suche zur Verfügung stehenden Ressourcen eine optimale Region errechnet.»

Im Klartext heißt das: Der Computer ist so programmiert, dass er berücksichtigt, wie viel Geld für das Absuchen des Meeresbodens zur Verfügung steht. Wenn das Budget üppig bemessen ist, sind mehr Stunden vor Ort möglich. Wenn mehr Zeit zur Verfügung steht, kann ein größeres Gebiet abgesucht werden. Mehr Geld kann auch bedeuten, dass ein empfindlicheres Sonarsystem zum Einsatz kommt. Das beschleunigt die Suche, und auch in dem Fall kann man sich ein größeres Gebiet vornehmen.

«Die Jungs vor Ort planen die Suche am liebsten mit doppelter

Sensorabdeckung auf der gesamten Fläche. Wenn die Mittel begrenzt sind, ist es sinnvoll, die doppelte Abdeckung zu reduzieren, um insgesamt eine größere Fläche absuchen zu können.»

Die Suche nach der *Lucona* wurde so geplant, wie von Dr. Discenza beschrieben. Mit Hilfe eines Computerprogramms, das später als *Melian II Search and Recovery System* bekannt wurde, legte man fest, welche Orte vielversprechend wirkten. Das Suchgebiet befand sich in einem Teil des Indischen Ozeans mit Wassertiefen bis zu viereinhalb Kilometern. Die Stelle war wahrlich gut gewählt!

Im Suchgebiet wurde an einem mehr als zehn Kilometer langen Kabel ein Ocean Explorer 6000 etwa 350 Meter über Grund durch das Wasser gezogen, anhand der übermittelten Tiefseemessdaten erstellten die Männer eine Karte. Die vom Sonar gelieferten Daten wurden in Echtzeit mit dem Bildverarbeitungssystem Triton QMIPS ausgewertet. Mit dem Einsatz aller technischen Geräte, die zur Verfügung standen, dauerte es sechs Tage, bis das Wrack der *Lucona* geortet war.

Dann kam ein unbemanntes Mini-U-Boot, ein so genanntes ROV (Remotely Operated Vehicle), zur Erforschung des Meeresbodens zum Einsatz. Das ROV sollte Fotos und Videoaufnahmen machen. Die Fotos erbrachten unwiderlegbare Beweise für ein Verbrechen: Es hatte eindeutig eine schwere Detonation im Bugbereich gegeben, im vorderen Teil des Schiffsrumpfes, sie hatte das Schiff entzweigerissen. Kein Wunder, dass es innerhalb von drei Minuten gesunken war. Die Ortung des Wracks war der entscheidende Durchbruch. Prokschs Schutzbehauptung, das Schiff sei spurlos verschwunden, brach damit genauso auseinander wie die *Lucona* durch die Explosion.

Jahrhundertelang war es nicht möglich gewesen, Versicherungsbetrüger zu überführen. Schlagartig hatte sich das geändert.

Die Versicherungen, die für ihren Geschmack allzu oft die Dummen gewesen waren, hatten nun eine neue, mächtige Waffe. Die neue Botschaft hieß: *Glaubt nicht, dass tiefes Wasser eure Verbrechen verbirgt.*

Vor Gericht Die Fotos und Videoaufnahmen dienten im Prozess als Beweismittel. Sie lieferten schlagendes Belastungsmaterial gegen Proksch und weckten schreckliche Erinnerungen bei den Überlebenden, die Freunde und Kollegen verloren hatten. Das Schiff war *von innen* zerstört worden. Die Behauptung, es sei auf ein Riff oder ein anderes Hindernis aufgelaufen, war lachhaft angesichts der Bilder, die als Folge der Explosion zerborstene, *von innen nach außen* gebogene Metallteile zeigten. Und, zusätzlich belastend für Proksch, die Explosion hatte sich genau an der Stelle ereignet, wo sich die Fracht der Zapata befand.

Die Fotos enthüllten schonungslos, um was es sich bei dieser Fracht tatsächlich gehandelt hatte: um wertlosen Schrott, der einen Transport nicht lohnte.

Proksch leugnete jegliche Schuld, wurde aber schließlich wegen Mordes in sechs Fällen und Versicherungsbetruges zu einer lebenslangen Freiheitsstrafe verurteilt. Andere stürzten infolge der Affäre: Bürgermeister Leopold Gratz, Innenminister Karl Blecha, Verteidigungsminister Karl Lütgendorf. Letzterer soll angeblich Selbstmord begangen haben. Es hieß, er sei tot in seinem Auto aufgefunden worden, erschossen durch zusammengebissene Zähne hindurch – kein starkes Indiz für einen selbst gewollten Tod.

Hans Peter Daimler wurde wegen Beihilfe zum Mord und Versicherungsbetrug angeklagt. 1992 wurde das Verfahren in Deutschland eröffnet. Es schleppte sich über fünf Jahre hin, und erst 1997,

20 Jahre nachdem die *Lucona* skrupellos versenkt worden war, ereilte den Mittäter endlich die gerechte Strafe: Er wurde zu 14 Jahren Haft verurteilt.

Das Verbrechen wäre niemals aufgeklärt worden ohne die Beharrlichkeit der österreichischen Bundesländerversicherung. Manchmal macht man es sich zu einfach, wenn man bezahlt, anstatt zu kämpfen. In diesem Fall blieb die Versicherung trotz aller gerichtlichen Scharmützel, trotz des politischen Drucks standhaft, und ihre Ermittler hatten den größten Anteil daran, dass Proksch mit seinem Plan letztlich scheiterte.

Schokoladenkuchen und Sprengstoff Auch im folgenden Kapitel geht es um den Transport von Waren – um Oberst Hector Portillos Plan, Millionen von Marlboro-Zigaretten zu verschiffen und dann auf dem Schwarzmarkt zu verkaufen. Proksch wollte die Versicherung betrügen, Portillo hatte es auf die Händler und Unternehmer abgesehen, die mit Schmuggelware auf Nebenmärkten Geschäfte machen – ein gefährliches Gewerbe. In der Konditorei Demel am Wiener Kohlmarkt gibt es weiterhin exzellente Kuchen. Doch Udo Proksch, der Lebenskünstler, Unternehmer, Spion, Waffenhändler und Abenteurer, kann keine Gäste mehr begrüßen. Er starb im Juni 2001 im Gefängniskrankenhaus an den Folgen einer Herzoperation. Und obwohl sechs unschuldige Menschen ihr Leben verloren, ist Proksch in Österreich für viele Leute heute eine Art Kultfigur. In der Tat hatte er viele Facetten: Bevor die *Lucona* auslief, servierte er der Crew eine üppige Schokoladentorte aus dem Demel. Vielleicht verschaffte ihm das ein ruhigeres Gewissen, als das Schiff mit 300 Kilogramm Sprengstoff, die er an Bord platziert hatte, Kurs auf Hongkong nahm.

KAPITEL 7

Tödliche Tabakwaren

Schnelles Geld hat seinen Preis

Die *Lisa Marie* war ein Frachtschiff, das zuvor unter dem Namen *MV Gregory* gefahren war. David Wilson, der stolze neue Besitzer, hatte es umbenannt – nach seiner jüngeren Tochter. Wilson verstand nichts von der Frachtschifffahrt. Er hatte es mit dem Geld eines Geschäftsfreunds gekauft, da er selbst in ernsten finanziellen Schwierigkeiten steckte.

Aber wenn etwas zu schön ist, um wahr zu sein, dann stimmt wahrscheinlich etwas nicht. Auch und gerade im Geschäftsleben. Darauf hat Eric Ellen Rat suchende Mitglieder immer wieder hingewiesen, als er noch das International Maritime Bureau leitete. Doch David Wilson war kein Mitglied. 1944 geboren, arbeitete er 1990 als kleiner selbständiger Buchhalter in Darwen, einer Gemeinde bei Chorley im nordenglischen Lancashire, fünf bis sechs Autostunden von London entfernt.

Wilson wohnte in einem kleinen Weiler namens Brinscall an der Twist Moor Lane zwischen Chorley und Darwen. Sein Haus war ein für diese ländlichen Gemeinden typisches ehemaliges Farmhaus, hübsch, weiß getüncht, mit zwei Etagen und Schieferdach, daneben eine Doppelgarage, die, obwohl Wilson vor dem Bankrott stand, zwei Mercedes beherbergte, davor eine große Wiese, gesäumt von hohen Bäumen. Das Haus liegt außerhalb des Dorfkerns, aber nicht völlig einsam, denn auch das Nachbargrundstück ist bebaut. Sonst aber ist die Gegend abseits der Straße ein Paradies für Wanderer mit einem ganz eigenen Charme. Hier zeigt sich das ländliche Lancashire von seiner besten Seite.

In dieser verschlafenen Gegend lebte der damals 46-jährige David Wilson mit seiner Frau Barbara und ihren erwachsenen Töchtern Lisa und Michelle. Lisa war verlobt. Ihr Haus war komfortabel, aber nicht protzig, wie es sich für einen lokalen Geschäftsmann gehörte. Wilson war kein konzessionierter Buchprüfer, arbeitete jedoch als Steuerberater und Buchhalter für kleine Firmen. Im Nu war er mit dem Wagen in seinem Büro im Olive House in der gleichnamigen Straße in Darwen. Es bescheiden zu nennen wäre eine freundliche Umschreibung. Das schäbige, rußgeschwärzte Gebäude lag versteckt in einer Straße mit einfachen Reihenhäusern aus dem 19. Jahrhundert. Vermutlich hatte es früher zu einem Fabrikkomplex gehört. Mittlerweile beherbergte es billige Gewerberäume.

In dieser reizlosen Umgebung erwachte David Wilsons Interesse an aufregenderen Tätigkeiten. Er entwickelte gern Offshore-Projekte mit steuerlichem Spareffekt. Nichts faszinierte ihn mehr als die Welt der Offshore-Firmen mit ihren anonymen Besitzern. An exotischen Finanzplätzen, weitab von der tristen Olive Lane, Firmen zu gründen wurde für ihn zu einer beglückenden Flucht aus der Wirklichkeit. Doch eine solche Tätigkeit zieht auch unehrliche Kunden an. Leute, die schnelles Geld verdient haben und es in einem Geflecht von Trusts und anonymen Firmen verschwinden lassen wollen. Das Brüten über Gewinn-und-Verlust-Rechnungen war David Wilsons tägliches Brot, doch sein kleines Geschäft wurde auch auf anderen, aufregenderen Geschäftsfeldern tätig, so etwa im Rohstoffhandel, in dem es von Gaunern und zwielichtigen Händlern wimmelt, dem Gerissenen aber hohe Profite winken.

In London, Chicago und anderswo gibt es organisierte, nach festen Regeln arbeitende Warenbörsen, an denen mit Getreide, Öl,

Metallen, Tee und Kaffee gehandelt wird. Die Preise schwanken, denn es wird viel spekuliert und gemunkelt. Doch daneben gibt es noch einen anderen Markt, auf dem Geschäfte gegen Barzahlung oder über anonyme Offshore-Firmen abgewickelt werden. Gehandelt werden dort beispielsweise Flugzeugersatzteile, die zwar von minderer Qualität sind, sich aber an Fluggesellschaften verkaufen lassen, die knapp bei Kasse sind. Aber auch angereichertes Uran aus der ehemaligen Sowjetunion. Gestohlene Spirituosen oder Edelmetalle. Oder eben Zigaretten.

Der Schwarzhandel mit Zigaretten war schon immer ein lukratives Geschäft. Als stark besteuerte Ware lässt sich eine Sendung Marlboro leicht nach Afrika, Osteuropa oder in die meisten anderen Länder verkaufen, wo Händler sie illegal an den Mann bringen. Auf diesem Markt kann man in kurzer Zeit Riesenprofite machen, wenn man die Spielregeln kennt und mit harten Bandagen zu kämpfen versteht.

Zigaretten dienen auch als Zahlungsmittel, das sich in der Dritten Welt besonderer Beliebtheit erfreut. Viele Leser dürften in Afrika, Fernost, im ehemaligen Ostblock oder in den Golfstaaten auf der Straße schon von zwielichtigen Händlern angesprochen worden sein, die ihnen 200 Winston oder Marlboro anboten. Wobei nicht immer garantiert ist, dass die Ware auch echt ist. Es gibt aber durchaus einen riesigen parallelen Markt für echte Zigaretten, die auf den Schwarzmarkt gelangen. Außerdem gibt es einen riesigen Markt für geschmuggelte oder gestohlene Zigaretten. Lastwagen werden entführt und ihre Ladung in der Unterwelt verschoben, wobei jeder Zwischenhändler seinen Schnitt macht.

Zwischen dem legalen Markt und dem Schwarzmarkt besteht ein wichtiger Unterschied. Auf dem legalen Markt geht die Ware vom Hersteller ausnahmslos direkt an einen legalen Empfänger.

Der Parallelmarkt hingegen funktioniert über eine Kette von Zwischenhändlern oder Mittelsmännern mit Kontakten zu Leuten, die alle die Aussicht lockt, bei einer Packung Schwarzmarkt-Rauchwaren ein lukratives Geschäft abzuschließen.

Gegenwärtig wird gegen die Hersteller wegen des Verdachts ermittelt, sie seien selbst in die Versorgung des illegalen Handels verwickelt. Die Einleitung von Verfahren wird erwogen. Aber warum sollten sie so etwas tun? Nun, weil in manchen Ländern Importquoten gelten und offensichtlich der Wunsch besteht, mehr zu importieren, als die Quoten erlauben. Oder weil die Monopole Überschüsse produzieren. Noch ist nicht endgültig geklärt, ob der Verdacht gegen die Hersteller begründet sind.

Der mexikanische Oberst 1990 brauchte David Wilson dringend Geld. Die Geschäfte gingen schlecht, und er hatte über 100 000 Pfund Schulden. Die Gläubiger drängten. Einer zweifelhaften Quelle zufolge hatte sich Wilson mit der polnischen Mafia eingelassen und mit ihr Ärger bekommen, doch ob das nun stimmt oder nicht, fest steht: Als ein Versicherungsmakler namens Graham Olliphant ihm vorschlug, sich mit einem neuen Kunden zu treffen, einem gewissen Oberst Hector Portillo aus Mexiko, war Wilson sofort Feuer und Flamme.

Der Oberst, eine eindrucksvolle Erscheinung, wollte Offshore-Konten eröffnen, und Wilson sollte das für ihn erledigen – unter Wahrung seiner Anonymität, versteht sich. Die Eröffnung von Geheimkonten oder die Gründung von Firmen, deren Besitzer anonym bleiben, ist keineswegs illegal. Das geschieht ständig und gehört zur täglichen Arbeit der besten und renommiertesten Steuer- und Anwaltskanzleien. Viele betreiben Büros auf karibischen

Vorposten wie St. Vincent, in Liberia oder auf den Bahamas, um die Schaffung von Strukturen mit steuerlichem Spareffekt zu erleichtern. Kriminell ist nur die Art, wie die Konten später geführt werden, und manchmal auch das Motiv der Klienten.

Oberst Hector Moretta Portillo war ein stämmiger Mann mit Schnurrbart und überaus eloquent. Sein Status als mexikanischer Gesandter bei den Vereinten Nationen war eine eindrucksvolle Referenz. Für einen Mann mit einem bescheidenen Büro in der Olive Lane war die Aussicht, mit einem Diplomaten aus New York ins Geschäft zu kommen, verlockend, und sie wurde noch verlockender, als er von den sagenhaften Profiten hörte, die im Zigarettenhandel zu machen waren.

Der Oberst trug bei den Treffen seine Militäruniform und sprach Englisch mit starkem Akzent. Und dass er mit dem früheren mexikanischen Präsidenten gleichen Namens verwandt war, verstärkte noch die Aura des Erfolgreichen, in deren Abglanz Wilson sich sonnen wollte. Doch mehr als die Referenzen des militärischen Würdenträgers interessierte Wilson die Chance, so viel Profit zu machen, dass er alle Geldsorgen mit einem Schlag los wäre und sein Leben wieder in Ordnung bringen könnte.

Portillo eröffnete ihm, dass er Marlboro-Zigaretten zu verkaufen habe. Aber keine Zwanzigerpäckchen, sondern Millionen. Alles in allem 100 Container. Wilson wusste, dass mit Zigaretten viel Geld zu verdienen war, und witterte die Chance seines Lebens. Portillo erklärte, dass die Marlboros, ein Philip-Morris-Produkt, in Mexiko hergestellt worden seien, dass er aber die Absicht habe, sie als echtes US-Fabrikat anzubieten. Gewiss, das entspreche nicht ganz der Wahrheit und sei ein wenig gemogelt, aber letztlich seien es doch praktisch die Originale. Die Zigaretten seien in Schwarzschichten hergestellt und als US-Produkt etikettiert worden, damit man einen guten Preis erzielen könne. Wilson begriff, dass das Betrug war. Aber das Angebot war zu gut, um es wegen einer reinen Formsache wie des Herstellungsorts auszuschlagen.

Jeder Container wurde zum Spottpreis von 160 000 Dollar angeboten. Der Profit, der nach Abzug der Kosten winkte, war gewaltig. Und so erklärte sich Wilson schnell bereit, den Verkauf der Zigaretten zu organisieren, ganz im Stil eines britischen Großhändlers. Er versprach, Käufer für 50 Container zu finden, und nach Beendigung des Gesprächs schied er in dem berauschenden Gefühl, dicht vor einem Riesengeschäft zu stehen.

Betrüger benutzen oft kleine oder altmodische Firmen für ihre kriminellen Transaktionen, weil sie wissen, dass solche Firmen wenig Erfahrung haben und sich von den Summen und Honoraren, um die es dabei geht, leicht blenden lassen. Zu viele Leute reagieren wie David Wilson. Eigentlich hätte er stutzig werden und sich fragen müssen, wieso sich ein wichtiger UN-Diplomat ins verschlafene Chorley verirrt, wo es doch in London, Birmingham oder Manchester genug Wirtschaftskanzleien gibt. Gewiss, er war von Olliphant empfohlen worden, doch das beantwortete die Frage nicht, warum die Wahl ausgerechnet auf ihn fiel. Warum nicht auf PriceWaterhouseCooper in London? Es kann dafür nur eine Erklärung geben: Wilson wusste, dass es sich um ein betrügerisches Geschäft handelte und dass Portillo dafür jemanden brauchte, der es nicht so genau nahm.

Doch es gab ein Problem. Portillo wollte, dass Wilson sich ein Schiff kaufte, das die Zigaretten von Mexiko nach Europa bringen sollte. Ein Schiff kostete eine Menge Geld, und Wilson hatte genug damit zu tun, seine Gläubiger hinzuhalten. Also beschloss er, ein paar Geschäftsfreunde zu kontaktieren und sie um finanzielle Unterstützung zu bitten.

Offshore-Firmen Wie mit dem Oberst abgesprochen, gründete Wilson auf der Isle of Man eine Firma. Dieser Offshore-Finanzplatz hat günstige Steuergesetze und liegt nicht weit von Chorley entfernt. Außerdem ist die kleine gebirgige und windgepeitschte Insel von Liverpool aus schnell mit dem Flugzeug oder dem Schiff zu erreichen. Falls Wilson dort war, dann nicht, weil seine Anwesenheit unbedingt erforderlich gewesen wäre. Ein paar Telefonate genügten für die Gründung einer Offshore-Firma. Er ließ auf der Isle of Man eine Firma namens Alamosa Limited registrieren und gab sein Büro in Darwen, Lancashire, als Postadresse an.

Das war der leichte Part gewesen. Aber nun ging es darum, ein Schiff zu kaufen, obwohl er überhaupt kein Geld hatte. Doch das Glück war ihm hold. Ein norwegischer Bekannter namens Tore Horgen stellte bereitwillig 1,6 Millionen Pfund für den Kauf jener *MV Gregory* zur Verfügung, die Wilson wenig später in *Lisa Marie* umtaufen sollte. Als Massengutfrachter war das Schiff nicht für den Containertransport ausgelegt und musste deshalb umgerüstet werden. So wie man für 5000 Pfund keinen neuen Rolls-Royce kaufen kann, so erhält man für 1,6 Millionen Pfund kein besonders gutes Schiff. Mit anderen Worten: Die *Gregory* war ein Seelenverkäufer, der seine besten Zeiten längst hinter sich hatte. «Aber das spielte keine Rolle», erklärt Eric Ellen. «Das Schiff musste ja nur lang genug schwimmen, um den Atlantik zu überqueren und die Ware sicher abzuliefern. Danach konnte es wieder verkauft werden.»

Horgen wollte als Gegenleistung für seine Investition an dem Geschäft beteiligt werden, und so wurde vereinbart, dass er einen Teil der 50 Container mit Zigaretten bekommen sollte. Als Nächstes wurde das Schiff, bislang im Besitz der Alamosa, auf eine Holding namens Wilson Overseas Limited mit Sitz in Nassau überschrieben. Jetzt war Wilson in seinem Element: in karibischen Steuerparadiesen Firmen gründen und eine Struktur aufbauen, mit deren Hilfe das Geld, die vielen Millionen, vor dem Fiskus versteckt werden konnte. So viel Geld würde unweigerlich Fragen aufwerfen, wenn es über die Bücher seiner bescheidenen Wirtschaftskanzlei liefe. Schließlich gründete er eine weitere Firma, die Wilson Line Ltd., die das Schiff managen sollte. Damit war David Wilson aus der Olive Lane Schiffseigner und Besitzer mehrerer Firmen! Wilson konnte Portillo Vollzug melden. Seine Vorbereitungen für den Deal waren getroffen.

Das Schiff wurde in Panama registriert. Eine reine Formalität. Portillo selbst hatte mit der *Lisa Marie* nichts zu tun. Sie gehörte zu Wilsons Vertriebsnetz. Auch mit Wilsons Verteilern oder Käufern hatte er nichts zu tun. Mit solchen Details befasste sich ein Diplomat wie er nicht. Er hatte nur die Zigaretten zu beschaffen und dafür zu sorgen, dass sie an Bord der *Lisa Marie* gelangten. Sowie die Container verladen waren, sollte er nach dem Akkreditiv-System ausgezahlt werden, und die Zigaretten gehörten Wilson. Doch am *Besitz* der Marlboros war Wilson nicht interessiert. Er musste sie auf dem Schwarzmarkt verschieben.

Der Preis, den Portillo ihm machte, versprach äußerst attraktive Gewinnspannen, und so hatte Wilson keine Mühe, Kaufinteressenten zu finden, die bei dem Geschäft einen ähnlich guten Schnitt machen konnten wie er. Er erhielt Bestellungen aus Osteuropa, von schweren Jungs aus Polen, Bulgarien und Russland, die dafür bekannt sind, Fehler nicht zu verzeihen. Ein weiterer Kontaktmann war James MacMillan, ein Schotte, der im texanischen Dallas lebte. Ein Mann, der angeblich immer eine Kanone bei sich trug und mit dem man sich besser nicht anlegte. MacMillan hatte 350 000 Dollar für einen Teil der Ladung aufgebracht, auch er in der Überzeugung, die Marlboros Gewinn bringend weiterverkaufen zu können. Hatte Portillo ursprünglich 100 Container zum Verkauf angeboten, einigte er sich mit Wilson schließlich auf die Lieferung von 50 Containern bei einer Transaktion und weiteren drei bei einer anderen. Die Mengen waren dennoch gewaltig: 53 Container enthielten immerhin rund 25 Millionen Päckchen Zigaretten – eine Menge Rauch!

Die Papiere Die Bezahlung sollte über ein Akkreditiv erfolgen, das die Bank des Käufers in dessen Auftrag bei der Bank des Verkäufers zu dessen Gunsten eröffnete. Sobald die Bank des Käufers die versprochenen Verschiffungsdokumente erhalten hatte, einschließlich der unterzeichneten Bill of Lading, die bestätigte, dass die Container an Bord der *Lisa Marie* waren, sollte die Kaufsumme an die Bank des Verkäufers überwiesen werden. Alle diese Dokumente waren wichtig für den Käufer. Am wichtigsten jedoch war nach den Bestimmungen des internationalen Seehandels die Bill of Lading. Sie wird vom Schiffseigner, vom Kapitän oder einem Offizier unterzeichnet und gilt als Bestätigung, dass die Fracht an Bord ist. Der Bill of Lading beigefügt waren ein Inspektionszertifikat, eine Frischebescheinigung und ein Ursprungszeugnis, Letzteres ausgestellt von der Handelskammer von Groß-Miami. Komplettiert wurden die Papiere durch den Versicherungsnachweis von Lloyd's in London.

Wilson, kein Fachmann für internationale Handelsgeschäfte dieser Größenordnung, unternahm einen Schritt, mit dem er einen ersten Keil zwischen sich und Portillo trieb. Er baute in alle Akkreditive seiner Käufer eine Sicherheitsklausel ein, die gewährleistete, dass kein Geld den Besitzer wechselte, bevor die Ware ihren

Bestimmungsort erreicht hatte, in diesem Fall Hamburg. Portillo hatte keine juristische Handhabe, dagegen vorzugehen, hätte es aber zweifellos lieber gesehen, wenn das Geld, wie häufig praktiziert, unmittelbar nach der Verschiffung der Zigaretten ausbezahlt worden wäre. Vielleicht ist David Wilsons Maßnahme ein Indiz dafür, dass er dem mexikanischen Oberst nicht hundertprozentig traute.

Das Inspektionszertifikat war von Sealand Maritime Surveyors am Biscayne Boulevard in Aventura, Florida, ausgestellt worden. Am 12. November 1991 hatten die Kontrolleure fünfzig 40-Fuß-Container mit Filterzigaretten der Marke Marlboro gesehen und inspiziert, die laut Kennzeichnung *made in USA* waren. Das Dokument wurde für den Versand mit der *Lisa Marie* von Miami nach Hamburg ausgestellt. Da niemand alte Zigaretten will, bestätigte eine Frischebescheinigung, dass die Ware in der ersten Novemberwoche 1991 hergestellt worden war. Beide Bescheinigungen hatte Larry Thatcher im Auftrag von Sealand unterzeichnet.

Ein drittes Dokument über die Echtheit der Ware war ein von David Wilson unterschriebenes Ursprungszeugnis. Es bestätigte den Käufern, dass die *Lisa Marie* fünfzig Container mit Marlboro-Zigaretten aus den USA beförderte. Dieses falsche Dokument war am 12. November von der Handelskammer von Groß-Miami beglaubigt worden. Der genaue Inhalt lautete:

«Fünfzig 40-Fuß-Container Marlboro-Filterzigaretten, 85 mm, Kategorie A, in Hardbox mit Klappdeckel, Herkunftsland USA, hergestellt von Philip Morris Richmond VA, mit Strichcode, Gesundheitswarnung auf Englisch und blauer US-Steuerfreibanderole für den Gebrauch außerhalb der USA.

960 Mastercases pro Container, 50 Kartons pro Mastercase, Packung à 20 Zigaretten, 10 Packungen pro Karton.»

Zusammen mit der von Wilsons Reederei unterzeichneten Bill of Lading zeigte es Kaufinteressenten, dass sie echte Marlboro-Zigaretten erwerben und in ganz Europa verkaufen konnten.

Wilson war nach Miami gereist, hatte sich sein neues Schiff angesehen und die notwendigen Vorkehrungen getroffen, damit seine Tochter Michelle die Besatzung bezahlen konnte. Sie arbeitete in seiner Firma mit und war nach New York geflogen. Bei einem Treffen im nie aus der Mode kommenden Hotel Waldorf Astoria übergab sie dem Oberst angeblich 10 000 Pfund in bar – mehr durfte sie laut Gesetz ohne Zolldeklaration nicht einführen. Das Geld war für die Bezahlung der Seeleute gedacht, obgleich der Betrag ein wenig niedrig erscheint. In Miami unterschrieben sie und ihr Vater die Dokumente. Das Schiff sollte am 23. November auslaufen. Jetzt gab es nichts weiter zu tun, als seine Ankunft in Hamburg abzuwarten. Alles sah danach aus, als habe Wilson das große Los gezogen.

Das IMB schaltet sich ein Was er nicht wusste, war, dass James MacMillan beschlossen hatte, mit Portillo ein Nebengeschäft zu machen. Er wollte Wilson dabei übergehen, um auch dessen Gewinnspanne einzustreichen. Der Texaner wurde von Portillo als Zwischenhändler eingesetzt und bot verschiedenen Leuten einen Teil der 50 Container an. Im November 1991 trat er an einen Londoner Geschäftsmann heran. Von da an saßen Wilson und Portillo, ohne es zu wissen, auf einem Pulverfass, und es war nur eine Frage der Zeit, bis es hochgehen würde. MacMillan offerierte Marlboro-Zigaretten, die angeblich bereits in Hamburg eingetroffen waren. Als Beweis legte er Kaufinteressenten Kopien der Verschiffungsdokumente vor.

MacMillan verlangte von dem Londoner Geschäftsmann einen Scheck, ausgestellt auf die Firma Alamosa, die Wilson für Portillo auf der Isle of Man gegründet hatte. Die Bezahlung sollte nach Vorlage der oben beschriebenen Original-Verschiffungsdokumente in Hamburg erfolgen.

Der Londoner Geschäftsmann war IMB-Mitglied und somit berechtigt, die Hilfe des Bureau in Anspruch zu nehmen. Dazu Eric Ellen mit den Details: «Das Mitglied trat an mich heran. Er wollte einen Rat, ob er sich auf dieses vielversprechende Geschäft einlassen sollte. Ich darf seinen Namen nicht nennen, obwohl er es eigentlich verdient hätte, denn an seinem Misstrauen könnten sich andere ein Beispiel nehmen. Sein gesunder Menschenverstand hat vielen Leuten eine Menge Geld gespart. Ich wurde stutzig, als ich erfuhr, dass man ihm 50 Container mit Zigaretten angeboten hatte. Mir war bereits bekannt, dass mit Marlboros betrügerische Geschäfte gemacht wurden, weil uns Anfang des Monats ein Mitglied aus Brüssel, ein Bankier, kontaktiert hatte. Die Bank sollte eine umfangreiche Sendung Zigaretten finanzieren. Dann, am 29. November, kam diese zweite Anfrage, bei der es um 50 Container ging. Das war einfach zu viel, selbst wenn man berücksichtigt, dass die Hersteller überschüssige Zigaretten auf den Schwarzmarkt bringen. Ich bat ihn, mir die Frachtdokumente zu zeigen.»

Die Dokumente sahen echt aus, doch nach Ellens Überzeugung konnte es sich nur um Fälschungen handeln, allein schon wegen der Menge der angebotenen Zigaretten. «Wenn Sie jemandem sagen wollen, dass Dokumente falsch sind, müssen Sie Ihrer Sache ganz sicher sein. Bei einer gründlichen Prüfung entdeckte ich einen Fehler, der im Nachhinein eklatant erscheint, aber eben nur einen kleinen Teil der Papiere betraf. Es war ein Anfängerfehler, wenn man ihn erst mal entdeckt hatte. Ich sah mir die Bill of Lading an und stellte fest, dass MacMillan 50 Container zum Verkauf anbot, alle mit durchlaufenden Nummern.» Ellen verdreht spöttisch die Augen ob dieser Naivität.

«Sehen Sie, es gibt weltweit Millionen von Containern. Jeder hat eine Nummer. Sie werden immer wieder verwendet und sind ständig auf dem Weg von Hafen zu Hafen. Die Wahrscheinlichkeit, 50 Container mit durchlaufenden Nummern von 440 001 bis 440 050 auf einem Schiff zu haben, ist gleich null. Damit stand für mich fest, dass wir es mit einem Verbrechen zu tun hatten, und ich tat das Nächstliegende und rief Philip Morris an. Sie bestätigten mir, dass die Ware nicht echt sein konnte. Die Zigaretten waren als Kategorie A ausgewiesen. Das war ein weiterer Fehler und des Guten zu viel. Dieser Hersteller produziert überhaupt keine Zigaretten der Kategorie A! Es machte sich eben gut auf dem Papier. Ein weiterer Fehler war die angegebene Zigarettenlänge – auch die war falsch. Natürlich riet ich dem Mitglied von dem Geschäft ab.

Mir war klar, dass es hier um Betrug im großen Stil ging und dass die Polizei eingeschaltet werden musste. Doch ich wandte mich nicht an Scotland Yard, da wir in der Vergangenheit schlechte Erfahrungen gemacht hatten. Einmal hatte mich ein Mitglied wegen gefälschter Dokumente kontaktiert. Man hatte ihm Öl im Wert von 30 Millionen Dollar angeboten. Die zentrale Figur war ein in London praktizierender Rechtsanwalt aus Nigeria. Unser Mitglied wurde gebeten, eine Vollmacht für den Kauf des Öls auszustellen. Ich war davon überzeugt, dass es sich um Betrug handelte, und so wandte ich mich an das Betrugsdezernat von Scotland Yard.

Ich erhielt zur Antwort, dass das Dezernat an den Wochenenden nicht arbeite! Darauf nahm ich Verbindung zur holländischen Polizei auf, denn der Vertrag sollte bei einem Treffen im Rotterdamer Hilton unterzeichnet werden. Das waren erstklassige Leute. Sofort wurde eine verdeckte Aktion eingeleitet. Ein Polizeibeamter gab sich für den besagten Banker aus, und ich ging mit der Polizei in das Hotel. Das vorgelegte Dokument war eine Fälschung, mit dem 30 Millionen Dollar erschwindelt werden sollten. Der Anwalt wurde verhaftet und in Großbritannien wegen Betrugs angeklagt. Ohne meine Zusammenarbeit mit der holländischen Polizei hätte die britische Polizei gar keinen Fall gehabt.

Doch statt uns dankbar zu sein, nahm die hiesige Polizei, wie ich feststellten musste, Anstoß an meiner Arbeit und strengte ein Verfahren gegen mich an, weil ich angeblich als Agent provocateur tätig gewesen war! Ich war wütend und empört, als die Polizei mir eröffnete, dass gegen mich ermittelt wurde und dass mir ein Strafverfahren drohte. Trotzdem sollte ich natürlich in dem Verfahren gegen den Nigerianer aussagen. Der Angeklagte wurde verurteilt. Auch wenn am Ende kein Strafverfahren gegen mich eröffnet wurde, war es doch eine üble Geschichte.

Tatsache ist, dass wir aufgrund der vielen Urkundenfälschungen, die uns gemeldet wurden, von solchen Straftaten viel mehr verstanden als die Leute vom Betrugsdezernat. Deshalb war das Verhältnis gespannt. Ich war nicht der Einzige, der das zu spüren bekam.

Diese Erfahrungen beeinflussten mich, als ich mir überlegte, wie wir in der Marlboro-Sache vorgehen sollten, um die Betrüger dingfest zu machen. MacMillan hatte die Kaufinteressenten für den 2. Dezember zu einem Treffen geladen, das zufälligerweise ebenfalls im Rotterdamer Hilton stattfand. Ich ging nicht zu Scotland Yard, sondern wandte mich gleich an die holländische Polizei. Der Londoner Geschäftsmann wohnte dem Treffen als vermeintlicher Kaufinteressent bei.

Nach dem Treffen verhaftete die Polizei sechs Männer, darunter James MacMillan. Tja, wie Sie sich vorstellen können, war der stocksauer. Er hatte über Wilson Geld in die Sache gesteckt und arbeitete mittlerweile auch als Mittelsmann direkt für Portillo. Er beteuerte seine Unschuld und behauptete, er habe geglaubt, dass die Zigaretten wirklich existierten und in Hamburg seien. Er gab Wilson die Schuld. Das war verständlich, denn Wilsons Name stand auf den Frachtpapieren. Eine kurze Überprüfung ergab überraschenderweise, dass die *Lisa Marie* gar nicht in Hamburg eingelaufen war. Aber wo war sie dann?»

Die *Lisa Marie* hätte am 2. Dezember in Hamburg eingelaufen sein müssen. Die 50 Container hätten sich dort befinden müssen.

Die *Lisa Marie* auf Abwegen Statt Kurs auf Hamburg zu nehmen, war das Schiff merkwürdigerweise in eine ganz andere Richtung gefahren. Wie Nachforschungen von Lloyd's-Agenten ergaben, war es in Miami ohne Ladung ausgelaufen, mit Kurs auf Nassau, die Hauptstadt der Bahamas. Das war nur ein Katzensprung, und die Fahrt führte durch einen Teil des Atlantiks, dessen Gewässer im Allgemeinen ruhig waren. In einem belebten Hafen wie Miami nahm normalerweise niemand davon Notiz, wenn ein kleiner Frachter wie die *Lisa Marie* sich fortstahl, doch es gehört zu den Aufgaben der Lloyd's-Agenten, das Kommen und Gehen zu überwachen.

Die *Lisa Marie* legte in Nassau nicht an, und wenn, dann bestimmt nicht unter ihrem Namen. Das Schiff fuhr auch nicht nach Europa. Es nahm Kurs nach Süden. Um Näheres über den Verbleib von Schiff und Ladung zu erfahren, rief Wilson Portillo an und verlangte eine Erklärung.

Der Oberst erklärte ihm wortgewandt, dass das Schiff, bevor es nach Hamburg komme, zunächst in Hongkong seine Ladung löschen müsse. Dazu würde es auch nicht den schnelleren Weg durch den Panamakanal nehmen, sondern den ungleich weiteren um die Spitze Südafrikas.

Wilson war bestürzt. Den ganzen weiten Weg nach Hongkong? Das ergab keinen Sinn. Das Schiff würde für diese zusätzliche Fahrt Wochen brauchen. Warum hatte der Mexikaner nicht Bescheid gesagt? Er versuchte es herauszufinden, doch Portillo, ohnehin nur schwer zu erreichen, war jetzt kaum noch an die Leitung zu bekommen. Dann traf eine Nachricht vom Kapitän der *Lisa Marie* ein. Wegen eines Wassereinbruchs im Maschinenraum hatte er Puerto Cabello in Venezuela angelaufen, um sie dort reparieren zu lassen. Venezuela? Wie kam die *Lisa Marie* nach Südamerika, wenn sie nach Portillos Angaben Richtung Hongkong unterwegs war?

Was ging da vor sich? Wilson machte sich Sorgen. MacMillan, der stets eine Kanone mit sich herumschleppte, hatte für zwei Container 350 000 Dollar bezahlt. Jetzt saß er wütend in einem holländischen Gefängnis und belastete ihn. Wenn der Mann seine Zigaretten nicht bekam, stand Ärger ins Haus. Und auch für die 1,6 Millionen Pfund, die Horgen investiert hatte, sah es nicht gut aus. Es gab nur eine Möglichkeit, die Wahrheit herauszufinden. Horgen und Wilson rasten zum Flughafen. Sie flogen in die venezolanische Hauptstadt Caracas.

Ausflug nach Venezuela Nach dem langen Flug mussten sie von Caracas noch 100 Kilometer ins weiter westlich gelegene Puerto Cabello fahren. Doch für die reizvollen Strände der Hafenstadt hatten die beiden Reisenden kein Auge. Ihr Ziel war der große Hafen mit seinen Piers, Containerterminals und Reparaturwerften. Sie fanden schnell heraus, dass die *Lisa Marie* tatsächlich hier war und vor der Küste ankerte. Sie ließen sich an Bord bringen und beschlossen, das Schlimmste fürchtend, die Ladung zu kontrollieren. Wilson befahl dem Kapitän, einen Container zu öffnen. Wenn er noch einen letzten Funken Hoffnung hatte, so erlosch er in diesem Augenblick. Der Container war leer! Nacheinander wurden alle 50 Container überprüft. Alle waren leer. Die 25 Millionen Marlboros, die sich nach den von ihm unterschriebenen Papieren an Bord befinden sollten, existierten überhaupt nicht.

Und das war noch nicht alles. Wilson erfuhr vom Kapitän, dass Portillo es die ganze Zeit gewusst hatte. Noch schlimmer: Portillo hatte anscheinend beabsichtigt, das Schiff zu versenken und die Versicherungssumme für die 50 Container und die Marlboros zu kassieren. Aber was hatte das Schiff in Venezuela verloren? Wilson erfuhr, dass Portillo es dorthin beordert hatte, möglicherweise um Drogen an Bord zu nehmen, denn Kolumbien war nicht fern, und Puerto Cabello lag an der üblichen Schmuggelroute. Sowie die *Lisa Marie* die Drogen an einem geheimen Ort abgeliefert hatte, konnte sie in tiefen Gewässern versenkt werden, angeblich mit den Zigaretten an Bord.

Möglicherweise hatte Portillo seine Pläne erst geändert, nachdem Wilson mit seinen Käufern vereinbart hatte, erst nach Eintreffen der Ware in Hamburg zu zahlen. Portillo hatte nicht dagegen protestieren können, ohne Wilsons Argwohn zu wecken, doch er dürfte sehr wütend darüber gewesen sein, dass die Zahlung nicht bei der Verschiffung erfolgte. Wilson hatte ihm mit der Zusatzklausel einen Strich durch die Rechnung gemacht. Mit falschen Dokumenten die Abfahrt der *Lisa Marie* zu belegen war für Portillo kein Problem gewesen. Doch als Wilson die Sicherung in den Vertrag einbaute, änderte er wahrscheinlich seine Pläne mit der *Lisa Marie*, da bei einer Kontrolle im Zielhafen alles auffliegen musste. Im Unterschied zu Wilsons Abnehmern waren die Käufer in Amsterdam davon ausgegangen, dass die Ware bereits eingetroffen sei. Und wenn sie in Hamburg nachsehen wollten, ob die Ware tatsächlich existierte, war alles aus. Deshalb musste die *Lisa Marie* versenkt werden, bevor sie Hamburg erreichte. So konnte er den Betrug vertuschen und bei der Versicherung abkassieren. Aber vielleicht hatte Portillo, der über viele Kontakte verfügte, auch von Drogenhändlern ein lukratives Angebot bekommen, das er nun, da der Betrug mit den Zigaretten geplatzt war, auf keinen Fall ausschlagen wollte.

Als Wilson am Flughafen von Caracas saß und auf seine Maschine nach London wartete, musste er den Tatsachen ins Auge sehen. Oberst Portillo hatte ein falsches Spiel mit ihm getrieben und ihm nicht vorhandene Zigaretten verkauft. Er begriff, dass er verschaukelt worden war und sich wie ein Trottel benommen hatte. Sein Name stand auf den Frachtpapieren. Er steckte tief in der Klemme. Der Rückflug nach London war zermürbend. Was sollte er tun? Zur Polizei gehen? Sich Portillo vorknöpfen? Den anderen Käufern reinen Wein einschenken? MacMillan klar machen, dass auch er betrogen worden war? Keine Option war vielversprechend, jede bedeutete Gefahr. Die Entscheidung fiel ihm nicht leicht, doch als die Maschine in England landete, hatte er sich dazu durchgerungen, den Käufern zu sagen, dass die Zigaretten nicht existierten.

Die holländischen Richter mussten Wilson vernehmen, bevor eine Freilassung MacMillans ins Auge gefasst werden konnte. Und da solche grenzüberschreitenden Formalitäten ihre Zeit brauchen, musste MacMillan Weihnachten hinter Gittern verbringen, wo er bei allen anderen die Schuld suchte, nur nicht bei sich selbst. Dabei hätte er wie der Londoner Geschäftsmann auf Nummer sicher gehen und Erkundigungen einziehen können, ehe er für die Zigaretten bezahlte.

Wilson steckte in der Klemme und hatte ohne Zweifel Angst. Wütend und verbittert beschloss er, Portillo die Stirn zu bieten. Er erwirkte eine gerichtliche Verfügung, die seinem Schiff verbot, aus Venezuela auszulaufen. Auf diese Weise schützte er Horgens Geld, falls die *Lisa Marie* überhaupt so viel wert war, wie er für sie bezahlt hatte. Allein dieser juristische Schritt dürfte Portillo in Rage gebracht haben, ganz besonders wenn er ein Drogengeschäft oder einen Versicherungsbetrug (oder beides) geplant haben sollte. Doch als das Jahr 1991 endete und das Jahr 1992 begann, musste Wilson als Familienvater etwas für seinen guten Ruf tun. Seine Geldsorgen drückten ihn mehr denn je, und obendrein drohte ihm eine polizeiliche Untersuchung. Michelle, die in seiner Firma arbeitete, spürte, dass etwas nicht stimmte. Seiner Frau Barbara, der er seine Sorgen verheimlichte, sagte er lediglich, dass Portillo ihn reingelegt habe.

Der telefonische Kontakt zu Portillo war mittlerweile völlig abgerissen, und so schickte er ihm ein Fax, in dem er ihn als «mexikanischen Bastard» und Betrüger beschimpfte und damit drohte, ihm das Handwerk zu legen. Irgendwann in dieser Zeit, etwa nach der Sicherstellung des Schiffes, nach Wilsons Vernehmung durch die Polizei, bei der er Portillo belastete, oder nach diesem Fax, verlor der Mexikaner schließlich die Nerven.

Die Ereignisse überstürzen sich Was auch immer Portillo zu seinem nächsten Schritt bewogen haben mag, er beging einen Fehler. Als erfahrener Betrüger hätte er untertauchen müssen. Scotland Yard hatte Wilson für den 3. März vorgeladen, um ihn im Zusammenhang mit der niederländischen Untersuchung zu vernehmen. Im Februar erhielt der Engländer von Hector Portillo, dem UN-Gesandten und Verwandten des ehemaligen mexikanischen Präsidenten, eine Morddrohung. Falls die Drohung Wilson davon abschrecken sollte, bei der Polizei auszupacken, so verfehlte sie ihren Zweck.

Portillo gelangte zu der Ansicht, dass Wilson zu gefährlich wurde, und beschloss, ihn zum Schweigen zu bringen. Für immer. Gewiss, Wilson wusste genug, um Portillo hinter Gitter zu bringen, aber dazu konnte es nur kommen, wenn Portillo seelenruhig wartete, bis die Polizei ihn abholte. Bis zum 3. März blieb ihm genügend Zeit zu verschwinden. Vielleicht war er zu gierig, wollte seine betrügerischen Geschäfte am Laufen halten und meinte deshalb, Wilson aus dem Weg räumen zu müssen. Vielleicht unterschätzte er auch die Polizei. Ein entscheidender Fehler, wie Eric Ellen meint: «Zugegeben, grenzüberschreitende Untersuchungen ziehen sich hin und können Kommunikationsprobleme aufwerfen. Doch wenn Portillo annahm, die Polizei würde nichts unternehmen, um die *Lisa Marie* und seine Person aufzuspüren, dann täuschte er sich gründlich. Die Polizei in aller Welt war bei Geschäften mit Marlboros zu besonderer Wachsamkeit aufgerufen worden.»

Portillo hatten einen Privatdetektiv namens Paul La-Vey beauftragt, Wilson zu beschatten, sein abgelegenes Haus in Brinscall zu fotografieren und eine Wegbeschreibung zu dem Haus anzufertigen. Der Detektiv erledigte den Auftrag und faxte seinen Bericht nach New York. Während Wilson den Beamten von Scotland Yard am 3. März die ganze Geschichte erzählte und Portillo schwer belastete, nahmen die Pläne des Obersts rasch konkrete Formen an. Wilson beteuerte der Polizei, dass er bis zu seiner Reise nach Venezuela immer davon ausgegangen sei, dass die Marlboros wirklich existierten. Die Beamten glaubten ihm. MacMillan wurde aus dem holländischen Gefängnis entlassen.

Brinscall, 5. März 1992 Der März ist im Norden Englands ein unfreundlicher, grauer und trister Monat. Die Nächte sind noch recht lang, und es kann kalt werden, mitunter sogar schneien. Und ähnlich trüb wie das Wetter dürfte auch die Stimmung des von Sorgen gebeutelten David Wilson gewesen sein. Am Abend des 5. März 1992, zwei Tage nach seiner Vernehmung durch die Polizei, fuhr er mit seiner Frau Barbara, seiner Tochter Lisa und Mark Stephenson, ihrem Verlobten, zu dem neuen Haus, das das junge Paar sich im Dorfzentrum baute. Sie wollten Fußböden verlegen.

Nur Tochter Michelle, damals 26 Jahre alt, blieb zu Hause und sah fern. Gegen 21 Uhr klopfte es an der Tür. In der Annahme, es sei irgendein Kunde ihres Vaters, öffnete sie. In diesem Augenblick änderte sich das Leben der Familie Wilson für immer. Zwei maskierte Fremde standen in der dunklen Türöffnung. Einer richtete eine Pistole auf ihre Brust. Sie wollte die Männer am Eindringen hindern, doch vergeblich. Augenblicke später war sie mit Klebeband gefesselt. Die junge Frau blieb zwei Stunden in der Gewalt dieser Männer, die schwarze Kapuzen mit schmalen Sehschlitzen trugen. Die beiden Männer trugen kurze Mäntel und Handschuhe, und jeder hielt eine gefährlich aussehende Pistole mit Schalldämpfer in der Hand.

Kurz nach 23 Uhr hörte Michelle den Wagen vorfahren. Ihr Vater wollte das Haus durch die Vordertür betreten, doch sie war verschlossen. Mit vorgehaltener Waffe dazu gezwungen, rief Michelle ihm zu, er solle die Küchentür benutzen. Als Wilson in die hell erleuchtete Küche trat, erfasste er die Situation sofort. Ein Mann richtete eine Pistole auf ihn, der andere hielt seine Tochter in Schach. Er war der Gefangene dieser Gangster und mit ihm seine Familie und Mark. Wilson schwieg, Lisa schrie vor Entsetzen. Barbara Wilson schluchzte, während die Männer die ganze Familie an Händen und Füßen fesselten. Vermutlich bereute Wilson es in diesem Moment bitter, dass er Hector Portillo jemals begegnet war. Die Männer sprachen mit falschem Akzent, und Mark hörte, wie sie Wilson fragten, was mit dem Geld passiert sei. Verzweifelt bestritt Wilson, Geld genommen zu haben. Irgendwann hatten die Männer von seinen Beteuerungen genug. Sie sagten der Familie, dass sie ihn befragen wollten, befahlen ihm aufzustehen und führten ihn mit Gewalt aus dem Haus und in die Garage.

In dieser Märznacht bezahlte David Wilson dafür, dass er Portillos Weg gekreuzt hatte. Lisa streifte als Erste ihre Fesseln ab und befreite die anderen. Sie wollte die Polizei verständigen, doch die Telefonschnur war durchgeschnitten. Im Dorf gab es eine öffentliche Telefonzelle. Von dort rief sie die Polizei an und meldete eine Entführung. Erst als sie mit dem Wagen wieder in die Hauseinfahrt einbog, machte sie die grauenhafte Entdeckung. Die Maskierten hatten Wilson gezwungen niederzuknien und ihn mit zwei Schüssen in den Hinterkopf getötet. Im Licht der Scheinwerfer sah die Familie in der Garage die Leiche auf dem Boden liegen.

Auftritt Michael Austin Für Wilson war Hector Portillo ein mexanischer Oberst, ein Delegierter bei den Vereinten Nationen und Verwandter des früheren Präsidenten Mexikos gewesen, doch die Wahrheit sah anders aus. Portillo war nur ein falscher Name mit falscher Identität und falschen Referenzen. Der Mann, den Wilson als Klienten kannte und dem er seine Zukunft anvertraut hatte, war ein hartgesottener Krimineller aus den USA namens Michael Austin, der bei seinen Betrügereien eine ganze Reihe von Namen und Identitäten benutzte. Sein richtiger Name war Michael Sporn, meist nannte er sich jedoch Austin. Er brachte es auf über 30 Pässe und entsprechende Identitäten und verstand sich darauf, in unterschiedliche Rollen zu schlüpfen. Das UNO-Hochhaus in New York dürfte er nur von außen gesehen haben, wenn er aus dem nahen New Jersey in die Stadt kam.

Der 1955 geborene Austin hatte zu Hause nach außen hin lange in bescheidenen Verhältnissen gelebt, obwohl er ereignisreiche 35 Jahre hinter sich hatte. Doch wie sich zeigte, wollte er nun die Früchte seiner Verbrechen genießen. Er wohnte bei seiner Mutter in Fort Lee, New Jersey. Die Wohnung war schlicht und unauffällig. Nur dass er einen Rolls-Royce fuhr, wollte nicht so recht ins Bild passen, aber sonst bemerkten die Nachbarn nichts Ungewöhnliches. Im Jahr 1985 hatte er im Gefängnis gesessen, weil er 100-Dollar-Scheine gefälscht hatte, ein Talent, das bei seinem Traum vom schnellen Reichtum eine zentrale Rolle spielte. Nebenbei hatte er in der Dominikanischen Republik nicht vorhandenen Zucker verkauft. Er wurde dafür nicht gerichtlich belangt, doch der Betrug platzte, weil die Qualität der gefälschten Papiere zu schlecht war. Er zog daraus seine Lehren. Ironischerweise sollte er letztendlich über seine Fälschungen zu Sturz kommen, diesmal aber dank Ellens Scharfsinn und Erfahrung.

Wenn Wilson glaubte, er sei dank der *Lisa Marie* der einzige Abnehmer der Marlboro-Zigaretten, unterlag er einem schweren Irrtum. Austin hatte eine ganze Reihe weiterer Zwischenhändler wie James MacMillan, die seine mexikanischen Glimmstängel verkauften. Wilson und andere hatten eine New Yorker Telefonnummer, unter der sie ihn kontaktieren konnten, doch er selbst ging nie an den Apparat. Ein Telefondienst informierte ihn über den Anruf, und er rief dann von irgendwo anders zurück.

Als Austin am 12. November alle Papiere für die *Lisa Marie* zusammenhatte, konnte er die 50 Container jedem Beliebigen anbieten. Und das tat er auch. Er verkaufte sie an andere Gutgläubige, die auf seine Versprechungen hereinfielen. Die Gesamtzahl der Container, die Austins Mittelsmänner verkauften, hätte gar nicht in den Frachtraum gepasst. Und was noch besser war: Während Wilsons Sicherheitsklausel vorsah, dass erst nach Ankunft im Hafen bezahlt werden sollte, wurde bei den anderen Deals in der üblichen Form verfahren und bereits bei Verschiffung bezahlt. Über die dafür notwendigen Verschiffungspapiere verfügte Austin. Bald floss Geld von Leuten in seine Taschen, die unvorsichtiger waren als Wilson. Die Summen wurden auf mehrere Geheimkonten verteilt.

Dokumente, die Ellen vorgelegt wurden, deklarieren, dass am 3. Dezember in Miami drei Container mit Zigaretten auf die *Lisa Marie* verladen wurden, die angeblich nach Neapel gingen! Und die *Lisa Marie* war nicht das einzige Schiff, das Austin für die Verschiffung leerer Container benutzte. Ellen überprüfte, wie viele Zigaretten von Philip Morris damals weltweit angeboten wurden. «Austin ging nun in die Vollen. Mit guten Fälschungen war es ein Leichtes, Leute zu übertölpeln und ihnen nicht existierende Zigaretten zu verkaufen. Nach dem Muster der *Lisa Marie* verkauften seine Mittelsmänner fünf Container mit Zigaretten, die angeblich am 24. Februar 1992 in Houston mit der *MV Wie River* nach Antwerpen verschifft wurden. In Wahrheit fuhr die *Wie River* nirgendwohin. Wegen unbezahlter Schulden lag das Schiff seit 1991 im Hafen fest. Austin hatte einfach seinen Namen in die falschen Papiere eingetragen.

Aus anderen Fälschungen geht hervor, dass 20 Container voll Marlboros mit der *MV Infanta* angeblich nach Bremerhaven unterwegs waren. Wieder genügten nach demselben Muster gefälschte Papiere, um Leichtgläubige zu ködern.

Austin wurde es einfach zu leicht gemacht. Dann begriff er, dass er überhaupt keine eigenen Schiffe brauchte. Überzeugende Dokumente genügten. Wozu ein Schiff beschaffen, wenn er nur einen Schiffsnamen und ein paar Fälschungen benötigte? Unglaublich, wie kaltschnäuzig und gerissen er in dieser Zeit zu Werke ging. Umso mehr befremdet es, dass er Wilson ermorden ließ. Er hat mindestens sechs weitere Schiffsnamen benutzt und entsprechende Papiere angefertigt. Ab Dezember 1991 waren Marlboro-Zigaretten in Polizeikreisen ein heißes Thema, und nach dem Mord an Wilson kam nach und nach das ganze Ausmaß von Austins Verbrechen ans Licht. In Piräus, Deutschland und Hongkong wurden Posten von leeren Containern entdeckt. In Spitzenzeiten hatten Austins Mittelsmänner Käufer in 17 Ländern übers Ohr gehauen. Wie viel er auf diese Weise erschwindelte, darüber gehen die Schätzungen auseinander. Sie reichen von 30 Millionen Dollar bis zum Dreifachen. Tatsächlich weiß man bis heute nicht, wie groß sein Vermögen ist. Das Geld war auf Konten versteckt, die man nicht aufspüren konnte oder an die man nicht herankam.»

Als der Mord bekannt wurde und Berichte erschienen, in denen er mit Wilsons Marlboro-Geschäften in Verbindung gebracht wurde, wurde Austins Telefondienst mit besorgten Anrufen von Mittelsmännern förmlich bombardiert. Einer riet ihm, sich ein paar gute Anwälte zu nehmen, und Austin antwortete: «Ich habe schon die beiden besten Anwälte der Welt – Smith & Wesson!»

«Wir konnten einen Verkauf an bulgarische Abnehmer verhindern. Die Container sollten angeblich nach Europa gehen. Der von der Sea-Land Service Incorporation unterzeichneten Bill of Lading war ein Zertifikat von SGS in Panama beigefügt. Wir erkundigten uns dort nach der Echtheit, und man versicherte uns, dass die Dokumente echt seien. Wir konnten es nicht glauben, mussten ihr Wort aber gelten lassen. Laut Sea-Land Service in Panama sollten fünf Container mit der *MV Flemming* nach Antwerpen gehen, und SGS hatte in einem Zertifikat bestätigt, dass die Zigaretten in den Containern inspiziert worden waren. Der Käufer hatte ein Akkreditiv eröffnet, doch die Zahlung wurde bis zum Abschluss der Ermittlungen ausgesetzt.

Lassen Sie mich das näher erklären. Ein Akkreditiv ist ein gefährliches Dokument. Ist es erst einmal ausgestellt, muss die Bank, sofern kein Gerichtsbeschluss erwirkt wird, seine Bedingungen erfüllen und die fällige Summe überweisen. Ich habe Klienten immer meine Hilfe und Rückendeckung zugesichert, wenn sie den Mut hätten, eine Zahlung zu verweigern, weil die Transaktion ein Schwindel sein könnte. Es ist sehr ungewöhnlich, dass eine im Akkreditiv versprochene Auszahlung verweigert wird. Wenn man sich irrt, kann das schwerwiegende Konsequenzen haben. Deshalb geht man vorsichtig zu Werke und vergewissert sich, dass ein Betrugsvorwurf einer Prüfung auch standhält.

Die Frau von der Colon Free Trade Zone in Panama, die angeblich gesehen hatte, wie die Container mit den Zigaretten bepackt wurden, gab bei ihrer Vernehmung zu, dass drei Franzosen sie besucht und ihr *gesagt* hätten, sie solle das Zertifikat ausstellen! Sie hatte gar nichts gesehen. Natürlich waren die Container leer, als man sie öffnete. Alles war Schwindel. Aber der Käufer behielt seine Millionen.»

Ermittlungen in Lancashire Wilsons Leiche hatte in einer Blutlache auf dem Garagenboden gelegen. Die Polizei fand nur wenig Anhaltspunkte. Die Familie konnte keine genaue Beschreibung der Mörder geben, da sie maskiert gewesen waren. Wilsons Geschäfte waren eine mögliche Spur. Man hatte die Aussage, die er bei der Vernehmung durch Scotland Yard gemacht hatte. Man sprach stundenlang mit Michelle, da sie über seine komplizierten Geschäfte mehr wusste als der Rest der Familie. Akten aus dem Büro in der Olive Lane wurden sichergestellt. Wilsons Terminkalender, Telefonunterlagen und Kontoauszüge wurden unter die Lupe genommen.

Wer war dieser Oberst Hector Portillo? Wer waren die Killer, und wer hatte sie bezahlt, wenn nicht Portillo? Die Polizei hatte keinen Hinweis, der Portillo mit New Jersey oder auch nur mit den USA in Verbindung gebracht hätte. Die Telefonate waren an einen New Yorker Telefondienst gegangen. Michelle hatte den schnauzbärtigen Portillo im Waldorf-Hotel in der Fifth Avenue getroffen. Einiges sprach dafür, dass er aus der Umgebung von New York stammte, aber sicher war es nicht. Nach Ansicht der Polizei hatte der *Mexikaner* die Hinrichtung im Mafia-Stil in Auftrag gegeben, doch es gab keine Spur, die zu einer Person namens Portillo führte. Es hatte einen Hector Portillo gegeben, einen Verwandten des mexikanischen Präsidenten, doch der war tot. Auch MacMillan kam als Verdächtiger infrage, da er ein Motiv gehabt hatte, sich an

Wilson zu rächen, doch er wurde auf freien Fuß gesetzt, nachdem er aus Edinburgh zum Verhör überstellt worden war.

In Wilsons Nachbardorf Withnell war in der Mordnacht eine rote Limousine gesehen worden. Rote Limousinen sind nicht ungewöhnlich, doch ein Wagen, der nicht ausfindig gemacht werden konnte, war zumindest ein interessanter Hinweis. Und dann war da noch etwas anderes: Auf dem drei Meter langen Klebeband, mit dem Wilson gefesselt worden war, fanden sich Daumenabdrücke. Aus Sicht der Täter ein stümperhafter Fehler, auch wenn sonst alles nach der professionellen Arbeit bezahlter Killer aussah. Aber von wem stammten die Daumenabdrücke? Auf jeden Fall nicht von einem bekannten Kriminellen, dessen Daten in den internationalen Datenbanken gespeichert waren.

Unter der Leitung des erfahrenen Detective Superintendent Bob Denmark von der Crime Support Unit in Lancashire ermittelten 80 Beamte nahezu weltweit. Denmark hatte es mit einer professionellen Hinrichtung zu tun, die mit skrupelloser Kaltblütigkeit ausgeführt worden war. Die Polizei in Lancashire setzte alle Hebel in Bewegung und arbeitete mit dem IMB, Interpol, den US-Zollbehörden und dem FBI zusammen, um die betrügerischen Geschäfte und den Mord aufzuklären.

Obwohl Denmark schon nach kurzer Zeit Portillo verdächtigte, gelang es erst über vier Monate später, das Doppelleben des Michael Austin zu entlarven. Bei der sorgfältigen und unspektakulären Prüfung der Telefonunterlagen wurde ein Muster erkennbar, genauer gesagt, ein Netz, in dessen Zentrum der große Unbekannte saß. Die Hinweise verdichteten sich, dass der geheimnisvolle Portillo in Wahrheit ein gewisser Michael Austin aus New Jersey war, ein Mann Ende 30. Als die US-Zollbehörde ihn festnahm, benutzte er den Namen Michael Bond. Sie hatte den Verdächtigen beschattet und in seiner Vergangenheit gegraben. Er wollte sich gerade im todschicken Trump Tower am Central Park in Manhattan, einer der Topadressen in New York, für drei Millionen Dollar ein Apartment kaufen, als er auf offener Straße verhaftet wurde. Doch es sollten weitere fünf Jahre vergehen, ehe die größte Mord- und Kriminaluntersuchung in der Geschichte von Lancashire abgeschlossen werden konnte.

Bob Denmark bestätigte später, dass Austin vor dem Mord gründliche Nachforschungen angestellt hatte, um herauszubekommen, ob die Polizei von Lancashire in der Lage war, einen so schwierigen Fall aufzuklären. Offensichtlich hatte er nicht mit ihrer Entschlossenheit gerechnet: «Michael Austin erkundigte sich in der Region, wie man auf einen Mord reagieren würde, ob sich nur die lokale oder auch die überregionale Presse dafür interessieren würde. Der Mord wurde im Gefühl der Überlegenheit begangen, er hielt sich für ein kriminelles Genie.»

Aber er hatte sich überschätzt. Nach seiner Verhaftung versuchte Austin zunächst, seine Auslieferung an Großbritannien zu verhindern, und ging durch alle Instanzen bis zum Obersten Bundesgericht der USA. Er verlor und wurde mit dem Flugzeug nach England gebracht, wo er vor Gericht kam.

Die Polizei begann, tiefer zu graben. Das Geld, das die Firma Alamosa erhalten hatte, war über verschiedene dunkle Kanäle weitergeleitet worden. Der größte Teil war auf einem Konto in Zürich gelandet und von dort in die Karibik gegangen. Kassiert wurde freilich nicht nur bei dem Schwindel mit der *Lisa Marie*, sondern auch bei all den anderen Betrügereien mit erfundenen Schiffen und Ladungen. Nach Austins Entlarvung wurde das ganze Ausmaß seiner Aktivitäten deutlich. Dazu Denmark: «Er benutzte weltweit 50 Identitäten. Er verwendete gestohlene Pässe von Verstorbenen und Pässe, die er widerrechtlich in seinen Besitz gebracht hatte. Er war sehr, sehr clever und manipulierte Leute, die nicht einmal wussten, wie sie ihn kontaktieren sollten. Doch er selbst hatte seine Krakenarme überall.»

Ein Glücksfall für Detective Superintendent Denmark war, dass man nach der Identifizierung Austins in den Telefonunterlagen einen Hinweis entdeckte, der zu einem Engländer namens Stephen Schepke führte. Schepke, 49, lebte in Oldham, stammte also ebenfalls aus Lancashire. Gründliche Nachforschungen ergaben, dass Austin ihn angeheuert hatte, um den Mord an Wilson zu arrangieren. Er war der Mittelsmann. Aber wer waren die Mörder? Noch fehlte eine heiße Spur.

Vor dem Crown Court in Carlisle bestritt Austin jede Beteiligung an dem Mord, obwohl den zwölf Geschworenen überzeugende Beweise vorgelegt wurden. Im Januar 1995 wurde er schuldig gesprochen und zu einer lebenslänglichen Freiheitsstrafe verurteilt. Doch damit war das Verfahren gegen ihn nicht beendet. Da ein Zeuge in dem Mordfall seine Geschichte an eine Zeitung verkaufte, wurde Austin ein Wiederaufnahmeverfahren vor dem Crown Court in Liverpool gewährt. Den Vorsitz führte Sir Oliver Popplewell, ein angesehener Richter vom Obersten Gerichtshof, der nach der Katastrophe von Hillsborough als Vorsitzender einer Kommission die Sicherheit in Fußballstadien untersucht hatte.

Popplewell, trotz vornehmer Herkunft und bester Erziehung ein Mann des Volkes, konnte den Argumenten der Verteidigung nicht folgen, die zwar einräumte, dass Austin in Betrügereien verwickelt sei, aber jede Beteiligung an dem Mord bestritt. Die Verteidigung wollte Richter und Geschworene davon überzeugen, dass die Killer von Dritten angeheuert worden seien, die Wilson übers Ohr gehauen habe. Austin ließ durch seinen Anwalt erklären, dass er zwar in einen Betrug mit Wilson verwickelt gewesen sei, mit seinem Tod aber nichts zu tun habe. Seines Wissens habe sich Wilson mit «gewalttätigen» amerikanischen Schiebern eingelassen. Außerdem habe er ihm im Januar 1992 erklärt, dass er Kontakte zur polnischen Mafia unterhalte. Nach dem Resümee des Richters zog sich die zweite Jury zur Beratung zurück, und als sie wiederkam, befand auch sie den Angeklagten für schuldig. Popplewell verurteilte Austin zu 20 Jahren Gefängnis, der sich daraufhin mit einer obszönen Geste verabschiedete.

Als hätten Lisa Marie und Michelle Wilson nicht schon genug unter dem Mord an ihrem Vater gelitten, erkrankte ihre Mutter Barbara während des Prozesses in Liverpool und starb wenig später, noch vor Austins Verurteilung, an einer Hirnblutung. Die Ereignisse seit März 1992 hatten sie aufgerieben.

Nach dem zweiten Schuldspruch legte Austin abermals Berufung ein. Als Begründung führte Michael Hill, sein Verteidiger, an, Richter Popplewells Resümee sei unausgewogen gewesen. Mit anderen Worten: Er habe die wesentlichen Punkte einseitig dargelegt, um die Jury von der Schuld des Angeklagten zu überzeugen und die Strafsache zu einem erfolgreichen Abschluss zu bringen. Doch auch die drei Richter des Berufungsgerichts schenkten Austin keinen Glauben. Das Urteil wurde bestätigt.

Mittlerweile waren andere, unbedeutendere Akteure bei dem Zigarettengeschäft wegen Betrugs verurteilt worden. Stephen Schepke bekam wegen Beihilfe zum Mord «lebenslänglich». Denmarks Bemühungen konzentrierten sich nun auf die Ergreifung der Auftragskiller. Im April 1996, nach Austins erster Verurteilung in Carlisle, wurden zwei Männer aus der Grenzregion zwischen Kent und London in polizeilichen Gewahrsam genommen. Stephen Playle, 34, wurde in seiner Wohnung in der Longlands Road, Sidcup Kent, verhaftet. Playle war Veteran des Falklandkriegs, den Großbritannien und Argentinien um die Souveränität der gleichnamigen Inseln im Südpazifik geführt hatten. Seit seinem Abschied von der Armee arbeitete er als Koch im Black Horse Pub unweit seiner Wohnung.

Der zweite Festgenommene war ein gewisser Michael Crossley, ebenfalls 34 und ehemaliger Unteroffizier in der Armee. Er stammte aus Northfleet, einem öden Nest an der Themsemündung. Er war Gastwirt und betrieb den Pub Six Bells. Er kannte Playle und hatte sich mit ihm und Schepke im Black Horse getroffen. Alles passte zusammen: Austin kannte Schepke, Schepke war mit Playle und Crossley befreundet. Aber Freundschaft war kein Beweis für einen Mord, der im Hunderte von Meilen entfernten Lancashire verübt worden war. Gab es noch etwas, das einer Jury vorgelegt werden konnte?

Crossleys Frau Alison besaß einen roten Vauxhall Chevette, auf den die Beschreibung des Wagens passte, der in der Mordnacht im Nachbardorf gesehen wurde – ein brauchbares, aber kein hinreichendes Indiz. In Schepkes Brieftasche fanden sich bei seiner Verhaftung Zettel mit den Telefonnummern der beiden Männer – interessant, aber bei einem Mordprozess mit erfahrenen Juristen ohne Wert. Doch sie enthielt darüber hinaus Notizen über Austin und Wilson, die für eine Verurteilung Schepkes sicherlich ausreichten.

Playle und Crossley wurden Fingerabdrücke abgenommen. Stephen Playles Daumenabdrücke stimmten genau mit denen auf dem blauen Klebeband überein, mit dem Wilson vor seiner Hinrichtung gefesselt worden war. Die Polizei hatte ihren Mann. Playle und Crossley wurden wegen Mordes verurteilt.

Eric Ellen, der den großen Marlboro-Betrug aufgedeckt hatte, zweifelt nicht daran, dass der Gerechtigkeit Genüge getan wurde. «Wilson war eine bloße Schachfigur in Austins Spiel. Er mag die Absicht gehabt haben, mexikanische Zigaretten für amerikanische auszugeben, aber das war auch alles. Ein solches Ende hat er mit Sicherheit nicht verdient.»

Während Ellen im Bureau seine Akten über Austins krumme Geschäfte durchsah, wurde ein anderer Betrug ausgeheckt, diesmal im Fernen Osten. Im Unterschied zum Fall Wilson, der mit einer Verurteilung der Täter endete, ist diese Akte auch nach zehn Jahren noch nicht geschlossen. Bis heute liegt ein Schleier des Geheimnisses über den unbekannten Toten und den seltsamen Fahrten der *Erria Inge*.

KAPITEL 8

Leichen im Kühlraum

Die Irrfahrten der *Erria Inge*

Auf der Abwrackwerft im chinesischen Guangzhou wimmelte es von einheimischen Arbeitern. Überall riefen Menschen durcheinander und versuchten, das Kreischen von Metall auf Metall zu übertönen. Schneidbrenner schickten Funkenregen in alle Richtungen, während rostende Schiffe, einst der Stolz ihrer Eigentümer, Stück für Stück auseinander genommen wurden. Hier in der Provinz Guangdong auf dem chinesischen Festland, nicht weit von Hongkong, wrackten die kärglich bezahlten Arbeiter in ihren ausgebleichten Overalls den 17 000-Tonnen-Frachter *Hai Sin* ab. Vor der Ankunft in seinem letzten Hafen hatte er eine dunkle Vorgeschichte gehabt. Genauer gesagt, das Schiff war mehr als zwölf Monate verschollen gewesen.

Man schrieb Dezember 1992, die Temperaturen bewegten sich um 15 Grad, das war normal für die Jahreszeit. Die Männer der Abwrackwerft kamen mit der *Hai Sin* gut voran, doch dann stießen sie auf ein Problem. In einem Frachtraum befand sich eine Kühlabteilung. Die Stromzufuhr war bereits vor einiger Zeit endgültig ausgeschaltet worden. Aus dem Kühlraum schlug den Männern schon aus der Entfernung Gestank entgegen. Kaum war die Tür geöffnet, erfüllte penetranter Verwesungsgeruch die Niedergänge und den Kabinenbereich, der ihnen den Atem nahm. Die Arbeit musste eingestellt werden.

Die Polizei kam, und aus dem Kühlraum wurden menschliche Überreste herausgeholt, verpackt und in große Wannen gelegt.

Zehn Leichen Alle zehn Leichen waren mehr oder weniger verbrannt, einige teilweise bekleidet, einige nackt. Mit Ausnahme von einer Leiche hatte man ihnen alle Wertsachen und alle Habe abgenommen. Es gab keinerlei Anhaltspunkte für die Identifizierung. Zehn Leichen lagen auf dem Kai, vielleicht Ermordete, und niemand machte ernsthafte Versuche herauszufinden, warum und wie sie tot in den Frachtraum eines Schiffes gelangt waren. Nicht einmal Vermisstenmeldungen gab es.

Schiffsbesatzungen sind immer bunt gemischt nach Nationalität und Hautfarbe. Bei einem Kapitän aus einem nordischen Land wie Norwegen und Schweden mögen Ingenieure aus Griechenland an Bord sein, die Matrosen stammen aus Asien oder Westindien. Viele Seeleute kommen aus armen Ländern, und es ist schwierig für sie, den Kontakt zu ihren Familien aufrechtzuerhalten. Oft werden Besatzungsmitglieder in Bangladesh, Indien oder Thailand vom Kai weg angeheuert, ohne dass ordentliche Papiere existieren. Viele haben falsche Pässe oder bekommen welche. Manchmal machen sie nur eine Reise, aber sie können auch über Monate und Jahre von einem Hafen zum nächsten vagabundieren. Aber bei den Toten handelte es sich, laut pathologischem Befund, um zehn Weiße. Und warum eine solche Crew nicht vermisst wurde, ist schwierig zu erklären.

Wurden die Männer ermordet, oder waren sie in einem Feuer getötet worden? Offensichtlich hatte man sie bereits tot an Bord genommen. Warum funkte der Kapitän der *Hai Sin* keine Meldung und teilte mit, wo genau man die Leichen aus dem Wasser gezogen hatte?

Das Geheimnis um die grausige Ladung im Kühlraum hat Eric Ellen lange beschäftigt. «Es ist unwahrscheinlich, dass es sich bei den Toten um die frühere Besatzung handelte, denn sie waren vermutlich ausnahmslos Weiße. Auch Opfer eines Piratenüberfalls waren sie vermutlich nicht. Piraten hätten die Besatzung eines angegriffenen Schiffes nicht im Kühlraum gelagert. Üblicherweise wird bei einer Kaperung in fernöstlichen Gewässern die Mannschaft auf einem Rettungsfloß ausgesetzt oder einfach ins Meer geworfen. Die Haie erledigen dann den Rest. Es ergab einfach keinen Sinn, dass die Leichen an Bord waren. Die Männer im Kühlraum könnten die Vorgänger jener Seeleute gewesen sein, die das Schiff in die Abwrackwerft gebracht haben. Aber die Mitglieder der letzten Crew sind verschwunden, keiner hat irgendetwas erzählt.»

Die Polizei entschied sehr rasch, gar nichts zu tun. Die offizielle Position lautete: *Falls es ein Verbrechen gegeben haben sollte,* und das war ja keineswegs ausgemacht, *dann nicht in chinesischen Hoheitsgewässern* – also war man nicht zuständig! Aber wessen Problem war es dann? Infrage kamen Panama, Honduras, Singapur und Thailand, doch diese Länder leisteten keinerlei Hilfe. Interpol, die internationale Polizeibehörde mit Sitz in Lyon, wurde informiert, kam aber auch nicht voran. Eric Ellen legte eine Akte an – in der Hoffnung, dass doch noch ein Durchbruch gelingen würde.

Den schwarzen Peter weitergeben Wenn in einem Apartment in New York zehn Leichen gefunden werden, würden sich die Wogen nicht eher glätten, als minutiös das Wer, Wo und Warum aufgeklärt wäre. Die Wohnung und das betreffende Viertel würden durchleuchtet. Gerichtsmediziner würden alles daransetzen, die Opfer zu identifizieren. Aber diese zehn Leichen lagen nicht irgendwo in den Vereinigten Staaten, in Zürich oder Paris. «Die Leichen waren ein internationales Problem, aber welches Land sollte sich darum kümmern?», fragt Ellen. «Kein Land hatte ein Budget dafür, und kein Land sah die dringliche Notwendigkeit, Geld für Nachforschungen aufzuwenden. Niemand drängte ein bestimmtes Land, tätig zu werden. Und da sie allem Anschein nach keine Briten, keine Deutschen, Amerikaner oder Japaner waren, hatte keine Regierung und keine sonstige Organisation ein starkes Interesse daran, die Wahrheit aufzuklären. Ohne Vermisstenmeldungen war es für alle Beteiligten leicht, einfach nichts zu tun!

Offizielle Stellen tun nicht einmal annähernd genug, damit das Meer für all jene, die ihren Lebensunterhalt an Bord von Schiffen verdienen, ein sicherer Arbeitsplatz ist. Mord und Betrug auf See müssen genauso gründlich untersucht werden wie ein Verbrechen in einem Apartment in New York.»

Bareboat-Charter Die dramatischen Ereignisse um die *Erria Inge* begannen mit einer Chartervereinbarung im April 1990. Erik Boas war der Schiffseigner. Er stammte ursprünglich aus Dänemark und lebte später in Australien. Als Eigner schloss er mit der Erria Marine Inc. in Singapur einen Bareboat-Chartervertrag über die *Erria Inge*. Das bedeutete, dass nur das Schiff ohne Mannschaft gechartert wurde. Im Kapitel über die *Salem* wurde diese Art von Chartergeschäft erläutert. Der springende Punkt dabei ist, dass der Eigentümer die Kontrolle über sein Schiff komplett abgibt, unter Umständen für Jahre – aber nominell Eigner bleibt. Deshalb ist es klug, sich vorher über den Ruf des Charterers zu informieren. Zu prüfen, ob er in der Lage ist, die Charterraten zu bezahlen, und ob er ordentlich mit dem Schiff umgehen wird. Um die Einzelheiten der Abwicklung sollte sich eine Firma namens Parakou mit Sitz in Hongkong kümmern.

Im Jahr 1990 wollte Erik Boas nach einem arbeitsreichen Leben endlich einen Gang zurückschalten. Eine gute Charter ohne besondere Vorkommnisse wäre ideal gewesen: Er müsste sich um nichts kümmern, nur entspannt dasitzen und die Schecks entgegennehmen. Leider entwickelte sich das Geschäft nicht so wie geplant.

Den ersten Hinweis, dass es Ärger mit dem Schiff gab, erhielt Boas im Februar 1991. Damals hörte er, dass sein Schiff, ein Bulkcarrier, in Bombay (mittlerweile Mumbai) festgehalten wurde. Offensichtlich hatten die Charterer von Erria Marine Hafengebühren, Heuer und andere Rechnungen nicht pünktlich bezahlt. Verständlicherweise war man bei Parakou aufgebracht, die so genannte Arrestverfügung war an ihre Adresse als die zuständige Firma gegangen. Immerhin war das Schiff in Sicherheit, und Boas wusste, wo es sich befand. Er packte rasch ein paar Sachen und nahm das nächste Flugzeug nach Indien.

Wo lag das Problem? Warum waren die Rechnungen nicht bezahlt worden? Wofür wurde sein Schiff verwendet? Boas fand ziemlich schnell heraus, dass die Ladung aus Hühnerfutter im Wert von 2,5 Millionen Dollar bestand. Bestimmungsort seines Schiffes wäre Manila auf den Philippinen gewesen. Nach vielen persönlichen Gesprächen und entnervenden Diskussionen am Telefon erreichte er, dass über den Arrest nicht in Bombay entschieden werden sollte, sondern in Singapur. Das Rechtswesen in Singapur funktioniert nach den Grundsätzen des englischen Common Law, und Boas hoffte, dass die Verlagerung der Zuständigkeit administrative Probleme verhindern würde. Er wollte sein Schiff schützen, verhindern, dass immer weitere Rückstände aufliefen, und erreichen, dass das Schiff weiterfahren konnte, denn nur so konnten die Charterer damit Geld verdienen und ihn bezahlen.

Die Vereinbarung mit Boas sah vor, dass die *Erria Inge* den Hafen von Bombay nicht verlassen durfte, bis in Singapur über den Fall entschieden war. Der nächste Schlag für Boas kam im April: Ihm wurde mitgeteilt, dass sein Schiff widerrechtlich ausgelaufen war. Es war einfach verschwunden. Nachforschungen ergaben, dass es Kurs auf Singapur genommen hatte oder zumindest in östlicher Richtung unterwegs war. «Das war zweifellos eine Finte!», meint Ellen. «Singapur war der letzte Ort, den der Kapitän angesteuert hätte! Das Gerichtsverfahren schwebte noch, und auch Erria Marine Inc. war in Singapur eingetragen. Die Charterer hatten offensichtlich andere Pläne.»

Diese grobe Verfehlung war für den Eigentümer nicht akzeptabel. Boas schickte der Erria Marine Inc. eine förmliche Aufforderung, wegen Bruchs der Chartervereinbarung sein Schiff zurückzugeben, und er forderte eine Entschädigung für die aufgelaufenen Schulden. Mit diesem rechtlichen Schritt hatte Boas das Vertragsverhältnis beendet. Das Schiff musste zurückgegeben werden, so stand es im Gesetz.

Aber er bekam sein Schiff nicht zurück. Erria Marine Inc. ignorierte die gerichtliche Anordnung. Wer konnte sie daran hindern, das Schiff weiterhin einzusetzen? «Das Schiff war irgendwo auf hoher See. Die Charterer lachten nur über die Aufforderung, ein wertloses Stück Papier. Sie hatten die Verfügung über das Schiff und die Ladung, und sie wussten, dass es keine Instanz gab, die mit der Kraft des Gesetzes das Schiff auf hoher See beschlagnahmen würde. Ich denke, dass Erik Boas das auch wusste. Es gibt keine Polizei, die gestohlene Schiffe wiederbeschafft. Boas musste erreichen, dass das Schiff in einem Hafen festgehalten wurde. Aber dazu musste er es erst einmal finden.»

Singapur Boas wandte sich Hilfe suchend an die Behörden in Singapur, doch da offiziell kein Akt von Piraterie vorlag, sahen sie sich außerstande zu handeln, solange das Schiff nicht in den Hoheitsgewässern von Singapur auftauchte. Boas schaltete das Büro des Ministerpräsidenten ein – schließlich war der Diebstahl eines Schiffes durch eine in Singapur beheimatete Charterfirma eine ernste Sache. «Aber die Regierung war an die Bestimmungen des internationalen Seerechts gebunden», kommentiert Ellen. «Ich kann nachvollziehen, dass sie nichts unternahm, auch wenn es für den Eigner frustrierend war.»

In den prächtigen alten Gebäuden mit Blick über Pandan, unweit des Singapur-Flusses, reichte Boas Klage auf Rückgabe der *Erria Inge* ein. Aber die Charterer kümmerten sich nicht um die gerichtlichen Aufforderungen – für sie war das einfach nur noch mehr Papier. Solange sich das Schiff auf See befand, konnte es niemand zurückholen. Boas hielt an seiner Argumentation fest, die Behörden in Singapur müssten dafür sorgen, dass er sein Schiff zurückbekam, weil die Charterfirma ihren Sitz in Singapur hatte. Doch die Polizei sah das anders: Da es keinen Anhaltspunkt gab, dass in *ihren* Hoheitsgewässern ein Verbrechen verübt worden war, und ebenfalls keinen Anhaltspunkt, dass ein Staatsangehöriger von Singapur in die Sache verwickelt war, war sie nicht zuständig. Es ließ sich nicht feststellen, ob hinter der Charterfirma ein Staatsangehöriger von Singapur stand. Mit höflichem Bedauern wurde Boas' Ansinnen abgewiesen.

«Bei seinen Versuchen, die Polizei zum Handeln zu bewegen, brachte Boas einige triftige, aber nicht ausreichend gewichtige Argumente vor», meint Ellen. «Bedenkenswert in dem Dossier, das er zusammengetragen hatte und das wir sehr viel später erörterten, waren die Spuren, die nach Singapur führten. Boas argumentierte, zwei Staatsangehörige von Singapur seien persönlich in den Diebstahl seines Schiffes verwickelt, er hatte die Daten ihrer Pässe eruiert. Das war zwar hilfreich, aber die Pässe könnten falsch gewesen sein. Es sind viele gefälschte Pässe von Bürgern Singapurs im Umlauf. Die Crew, die seinen Nachforschungen nach in Thailand an Bord gewesen war, war in Singapur angeheuert worden. Das behaupteten die Männer jedenfalls. Aber Sie sehen, es ist zweierlei, ob man einen Verdacht hat oder Beweise vorlegen kann. Die Regierung wurde gebeten, ein Schiff auf hoher See zu beschlagnahmen, das unter der Flagge eines anderen Landes fuhr. Damit eine Regierung das tut, müssen die Fakten hieb- und stichfest sein. Die Polizei kann nur auf Anweisung der Regierung tätig werden. Kein Land möchte einen internationalen Zwischenfall auslösen.

Boas teilte den Behörden mit, dass der Kapitän seine Anweisungen von jemandem erhielt, der von einer Nummer in Singapur anrief. Das musste nicht bedeuten, dass der Betreffende ein Staatsangehöriger Singapurs war. Nach meiner Erfahrung mit Verbrechen dieser Art ist es höchst unwahrscheinlich, dass der Boss einer Bande aus Singapur von seinem Heimatland aus operiert. Wir haben bereits gesehen, dass der geheimnisvolle Mr. Wong aus Singapur sein kriminelles Geschäft von Indonesien aus betrieb. Es ist gang und gäbe, dass die Banden fernab ihrer Heimat agieren, denn das erschwert die Arbeit der Polizei.

Sehr viel mehr sprach dafür, dass die Fäden in Hongkong oder China gezogen wurden und Singapur nur Fassade war. Es ist unklar, was die Behörden aufgrund eigener Nachforschungen wussten, jedenfalls bekam Boas eine deutliche Warnung von der ausgezeichneten Polizei Singapurs. Wie er sagte, bestätigte ihm die für Wirtschaftsverbrechen zuständige Abteilung, dass er mit seinen Vermutungen tatsächlich richtig liege, Einzelheiten könne man ihm aber nicht mitteilen, weil das *ungesund* für ihn wäre. Nun, für mich klingt das überzeugend. Im Klartext wurde ihm gesagt: Hör auf zu graben, du verschwendest deine Zeit und riskierst dein Leben. Lass die Versicherung für das gestohlene Schiff bezahlen und vergiss die Sache. Nach meiner Ansicht war das ein guter Rat, wenn auch keiner, den man gerne hört.»

Das Phantom verschwindet Um zu verstehen, was die Kriminellen getan hatten, ist vielleicht ein näher liegendes Beispiel hilfreich. Wenn eine Bande einen Lastwagen mit Whisky stiehlt, haben sie nicht nur den Whisky, den sie trinken oder verkaufen können, sie haben auch den Lastwagen. Wenn sie die Nummernschilder wechseln, können sie ihn verkaufen oder Geld damit verdienen, dass sie ihn zum Transport anderer Waren einsetzen. Und es ist schnelles Geld verdient, wenn man für den Lastwagen nichts zahlen muss und die gestohlene Ladung versilbern kann.

In Schifffahrtskreisen waren die Probleme mit der *Erria Inge* nur ein weiterer Schiffsdiebstahl unter vielen. Der einzige Unterschied zur Piraterie lag darin, dass in diesem Fall nicht irgendwelche Männer im Schutz der Dunkelheit über die Reling geklettert waren. Ein weniger prinzipienfester Eigentümer als Erik Boas hätte jemanden wie den berühmten Captain Changco gefunden und sich von ihm sein Schiff zurückstehlen lassen. Aber Boas wollte sein Schiff auf legalem Weg zurückhaben.

Das Schiff wird gefunden Das Schiff musste irgendwo einen Hafen anlaufen und das Hühnerfutter verkaufen. Boas versetzte sich in die Rolle der Crew und ihrer Zahlmeister: Welche Möglichkeiten hatten sie? Sie mussten irgendwo einen Hafen anlaufen, wo keine Fragen gestellt wurden. Einen Hafen, wo gefälschte oder unvollständige Unterlagen über die Eigentumsverhältnisse keine Rolle spielten. Namen und Register hatten sie zweifellos geändert. Und welches Register interessierte sich nicht besonders für die Eigentumsverhältnisse? Eine Super-Billigflagge! Honduras kam infrage, aber ebenso Belize. Wohin würden sie das Schiff bringen? Wer würde gestohlenes Hühnerfutter kaufen?

Boas kam auf zwei Möglichkeiten: einmal die Philippinen, knapp 2500 Kilometer entfernt in nordöstlicher Richtung. Manila war eine Brutstätte der Korruption, und auf den vielen Inseln gab es unzählige kleine Häfen. Noch wahrscheinlicher aber war Thailand – entweder von Singapur aus in nördlicher Richtung zu erreichen über die Straße von Malakka oder entlang der Ostküste von Malaysia über den Golf von Thailand nach Bangkok. Boas war in seinem Leben viel gereist, und seine Erfahrungen kamen ihm jetzt zugute. Er wusste, dass die Aufzucht von Hühnern in Thailand wirtschaftlich große Bedeutung hat.

Boas stellte Nachforschungen in Thailand und auf den Philippinen an. Er wurde rasch fündig. Das Team, das für ihn arbeitete, erhielt einen Tipp, dass ein Schiff, auf das die Beschreibung der *Erria Inge* passte, allerdings mittlerweile *Palu 111* hieß, in Bangkok lag. Das Schiff entlud Hühnerfutter. Eine genauere Untersuchung bestätigte den Verdacht: Auf Heck und Bug hatte einmal der Name *Erria Inge* gestanden. Er war immer noch sichtbar. Der Schriftzug war nur grob übergestrichen. Boas hatte sein Schiff gefunden.

Die Flagge von Panama mit den vier Rechtecken in Rot, Blau, Weiß und den beiden Sternen war verschwunden. Die neue Flagge zeigte drei Querstreifen, zwei blaue und einen weißen mit blauen Sternen. Die *Palu 111* war in Honduras registriert, dem Nachbarstaat von Panama. Unter den Billigflaggen sind manche eben noch billiger als andere.

Abenteuer in Bangkok Voller Erwartung flog Boas nach Bangkok. Er legte der Polizei seine Beweise vor, und sie glaubte ihm. Das Schiff wurde arretiert, ein Trupp von 13 Mann schwer bewaffneter Bereitschaftspolizei stürmte es. Die Crew-Mitglieder wurden festgenommen und zum Verhör abgeführt. Aber die Dinge lagen anders, als es den Anschein hatte. Die Erklärungen der Crew-Mitglieder überzeugten die Polizei. Sie bestritten jegliche Beteiligung an betrügerischen Vorgängen, falls das Schiff gestohlen worden sein sollte, dann gewiss nicht von ihnen. Nach Diskussionen mit leitenden Polizeibeamten musste Boas widerstrebend anerkennen, dass die Aussagen der Crew überzeugend klangen, und er stimmte zu, dass sie an Bord bleiben konnte. Zumindest war sein Schiff in dem Hafen in Sicherheit, und wenn der juristische Streit vorüber war, hatte es gleich eine Crew an Bord. Kopfschüttelnd erzählt Ellen: «Boas wurde wieder reingelegt. Die Crew-Mitglieder erzählten ihm, dass sie sich bedroht gefühlt hätten von der Bande, die das Schiff wirklich gestohlen habe. Das klang plausibel, war aber gelogen. Doch Boas war ein umsichtiger Mann, er heuerte bewaffnete Aufpasser an, die sein Schiff und die Crew bewachten.»

Er hatte alles getan, was er tun konnte. Nun musste ihm die Justiz wieder zu seinem Schiff verhelfen. So lange blieb es im Hafen an der Kette. Nach Rücksprache mit seinen Anwälten vor Ort flog

Boas heim nach Australien, beruhigt von dem Wissen, dass er die richtigen Schritte unternommen und nichts versäumt hatte.

Zu Hause in Australien fand der umtriebige Ruheständler allerdings keine Zeit, die Füße hochzulegen. Kaum war er abgereist, hatte sein Schiff Bangkok verlassen. Die Geschichte der Crew war von vorne bis hinten erlogen. Sie hatten bei dem Diebstahl ihre Finger im Spiel gehabt, hatten auf Anweisung des großen Unbekannten hinter Erria Marine Inc. gehandelt. Statt sich an die Auflagen der thailändischen Behörden zu halten und ohne sich von den bewaffneten Wächtern beeindrucken zu lassen, waren sie einfach verschwunden. Damit ging alles von vorne los.

«Diese Banden sind clever», sagt Ellen. «Die Drahtzieher instruieren sie genau, was sie sagen sollen, wenn sie auf einem gestohlenen Schiff erwischt werden. Sie erzählen dann überzeugende Geschichten, dass sie erst nach dem Diebstahl als Crew angeheuert wurden und von all den Vorgängen überhaupt nichts gewusst haben. Die Polizei schluckte ihre Geschichte anscheinend, und Boas hatte danach keine Wahl mehr. Falls er Vielfliegermeilen sammelte, war das ein gutes Jahr für ihn. Er flog erneut nach Thailand und stellte Nachforschungen an, wie sein Schiff trotz des Arrests und trotz der bewaffneten Bewacher hatte verschwinden können. Die Spur führte zu einem gewissen Danilo Siroy. Boas hatte ihn als Kapitän des Schiffs behalten. Das Schiff war ohne ihn abgefahren. Siroy behauptete, er und seine Familie seien bedroht worden. Das klang glaubhaft. Die Bestechungsgelder seien an die Bewacher geflossen, damit sie das Schiff verließen. Die thailändischen Behörden hatten – bestochen oder nicht – weggeschaut. Mit Geld ist in der Region alles zu erreichen. Wenn man fernab vom dreckigen Wasser im Hafen von Bangkok sicher und bequem auf seinem Sessel sitzt, ist es leicht und unfair, über die

Verhältnisse dort zu urteilen. Die Leute, die hinter dem Diebstahl steckten, waren gefährlich. Ihre Drohungen musste man ernst nehmen. In den Gewässern rund um Bangkok ist im Laufe der Jahre so manche Leiche versenkt worden.

Die Hafenbehörden zu beschuldigen, die bewaffneten Aufpasser oder Siroy ist verständlich, aber voreilig. Überlegen Sie selbst: Was würden Sie tun, wenn man Sie vor die Wahl stellt, dass Sie entweder das Schiff auslaufen lassen oder man Ihnen die Kehle durchschneiden wird? Ein Leben zählt dort nicht viel, und Drohungen werden schnell wahr gemacht. Sich gefährlichen Gangstern in den Weg zu stellen, die vielleicht Verbindungen zu den Triaden haben, mag tapfer sein, aber klug ist es nicht.»

Wieder verschwunden Zwischen Oktober 1991 und Weihnachten 1992 blieb die *Erria Inge* verschwunden. Zwar wurde in der Region ein Suchaufruf verbreitet, aber wo und wozu sie in dieser Zeit unterwegs war, darüber können Ellen und andere Experten nur Vermutungen anstellen. «Am wahrscheinlichsten ist, dass sie in der Gegend um die Straße von Malakka operierte. Aber es kann kein bestimmtes Verbrechen mit ihr in Verbindung gebracht werden. Ziemlich sicher wurde sie für irgendwelche kriminellen Machenschaften eingesetzt, anders wäre ihr Verschwinden aus Bangkok nicht zu erklären. Vielleicht diente sie als Mutterschiff bei Überfällen. Oder sie transportierte reguläre Fracht, die dann unterschlagen wurde, allerdings haben wir dafür keine konkreten Anhaltspunkte.»

In ihren Bemühungen, die Wahrheit ans Licht zu bringen, arbeiteten sich Ellen und Boas vom Weihnachtstag 1992, als die Leichen im Kühlraum entdeckt wurden, langsam zurück. Ihr Ziel war es, die Lücken zu füllen, die in dem Jahr davor klafften. Die Abwrackwerft in Guangdong bestätigte, dass sie ein Schiff namens *Hai Sin* von der Firma Modern Richer in Hongkong übernommen hatte. Die Hongkonger Firma wiederum sagte der Polizei vor Ort, sie habe die *Hai Sin* bei der Firma Hua Seng Ocean Engineering in Singapur gekauft. Aber eine Firma dieses Namens existierte nicht! Anscheinend wurden gefälschte Dokumente über die Eignerschaft vorgelegt. Aus der *Erria Inge* wurde die *Palu 111* und dann die *Hai Sin* oder zuvor noch etwas anderes, und der letzte Name wurde erst später auf den Bug gepinselt.

«Bei diesem Spiel», erklärt Ellen, «wechseln Schiffe die Namen wie Menschen ihre Socken. Es ist schwierig, die Übersicht zu behalten. Möglicherweise werden die Namen nicht ordentlich registriert, allerdings wurde in diesem Fall die *Hai Sin* in Honduras registriert. Jedenfalls fiel irgendwann die Entscheidung, das Schiff zu verschrotten. Damit die Bande gegenüber der Abwrackwerft nicht in Erscheinung treten musste, wurde eine Scheinfirma dazwischengeschaltet. Ergebnis? Es war so gut wie unmöglich, an die Bande hinter Erria Marine heranzukommen. Die Crew von Modern Richer hat wohl das Schiff nach Guangdong gebracht, aber sie müssen nicht unbedingt von den Leichen gewusst haben.»

«Die Bande hat ihre Spuren gut verwischt. Sie legte ein Netz falscher Fährten an, der Schleier des Geheimnisses ließ sich nicht lüften. Die Crew-Mitglieder konnten nicht identifiziert werden. Vielleicht hätte entschlossenes Handeln einer Organisation wie Interpol etwas erreicht, aber ohne Vermisstenmeldung wollte niemand tätig werden. Und das Bureau konnte die erforderlichen Mittel für eine so groß angelegte Operation nicht zur Verfügung stellen. Ich kann auch den Behörden in Singapur nichts vorwerfen. Vielleicht kannte die Polizei die Wahrheit, aber musste einsehen, dass es unmöglich sein würde, sie zu beweisen. Die organisierte Kriminalität im Fernen Osten wird erst dann aufhören, wenn ein paar tapfere Zeugen auspacken. Aber ich sehe nicht, dass das passieren wird. Die Bosse haben die Region zu fest im Griff.»

Eine Erklärung? Aber was war mit den zehn Leichen? Für dieses Rätsel gibt es keine Lösung. Immerhin noch die beste Erklärung hat Eric Ellen. Der Pathologe, der die überaus schwierige Aufgabe hatte, die verwesten und teilweise verbrannten Überreste zu untersuchen, war zu dem Ergebnis gekommen, dass es sich bei den Opfern höchstwahrscheinlich um Weiße handelte und nicht um Chinesen. Damit schied die Crew aus, die die *Erria Inge* ursprünglich nach Bombay gebracht hatte. Die Untersuchung ergab, dass die Männer jung und in guter Verfassung gewesen waren; das passte zu der Annahme, dass sie Seeleute waren. Bei einigen Leichen fand man Reste von roten, braunen und blonden Haaren. Die Männer waren in gutem Ernährungszustand gewesen, groß und kräftig. Angesichts des fortgeschrittenen Verwesungszustandes waren alle Aussagen in diesem Fall mit erheblicher Unsicherheit behaftet. Insgesamt hatte der Pathologe beachtliche Arbeit geleistet.

«Wie schon gesagt, ich bin ziemlich sicher, dass die *Erria Inge* unter falschem Namen irgendwo in der Straße von Malakka unterwegs war», führt Ellen aus. «Deshalb denke ich, sie könnte in irgendeiner Form an einer Kollision beteiligt gewesen sein, die sich im September 1992 dort ereignete. Das Containerschiff *Ocean Blessing* stieß mit dem Tanker *Nagasaki Spirit* zusammen, es gab viele Tote. Der Tanker hatte mehr als 40 000 Tonnen Rohöl an Bord. Die *Erria Inge* muss nicht Schuld an der Kollision gehabt haben, aber sie könnte irgendwo in der Nähe gewesen sein.»

In der schmalen Meeresstraße tummeln sich bis zu 2000 Schiffe aller Größen, entsprechend hoch ist die statistische Wahrscheinlichkeit für einen Zusammenstoß – das wird jeder Schiffsversicherer bestätigen. Am südlichen Ende ist die Straße nur knapp 18 Kilometer breit. Weiter nördlich sind es an die 100 Kilometer, aber Sandbänke und Untiefen erschweren die Durchfahrt und stellen hohe Anforderungen an die seemännischen Fähigkeiten. Die Kollision im September 1992 war eine von mehreren in den neunziger Jahren. «44 Seeleute sind dabei ums Leben gekommen», fährt Ellen fort. «Nur 28 wurden gefunden. Einiges spricht dafür, dass der Zusammenstoß von Piraten provoziert wurde – vielleicht von der *Erria Inge*, vielleicht von einem anderen Mutterschiff. Aber mich beeindruckt diese Theorie nicht sehr. Gut, irgendetwas Ungewöhnliches muss tatsächlich auf der *Ocean Blessing* passiert sein. Sie war ein gut geführtes Schiff mit einem guten Ruf, und in diesen gefährlichen Gewässern steuerte sie einen Zickzackkurs quer über die Schifffahrtsstraßen und änderte dabei dauernd die Geschwindigkeit. Das passt zu der Vorstellung, dass der Kapitän Verfolger abschütteln wollte. Von der Crew hat niemand überlebt, deshalb wissen wir nicht, was auf der Brücke geschah. Es kann auch sein, dass sich bereits Piraten an Bord befanden und Chaos auf der Brücke herrschte.

Wie auch immer, der erste Notruf kam nicht vom Containerschiff, sondern vom Kapitän der *Nagasaki Spirit*: Stehen unter Feuer und haben Feuer in Haupttanks fünf und sechs. Geben das Schiff auf…

Die Worte ‹unter Feuer stehen› bedeuten: Wir werden beschossen. Das klingt bedrohlich, wenn es denn stimmt. Manchmal aber kommen Funksprüche verstümmelt an oder werden falsch verstanden. Wie auch immer, auf dem Tanker muss jedenfalls die Hölle los gewesen sein, Feuer oder eine Explosion ist eine schreckliche Vorstellung. Ich denke, dass in den Monaten, über die wir nichts wissen, die *Erria Inge* als *Hai Sin* eine unschuldige Crew an Bord hatte, die nach dem Auslaufen aus Bangkok irgendwo angeheuert worden war. Als Besatzung eines Phantomschiffs wusste sie nichts von der Vergangenheit. Wenn die Besatzungsmitglieder einfach nur Zeugen einer humanitären Katastrophe wurden, weil sich ihr Schiff zum Zeitpunkt der Kollision zufällig und unbeteiligt in der Nähe befand, konnten sie die verbrannten Leichen von der *Nagasaki Spirit* ohne weiteres aufnehmen. Eines ihrer Rettungsboote wurde in dem Inferno aufgefischt, und es könnte sich um die Leichen aus diesem Boot gehandelt haben.

Die Leichen waren mit Petroleum durchtränkt und teilweise verbrannt, das passt zu der bekannten Tatsache, dass es ein Feuer oder eine Explosion gegeben hat. Keiner der Toten wies Spuren auf, die auf Mord hindeuteten. Nur unbeteiligte Crew-Mitglieder konnten die Leichen in einem nicht genutzten Kühlraum unterbringen. Piraten hätten sie gar nicht an Bord genommen. Wenn Piraten auf der *Erria Inge* gewesen wären und ein anderes Schiff angegriffen hätten, dann hätten sie bestimmt nicht die Beweise dafür eingesammelt, dass das Schiff in Brand gesetzt worden war. Das ist schlicht undenkbar.

Mit den Leichen an Bord hatte die Bande, die hinter dem Diebstahl des Schiffes steckte, mit einem Mal ein Problem. Wahrscheinlich wurde der Tonfall der Funksprüche zwischen Schiff und Land harsch, als die Bosse hörten, dass eine humanitäre Geste die Anonymität des illegalen Schiffes aufzuheben drohte. Es konnte schlecht Singapur anlaufen und dort die Leichen ausladen. Es konnte nicht einmal offiziell mitteilen, dass es die Leichen an Bord hatte. Denn unweigerlich wäre seine Herkunft genau untersucht worden. Mit der ersten Qantas-Maschine wäre Erik Boas aus Australien eingeflogen und hätte die Behörden zum Handeln gedrängt. Die Polizei vor Ort hätte unangenehme Fragen gestellt. Deshalb denke ich, dass die Bande beschloss, die *Erria Inge* mitsamt den Leichen loszuwerden. Ihre Zeit als Phantomschiff war abgelaufen. Die Crew wurde in irgendeinem Hafen abgesetzt, nur nicht in Singapur, damit ihr niemand Fragen stellte. Mit falschen Papieren wurde das Schiff an eine Scheinfirma verkauft, die es dann weiterverkaufte an Modern Richer in Hongkong. Das ist nur eine Theorie, aber ich halte sie für plausibel.»

Von Reston vor den Toren von Washington aus forschte die liberianische Ermittlungsabteilung nach, denn der Tanker *Nagasaki Spirit* war unter liberianischer Flagge gefahren. Den Bericht fasste Captain Chadwick ab, der schon die Fälle der *Salem*, der *Silver Med* und der *Acdir II* untersucht hatte. «44 Tote sind eine Katastrophe. Neben dem Preis an Menschenleben können auch die Forderungen im Zusammenhang mit dem Schiffskörper, der Ladung und der entstandenen Umweltverschmutzung immens sein.» Es musste eruiert werden, wer welche Schuld hatte. Man brauchte Antworten auf viele Fragen, unter anderem, wer die Kollision verursacht hatte und wie die rechtlichen Folgen aussahen.

«Ich kam zu dem Ergebnis», berichtet Chadwick, «dass die *Ocean Blessing* angegriffen wurde. Der von anderen beobachtete Geschwindigkeitswechsel und der Zickzackkurs des Containerschiffs sprachen dafür, dass es versuchte, Piraten abzuschütteln.» Das klingt zwar einleuchtend, erklärt aber nicht, warum ein bedrängtes Schiff über einen beträchtlichen Zeitraum hinweg keinen Notruf sendete und meldete, dass es von Piraten angegriffen wurde.

Ellen weiß definitiv, dass in der Region Schiffe beschossen wurden. «Im April 1992, ein paar Monate vor den Ereignissen, um die es hier geht, war die *Valient Carrier* mit Heizöl an Bord von Singapur nach Indonesien unterwegs. Sie wurde beschossen, und eine Leuchtrakete landete auf Deck. Während die Crew beschäftigt war, sie zu löschen, kletterte ein Dutzend Piraten an Bord. Sie steckten den Maschinenraum in Brand, woraufhin das Schiff an Fahrt verlor und außer Kontrolle geriet. Schließlich machte sich die Bande mit gerade einmal 3800 Dollar davon. Obwohl sich das Schiff nur gut sechs Kilometer vor der indonesischen Küste befand, konnten weder wir, als wir alarmiert wurden, noch der Kapitän Hilfe mobilisieren.» Ellen schließt: «Ich habe keine bessere Erklärung, woher zehn verbrannte Leichen von Weißen sonst stammen sollten, wenn nicht aus dieser Kollision, zumal es keine anderen Vermisstenmeldungen gab.» Ellen schweigt einen Augenblick und fährt dann fort: «Und wenn ich nicht Recht habe, wer waren diese zehn Männer dann? Flüchtlinge können es nicht gewesen sein, und es gibt keine Berichte über vermisste Seeleute, schon gar keine, die zu dem Profil aus den Autopsieberichten passen. Es kann sich freilich um einen Massenmord gehandelt haben. Ich wünschte, man hätte die in China aufgefundenen Überreste genauer untersuchen lassen.»

Mittlerweile sind zehn Jahre vergangen, und das Rätsel ist immer noch ungelöst. Aber genug Menschen kennen die Wahrheit. Eines Tages wird die Geschichte vielleicht ans Licht kommen, auch wenn die Klugheit manchmal Schweigen verlangt.

Nichts hören, nichts sehen, nichts sagen: Dieses Motto gilt nur allzu oft für Verbrechen auf See, und es gilt ganz gewiss für die meisten Vorfälle in den chinesischen Meeren. Hunderte von Seeleuten sind dort verschwunden oder wurden umgebracht. Bandenmitglieder wissen sehr genau, warum es ratsam ist zu schweigen. Doch manchmal wird die Wahrheit auf seltsamen Wegen offenbar… Ein Beleg dafür ist das folgende Kapitel, das von der gefährlichen Seefahrt im Südchinesischen Meer handelt. Dort wütet das organisierte Verbrechen seit vielen Jahren besonders grausam, doch eine zufällige Entdeckung könnte womöglich alles verändert haben.

KAPITEL 9

Zucker für die Bonzen

China und die Korruption

Hongkong, September 1995 Der schmächtige Mann verließ seine noble Penthousewohnung hoch über dem geschäftigen Treiben im Hafen von Hongkong für einen routinemäßigen Geschäftstermin. Der gebürtige Singapurer galt als angesehenes Mitglied der Gesellschaft und besuchte regelmäßig die Spielsalons in den Kasinos von Macao, aber einen Großteil seiner enormen Einkünfte erwirtschaftete ein illegales Syndikat.

Während der Aufzug nach unten sauste, bereitete er sich flüchtig auf das bevorstehende Treffen vor. Ein bewaffneter Chauffeur grüßte ihn respektvoll und öffnete die Tür des schwarzen, kugelsicheren Lexus. Sein Boss ließ sich in die weichen Ledersitze sinken. Nach einigen Brücken und Unterführungen machten sie vor dem Eingang des Mandarin Oriental Halt.

Auf den Namen eines gut getarnten Unternehmens hatte er einen Konferenzsaal reservieren lassen. Seine Penthousewohnung wäre natürlich angenehmer und einladender gewesen, aber er brauchte die Anonymität eines Hotels. Es wäre unsinnig gewesen, eine Zusammenkunft an einem Ort anzusetzen, den die Behörden möglicherweise abhörten oder zumindest überwachten. Hier bestand diese Gefahr nicht. Hier herrschte absolute Verschwiegenheit.

Es gab vieles zu besprechen, aber man hatte gute Vorarbeit geleistet. Er würde rasch die Einzelheiten durchgehen. Die Saalfenster blickten auf die Anlegestelle der Fähren. Unter ihm fuhren grüne und weiße Fähren kreuz und quer durch den engen Hafen, aber er hatte keine Augen für das Treiben. Es ging um viel Geld. Er setzte sich an das Kopfende des ovalen Tisches, die drei anderen Anwesenden grüßten ihn höflich. Tee wurde serviert, und jeder konnte sich an einem Obstteller in der Tischmitte bedienen. Die anderen Teilnehmer waren eigens zu dem Treffen nach Hongkong geflogen und hatten sich alle in verschiedenen Hotels einquartiert. Einer kam aus Bangkok, einer von der Insel Batam in Indonesien, der dritte aus Shanghai.

Der Vorsitzende eröffnete das Treffen. «Tagesordnungspunkt eins: Das *Zuckerproblem.* Wie ist der Stand der Dinge?» Die Frage war an den Mann zu seiner Linken gerichtet, der aus Shanghai eingeflogen war. Der übergewichtige chinesische Geschäftsmann nickte zum Zeichen, dass er dafür zuständig war, und ging eine Liste der zu besprechenden Punkte durch. «Alles in Ordnung. Das Schiff heißt *Anna Sierra.* Sie läuft am 12. September von Ko Si Chang in Thailand aus. An Bord befindet sich Zucker im Wert von fünf Millionen Dollar und eine 23-köpfige Besatzung.»

«Zielhafen?»

«Die Philippinen, aber wir bringen sie nach Bei-hai.»

«Angriffszeit?»

«Kurz nach Mitternacht, am 13. September, wenige Stunden nach dem Auslaufen. Bereits im Südchinesischen Meer. Captain Bekas, ein erfahrener Anführer, leitet die Operation. Zwei Rennboote werden eingesetzt.»

«Neuer Name?»

«Alles vorbereitet. Sobald die *Anna Sierra* gekapert ist, wird sie verschwinden. Die neuen Papiere sind schon ausgestellt.»

«Und unsere Crew?» Der Vorsitzende streckte den Arm nach der Teekanne aus, die Manschettenknöpfe mit Monogramm waren kurz zu sehen.

«Zum Entern haben wir ein schlagkräftiges, erfahrenes Team, ausgesuchte Leute. Einige werden mit gestohlenen Wertgegenständen wieder abziehen, sobald wir das Schiff in unserer Gewalt haben. Die übrigen fahren das Schiff nach Bei-hai und nehmen sich des *Crew-Problems* an. Ein oder zwei Tage später, vor Vietnam.» Er blickte seine Zuhörer an, sah, dass sie ihn verstanden hatten, und fuhr rasch fort.

«Zuckerpreis für die, *äh*, Käufer?» Das Lächeln des Vorsitzenden war eiskalt.

«4,2 Millionen Dollar. Passt haargenau.» Alle lachten.

«Ausgezeichnet.»

«Hafenbehörden?»

«Alles vorbereitet. Grenzschutz, Zoll – unsere üblichen Kontaktleute. Keine Schwierigkeiten.»

«Gefälschte Frachtpapiere?»

«In Ordnung. Frachtbrief und der Rest. Der Zucker wurde demnach in Brasilien geladen.»

«Danke. Nur noch eine Kleinigkeit. Die Tarnung für die Crew?»

«Alle wissen Bescheid. Sie haben Vertrauen zu unseren Freunden in Peking und der Region, kein Problem. Sie glauben *jede* Geschichte, die man ihnen auftischt – vorausgesetzt, die Besitzer treiben das Schiff überhaupt auf.»

«Danke schön. Klingt alles sehr gut. Dann können wir zu Punkt zwei übergehen: Unser nächster Transport von Einwanderern in die USA. Was ist bereits unternommen worden?» Er wandte sich dem Mann zu seiner Rechten zu. «Fassen Sie sich bitte kurz. Ich muss um 11.00 Uhr eine Sitzung in der Bank leiten.»

Golf von Siam Die *MV Anna Sierra* gehörte der Skate Shipping Company Limited aus Limassol auf Zypern, wo das Schiff auch registriert war. Das Schiffsregister von Zypern kümmert sich kaum um die Interessen der Eigentümer. Es gibt noch schlechtere, aber dieses könnte zweifellos mehr für die Eigentümer tun, die schließlich Gebühren zahlen.

Im September 1995 lag die *Anna Sierra*, ein Bulkcarrier, in dem thailändischen Hafen Ko Si Chang. Sie lud 12 000 Tonnen Zucker im Wert von rund fünf Millionen Dollar. Besitzer des Zuckers war der indische Staatsbetrieb MMTC. Der Zielhafen war Manila auf den Philippinen. Die 23-köpfige Besatzung war ein zusammengewürfelter Haufen. Nach dem Beladen lichtete sie am 12. September den Anker und nahm Kurs nach Osten.

Der Informant der Gangster, vielleicht im Büro der Reederei, hatte die Angaben zu Fracht, Besatzung und Auslaufzeit bestätigt. Womöglich hatte man ein Bandenmitglied in die Crew eingeschleust, das heimlich über ein Mobiltelefon Informationen weitergab. Jedenfalls kam die *Anna Sierra* nicht allzu weit. Gegen 0.30 Uhr musste die Crew erkennen, dass sie angegriffen wurde. Wie üblich fuhren die Gangster im Schutz der Dunkelheit rasch und unbemerkt heran. 30 Piraten näherten sich, vermutlich von achtern, in zwei schnellen Booten und setzten über die Wellenkämme des Kielwassers hinweg. Dann enterten sie – ein Team von jeder Seite.

Eric Ellen erklärt die Technik: «Es ist erstaunlich einfach, ein Handelsschiff zu entern. Einige, etwa die großen Kreuzfahrtschiffe, fahren schnell und liegen hoch im Wasser, ihre Seitenwand ist zu hoch und steil, um sie zu erklimmen. Andere, kleinere Schiffe oder schwer beladene Tanker liegen viel tiefer, ihr Deck liegt nur rund zwei Meter über der Wasseroberfläche. Für erfahrene und trainierte junge Männer sind solche Schiffe praktisch eine Einladung. Die Syndikate zahlen sie gut dafür, dass sie an Bord klettern. Schiffe mit einer Geschwindigkeit von zwölf oder gar 18 Knoten sind kein Problem. Häufig, wenn auch nicht in diesem Fall, wenden Angreifer einen Trick an: Sie legen sich in zwei kleinen Booten auf die Lauer. Die Boote liegen links und rechts von einer Schifffahrtlinie und sind über ein Stahlseil verbunden. Das ahnungslose Opfer erfasst das Stahlseil und zieht die Angreifer auf beide Seiten des Schiffes, noch dazu in der eigenen Geschwindigkeit. Die Piraten können entern.»

An Bord der *Anna Sierra* eröffneten die maskierten Piraten mit Maschinenpistolen das Feuer. Eine unmissverständliche Machtdemonstration. Sie schossen die Tür zu den Räumen unter Deck weg, wo der größte Teil der Crew schlief oder sich ausruhte. Die Männer auf der Brücke wurden überwältigt. In wenigen Sekunden hatten die Piraten das Schiff in ihrer Gewalt. Die von den Kojen und aus dem Maschinenraum zusammengetriebene Besatzung sah dem Tod ins Auge und leistete keinen Widerstand. Die Männer wurden in zwei Kabinen getrieben, mit Handschellen aneinander gefesselt und dann eingeschlossen.

Dort blieben sie und warteten zwei Tage lang auf ihr Schicksal, ohne Essen und Wasser. Der Gestank nach Schweiß und Fäkalien in den überfüllten Kabinen war unerträglich. Eine Flucht war ausgeschlossen. Anfangs hatten sie noch gehofft, dass man sie wieder freilassen würde, sobald der Raubzug beendet war. Doch diese Hoffnung hatten sie aufgegeben, als Stunde um Stunde verging und das Schiff seine Fahrt stetig fortsetzte.

Aus dem Rest des Schiffes drang das Stampfen des Motors zu ihnen. Ganz in der Nähe hörten sie Gelächter und aufgeregtes Geplapper, während die Piraten ihre Kabinen ausraubten. Am zweiten Tag ihrer Gefangenschaft hatten sie jeden Mut verloren. Sie alle hatten davon gehört, dass Crews spurlos verschwunden waren, vermutlich ermordet. Unbemerkt von den Gefangenen, fuhren unterdessen 14 Piraten mitsamt der Beute ab. Die übrigen Männer genügten völlig, um die Situation unter Kontrolle zu halten und das Schiff zu steuern.

Nach zwei Tagen wurden die unrasierten und ausgehungerten Seeleute aus ihren Behelfszellen befreit und mit vorgehaltenem Gewehr an Deck gescheucht.

Als Asiaten wussten sie ganz genau, in welcher Gefahr sie schwebten. Jeder Einzelne hatte diesen Augenblick gefürchtet. Die Piraten zogen sich die Strümpfe und Masken vom Kopf, darunter kamen junge Gesichter zum Vorschein, mit kalten Augen und harten Lippen. Den Gangstern war offensichtlich egal, ob sie erkannt wurden. Und das konnte eigentlich nur heißen, dass es keine überlebenden Zeugen geben sollte. Aber der Anführer der Piraten, Captain Bekas aus Indonesien, hatte andere Pläne. Die zitternde Gruppe wurde geteilt, während die *Anna Sierra* in den Wellen stampfte und rollte. Ein notdürftig zusammengebasteltes Rettungsfloß lag auf Deck. Die Piraten hatten es aus Ölfässern und Holzplanken gebaut. Es wurde in der schweren See zu Wasser gelassen, und die erste zögernde Gruppe musste über die Reling klettern. Das völlig unzureichende Floß ohne Wasser und Lebensmittel an Bord war alles andere als verlockend.

Die Seeleute hatten natürlich keine Ahnung, wo sie waren, aber die *Anna Sierra* lag zu dieser Zeit knapp 100 Kilometer vor der vietnamesischen Küste. Die Todesangst stand den Männern ins Gesicht geschrieben, während der Rest der Crew ihren Abzug verfolgte. Als die Männer auf dem Floß Platz genommen hatten, wollten sie sich nicht von ihrem Schiff entfernen. Doch es blieb ihnen keine andere Wahl. Während sie auf den hohen Wellen auf und nieder gingen, schossen die Piraten mit Maschinengewehren auf sie und zwangen sie, in die gefahrvolle Leere zu treiben.

An Bord der *Anna Sierra* wurde danach der Rest der Crew gezwungen, in eine richtige Rettungsinsel zu steigen, und auch diese Männer wurden ihrem Schicksal überlassen. Die Rufe der ausgesetzten Männer verhallten, während die *Anna Sierra* ihren Weg nach Norden unbeirrt fortsetzte. In den warmen Räumen unter Deck kochten die Piraten sich ein Festmahl. Sie hatten Grund zum Feiern: Der erste Teil ihres Vertrags mit den Gangsterbossen war erfüllt. Sie hatten ein Schiff mit einer Fracht im Wert von fünf Millionen Dollar gekapert. Das Schicksal der Besatzung ging sie nichts mehr an.

Die beiden Rettungsflöße trieben auseinander, nicht mehr als Korken in der Weite der wogenden See. Diese Crew hatte Glück. Die acht Männer auf den Ölfässern wurden noch am selben Tag von vietnamesischen Fischern aufgelesen und zur Insel Condao gebracht. Die anderen 15, darunter der Kapitän, wurden später gerettet, die Strömung hatte sie vom Land abgetrieben.

Der Kapitän und seine Leute wurden nach Vung Tu gebracht. Von dort aus gelang es ihnen am 18. September, die Schiffseigner auf Zypern zu informieren. Das zypriotische Schiffsregister nahm Kontakt zu anderen Behörden auf, unter anderen zu Interpol, zu dem Seenotdienst American Regional Search and Rescue (ARSR) und zum International Maritime Bureau. Der Suchdienst American Mutual Vessel Research (AMVER) leitete sofort eine Suchaktion ein. Dieses von der US-Küstenwache unterstützte System hilft bei der Koordination von Rettungsaktionen. Schiffe in der Gegend, die das freiwillige System nutzten, wurden über das vermisste Schiff informiert und angewiesen, nach ihm Ausschau zu halten und bei Seenot gegebenenfalls Hilfe zu leisten. Versicherungsagenten setzten eine Belohnung für sachdienliche Hinweise aus. Das Pirateriezentrum des IMB in Kuala Lumpur zog in allen Häfen von Indien bis Japan Erkundigungen ein.

Ohne Wissen der Sucher hatte die *Anna Sierra* am 20. September den chinesischen Hafen Bei-hai erreicht, rund 560 Kilometer von Hongkong. Der Hafen liegt in der Provinz Guangxi, westlich der Provinz Guangdong im Südostzipfel Chinas. Das Schiff war unangekündigt unter dem Namen *Artic Sun* eingelaufen – die Piraten hatten tatsächlich das «c» in *Arctic* vergessen. Anstelle der zypriotischen Flagge wehte jetzt die Flagge von Honduras.

«Nach einer ersten Fehlmeldung», berichtet Ellen, «trafen bald glaubwürdige Informationen ein, die uns zu dem Schiff in Bei-hai in China führten. Der Informant war sich ganz sicher, dass die so genannte *Artic Sun* die *Anna Sierra* sei. Wir baten die Behörden, das Schiff festzuhalten, und erhielten am 25. September die Bestätigung, dass die örtlichen Vertreter der chinesischen Küstenwache das Schiff in ihre Gewalt gebracht hätten. Die Piratenbande sei noch an Bord.»

Das 1992 in Kuala Lumpur eröffnete Pirateriezentrum des IMB wurde von John Martin geleitet. Er flog nach China und traf am 8. Oktober vor Ort ein. Die Identifizierung des Schiffes, das an Kai Nr. 4 festgemacht war, bereitete keine Schwierigkeiten. Die Worte *Anna Sierra* waren noch zu sehen, wie auch der ursprüngliche Name *Diagara*, der an Bug und Heck des Schiffes angebracht war. In den Gesprächen mit der chinesischen Küstenwache stellte er zufrieden fest, dass gegen die Piratenbande, die das Schiff in den Hafen gebracht hatte, bereits Ermittlungen eingeleitet worden waren. Nur einer von ihnen hatte ein Seemannspatent, und der

Frachtbrief war eine Fälschung. Schenkte man den Papieren Glauben, so hatte das Schiff den Zucker in Brasilien geladen.

Martin konnte problemlos die Wahrheit beweisen. Der Zucker war in Thailand geladen worden und gehörte der MMTC. Aber jede bewiesene Tatsache, meldete Martin nach London, wurde einfach übergangen. Die Beamten waren nicht überzeugt. Die eindeutigen Beweise für eine Schiffsentführung wurden ignoriert.

«Das überraschte mich keineswegs», meint Ellen. «Wir wussten, dass China durch und durch korrupt war, und kannten auch die engen Beziehungen zwischen den Bandenchefs und den chinesischen Behörden. Dennoch war das, nach dem vielversprechenden Anfang mit der Verhaftung, ein herber Rückschlag. Die angeblichen Eigner der *Artic Sun* gaben neue und anders lautende Stellungnahmen ab und legten falsche Papiere vor. So schwach ihr Besitzanspruch auch begründet war, sie hatten Erfolg. Die chinesischen Behörden gaben sich uns gegenüber immer zuvorkommend, rührten aber keinen Finger für uns.»

Martin spielte einen Trumpf nach dem anderen aus. Er legte weitere Beweise dafür vor, dass die jetzige Besatzung an dem Verbrechen beteiligt war. Sie hatten Pässe, aus denen hervorging, dass sie am 7. August am Flughafen von Bangkok nach Thailand eingereist waren, hatten aber kein Ausreisevisum – das ist ganz typisch für eine Piratenbande. Ihr Anführer, Captain Bekas, blieb jedoch bei seiner Story: *Wir sind von Thailand nach Manila in einem Schiff namens* Polaris *gefahren. Dort heuerten wir auf einem Schiff an, das eine Crew brauchte. Sein Name war* Artic Sun. Anna Sierra? *Nein, als wir an Bord gingen, bestimmt nicht. Das muss davor gewesen sein. Sehen Sie her: Am 16. September sind wir von Manila ausgelaufen und vier Tage später in Bei-hai angekommen, um den brasilianischen Zucker abzuliefern.*

Diese unsinnige Geschichte hielt einer Überprüfung nicht stand. Das fing schon damit an, dass das Schiff die Strecke von Manila nach Bei-hai gar nicht in vier Tagen zurückgelegt haben konnte. Die *Anna Sierra* machte nicht mehr als elf Knoten. Um die Strecke in der von Captain Bekas angegebenen Zeit zu schaffen, hätte das Schiff einen Raketenantrieb gebraucht. Es hätte 33 Knoten laufen müssen, drei Mal so viel wie die Spitzengeschwindigkeit!

Es sagt einiges über Bekas' seemännische Erfahrung aus, dass er versuchte, so faustdicke Lügen überzeugend vorzutragen. Ellen bestätigt, was dem Bureau mit der Zeit klar wurde: «Bekas' Hintermänner hatten ihm zweifellos gesagt, dass jede Story ausreichen würde. Die Verbrecher hatten einflussreiche Freunde in Bei-hai.»

Das Bureau musste von vorn anfangen. Martin holte, laut Ellen, weitere Erkundigungen ein. «Es gab weder eine Meldung von einem Schiff namens *Polaris*, das Thailand verließ, noch eine Meldung von der Ankunft in Manila. Bekas war ein dreister Lügner, aber uns wurde allmählich klar, dass wir das Schiff nicht freibekommen würden, ganz gleich was wir auch unternahmen. Vertreter des zypriotischen Schiffsregisters wurden in Peking vorstellig – es nutzte überhaupt nichts. Die örtlichen Behörden in Bei-hai machten einfach, was sie wollten.

Wir versuchten es noch einmal und deckten eine weitere Lüge auf: Das Schiffsregister von Honduras bestätigte, dass ein Schiff namens *Artic Sun* bei ihm nicht gemeldet war. Die Bosse hatten es nicht einmal für nötig gehalten, die Kosten für eine vorübergehende Meldung auszugeben.»

Jede vernünftige Regierung hätte das Schiff freigegeben und die Piraten festgesetzt, aber nicht China im Jahr 1995. Im Dezember 1995, nach zwei Monaten zäher Verhandlungen, Nachforschungen und neuer Gespräche, gab das chinesische Ministerium für Öffentliche Sicherheit ein kleines Stückchen nach. Es akzeptierte, was ohnehin schon längst klar war: Es gab zu, dass die *Artic Sun* die *Anna Sierra* war, gab das Schiff aber aufgrund der noch laufenden Ermittlungen nicht frei. Stattdessen veranlasste das Ministerium die Freilassung von zehn Mitgliedern der Piratenbande und gestattete den zehn Piraten, China zu verlassen.

Einige Wochen später, im Februar, erhielten die Besitzer eine gute und eine schlechte Nachricht von den Behörden in Bei-hai: Sie konnten ihr Schiff wiederhaben – aber zuvor sollten sie 400 000 Dollar zahlen zur «Deckung der entstandenen Kosten»!

Vermutlich überrascht es niemanden, dass die Eigentümer sich auf diesen Handel nicht einließen! Das war schlicht und einfach Erpressung, wenn auch weder die erste noch die letzte Forderung dieser Art. «In China», erklärt Ellen, «gibt es die Marinestreitkräfte in Form der chinesischen Marine und die dem Militär unterstellten Grenzpatrouillen. Dann gibt es noch die VBA, die Volksbefreiungsarmee, und, weniger einflussreich als diese, die Polizei. Die Polizei ist der Staatssicherheit unterstellt. Jede Provinz hat ihre eigene Polizeibehörde, was in einem Land dieser Größe auch nicht verwunderlich ist. Entscheidend ist jedoch, dass Angehörige der VBA, einflussreiche Leute, häufig Handelsgesellschaften gründeten, an der Spitze kommerzieller Unternehmen, die vermutlich, jedoch nicht ausschließlich, mit geschmuggelten oder gestohlenen Waren handelten. Wenn man zu dieser Zeit in China Schwierigkeiten hatte, konnte man sich nie sicher sein, auf welcher Seite die maßgeblichen Kreise standen. Die Löhne waren so niedrig, dass kaum jemand der Versuchung widerstehen konnte, auf die Schnelle ein paar Dollar zu verdienen. Die Überstundenzuschläge für einen Polizeibeamten betrugen nur 60 US-Cent pro Stunde!»

Die restlichen Bandenmitglieder wurden unterdes mit zunehmender Gastfreundschaft behandelt. Sie verließen die unbequemen Räumlichkeiten auf dem verwahrlosten Schiff, dessen Zustand sich rasant verschlechterte. Stattdessen wurden sie in einem Gasthaus untergebracht, eine angemessene Unterkunft für Seeleute in einem Hafen, für Schiffsentführer, die eine Crew auf hoher See ausgesetzt hatten, wäre jedoch das Gefängnis passender gewesen.

Vielleicht war es unklug, die Zahlung von 400 000 Dollar abzulehnen, weil daraufhin mehr als ein Jahr verging, ohne dass sich etwas tat. Das Jahr 1997 begann mit neuen Streitigkeiten und sturen Beamten. Dann kam die Nachricht, die Schiffseigner am meisten fürchten. Beamte von der Öffentlichen Sicherheit meldeten, in den Maschinenraum sei Wasser eingedrungen und auch die Frachträume mit dem Zucker seien nicht mehr sicher! Man habe versucht, einen Teil der Ladung zu retten, indem man sie aus dem Schiff ausgeladen habe.

Nach versuchter Erpressung nun also Diebstahl. Erfahrene Ermittler wie die Leute des IMB hätten im Voraus das Drehbuch schreiben können. «Die Eigentümer des Zuckers weigerten sich, diesen Rückschlag einfach so hinzunehmen.» Eric Ellens resignierter Blick sagt alles. «Das hinterhältige Gerede machte sie schier wahnsinnig. Die Inder flogen nach China und hatten die Absicht, ihre Fracht zu inspizieren, wo immer sie sich befand. Aber ihnen wurde der Zugang zu ihrem Schiff verwehrt! Nach einigen Erkundigungen kamen sie zu dem Schluss, dass die Hälfte ihrer Ladung bereits fehlte, gut 6000 Tonnen, und ins Landesinnere geschafft worden war.»

Im Februar 1997 folgte der nächste vorhersagbare Schritt. Das Ministerium für Öffentliche Sicherheit meldete, das Schiff, das mittlerweile Schlagseite habe, sei eine Gefahr, wenn es an Kai 4 bleibe. Die *Anna Sierra* wurde abgeschleppt und auf einer Sandbank an einem nahe gelegenen Strand abgesetzt. Noch heute, mehr als sechs Jahre nach Beginn des Vorfalls, liegt sie dort und ist nicht mehr seetüchtig.

Die restlichen Piraten wurden vermutlich nach Indonesien repatriiert – trotz der gesetzlichen Handlungsgrundlage gemäß der Konvention von Rom von 1988 (die die chinesische Regierung unterzeichnet hatte). Und die Ladung? «Wir hörten, dass die Staatssicherheit beabsichtigte, sie unter Wert an einen einheimischen Interessenten zu verkaufen. Wir protestierten, erreichten aber nur, dass der Verkauf verschoben wurde. Kein Gramm Zucker wurde jemals zurückerstattet.»

Diese Schiffsentführung hat eine interessante Vorgeschichte, die in der fiktiven Anfangsszene des Kapitels angedeutet wird. «Ich bin mir sicher», sagt Ellen, «dass es sich hier um eine Art Kompensationsgeschäft gehandelt hat. Die Piratencrew wurde, obwohl es Indonesier und Malaysier waren, von einer Gangsterbande gesteuert, die von Hongkong aus operierte. Die Bosse hatten einige Zeit zuvor einen Handel mit chinesischen Geschäftsleuten abgeschlossen, die ein staatliches Unternehmen in China repräsentierten. Die Hongkonger Bande hatte dabei die Chinesen um 800 000 US-Dollar betrogen.

So etwas kann – selbst für ein Syndikat in Hongkong – gefährlich sein. Wenn ein darin verwickeltes staatliches Unternehmen der Verlierer war, kann es passieren, dass die chinesischen Behörden offiziell intervenieren und gegen die Betrüger vorgehen.» Er macht eine Pause, um dem nächsten Punkt mehr Gewicht zu verleihen. «Oder die chinesischen Geschäftsleute nahmen die Justiz selbst in die Hand.» Nach einem Blick auf seine Unterlagen fährt er fort. «Um Vergeltungsmaßnahmen zuvorzukommen, wurde vermutlich ein neuer Handel vereinbart: Die Hongkonger Bande musste nach Bei-hai Zucker liefern, zu einem Preis, der 800 000 Dollar unter dem eigentlichen Wert lag. Der einheimische Käufer zahlte 4,2 Millionen Dollar für eine Fracht im Wert von fünf Millionen Dollar. Dann wären sie wieder quitt. Und natürlich», fügt der ehemalige Direktor hinzu, «war es für eine solche Bande nahe liegend, das Schiff und den Zucker zu stehlen. Auf diese Weise profitierten beide Seiten von der Sache. Verlierer waren die Versicherungsagenten und die Eigentümer des Schiffes und der Fracht. Die *Anna Sierra* wurde auf Befehl gestohlen, eigens zu dem Zweck, eine Schuld zurückzuzahlen. Das erklärt, weshalb die gefälschten Papiere über einen Verkauf von Zucker an chinesische Käufer schon vorbereitet wurden, *bevor* die *Anna Sierra* aus Thailand ausgelaufen war. Es erklärt auch, weshalb das Schiff illegal zurückgehalten wurde, die Crew freigelassen und die Fracht vor Ort gelöscht wurde, statt an die rechtmäßigen Besitzer zurückgegeben zu werden. Die ganze Operation war im Voraus geplant.»

Nicht zuständig Was damals in und in der Nähe der chinesischen Gewässer geschah, stellte den Außenstehenden tatsächlich vor ein unlösbares Rätsel. Es stand außer Frage, dass Schiffe überfallen, entführt, umgeleitet oder ausgeraubt wurden oder sich in Luft auflösten. Die Tatsache, dass Besatzungen mit Revolvern, Sturmgewehren und Panzerfäusten angegriffen wurden, ging aus zahllosen Berichten hervor. Aber was darüber hinausgehende Informationen betraf, wurde die Wahrheit nicht zuletzt durch die Dementis und Ausflüchte der Politiker verschleiert.

Traditionell hielt sich die Regierung in Peking bei Überfällen auf Schiffe schlicht für nicht zuständig. Erst in den neunziger Jahren änderte sich diese Haltung langsam, aber stetig. Weshalb und wie es zu diesen subtilen Veränderungen kam, ist Gegenstand der letzten Seiten dieses Kapitels.

China war ein Dreh- und Angelpunkt für die Machenschaften des organisierten Verbrechens. Freilich wurden wohl nicht alle Aktionen von dort aus geplant, aber das korrupte Regime bot einen sicheren Hafen, in dem gestohlene Schiffe getarnt oder die Ladungen verkauft werden konnten. «Wir gingen davon aus, dass die meisten Phantomschiffe von einflussreichen Leuten in China genutzt wurden. Nehmen wir die *MT Tenyu*», erinnert sich Eric Ellen. «Sie wurde 1998, kurz vor Kaperung der *Cheung Son*, in der Straße von Malakka von Piraten überfallen, landete aber am Ende in einer chinesischen Werft. Dort wurde sie unter einer Tarnung entdeckt, als man aus ihr ein Phantomschiff machen wollte. Die 15-köpfige Crew hatte weniger Glück. Von ihr hat man nie wieder etwas gehört. Genau wie bei dem Tauziehen um die *Anna Sierra* wurden alle Piraten auf freien Fuß gesetzt, obwohl es hier um mutmaßlichen mehrfachen Mord ging.»

In anderen Fällen erweist sich das Regime nicht als so unfähig – oder sollte man sagen: unwillig?

Bei der Verfolgung von Dissidenten sind zahllose und eklatante Verstöße gegen die Menschenrechte zu verzeichnen. Das chinesische Rechtssystem kann schnell und hart zuschlagen. Wenn es dem Willen der Machthaber entspricht. Im Jahr 1995 ereignete sich ein tollkühner Überfall auf die Schnellfähre von Macao nach Hongkong, auf der die Bank von China zehn Millionen Dollar transportierte. Eine bewaffnete Bande entführte das Tragflächenboot, leitete es in chinesische Gewässer um und machte sich in einem Motorboot mit dem Geld davon. Sie wurden gefasst, weil ein Bandenmitglied ein Mobiltelefon an Bord gelassen hatte, über das er Instruktionen des Bosses an Land entgegengenommen hatte. Den drei Anführern drohte die Todesstrafe, auch wenn sie sich damit verteidigten, dass sie für jemand arbeiteten, den sie nicht nennen konnten. Die Todesstrafe für Diebstahl mag vielen Nationen unangemessen erscheinen, man darf aber nicht außer Acht lassen, dass sie häufig nicht vollstreckt wird. Die Berichte über die Verhandlungen belegen, dass die Angeklagten korrekt juristisch vertreten und mit der ganzen Fairness behandelt wurden, die sie in einem solchen Prozess auch in Europa oder in den Vereinigten Staaten erwarten konnten. Im Gegensatz dazu blieb es – bis zu den Vorkommnissen um die *MV Cheung Son* – meist eine undankbare Aufgabe, für Verbrechen auf See Gerechtigkeit zu fordern.

Japans Problem «Vor allem die japanische Handelsflotte», berichtet Eric Ellen, «litt unter Übergriffen, denn sie muss notgedrungen die Fahrt durch die gefährlichen Gewässer wagen. Ihre Schiffe müssen von den Golfstaaten, Indien, Malaysia und Singapur aus diese Route nehmen. Jahrelang versäumten die chinesischen Behörden es sträflich, ihre Gewässer zu überwachen. Sehr oft wurden die Überfälle auf Schiffe von Piraten verübt, die mit dem Wissen korrupter Beamter operierten oder selbst Beamte waren, die ihre Macht missbrauchten.

Japanischen Schiffen mit kostbarer Fracht wie Öl droht zuerst in der Straße von Malakka große Gefahr. Danach liegt das größte Risiko im Südchinesischen Meer, wenn die Schiffe nach Nordosten in Richtung Hongkong fahren. Das sind gefahrvolle Stunden für die Crew, die an der ganzen Ostküste Chinas entlang bis hinter Taiwan mit einem Überfall rechnen muss. Innerhalb von fünf Jahren wurden 66-mal japanische Handelsschiffe angegriffen, meist in diesem Raum. Der Unmut der Eigentümer, der japanischen Regierung und der Versicherungen nahm in dem Maß zu, in dem die Verluste stiegen. Sie baten uns um Hilfe. Das IMB setzte seinen ganzen Einfluss und seine Kontakte ein, erreichte aber jahrelang kaum etwas. Ein großer Teil unserer Versuche wurde von der chinesischen Regierung einfach ignoriert.»

Das IMB interveniert Im Jahr 1994 kannte die chinesische Regierung die Besorgnis internationaler Organisationen wie der Internationalen Seeschifffahrtsorganisation (IMO), des Baltic and International Maritime Council (BIMCO) und des IMB. In Peking hatten sich regelmäßig Diplomaten mit scharfen Worten über Diebstahl und Mord im Zusammenhang mit Schiffen und Besatzungen beschwert. Aber offizielle Beschwerden wurden stets mit unverhohlener Bestürzung und Empörung darüber zur Kenntnis genommen, dass Ausländer Vorwürfe gegen chinesische Behörden erhoben, sei es wegen ineffektiver Maßnahmen bei der Verfolgung von Verbrechern oder wegen aktiver Beteiligung an den Verbrechen.

«Ein erstes Anzeichen, dass unsere Botschaft bei der Regierung in Peking angekommen war, gab es im Jahr 1994. Chinesische Minister räumten ein, dass die Sicherheit ihrer Gewässer und Häfen verbessert werden müsse. In einem Bericht, den sie der IMO vorlegten, gaben sie zu, dass es *in der Tat* ein Problem gebe. *Einige* Polizeibeamte hätten sich am Schmuggel und anderen Machenschaften beteiligt. Es wurde jedoch abgestritten, dass sie auch in Akte der Piraterie verwickelt seien.

Darüber hinaus änderte der chinesische Zoll die Farbe seiner Schiffe, um die Patrouillen stärker von den Piraten abzugrenzen.

Die Boote sollten eindeutig identifizierbar sein. Piraten hatten tatsächlich Schiffe überfallen, indem sie den Anschein einer amtlichen Patrouille erweckten.»

Die Stellungnahme von 1994 enthielt kein klares Eingeständnis, dass chinesische Regierungsvertreter tatsächlich in die Piraterie verwickelt waren. Wahrheit, Lügen und eine Fassade diplomatischer Floskeln waren eng miteinander verwoben. Künftig, so gab die Regierung bekannt, sollten Patrouillenboote der Behörden grau gestrichen sein und eine weiße Brücke haben. Die Wörter *Zhong-Guohaiguan* (chinesischer Zoll) standen auf jeder Seite. Außerdem bekamen sie eine weithin sichtbare dreistellige Nummer. Zollbeamte trugen schwarze Uniformen, nur im Sommer eine weiße Mütze mit dem Zollabzeichen, dunkle Hosen und ein weißes Hemd. Und sie hatten immer ihren Ausweis dabei.

Trotz dieses Kurswechsels gingen die alten Spielchen weiter. Noch vier Jahre später, im Jahr 1998, wurde die Besatzung der *Cheung Son* von Angreifern überrumpelt, die sich als chinesische Beamte verkleidet hatten. Bemerkenswerterweise ließen die Überfälle nach der Ankündigung von 1994 für kurze Zeit nach. Aber noch bevor Grund zum Jubel bestand, traten ein Jahr später die bekannten Probleme in gleicher Größenordnung wieder auf. Zu diesem Zeitpunkt nahm die chinesische Regierung eine leicht veränderte Haltung ein. Wer in Peking Beschwerde einreichte, wurde nicht mehr mit leeren Versprechungen und Dementis abgewimmelt. Stattdessen war die Rede davon, dass «in gewissen Regionen» die Angelegenheit in der Tat «außer Kontrolle» geraten sei – gemeint war die Kontrolle Pekings!

Das war ein deutlicher, wenn auch zurückhaltend formulierter Wandel. Die Anerkennung des Problems war bereits ein Schritt vorwärts.

Schmuggel Das Kernproblem war der Schmuggel. Öl, Parfüm, Armbanduhren, Marlboro-Zigaretten und Whisky zählten zu den Waren mit den höchsten Importzöllen. Je höher der Zoll, desto größer war der Anreiz für Schmuggler.

Kam die Ware zollfrei ins Land, machten die Schmuggler hohe Gewinne. Und die Banden gingen noch einen Schritt weiter: Der Profit fiel weit höher aus, wenn die Waren auf See geraubt *und* eingeführt wurden – praktisch unbegrenzte illegale Profite winkten. Über Schmiergelder, Drohungen oder eine Beteiligung der lokalen Polizei- oder Zollbehörden am Gewinn erreichten die Banden, dass sie ungehindert rauben, schmuggeln und sich bereichern konnten.

Das wusste die Regierung und beschloss, mit einem neuen Gesetz die Schmuggelbanden zu bekämpfen. Prämien wurden für Polizisten und Zollbeamte eingeführt: Mehr als die Hälfte des Wertes aufgespürter Schmuggelware sollte den Fahndern zukommen. Eric Ellen berichtet: «Regierungsvertreter vor Ort sollten ermuntert werden, massiv gegen das Verbrechen vorzugehen, statt Schmiergelder oder Gewinnanteile anzunehmen. Bedauerlicherweise schlugen die guten Absichten gründlich fehl. Völlig legale Schiffe mit einer attraktiven Ladung an Bord wurden sogar weit außerhalb der Hoheitsgewässer von den Behörden beschlagnahmt und in Gewahrsam genommen. Man zwang das Schiff in einen Hafen, erklärte, auf dem Schiff sei Schmuggelware entdeckt worden, und forderte als Belohnung die Hälfte des Warenwertes! Der unschuldige Schiffseigner musste de facto ein Lösegeld zahlen, um das Schiff freizubekommen.

Die Crew wurde gezwungen, Geständnisse zu unterschreiben, und für ihre Freilassung wurde Geld gefordert. Manchmal wurde ihnen sogar vorgeworfen, dass sie unerlaubt in den Hafen eingelaufen wären, nachdem man sie mit vorgehaltenem Gewehr gezwungen hatte, die mehr als 1600 Kilometer bis zu dem Hafen zurückzulegen!

William Tay, ein Schiffseigentümer aus Hongkong, besaß zwei Schiffe, die *Hye Meiko* und die *Hye Prosperity*. Beide wurden vom chinesischen Zoll entführt und gezwungen, einen Hafen anzulaufen. Das erste Schiff hatte Zigaretten im Wert von zwei Millionen Dollar geladen. William Tay versuchte, sein Schiff freizubekommen, und wurde wegen Schmuggels verhaftet. Sein zweites Schiff fiel ein Jahr später dem Zoll in die Hände. Die gestohlene Fracht hatte einen Wert von insgesamt vier Millionen Dollar.»

Das Beunruhigendste an der Sache ist, dass zugleich traditionelle Verhaltensregeln auf See überholt schienen: Hilferufe blieben unbeachtet, obwohl der Überfall auf die *Hye Meiko* sich gut 1600 Kilometer von dem Hafen entfernt ereignete, in den das Schiff gebracht wurde – reichlich Zeit für eine Intervention. Die britische Marine in Hongkong wollte sich einmischen, wurde aber angewiesen, die Finger davon zu lassen. Die Regierung Großbritanniens wollte eine Konfrontation mit China vermeiden. Zweifellos wollte Chris Patten, der letzte Gouverneur von Hongkong, die heiklen Beziehungen während der Verhandlungen um die Rückgabe an China nicht belasten. «Natürlich hätte die Navy im Idealfall helfen müssen», stellt Ellen fest, «aber es überrascht mich keineswegs, dass die britische Regierung ablehnte, denn sie führte gerade schwierige diplomatische Verhandlungen mit einer Großmacht. Sie hätte sich ihrer Sache schon ganz sicher sein müssen. Von den wenigsten wird berücksichtigt, dass viele Länder ihre Interessen auch außerhalb ihrer Hoheitsgewässer schützen, nicht zuletzt die USA und Großbritannien. Also konnte man nicht einfach behaupten, dass die Chinesen sich gesetzwidrig verhielten, weil sie Schiffe aufbrachten. Die Sache sieht natürlich anders aus, wenn man weiß, dass derartige Maßnahmen eben häufig nichts anderes waren als Piratenüberfälle. Für eine Intervention mit einem britischen Kriegsschiff hätte man aber ganz genau wissen müssen, dass es sich nicht um ein Schmuggelschiff handelte.»

Waren diese Überfälle legale Piraterie? Spielte das eigentlich eine Rolle? Für den Schiffseigner und den Eigentümer der Fracht zählte nur, dass die Waren, die nach Hongkong oder Tokio gelangen sollten, jetzt irgendwo in China auf dem Schwarzmarkt verkauft wurden. Unterdessen wurden Schiffe unter endlosen juristischen Winkelzügen zurückgehalten. Weit weg von Peking waren die Justiz und die zugehörigen Organe zu stark von den Banden infiltriert. Recht wurde wie eine Ware gekauft und verkauft.

Zollpatrouillen liefen auf der Suche nach Schiffen mit lukrativen Ladungen immer weiter aus. Das neue Gesetz gab ihnen allen Anlass dazu. Darüber hinaus avisierten ihnen Kontaktleute in anderen Häfen Schiffe mit einer wertvollen Ladung. Zugleich nahmen die Patrouillen weiterhin Schmiergelder von den Banden entgegen, damit sie beim echten Schmuggel ein Auge zudrückten, der natürlich unvermindert weiterlief.

Protest Kurz vor dem Überfall auf die *Cheung Son* hatten IMB und BIMCO gemeinsam einen Beschwerdebrief an Huang Zhen Dong geschickt, den Kommunikationsminister in Peking. Der Baltic and International Maritime Council ist die weltgrößte private Vereinigung von Schiffseignern und anderen Schifffahrtsorganisationen und hat Vertretungen in über hundert Ländern. Die Sorge des BIMCO galt in erster Linie der großen Gefahr für die Besatzungen, die in südostasiatischen Gewässern zur See fuhren.

«Wir hofften, der Brief würde einen Dialog mit der chinesischen Regierung einleiten», erinnert sich Ellen. «Ganz oben auf der Tagesordnung stand das Verhalten der chinesischen Hafenbehörden, des Ministeriums für Öffentliche Sicherheit, der Polizei, der Marine und anderer Schifffahrtsbehörden. Einige Beispiele für beunruhigende Überfälle und verschleppte Nachforschungen oder Maßnahmen wurden genannt. Die *Vosa Carrier*, ein Containerschiff, wurde im November 1997 von einem Boot überfallen, das wie ein chinesisches Patrouillenboot aussah, und dann nach Hui Lai gebracht. Die Angreifer trugen Uniformen. In diesem Fall zwang die Polizei angeblich den Kapitän und die Besatzung, Geständnisse wegen Schmuggels zu unterschreiben. Nach der Unterschrift wurde die Besatzung gezwungen, das Schiff in einen Hafen in Shantou zu bringen, wo die Container im Wert von 2,5 Millionen Dollar von der Polizei ausgeladen wurden. Nach einer Zahlung von 100 000 Dollar an die Polizei wurde das leere Schiff freigegeben.»

Die *Asian Friendship* wurde im November 1997 ebenfalls bei Guangdong ohne rechtliche Grundlage aufgebracht und gezwungen, nach Shanwei zu fahren. Auch wegen der *Petro Ranger* und der *Tropicana* wurden Beschwerden eingereicht, aber Anlass des Protests waren in erster Linie die Ungeheuerlichkeiten im Zusammenhang mit der *Anna Sierra*. «Bedauerlicherweise muss ich sagen», schließt Ellen, der den Brief ebenfalls unterschrieben hat, «dass wir weder eine Empfangsbestätigung noch eine Antwort erhielten. Das war wohl zu erwarten. Ob unser Brief hinter den Kulissen irgendetwas ausrichtete, lässt sich kaum sagen, aber ich glaube schon. Er hat möglicherweise eine gründliche Überprüfung der Probleme in die Wege geleitet oder zumindest dazu angeregt.» Die später einsetzenden Ereignisse sprechen für diese Einschätzung.

MV Cheung Son Die *MV Cheung Son* war erst im Jahr 1997 vom Stapel gelaufen. Im Grunde sprach wenig dafür, dass ausgerechnet sie einen Wendepunkt der modernen Piraterie markieren sollte. Es gab keinen ersichtlichen Grund, weshalb das Schiff überhaupt für einen Überfall ausgewählt wurde. War sie vielleicht einfach nur zur falschen Zeit am falschen Ort? Mit 17 000 Bruttoregistertonnen war sie relativ groß, aber geladen hatte sie lediglich Schlacke, keinen Whisky, keine Zigaretten oder Rolex-Armbanduhren. Die Fracht hatte einen Wert von 750 000 Dollar – «Peanuts» in den Kreisen der Seepiraten. Vermutlich ging es darum, das Schiff zu kapern, um es künftig als Phantomschiff zu verwenden.

Die *Cheung Son* lag vertäut in dem riesigen Hafen von Shanghai, während die Vorbereitungen für den Überfall bereits begonnen hatten. Mit 23 chinesischen Besatzungsmitgliedern an Bord lief sie im November 1998 nach Port Kelang aus. Dieser malaysische Hafen liegt in der Nähe von Kuala Lumpur, rund 640 Kilometer nördlich von Singapur, und das Schiff musste auf seiner Fahrt die gefährlichen südchinesischen Gewässer durchqueren. Später hätte die Reise durch den Phillip-Kanal bei Singapur und dann in die berüchtigte Straße von Malakka geführt.

Aber die *Cheung Son* kam nicht so weit. Nur drei Tage nach dem Auslaufen aus Shanghai war es so weit. Das in Panama registrierte Frachtschiff, das der Firma Waibert Steamship in Hongkong gehörte, befand sich noch auf seinem Weg durch die Straße von Taiwan in das Südchinesische Meer. Die 23-köpfige Besatzung, ausnahmslos Chinesen, ging ihrer Arbeit auf der Brücke, im Maschinenraum oder in der Kombüse nach. Es war ein Tag wie jeder andere auf hoher See. In einiger Entfernung tauchte ein schnelles Gefährt auf. Es hielt auf sie zu, und als die Konturen zu erkennen waren, sah man, dass sich das Gesetz in Gestalt des chinesischen

Zolls näherte. Chinas Patrouillenboote kreuzten ständig in dieser Region und hielten Ausschau nach Schmugglern, die Waren in das Land mit den hohen Einfuhrzöllen schmuggeln wollten.

Auf dem Patrouillenboot waren 32 Mann auszumachen, eine ungewöhnlich hohe Zahl. Als der *Cheung Son* befohlen wurde, für eine Durchsuchung zu stoppen, waren die schwarzen Zolluniformen deutlich zu sehen. Die Regierungsvertreter an Deck wirkten mit den Sonnenbrillen unter den Mützen finster und einschüchternd, die Sturmgewehre hielten sie im Anschlag, für den Fall, dass Widerstand geleistet wurde. Aber die *Cheung Son* hatte keine Schmuggelware geladen. Die Optimisten unter der Crew blieben ganz ruhig.

Auf dem grauweißen Patrouillenboot machten sich die angeblichen Vertreter der chinesischen Regierung bereit, an Bord der *Cheung Son* zu gehen. Kaum war ihr Boot längsseits vertäut, da schwärmten die uniformierten Männer aus und trieben die verwirrte und verängstigte Besatzung zusammen. Zu spät kam ihnen die Erkenntnis: Man hatte sie getäuscht. Sie waren in der Gewalt einer Piratenbande.

Die Seeleute der *Cheung Son* standen als Gefangene schweigend und voller Angst an Deck. Soni Wee, ein Indonesier, war einer der beiden Anführer der Angreifer. Er stolzierte umher und bellte seiner aufgeregten Truppe Befehle zu. Das Schicksal der Gefangenen lag in den Händen Soni Wees und eines Chinesen namens Weng Siliang, der zumindest bei den folgenden Ereignissen eine zentrale Rolle spielte. Gemeinsam hatten sie die Macht über Leben und Tod der Crew, die sich zusammenkauerte und vor ihnen duckte. Und das genossen sie in vollen Zügen.

Vergessen Sie die Mantel-und-Degen-Filme mit Errol Flynn, die Verheißung der Golddublonen und die Melancholie geleerter

Rumflaschen. Diese Piraten waren kaltblütige Verbrecher, von Männern an Land angeheuert und instruiert. Jeder Einzelne war bereit zu morden und weidete sich an der Angst seiner Opfer. Einige der Bandenmitglieder waren high von Drogen und Schnaps, und Soni Wee war da keine Ausnahme.

Rings um den Frachter lag die Weite des Südchinesischen Meeres. Das war kein Film, es war das allerunterste mörderische Ende der Hackordnung. Als Soni Wees Trip so richtig anfing, muss es ihn wie eine Eingebung überkommen haben, wie die Bande aus dem, was folgen sollte, das Äußerste an perverser Befriedigung herausholen konnte. Mit glasigem Blick legte er die Reihenfolge fest, in der die Mitglieder der Crew vortreten sollten …

***MV Cheung Son* wird vermisst** Am 26. November schlug das IMB Alarm. Die *MV Cheung Son* war gut 300 Kilometer östlich von Hongkong spurlos verschwunden. Schiffe in der Region wurden aufgefordert, nach ihr Ausschau zu halten. Auf ein Verbrechen gab es bis dahin keine Hinweise, aber zur Besorgnis bestand angesichts der Gefahren auf See aller Grund.

Einige Tage später machten Fischer in der Nähe von Shantou in der Provinz Guangdong einen grauenvollen Fang. In ihrem Netz hing ein halb verwester Körper. Der männliche Leichnam eines Chinesen war an ein schweres Metallgewicht gebunden, der Mund war zugeklebt. Wenig später zogen sie weitere fünf Leichen mit ihren Netzen an Bord. Alle waren auf die eine oder andere Weise ermordet worden. Einige waren erschlagen, andere erstochen, wieder andere erschossen worden. Laut Obduktionsbericht war nicht einmal sicher, dass sie tot waren, als man sie ins Meer geworfen hatte.

Im Gegensatz zum üblichen Zögern beim Vorgehen gegen das organisierte Verbrechen handelte die chinesische Polizei dieses Mal zielstrebig. Der Identifizierung der verstümmelten Leichname wurde oberste Priorität eingeräumt. Sobald man sie als Besatzungsmitglieder der *Cheung Son* identifiziert hatte, wurde, statt der üblichen Pfuscherei und leeren Versprechungen, die Suche nach den Tätern mit großer Energie betrieben.

Die Behörden blieben hartnäckig und hatten Erfolg. Beharrliche Polizeiarbeit wird häufig mit dem Glück des Tüchtigen belohnt. Zufällig stieß die Polizei bei einer ganz anderen Ermittlung in einer Diebstahlsache an Land und nicht auf See auf entlarvendes Beweismaterial: Abstoßende Aufnahmen von einer Party an Deck der *Cheung Son* wurden entdeckt, ein bizarrer Exzess der Gewalt an der 23-köpfigen Besatzung. Während die Seeleute starben, zechten, lachten und johlten ihre Mörder.

Verhaftungen Im Januar 1999 wurden 20 Männer verhaftet, die mutmaßlich beteiligt gewesen waren. Wenig später kletterte die Zahl auf 40. Der als Anführer verdächtigte 27-jährige Indonesier Soni Wee (auch als Wei Suoni bekannt) führte bei seiner Festnahme 156 Gramm Drogen mit sich. Er wurde zwar als Rädelsführer angesehen und bezeichnet, doch das Gericht kam nach einem sechstägigen Prozess zu dem Schluss, dass es sich bei dem Chinesen Weng Siliang, ebenfalls 27 Jahre alt, um den eigentlichen Anführer handelte. Soni Wee war, nach Auffassung des Gerichts, vor allem für die Zusammenstellung der Truppe verantwortlich.

Nach und nach kam die ganze Wahrheit ans Licht. Jeder der Piraten hatte 11 000 Dollar erhalten, eine riesige Summe für arme Seeleute in Asien. Nach dem Entern trieben sie die Besatzung an

Deck zusammen. Die Gefangenen mussten mit ansehen, wie einer nach dem anderen ermordet wurde. Der Mörder hatte freie Wahl: Eisenstange, Messer, Pistole oder Seil – alles lag bereit. Den Anführern kam es darauf an, dass Blut an den Händen ihrer Komplizen klebte – ein sicheres Mittel, um sie zum Schweigen und zur Loyalität zu verpflichten. Doch es hatte ihnen offensichtlich zu viel Spaß gemacht. Die Erinnerungsschnappschüsse ließen das Ganze auffliegen. Die Tatsache, dass jeder Pirat ein Opfer töten musste, erklärte, weshalb die Leichen Spuren so unterschiedlicher Torturen aufwiesen.

Mord nach dem Diebstahl eines Schiffes ist im Grunde sinnlos, und bei vielen erfolgreichen Raubzügen wurde die Besatzung verschont. Aber im Verlauf der neunziger Jahre war ein Besorgnis erregender Anstieg der Gewalttaten unter den Piraten zu verzeichnen. Bislang ist jedoch kein Fall bekannt, der mit der grundlosen, hämischen Schadenfreude der Mörder der *Cheung Son* vergleichbar wäre. Niemand kann allerdings sagen, welche Schrecken die Besatzungen der anderen 78 vermissten Schiffe durchmachten.

Das Oberste Volksgericht Chinas hielt die Todesstrafe für angemessen. Die meisten Männer wurden der Schiffsentführung, des Massenmordes, Drogenschmuggels und unerlaubten Waffenbesitzes schuldig gesprochen. Die *Cheung Son* war nur eines ihrer Opfer gewesen. Sie waren nachweislich an wenigstens drei weiteren Überfällen beteiligt, etwa auf die *Loishan*, einen Öltanker aus Singapur. Nach dem Prozess wurden 13 der 38 angeklagten Piraten unter großem Medienrummel in Shanwei in der Provinz Guangdong hingerichtet. 19 wurden zu Haftstrafen verurteilt und sechs freigesprochen.

Ein Berufungsantrag vor dem Bezirksgericht in Shanwei wurde abgelehnt. Das Oberste Gericht entschied: «Die Tatsachen sind eindeutig, die Beweise vollständig, die Schuldsprüche korrekt und die Strafen angemessen.» Die chinesische Regierung hatte in der ganzen Angelegenheit erbarmungslos und effizient gehandelt: Sie hatte eine Grenze gezogen. Zumindest wurde den Piraten signalisiert: China wird derartige Verbrechen nicht länger dulden.

Exekutiert wurde auch der Lieferant des Bootes, mit dessen Hilfe der Anschein einer echten Zollpatrouille erweckt wurde. Derselbe Mann hatte auch die Uniformen beschafft. Aber von den Hintermännern wurde kein einziger auch nur angeklagt.

Weder die *Cheung Son* noch ihre Ladung sind jemals aufgespürt worden. «Die *Cheung Son* wurde zu heiß. Niemand mochte aus nahe liegenden Gründen mit ihr in Verbindung gebracht werden», erklärt Captain Mukundan. Womöglich liegt sie mittlerweile auf dem Grund des Südchinesischen Meeres.

Der Wendepunkt «Ja, das war ein Wendepunkt, eine Entführung, bei der die Täter zu weit gingen», fügt der amtierende Direktor des IMB hinzu. «Seit der *Cheung Son* hat die Volksrepublik China bei zwei weiteren Überfällen ebenso energisch gehandelt. Die *MV Marine Master* wurde im März 1999 von 20 birmanischen Piraten entführt. Sie trugen chinesische Militäruniformen. Die *Marine Master* wurde später als das vermisste Schiff erkannt, und die Besatzung wurde verhaftet. Die rechtmäßige Besatzung hatte man auf notdürftigen Rettungsflößen ausgesetzt, von denen alle bis auf eines auseinander brachen. Irgendwie überlebten die Männer, indem sie sich an die Trümmer klammerten. Auch in diesem Fall kam es zu einem raschen Prozess. Die Piraten wurden verurteilt, allerdings wurde nur der Anführer hingerichtet.

Die chinesische Regierung handelte auch nach dem Diebstahl

der *MV Siam Xanxai* ganz anders, als man es von ihr in den Jahren davor gewohnt war. Die zehn indonesischen Piraten, die das Schiff und die Fracht gestohlen hatten, wurden schnell gefasst und zu langen Haftstrafen verurteilt. Die Besatzung hatten sie auf einer verlassenen Insel ausgesetzt. Das Schiff wurde sofort den Eigentümern zurückgegeben, und da die Ladung Öl verloren war, zahlte China sogar eine gewisse Entschädigung.» Neue Zeiten waren angebrochen!

Im Jahr 1999 waren die Gewässer um China zwar immer noch sehr gefährlich, aber Verbrechen wie die Überfälle auf die *Anna Sierra*, *Tenyu*, *Hye Prosperity* und *Cheung Son* kamen in dieser Gegend nicht mehr vor. Die Botschaft war bei den potenziellen Angreifern angekommen. «Jetzt», sagt Captain Mukundan, «gilt unser Augenmerk Indonesien – das ist keineswegs neu. Aber nachdem die Lage in China sich so grundlegend geändert hat, bemühen wir uns verstärkt, den indonesischen Behörden bei der Ausübung ihrer Pflicht unter die Arme zu greifen.»

Kapitän Hartmut Hesse, der Leiter der neu gegründeten Abteilung für Navigationssicherheit und Sicherheit auf See der IMO, fügt warnend hinzu: «Chinas Handeln hatte in seinen Gewässern und Häfen Erfolg. Das Problem liegt darin, dass die Verbrecher ihre Aktivitäten aufgrund der Strafen, die ihnen in China drohen, wegverlagert haben in andere Teile der Region, wo die Ermittlungsbehörden nicht entschlossen durchgreifen und die Korruption noch funktioniert.»

Indonesien bleibt ein Sorgenkind. «Wir haben Verständnis für Indonesiens Probleme mit Korruption und Armut», erklärt Captain Mukundan. «Wir wissen, wie riesig das Landesterritorium mit Tausenden von Kilometern Küstenlinie ist. Deshalb arbeiten wir mittlerweile mit den indonesischen Behörden zusammen. Das ist der konstruktive Weg zum Fortschritt. Das entschlossene Durchgreifen der chinesischen Regierung zeigt, was durch eine wirksame Abschreckung erreicht werden kann.»

China hilft sich selbst Captain Mukundan hat Recht mit seiner Einschätzung für die Schifffahrt, aber der chinesischen Kur gingen innenpolitische Maßnahmen voraus. Die chinesische Regierung beschloss, gegen die Korruption vorzugehen – ein mutiger und gewagter Schritt.

In China war Korruption der Schlüssel zu einem Jahrzehnt der Freibeuterei, zynischer Verbrechen und leichter Gewinne. Nicht nur die Chinesen, sondern alle asiatischen Völker legen großen Wert auf die äußere Form. Erfahrene internationale Geschäftsleute, die in der Region tätig sind, kennen die lokale Etikette und wissen beispielsweise genau, wie man seine Visitenkarte korrekt präsentiert. (Werfen Sie die Karte nicht einfach auf den Tisch. Lesen Sie die Karte eines Gastes mit sichtlicher Achtung. Legen Sie Ihre Karte mit beiden Händen und würdevoll vor, weil Sie Ihre persönlichen Daten aushändigen.)

Das Gesicht zu wahren, das gehört zu den Lektionen, die man lernen muss. Niemand sieht es gern, wenn er als Dummkopf hingestellt wird oder wenn andere (noch dazu Ausländer!) ihm vorschreiben wollen, wie er seine eigenen Angelegenheiten zu regeln hat. Aber Westeuropäer sind in dieser Hinsicht weniger empfindlich als Asiaten. Deutliche Signale, die in einem Sitzungssaal in Detroit beifällig und womöglich sogar mit Respekt aufgenommen würden, sind in Asien verpönt.

Was hat das mit den 23 Toten auf der *Cheung Son* zu tun? Sehr viel. In den neunziger Jahren standen die Chinesen unter Beschuss durch andere Regierungen und Körperschaften wie IMO, IMB und BIMCO – und das zu Recht. Aber der Staat stand immer noch unter dem Schock der Katastrophe auf dem Platz des Himmlischen Friedens von 1989. Die Regierung hätte das Gesicht verloren, wenn sie dem Druck von außen nachgegeben hätte.

Bei der *Cheung Son* lag der Fall anders. Möglicherweise sah die Regierung in Peking hier die Gelegenheit, auf die sie schon lange gewartet hatte. Chinesische Fischer hatten chinesische Leichen aus chinesischen Gewässern herausgefischt von einem Schiff, das aus dem chinesischen Hafen Shanghai ausgelaufen war. Das war eine innere Angelegenheit von erschreckender Grausamkeit. Sofort machte sich die Regierung daran, den Augiasstall auszumisten.

Die übliche Auskunft der chinesischen Regierung an Außenstehende lautete seit 1994, dass möglicherweise in einigen Küstenregionen Probleme zu beobachten wären. Dabei bestand überhaupt kein Zweifel daran, dass einheimische Warlords auf den Kais stolzierten. Aber der Sumpf war viel tiefer.

Kampf gegen Korruption Obwohl Schiffe wie die *Hye Meiko* illegal unter dem Vorwand des Schmuggels verhaftet und in den Hafen gebracht wurden, konnte man zugleich davon ausgehen, dass tatsächlich in großem Stile geschmuggelt wurde. Die beiden Verbrechen gingen Hand in Hand. Der Kopf hinter derartigen Aktionen war angeblich Lai Changxing, ein bekannter Geschäftsmann, der in der Region um Xiamen in der Provinz Fujian und darüber hinaus ein Netz aus Kontaktleuten geknüpft hatte.

Xiamen ist eine wichtige Küstenstadt mit einem großen Tiefseehafen. Die Stadt hat über eine Million Einwohner und liegt im Südosten Chinas gegenüber von Taiwan, Peking ist also sehr weit entfernt. Hier lag das Machtzentrum von Changxing, bis er gezwungen war, vor einer drohenden Verhaftung aus dem Land zu fliehen. Er hält sich gegenwärtig in Kanada auf, widersetzt sich aber einer Auslieferung, da er sich wegen so schwerer Anklagen vor Gericht verantworten muss, dass ihm im eigenen Land die Todesstrafe droht. 1999 wurde er in Kanada vor einem Kasino in Ontario verhaftet, wo er regelmäßig Gast war. Angeklagt wurde er unter dem Namen Cheong Sin – ähnlich wie *Cheung Son*, aber nicht ganz gleich!

Changxing wäre nie aus dem Land geflohen, wenn in Peking nicht einige hohe Politiker scharf nachgedacht und harte Entscheidungen getroffen hätten. Erschüttert über die Morde auf der *Cheung Son*, beeinflusst von den regelmäßigen Beschwerden wegen illegaler Machenschaften seitens IMB, IMO und BIMCO, entschloss sich die Regierung, die das Ausmaß der regionalen Korruption bereits ahnte, zu einer gründlichen Nachforschung. Staatspräsident Jiang Zemin beauftragte Ministerpräsident Zhu Rongji, persönlich die Untersuchung zu leiten. (In einer peinlichen Affäre entdeckte der Ministerpräsident später, dass seine eigene Frau der Korruption verdächtigt wurde! Sie war die Leiterin einer Export-Import-Firma mit einer Filiale in Xiamen.)

Nicht die lokalen Polizeibehörden führten die Ermittlungen, sondern Beamte aus Peking strömten zu Dutzenden nach Xiamen. Sie richteten in dem Hotel Jinyan ein Kommandozentrum ein und vernahmen dort Regierungsvertreter zum Bestechungsfilz in der Region. Ein Beamter nach dem anderen wurde zum Verhör bestellt. Kurzzeitig standen 150 Regierungsvertreter unter Hausarrest. Allmählich wurde klar, dass die Region nicht außer Kontrolle geraten war, sondern von einem hohen Tier in Peking beeinflusst, wenn nicht gar gesteuert wurde.

Erste Enthüllungen zu Fällen der Korruption wurden übers Internet verbreitet. Selbst einige Medien berichteten über Exzesse, obwohl man offiziell den Journalisten noch kein grünes Licht gegeben hatte. Ein derartiges Vorgehen war wagemutig, um nicht zu sagen tollkühn. Einen furchtlosen Redakteur, der über Schmiergelder und Korruption schrieb, fand man mit durchgeschnittener Kehle in einem Graben. (Die offizielle Todesursache lautete Selbstmord!) Die Botschaft aus Peking war unmissverständlich: Der Deckel auf dem Topf durfte gelüftet, aber nicht ganz abgenommen werden.

Wegen des Ausmaßes der Korruption brachen lokale Unruhen aus. Die Regierung erkannte, dass ihr die Angelegenheit zu entgleiten drohte. Wenn sie die Hände in den Schoß legte, war die Gefahr weit größer, als wenn sie entschlossen durchgriff. Die Rolle des Internets für den Wandel der Haltung der Regierung darf nicht unterschätzt werden. Gerüchte, wahre Geschichten und Tratsch verbreiteten sich auf eine völlig neuartige Weise viel schneller in einem Land, in dem die Redefreiheit ein unbekannter Luxus war. Websites wurden zu einem Medium, in dem unangenehme Wahrheiten verbreitet wurden.

Die Regierung fürchtete einen schwerwiegenden Image- und Machtverlust. Sie ahnte, dass die kleinen Wellen aus Xiamen und den Provinzen ohne weiteres eine solche Wucht aufbauen könnten, dass sie ganz hohe Persönlichkeiten in der Kommunistischen Partei und in der Regierung mit sich rissen.

Erste Indizien im Zusammenhang mit dem Schmuggelgeschäft deuteten unerfreulicherweise nach Peking. Aus allen Landesteilen trafen neue Hinweise ein: Es ging hier nicht nur darum, dass einige lokale Warlords außer Kontrolle geraten waren (auch wenn Eric Ellens Ansichten in diesem Punkt nachweislich korrekt waren).

Die Befehlskette führte bis in die höchsten Kreise. Das Schmuggelsyndikat hatte seine Tentakel bis in die Schaltzentrale der Regierung ausgestreckt.

Li Jizhou, der stellvertretende Minister für Öffentliche Sicherheit, musste als ranghöchster Regierungsmitarbeiter seinen Hut nehmen. Er wurde zum Tode verurteilt, weil er von Lai Changxing Schmiergelder angenommen hatte, aber die Strafe wurde in zwei Jahre Gefängnis umgewandelt. Dieser Mann hatte in den Jahren zuvor den Kampf gegen den Schmuggel geleitet! Den gegen ihn vorgelegten Beweisen zufolge hatte er Schmiergelder erhalten für eine Blockade der Arbeit von Polizei und Grenzschutz. Er hatte mehr Glück als sieben andere Angeklagte. Sie wurden im Februar 2001 wegen Steuerhinterziehung, Schmuggels und ähnlicher Vergehen verurteilt und hingerichtet.

Womöglich wurde Li Jizhous Leben geschont, weil er schwieg und für andere (noch Wichtigere) den Kopf hinhielt. Womöglich hätte, wenn bestimmte, noch wichtigere Leute entlarvt worden wären, der Zusammenbruch der Regierung gedroht. Auch so schon handelte es sich um den größten Skandal in den 50 Jahren der Parteiherrschaft. Ein ehemaliger stellvertretender Vorsitzender des Nationalen Volkskongresses wurde ebenfalls der Korruption überführt, und einem Generalleutnant wurde vorgeworfen, er habe lokale Verbrecherbanden protegiert. Bei so gut gewählten Freunden überrascht es nicht, dass die Banden imstande waren, Schiffe zu entführen, Frachten zu stehlen oder zu verkaufen, falsche Geständnisse zu erpressen und nach Belieben Waren zu schmuggeln.

Die Säuberungsaktion zog erstaunlich weite Kreise. In der Provinz Fujian wurden fast 600 Regierungsvertreter angeklagt, weil sie in den Schmuggel über Xiamen verwickelt waren. Der Hafenchef in Xiamen wurde wegen des Verdachts auf Korruption verhaftet.

Zuvor hatte er der Stadtverwaltung angehört. Zwei hohe Mitglieder der Kommunistischen Partei wurden unter dem Vorwurf der Bestechlichkeit abgesetzt, fünf Drogenschmuggler hingerichtet.

Das Ausmaß der allgemeinen Korruption sprach Bände. Waren im Wert von rund zehn Milliarden Dollar waren ins Land geschmuggelt worden. Als die Ermittlung ins Rollen kam, verschwanden der stellvertretende Bürgermeister von Xiamen, Lan Pu, seine Frau und der angebliche Drahtzieher Lai Changxing spurlos. Die lokalen Polizei- und Zollchefs wurden verhaftet, weil sie ihnen angeblich den Tipp gegeben hatten, dass die Schlinge sich zusammenzog. Mit 600 Millionen Dollar im Gepäck und mit Hilfe eines gefälschten Reisepasses aus Hongkong reiste Changxing nach Kanada! Lan Pu wurde jedoch später gefasst, der Annahme von Schmiergeldern schuldig gesprochen und zum Tode verurteilt. Die Vollstreckung wurde jedoch für zwei Jahre ausgesetzt. Sieben Mitangeklagte wurden wegen ihrer Beteiligung am Schmuggel und anderer schmutziger Machenschaften hingerichtet. Da ist es kein Wunder, dass Lai Changxing nicht in seine Heimat zurückkehren will! Lan Pus Leben wird möglicherweise geschont, um Beweise für die Operationen und die beteiligten Personen zu beschaffen.

Eine ganze Reihe von Zollbeamten wurde wegen der erhobenen Vorwürfe verhaftet oder verhört. In diesem Bereich ist Yang Qiangxiang, der ehemalige Zolldirektor, eine Schlüsselfigur. Ihm ist nach einem Schuldspruch die Todesstrafe so gut wie sicher, ein anderer Zollbeamter aus Xiamen namens Wu Yubo wurde bereits hingerichtet.

Das Hauptproblem Chinas waren die hohen Zölle auf Öl und Luxusartikel. Je höher die Regierung die Preise trieb, desto leichter war es, durch die zollfreie Einfuhr und den Verkauf solcher Waren riesige Gewinne zu scheffeln. Die Schwarzmarkthändler wollten sich diese Gelegenheit nicht entgehen lassen. Mittlerweile hat China sich weiter geöffnet und ist 2001 der Welthandelsorganisation beigetreten. Die Zölle auf Importwaren werden aufgehoben, und damit wird auch der Anreiz für Schmuggler verringert.

Ein Drahtzieher Glaubt man den Pressemeldungen und den Gerichtsakten, so war Lai Changxing Drahtzieher hinter den Kulissen, auch wenn es keinen Beweis dafür gibt, dass er unmittelbar in einen Schiffsüberfall verwickelt war. Der 46-jährige Changxing ist ein korpulenter, verheirateter Mann mit dunklen, kurz geschnittenen Haaren und einem auffallenden Schnurrbart. Er stammt aus einer Bauernfamilie und sammelte als kleiner Junge Dung und Holz. Während er sich mit Händen und Füßen gegen eine Rückkehr nach China wehrt, werden die Prozesse gegen diejenigen fortgesetzt, die er angeblich in Xiamen bestochen hat. Die Ermittlungen gegen andere Lokalgrößen brachten ans Licht, wie dieser charismatische Kriminelle vorging.

Zu der Zeit, als er fliehen musste, hatte er zweifellos überall in Xiamen die Finger im Spiel, wenn er nicht tatsächlich der Drahtzieher des Verbrechersyndikats war, als den die Regierung ihn darstellt. Mit Hilfe seiner *Yuanhua*-Gruppe räumte er jedes Hindernis beiseite. Er streitet zwar energisch ab, Schmiergelder gezahlt zu haben, aber andere, mittlerweile verurteilte Personen haben gestanden, dass sie von ihm oder von seinem Unternehmen Schmiergelder erhalten hatten.

Angeblich ging es um Millionen von Dollar. Bei weniger bedeutenden Personen zahlte er kleinere Beträge, finanzierte ein Auslandsstipendium für die Kinder oder ließ ihnen Geschenke wie

Alkohol oder Schokolade zukommen. Wenn es ihm angebracht schien, lud er nützliche Menschen auch zu einer Party in seinem Haus ein, dem Roten Haus, in dem hübsche Tischdamen sich um die Gäste kümmerten. Diese Auserwählten durften auch einen besonderen Teil des Roten Hauses aufsuchen: einen wahren Freudentempel. Im Verborgenen warteten eine Karaoke-Bühne auf sie, ein Tanzsaal, eine Sauna, Fußbäder und luxuriöse Suiten mit Whirlpools, in denen schöne Damen die Privilegierten verwöhnten.

Changxing beschränkte sich auf den Import von Waren, die er auf dem Schwarzmarkt verkaufen konnte. Mehrfach wurden auf See Öltanker entführt und nach China gebracht. Die Regierung geht davon aus, dass das gewinnträchtige Schmuggelgeschäft, vor allem mit Öl, wo die Gewinnspanne am höchsten war, es ihm ermöglichte, die Fußballmannschaft des Ortes zu kaufen (sie wurde in Yuanhua umbenannt). Außerdem baute er ein Hotel mit 30 Stockwerken, brachte Yuanhua-Zigaretten auf den Markt, verkaufte Yuanhua-Wein und schuf auch den Yuanhua-Freizeitpark nach dem Vorbild der Verbotenen Stadt. Als Changxing nach Kanada fliehen musste, baute er gerade einen Wolkenkratzer mit 88 Stockwerken, den höchsten in der Region, der vermutlich Yuanhua Tower heißen sollte!

Weniger erfreulich für seine Gäste in den Bädern und Betten im Roten Haus war die spätere Enthüllung, dass ihr Wohltäter die Lustbarkeiten komplett auf Video aufgenommen hatte! Einige Angeklagte wurden nur identifiziert, weil die Kamera sie aufgenommen hatte. Zu den führenden Gestalten, die mutmaßlich von ihm Gelder erhielten, zählten der stellvertretende Bürgermeister, der stellvertretende Parteichef der Stadt, der Leiter der Polizeiabteilung für Außenkontakte, ein leitender Beamter in der Grenzpolizei und ein prominenter Banker. Das System in Xiamen war so außer Kontrolle geraten, meint ein Beobachter, dass die lokalen und zentralen Regierungsvertreter in Wirklichkeit zwei Tätigkeiten nachgingen: ihren legalen Pflichten, zugleich aber auch ihren Bemühungen, den illegalen Handel zu vertuschen.

Wenn man sich die riesigen Summen, um die es ging, und das nachgewiesene Ausmaß der systematischen Korruption in Südostchina vor Augen führt, so wird aus heutiger Sicht deutlich, weshalb alle Proteste wegen Verbrechen auf hoher See ungehört verhallten. Menschen wie William Tan oder die Eigentümer der *Anna Sierra* standen vor unüberwindlichen Schwierigkeiten. Regierungsvertreter, mit denen sie sprachen, hatten einen geheimen «Nebenerwerb» und handelten auf Anweisung korrupter Vorgesetzter. Ein Wort von jemandem ganz oben in Peking oder vor Ort genügte, um die Freilassung von Entführern zu erreichen oder alle Versuche zu vereiteln, ein Schiff oder die Fracht freizubekommen. Wer um Hilfe gebeten wurde, steckte meist selbst im Sumpf der Schattenwirtschaft.

Der größte Korruptionsskandal in China seit 50 Jahren hat das Land schwer erschüttert. Für eine Vorhersage ist es zu früh, aber in der Handelsschifffahrt hat die eiserne Faust Pekings die gesetzwidrige Aufbringung und Entführung von Schiffen gestoppt. Als Zollboote getarnte Piraten durchpflügen heute nicht mehr internationale Gewässer. Fälle wie die *Anna Sierra* oder die *Cheung Son* sind seither nicht bekannt geworden.

Es besteht kein Zweifel daran, dass die chinesische Medizin, die für einige internationale Beobachter einen üblen Beigeschmack hat, im Großen und Ganzen erfolgreich war. Oder wurde ein Problem lediglich vor die Tür anderer Staaten wie die Philippinen verlagert, wo Korruption, Armut und Verbrechen immer noch grassieren? Wie sieht eine Lösung für den ganzen Fernen Osten aus? Was wird uns die Zukunft bringen, nicht nur mit Blick auf die Piraterie, sondern auch auf Terroristen? Werden die Regierungen wirklich die Meere säubern und die Häfen sicherer machen? Oder kommt am Ende nichts dabei heraus? Diese Fragen sind Gegenstand des folgenden Kapitels.

KAPITEL 10 **Wenn Regierungen vertuschen**
Die Lehren aus dem Fall *Estonia*

Dieses Kapitel beschließt das Buch mit Vorschlägen von Experten zur Verbrechensbekämpfung auf See. Was jedoch tatsächlich geschieht, hängt vom Verhalten der Regierungen ab. Die Untersuchungen nach dem Untergang der *MV Estonia*, bei dem in der Ostsee 852 Menschen umkamen, stimmen eher skeptisch. Sagen die Regierungen, in diesem Fall Schweden, Finnland und Estland, wirklich die ganze Wahrheit? Erheben sie zu Recht den Anspruch, für demokratische Verhältnisse einzutreten und die Interessen der Passagiere und Besatzungen auf See zu vertreten? Sieht man sich den staatlichen Untersuchungsbericht über den Untergang der *Estonia* an, muss die Antwort auf diese Fragen «nein» lauten. In der Regel verhindern wirtschaftliche Interessen und politischer Eigennutz eine ernsthafte Suche nach der Wahrheit.

Roll-on-roll-off-Fähren Am Abend des 28. September 1994 sank in der Ostsee die Autofähre *Estonia*. 852 Menschen kamen beim Untergang dieser Roll-on-roll-off-Fähre ums Leben. Bei einer Katastrophe dieser Größenordnung hätte eine unanfechtbare, absolut transparente Untersuchung erfolgen müssen. Aber dies geschah nicht.

Lange bevor das Schiff unterging, hatten wiederholt Schiffbauingenieure Zweifel an der Sicherheit von Roll-on-roll-off- oder Ro-ro-Fähren geäußert. Seit der *Titanic* gilt im Schiffbau der Grundsatz, große Wasserfahrzeuge durch wasserdichte Zwischenwände oder Schotten in Abteilungen zu gliedern. Dieses einleuchtende Bauprinzip verhindert, dass bei einem Leck der gesamte Rumpf eines Schiffes geflutet wird. Bei den Ro-ro-Fähren zieht sich jedoch das Fahrzeugdeck vom Heck bis zum Bug durch. Die Effektivität solcher Fähren ist beachtlich. Fahrzeuge können sehr rasch an Bord fahren und das Schiff ebenso rasch wieder verlassen, was die Liegezeit im Hafen verkürzt. Außerdem ermöglichen die großen Bug- und Heckpforten einen schnellen Abzug der Abgase.

Diesen Vorteilen steht die erschreckende Tatsache gegenüber, dass allein zwischen 1978 und 1988, also binnen nur zehn Jahren, 5300 Passagiere von Ro-ro-Fähren ums Leben kamen. Unter anderem sank am 6. März 1987 die *Herald of Free Enterprise*, unmittelbar nachdem sie den belgischen Hafen Zeebrügge verlassen hatte, um Dover anzulaufen. Die Fähre kenterte bei ruhiger See innerhalb von nur 90 Sekunden. 188 Menschen starben, doch eine viel größere Zahl wurde glücklicherweise gerettet, weil sich das Unglück so küstennah ereignete. Das Schiff hatte mit offener Bugpforte abgelegt, ein schwerer Verstoß gegen grundlegende Sicherheitsbestimmungen.

Dieses Unglück trug vermutlich dazu bei, dass die Produktion von Ro-ro-Fähren alten Typs eingestellt wurde. Die Geschwindigkeit, mit der das hereinströmende Wasser das Schiff zum Kentern brachte, war eine deutliche Warnung. Ab 1990 wurde die Bauweise neuer Fähren modifiziert. Auf den Einbau von Schotten wurde aber aus wirtschaftlichen Gründen weiterhin verzichtet. Sieben Jahre nach dem Untergang der *Herald of Free Enterprise* lieferte die Katastrophe der *Estonia* womöglich einen weiteren Beweis für die Unsicherheit von Ro-ro-Fähren, nur dass sich ihr Untergang unbeobachtet mitten in der Nacht auf der sturmgepeitschten Ostsee vollzog. Allerdings ist bis heute nicht klar, ob die Schiffskatastrophe wirklich ein Unfall war oder ob sie durch ein Verbrechen verursacht wurde. Und es ist bis heute umstritten, ob die Bauweise der Ro-ro-Fähren bei dem Unglück überhaupt eine Rolle spielte.

Der Untergang der *Estonia* Die 15 556 Bruttoregistertonnen große Autofähre hatte etwa 1000 Personen an Bord. Außerdem beförderte sie eine große Anzahl von Autos und Lastwagen. Sie befand sich auf der routinemäßigen Überfahrt von Tallinn in Estland nach Stockholm in Schweden, als sie binnen einer Stunde, zwischen 0.30 und 1.30 Uhr, kenterte und sank. Diese Tatsachen sind bekannt, das Problem ist jedoch, dass die Staaten, die die Ursachen der Katastrophe untersuchten, bei ihren Ermittlungen mehr Rätsel produzierten als Rätsel lösten. Die Öffentlichkeit hat einen Anspruch darauf, genau zu wissen, was den Untergang des Schiffes verursachte. Doch die Untersuchung hat eine Welle von Vertuschungsvorwürfen ausgelöst und zu einer Vielzahl mehr oder weniger plausibler Verschwörungstheorien geführt. Außerdem wurden die Ergebnisse unabhängiger Untersuchungen der Schiffskatastrophe von der Untersuchungskommission der drei Staaten heruntergespielt, und Personen, die die Wahrheit herausfinden wollten, wurden mit Strafverfolgung bedroht.

Die offiziellen Ergebnisse Die Untersuchung der Schiffskatastrophe wurde von der so genannten Joint Accident Investigation Commission (JAIC) durchgeführt, an der Schweden, Finnland und Estland beteiligt waren. Ein hoher schwedischer Beamter verkündete bereits 24 Stunden nach dem Untergang der *Estonia*, das Schiff sei gesunken, weil seine Bugpforte abgerissen sei. Die

Schuld wurde dem Hersteller gegeben. Von diesem Augenblick an waren die Würfel gefallen. Die Tatsachen mussten mit dieser Hypothese in Übereinstimmung gebracht werden, weil sie die drei betroffenen Länder bequemerweise von jeder Schuld an dem Unglück freisprach. Die Kommission arbeitete von Anfang an hinter verschlossenen Türen und gewährte der Öffentlichkeit keinen Einblick in ihre Arbeit.

Ihr Abschlussbericht, der im Dezember 1997 veröffentlicht wurde, führte den Verlust der Fähre auf eine Fehlkonstruktion im Bereich ihrer Bugpforte und auf schlechte Wartung zurück. Eines der Untersuchungsergebnisse lautete, dass die See in der Unglücksnacht sehr viel rauer gewesen sei als sonst. Schon diese Feststellung machte stutzig, denn sie entsprach nicht der Wahrheit. Tatsächlich herrschten mehrmals pro Jahr ähnliche Wetterbedingungen wie beim Untergang der *Estonia*, und sie konnten auf ihrer Route sogar noch schlimmer sein. Die Kommission kam zu dem Schluss, dass das Bugvisier der Fähre (das gehoben wurde, wenn Fahrzeuge auf das Schiff fuhren) von der schweren See so stark beschädigt wurde, dass Wasser eindrang. Laut ihrem Abschlussbericht waren die Verriegelungen des Bugvisiers defekt oder zu schwach und gaben nach, sodass es schließlich ganz abriss und sich der ursprüngliche leichte Wassereinbruch in eine gewaltige Flut verwandelte. Dadurch sei das Fahrzeugdeck der Fähre mit Tausenden Tonnen Wasser überschwemmt worden, die das Schiff zum Kentern und Sinken brachten, obwohl der Kapitän noch versuchte habe, Gegenmaßnahmen zu treffen.

Die *Estonia* wurde gebaut, lange bevor die Bauweise der Fähren 1990 geändert wurde. Sie galt einfach deshalb immer noch als sicher, weil sie zum Zeitpunkt ihres Stapellaufs trotz ihres gewaltigen, nicht unterteilten Fahrzeugdecks den geltenden Sicherheitsvorschriften entsprach. Diese Einstufung hatte jedoch nur für ihre ursprüngliche, küstennahe Fahrtroute gegolten. Als sie auf der neuen Hochseeroute zwischen Tallinn und Stockholm eingesetzt wurde, fragte niemand danach, ob das Schiff auch den schwereren Seegang auf dieser Route aushalten würde.

Wiederaufnahme gefordert Durch einen seltsamen Zufall wurde der estnische Verkehrsminister zum Vorsitzenden der JAIC gekürt. Er war zugleich Vorstandsvorsitzender der Eigner und Betreiber der Fähre, ein unglaublicher Vorgang, der die Glaubwürdigkeit der Kommission von vornherein beeinträchtigte.

Nachdem die Kommission im Dezember 1997 ihren Abschlussbericht veröffentlicht hatte, wurden wohl begründete Forderungen nach einer Wiederaufnahme der Untersuchung erhoben. Doch sie führten zu keinem Ergebnis; so groß ist die Macht der Regierungen, untätig zu bleiben, wenn dies in ihrem Interesse liegt. Wie gut die Argumente auch waren, ein schlichtes «nein» blockierte jeden Versuch demokratischer Kontrolle. In der Folge ließ die deutsche Meyer-Werft als Hersteller der Fähre von einer unabhängigen Expertengruppe eine eigene Untersuchung durchführen. Sie kam zu dem Ergebnis, dass das Gutachten der JAIC fehlerhaft war. Das deutsche Gutachten ist eindrucksvoll und stützt sich auf Interviews mit über 120 der 137 Überlebenden der Katastrophe, während die JAIC auf eine Vernehmung von Zeugen gänzlich verzichtete. Das Gutachten der Expertengruppe war für jeden unabhängigen Beobachter Anlass zur Sorge.

Es bestätigte, dass das Bugvisier der Fähre leckte und während der Überfahrten Wasser eindrang, ein Faktor, der das Gewicht des 55 Tonnen schweren Visiers stark erhöhte und seine Verriegelungen und Scharniere zusätzlich strapazierte. Die Scharniere waren so schlecht gewartet, dass sie nur noch 15 Prozent ihrer ursprünglichen Belastbarkeit besaßen. Die Hauptverriegelung war ein so genanntes Atlantikschloss. Es verband die Unterkante des abgesenkten Bugvisiers mit dem Rumpf des Schiffes. Seine Belastbarkeit spielte eine wichtige Rolle. Das deutsche Gutachten kommt zu dem Schluss, dass das Schloss defekt und seine Hydraulik nicht mehr funktionstüchtig war. Diese Ansicht wurde von anderen Experten geteilt, die für die International Transport Workers Federation Ermittlungen anstellten.

Zwei Schlüsselereignisse verschärften die Kritik an der JAIC noch zusätzlich. Erstens hatte die deutsche Expertengruppe das Amateurvideo eines Passagiers aufgetrieben, das den Zustand der Scharniere einen Tag vor der verhängnisvollen Fahrt zeigte, aber das Video wurde von der JAIC nicht als gültiges Beweismittel anerkannt. Zweitens wurde das Atlantikschloss bei der eher oberflächlichen Untersuchung des Wracks und seiner Umgebung im Auftrag der JAIC zwar geborgen, aber weil es angeblich zu schwer war, wieder ins Wasser geworfen. Angesichts der Tatsache, dass das 55 Tonnen schwere Bugvisier der Fähre an die Oberfläche gehievt und nach Finnland gebracht wurde, ist die Frage sehr berechtigt, aus welchen geheimen Motiven die JAIC auf ein entscheidendes Beweisstück wie das Atlantikschloss verzichtete.

Ein Gesetz wurde verabschiedet, das die Umgebung des Wracks im Umkreis von zwei Kilometern zur Sperrzone erklärte. Es wurde von Schweden, Estland, Lettland, Dänemark und Finnland unterzeichnet. Die Unglücksstelle befindet sich jedoch in internationalen Gewässern, und Taucher aus anderen Staaten können legal in die Sperrzone eindringen. Sie ziehen jedoch den Zorn der Unterzeichnerstaaten auf sich und riskieren eine Anklage, wenn sie am Wrack tauchen. In der offiziellen Begründung für die Einrichtung einer Sperrzone heißt es, dass sich noch viele Leichen auf dem Meeresgrund befinden und die *Estonia* aus Achtung vor den Toten und ihren Familien zur letzten Ruhestätte erklärt werden solle. Dies ist löblich, aber auch ein gangbarer Weg, um zu verhindern, dass lästige Schnüffler unangenehme Wahrheiten entdecken. Zudem wirft es die Frage auf, warum die Leichen nicht geborgen wurden, als Taucher in der Zeit nach dem Unglück viel Zeit in dem Wrack und seiner Umgebung verbrachten. Taucher, die das Wrack kürzlich inspizierten, berichteten, dass in der unmittelbaren Umgebung des Wracks noch immer viele Leichen liegen, die man schon vor Jahren hätte bergen können.

Die Kritik der deutschen Expertengruppe

— Die JAIC stellte der deutschen Expertengruppe Videomaterial über das Wrack zur Verfügung, das, wie ihnen versichert wurde, ungeschnitten war. Es war nicht ungeschnitten. Allein auf einem einzigen Band waren 40 Standbilder gelöscht. Es fehlte der von Tauchern gefilmte Steuerbordbereich des Bugs der Fähre, der – wie unten erläutert – bei den Ermittlungen eine wichtige Rolle spielt.

— Die JAIC verzichtete zwar darauf, Leichen zu bergen, befahl jedoch ihren Tauchern, beträchtliche Anstrengungen zu unternehmen, um den Koffer eines mutmaßlichen Waffenschmugglers zu finden und zu bergen. Die von der Fähre befahrene Route war angeblich ein beliebter Transportweg für den Schmuggel militärischer Ausrüstung, illegaler Einwanderer und (Spekulationen zufolge, die in dem Gutachten der Expertengruppe nicht enthalten sind) auch von spaltbarem Material.

- Der Rumpf des Schiffes leckte noch an einer anderen Stelle, schon bevor die Fähre in See stach.
- Chefinspektor Åke Sjöblom aus Schweden hielt sich in Tallinn auf, als die Fähre in See stach. Er versuchte wegen des Zustands des Bugvisiers und der Bugrampe sowie wegen der Inkompetenz der Besatzung das Auslaufen des Schiffes zu verhindern. Trotzdem wurde in der Öffentlichkeit verkündet, dass nur kleine Mängel festgestellt worden seien. Es war reiner Zufall, dass ausgerechnet auf der *Estonia* an jenem Tag eine Übung stattfand, bei der die Schweden einige estnische Sicherheitsinspektoren an Bord des Schiffes trainierten.
- Die Ergebnisse einer Inspektion der Sauna auf Deck 0 ganz unten im Schiff wurden gefälscht. Die Inspektion dauerte über eine Stunde, aber der offizielle Tauchbericht wurde geändert. Dieser Teil des Schiffes war für Zyniker und unabhängige Experten schon immer Grund zur Sorge gewesen. Wie unten dargelegt spielt dieser Bereich bei der Hypothese, dass die *Estonia* einem Anschlag zum Opfer fiel, eine wichtige Rolle.
- Das Bugvisier, das in dem Untersuchungsbericht die Hauptursache der Katastrophe war, wurde anscheinend 1560 Meter vom Wrack entfernt gefunden. Es wies eine große Delle auf, die laut JAIC bei seinem Abriss von der Fähre entstand. Dabei wurde es angeblich vom gewölbten Bug des Schiffes getroffen, das mit einer Geschwindigkeit von 14 Knoten fuhr. Tatsächlich passen die Farbspuren auf dem Visier nicht zu dieser Hypothese. Die deutsche Expertengruppe kam außerdem zu dem Ergebnis, dass das Visier unmittelbar neben dem Wrack sank, eine Ansicht, die von anderen Experten geteilt wird. Man vermutet, dass die JAIC das Visier so weit entfernt von dem Schiff plat-

zierte, damit der Fundort zu ihrer Theorie passte, nach der es die Ursache der Katastrophe gewesen sein soll.

— Der Leiter der finnischen Delegierten in der JAIC gab zunächst eine falsche Position des Wracks an die Presse weiter.
— Das Sicherheitszeugnis für Fahrgastschiffe der *Estonia* war ungültig.
— Das Freibordzeugnis der Fähre war ungültig.
— Die Lastwagen und Autos auf dem Schiff wurden vor der Überfahrt nicht vorschriftsmäßig gesichert.
— Die meisten Zeugen der Katastrophe berichteten von einem besonders lauten Knall oder einem Geräusch wie bei einem Zusammenstoß, der das Schiff plötzlich, aber nur kurzzeitig zu stoppen schien. Sie berichteten noch von weiteren lauten Geräuschen, beschrieben aber keine Explosionsgeräusche. Manche Zeugen wurden durch die Luft geschleudert, so stark war der Ruck, der durch das Schiff ging. Zeugen, die sich weiter vorne im Schiff befanden, hörten kratzende, kreischende und pfeifende Geräusche, als ob die Fähre durch Packeis fahren würde.
— Zwischen den tatsächlichen Zeugenaussagen und dem in Schweden veröffentlichten Material gibt es Unterschiede, die nicht mit Übersetzungsfehlern erklärt werden können.
— In Estland gab es vor der Katastrophe Warnungen vor einem Anschlag auf das Schiff. Sie erfolgten einen ganzen Monat lang bis zu dem Tag, an dem die Fähre auslief. Die Sicherheitsmaßnahmen wurden verschärft, aber angesichts der großen Zahl von Fahrzeugen und Passagieren wäre es trotzdem ein Leichtes gewesen, Sprengstoff an Bord zu bringen und das Schiff vor dem Auslaufen wieder zu verlassen. Die Mitglieder der estnischen Delegation wussten von den Sprengladungendrohungen.
— Ein Zeuge hörte am Tag des Unglücks ein UKW-Funk-Ge-

spräch zwischen dem Schiff und dem Hafenmeister von Tallinn mit. Der Hafenmeister fragte die Offiziere der *Estonia*, ob sie bei der Durchsuchung kurz vor oder kurz nach dem Auslaufen Sprengladungen gefunden hätten. Die Antwort war negativ. Es muss für diese Fahrt eine Bombendrohung gegeben haben, sonst hätte die Durchsuchung nicht stattgefunden.

— Die Leiter der schwedischen und der finnischen Delegation werden von der Expertengruppe beschuldigt, die Medien über die Ereignisse bei der Schiffskatastrophe belogen zu haben. Ein Detailgutachten, das ihre Äußerungen Zeile für Zeile analysiert, kommt zu dem Schluss, dass sie hinsichtlich des Unglücks falsche Tatsachenbehauptungen aufstellten. Diese betreffen das Schiff selbst, die Umstände der Fahrt, die Zusammenfassung der aufgenommenen Zeugenaussagen, die Operationen an Bord und die Beobachtungen nach der Entdeckung des Wracks. All diese Aussagen werden als fehlerhaft beurteilt. Außerdem erheben die Gutachter den Vorwurf, dass die veröffentlichte Analyse und Bewertung der Katastrophe unrichtig seien. Schwere Vorwürfe gegen eine staatliche Untersuchungskommission.

— Der Untersuchungsbericht der JAIC, so die Expertengruppe, «ist irreführend. Ob dies auf böse Absicht oder Inkompetenz seiner Urheber zurückzuführen ist, bleibt dem Urteil der Leser dieses Gutachtens [des Gutachtens der Expertengruppe] überlassen.»

— Die Unterkante des Bugvisiers, wo das Atlantikschloss gesessen hatte, wurde von der JAIC auf Sprengstoffrückstände getestet. Doch die Oberflächentests erbrachten kein verwertbares Ergebnis, weil das Visier sieben Wochen unter Wasser gelegen hatte. Im Rahmen der Untersuchung des ins Meer gestürzten

Jumbojets TWA 800 wurde bewiesen, dass diese Untersuchungsmethode nach mehr als sieben Tagen nicht mehr brauchbar ist. Bei einer anderen Methode, die (vermutlich) nie angewandt wurde und immer noch mit Erfolg angewandt werden könnte, wird die Molekularstruktur des Untersuchungsgegenstands geprüft.

Schon 1996, bevor der Abschlussbericht der JAIC erschien, gab es Gerüchte, dass das Schiff seine Schwimmfähigkeit durch eine Explosion verloren habe. Eine zentrale Rolle bei diesen Gerüchten spielte der Bereich ganz unten im Schiff, wo sich die Sauna und der Swimmingpool befanden. Es war von einem Loch auf der Steuerbordseite des Schiffsrumpfs die Rede. Die Expertengruppe stellte über diese Vermutung intensive Nachforschungen an. Eine genaue Betrachtung des offiziellen Videos bewies, dass genau die 40 Standbilder von diesem Bereich fehlten. Tatsächlich war der relevante Teil auf allen Videos so geschnitten, dass Beweise für die Existenz eines Lochs fehlten. Ein Zeuge, der kurz zuvor einen lauten Schlag im Saunabereich gehört hatte, sah Wasser einströmen, wo kein Wasser hätte sein dürfen – es sei denn, der Rumpf der Fähre war in der Nähe der Sauna beschädigt worden.

Im Jahr 1998 entdeckten die Experten auf dem Videomaterial eine Art Paket, das auf der Backbordseite des Schiffes angebracht war. Das Standbild wurde von zwei Sprengstoffexperten geprüft. Sie kamen zu dem Schluss, dass es sich bei dem Objekt mit 90-prozentiger Wahrscheinlichkeit um eine Sprengladung handelte. Dies führte zur sorgfältigen Begutachtung eines weiteren orangefarbenen Würfels, der auf einem Video entdeckt worden war, aber bei einer späteren Inspektion fehlte. Auch dieses Paket war nach Ansicht von drei Experten eine Sprengladung. Sie war ebenfalls nicht explodiert, aber aufgrund ihrer fachmännischen Platzierung im

Backbordbereich des Bugvisiers wurde auch der Steuerbordbereich von dem britischen Fachmann für Unterwasser-Sprengstoffe Brian Braidwood untersucht. Er kam zu dem Schluss, dass es auf der Steuerbordseite eine Explosion gegeben hatte. Insgesamt wurden an vier Stellen des Schiffes Explosionsschäden vermutet; weitere Sprengladungen waren nicht detoniert.

Laut Braidwood war das orangefarbene Paket eine Sprengladung mit ein bis drei Kilogramm Plastiksprengstoff. Er ging davon aus, dass der Schaden an den Schlössern auf der Steuerbordseite des Visiers durch die Explosion von Sprengstoff mit einer Sprengkraft von ein bis zwei Kilogramm TNT verursacht worden war.

Den Schaden auf der vorderen Backbordseite des Fahrzeugdecks führte er auf eine ähnliche Menge Sprengstoff zurück. In einem Zusatzgutachten, das er erstellte, als Indizien für einen Schaden am vorderen Steuerbordschott entdeckt wurden, führte er die Existenz des dort befindlichen Lochs ebenfalls auf die Wirkung einer Explosion zurück. Er glaubte jedoch nicht, dass die Passagiere Detonationsgeräusche gehört und beschrieben hatten.

Obwohl auf dem verfügbaren Videomaterial auch nach der Retuschierung noch unerklärliche Schäden an dem Schiff sichtbar waren, schwieg sich die staatliche Kommission in ihrem Bericht über diesen Aspekt aus. Da sie zu dem Ergebnis gekommen war, dass ein defektes Visier das Unglück verursacht hatte, hätte sie erklären müssen, warum das Schiff auch an vier anderen Stellen Schäden hatte. Wurden die Sprecher der Kommission aufgrund der neuen Beweislage mit kritischen Fragen konfrontiert, reagierten sie mit der üblichen Verschleierungstaktik.

Die Expertengruppe verzichtete darauf, den Untergang der Fähre auf den Einsatz von Sprengstoff zurückzuführen, schloss diese Möglichkeit aber nicht aus. Dieses vorsichtige Urteil steht einem seriösen Gutachten gut an. Die Experten wussten, dass sich eventuelle Explosionen durch die Untersuchung molekularer Veränderungen in Metallteilen des Schiffes nachweisen ließen. Angesichts dieser Tatsache konzentrierten sie sich lieber auf die Mängel in der Wartung des Schiffes, die die Katastrophe ebenfalls verursacht haben konnten.

Die Tauchaktion von Gregg Bemis Der Amerikaner Gregg Bemis, ein über 70-jähriger eigenwilliger US-Unternehmer, unternahm mit einer von Mario Weidner geleiteten Gruppe von Tauchern eine Expedition zu dem Wrack. Das Unternehmen fand im August 2000 statt und wurde von der deutschen Fernsehjournalistin Jutta Rabe dokumentiert. Inzwischen ist in Schweden ein Haftbefehl gegen Bemis ausgestellt worden. Der Erforscher des Wracks der *Lusitania* vor der irischen Küste kann nun kein Land mehr besuchen, das den Vertrag über die Sperrzone unterzeichnet hat.

Das Gutachten der JAIC hatte offensichtlich sämtliche Hinweise auf Löcher im Rumpf des Schiffes ignoriert, die von Sprengladungen stammen konnten. In ihrem Gutachten wurde kein Versuch gemacht, die Schäden am Rumpf des Schiffes zu erklären. Bemis jedoch interessierte sich für die Löcher, ganz besonders für das Loch, das sich angeblich auf der Steuerbordseite des Bugs befand. Dabei arbeitete er mit Tauchern und einem ROV, wie es bei der Suche nach der *Lucona* verwendet worden war. Bemis' Leuten gelang es, Videoaufnahmen von einem Loch auf der Steuerbordseite der Fähre zu machen, das so groß war, dass ein Taucher hindurchpasste. Obwohl das Loch bei der staatlichen Expedition der JAIC gefilmt wurde, wird es in ihrem Abschlussbericht nicht erwähnt. Die Steuerbordseite des Schiffes war anfänglich verschüttet gewesen, aber teilweise wieder freigelegt, da sich das Wrack seit 1994 bewegt hatte. Bei einer zweiten Expedition im Jahr 2001 stellte Jutta Rabe fest, dass sich das Wrack erneut bewegt hatte und der Schaden noch deutlicher zu sehen war. Frau Rabe und ihr Team sind der Ansicht, dass 2002 noch mehr zu erkennen sein wird.

Die Taucher bargen zwei Materialproben des Wracks. Im November wurde bekannt gegeben, dass zwei deutsche Labors die Proben untersucht hatten. Ein britischer Sprengstoffexperte studierte die Laborberichte und kam zu dem Schluss, dass sie einen eindeutigen Beweis für eine Explosion darstellten. Ein Loch in einem Schiff, das so groß ist, dass ein Mensch hindurchpasst, und das weit unter der Wasserlinie liegt, ist ein ernstes Problem. Es hätte in der Untersuchung der JAIC unbedingt berücksichtigt werden müssen.

Kritik von der Gewerkschaft Der Gewerkschaftsverband International Transport Workers Federation gab eine unabhängige Analyse des Gutachtens der JAIC in Auftrag. Das Gutachten wurde von Corlett, Burnett and Partners erstellt. Die Firma kam zu dem Ergebnis, dass die Ergebnisse der JAIC fragwürdig seien, und forderte weitere Ermittlungen. Auch dieses 1998, also vor Bemis' Tauchaktion, erstellte Gutachten kommt zu anderen Ergebnissen als das der JAIC. Dazu sagte der stellvertretende Generalsekretär der Organisation:

«Es hat den Anschein, dass es der JAIC wichtiger war, politische Schadensbegrenzung zu treiben und bestimmten Interessengruppen zu dienen, als durch das Sammeln von Informationen und durch die Formulierung objektiver Ergebnisse die Umstände beim Untergang der *Estonia* und die Ursachen des Unglücks zu klären.»

Anders Björkman Der vielleicht wichtigste Widersacher der JAIC ist Anders Björkman, ein angesehener Schiffbauingenieur mit 30 Jahren Berufserfahrung. Er hat eindrucksvolle technische Bücher über die Mängel des offiziellen Gutachtens geschrieben. Sprecher der JAIC haben diesen Mann scharf angegriffen, der mehr über Ro-ro-Fähren wissen dürfte als jeder andere.

Björkmans wichtigste Hypothese lautet, dass eine Flutung des Fahrzeugdecks die Fähre nicht zum Sinken gebracht hätte, und sie wurde durch Experimente bewiesen. Laut Björkman hätten die 18 000 Kubikmeter Luft unter dem Fahrzeugdeck verhindern müssen, dass die *Estonia* sank. Seine Tests beweisen, dass eine Ro-ro-Fähre mit geflutetem Fahrzeugdeck nicht sinken, sondern kentern und kieloben im Wasser treiben würde. Der Untergang der *Estonia* kann also nicht allein durch die Flutung des Fahrzeugdecks verursacht worden sein. Der Schiffbauingenieur wollte die Ergebnisse seiner Experimente der JAIC zur Verfügung stellen, aber die Kommission, die 38 Monate unter Ausschluss der Öffentlichkeit getagt hatte, lehnte es ab, externes Beweismaterial zu akzeptieren.

Wenn ein Konstrukteur von Ro-ro-Fähren Tests durchführt, über sie berichtet und sie erläutert, sollte eine Untersuchungskommission wie die JAIC ihm große Aufmerksamkeit schenken und seine Ergebnisse nicht mit einem Schulterzucken abtun. Wäre das Schiff nicht versenkt worden, sondern von selbst gesunken, müsste es noch einen anderen Wassereinbruch als den im Fahrzeugdeck gegeben haben. Ein Teil der 18 000 Kubikmeter Luft unter dem Fahrzeugdeck wäre dann durch ein Leck im Rumpf der Fähre entwichen. Im Zusammenhang mit den zahlreichen Hinweisen auf Löcher und andere nicht erklärte Schäden ist dies ein guter Grund für die Annahme, dass der Abschlussbericht der JAIC wirklich so mangelhaft ist, wie seine Kritiker behaupten.

Björkman hatte schon vor der Veröffentlichung des Abschlussberichts moniert, dass die JAIC keine Stabilitätstests durchgeführt hatte. Er selbst hatte solche Tests durchgeführt. Warum hatte die Kommission darauf verzichtet? Aus den heute zugänglichen Tagesberichten der JAIC geht hervor, dass sie erst Stabilitätstests durchführen ließ, als Björkman sie 30 Monate nach dem Untergang der *Estonia* auf das Problem aufmerksam machte. Beide Gutachten, die die JAIC nun erstellen ließ, bestätigten Björkmans Befund. Doch die JAIC ignorierte in ihrem Abschlussbericht die Ergebnisse ihrer eigenen Experten und ließ auch Björkmans Tests unberücksichtigt. Sie verschwieg also, dass die Fähre allein durch eine Flutung des Fahrzeugdecks nicht gesunken wäre.

Auch eindeutige Zeugenaussagen, dass das Schiff in der letzten dramatischen Stunde nicht nur im Fahrzeugdeck leckte, werden von der JAIC weiterhin nicht berücksichtigt. Dass die staatliche Untersuchungskommission Zeugenaussagen ignoriert, die für Löcher im Rumpf des Schiffes sprechen, nur weil sie ihren eigenen Theorien über die Unglücksursache widersprechen, stellt eine schwere Pflichtverletzung dar. Zwar räumt Björkman ein, dass es bei Unglücken mit Ro-ro-Fähren schon viele Todesopfer gab, aber er weist darauf hin, dass die Flutung des Fahrzeugdecks noch nie eine Ro-ro-Fähre zum *Sinken* brachte. Diese Ansicht hätte sich vermutlich im Fall der *Herald of Free Enterprise* bestätigt, wenn die Umstände bei dem Unglück etwas anders gewesen wären. Das Wasser, in dem die Fähre kenterte, war jedoch so flach, dass sie seitlich auf einer Sandbank zu liegen kam. In tieferem Wasser hätte sich das Schiff laut Björkman ganz gedreht und wäre kieloben auf dem Meer getrieben, weil nur im Fahrzeugdeck ein Wassereinbruch stattgefunden hatte.

Eine Verschwörung? Björkman zählt zwar die gängigen Verschwörungstheorien auf, ist jedoch an sich kein Mensch, der solche Theorien unterstützen oder verbreiten würde. Ihm kommt es darauf an, dass das Gutachten der JAIC aus technischen Gründen nicht korrekt sein kann. Zu den Verschwörungstheorien musste es kommen, weil die JAIC ihre Untersuchung nicht ordentlich durchführte. Er stellt fest, dass die JAIC das Loch auf der Steuerbordseite der Fähre in ihrem Abschlussbericht nicht erwähnte, obwohl es sogar gefilmt worden war. Die Kommission hatte lästiges Beweismaterial unterdrückt. Björkman präsentierte seine Testergebnisse, *bevor* neue Beweise für die Existenz von Löchern auftauchten und bevor das Material des Schiffes auf die Einwirkung von Sprengstoff getestet wurde. Er hielt die Existenz eines Lecks im Schiffsrumpf für möglich und äußerte die Vermutung, dass die Explosion, die es gerissen hatte, nicht unbedingt das Werk von Verbrechern gewesen sein müsse. Eine solche Explosion hätte zum Beispiel auch in einem Abwassertank stattfinden können. Natürlich sind die neuen Indizien, die für Explosionen an verschiedenen Stellen des Schiffsrumpfs sprechen, eine wichtige Bestätigung für Björkmans Thesen.

Der Schiffbauingenieur hatte von dem Verdacht gehört, dass die Reederei Estline früher Schutzgelder an die estnische Mafia bezahlt und die Zahlungen eingestellt hatte. Dies hatte angeblich zu Drohungen geführt, die zwar weitgehend ignoriert wurden, war vermutlich jedoch Anlass gewesen, dass das Schiff auf seiner letzten Fahrt nach Sprengladungen durchsucht wurde. Björkman äußert keine Meinung zu diesem Verdacht und sagt lediglich, dass ein Loch für den Untergang des Schiffes verantwortlich sein könnte, wenn es groß genug war.

Es gibt tatsächlich ein Loch auf der Steuerbordseite, das heute glaubwürdig auf eine von mehreren explodierten Sprengladungen zurückgeführt wird. Sie alle waren so platziert, dass ihre Explosion zu Wassereinbrüchen führen musste. Björkmans Ansicht, dass das Schiff sank, weil sein Rumpf geflutet wurde und nicht nur sein Fahrzeugdeck, wird dadurch bestätigt. Wie Bemis' Nachforschungen ergaben, war in der Sauna auf Deck 0 eine Sprengladung gelegt worden. Björkman, ein Schiffbauingenieur und kein Verschwörungstheoretiker, schrieb schon vor Bemis' Expedition, dass er eine Explosion in diesem Bereich des Schiffes nicht ausschließen könne, da ihn die JAIC nicht inspiziert habe. Inzwischen ist jedoch bekannt, dass die JAIC den Saunabereich über eine Stunde lang von Tauchern inspizieren ließ, aber nach dem Befund der deutschen Expertengruppe die Tauchberichte änderte.

Es gibt noch kompliziertere Verschwörungstheorien, aber die Hypothese, dass die Estline erpresst wurde und die Sprengladungen deshalb gelegt wurden, scheint besser zu den neu ermittelten Fakten zu passen.

Die Reaktion der JAIC Die staatliche Untersuchungskommission hat mit Spott, unangebrachtem Zorn und Einschüchterungsmaßnahmen auf die neuen Beweise reagiert. Dies wirft ein schlechtes Licht auf die Mitgliedsländer: Estland mag ja noch eine junge Demokratie sein, aber Schweden und Finnland sind stolz darauf, dass sie schon lange für die Menschenrechte und das Recht auf freie Meinungsäußerung eintreten. Inzwischen müsste jedem Leser klar sein, dass ein großes öffentliches Interesse an einer besseren Aufklärung der Katastrophe besteht. Deshalb sollten unter dem wachsamen Auge der Öffentlichkeit in allen Bereichen des Schiffes Untersuchungen durchgeführt werden, wo Schäden mit unbekannter Ursache vorliegen. Nur so lässt sich klären, ob diese

Schäden durch Explosionen verursacht wurden, ob 852 Menschen durch ein Unglück oder ein Verbrechen ums Leben kamen.

Trotzdem beharrt die JAIC auf ihrem Standpunkt, dass es keine *offiziellen* Beweise gibt, die ihre Ergebnisse infrage stellen. Nun ja, natürlich gibt es keine offiziellen Beweise! Die JAIC unternimmt ja nichts – und wenn doch, dann erfährt die Öffentlichkeit nichts darüber. Jedenfalls fand das Team von Bemis neue Kratzer am Rumpf des Wracks, die darauf hindeuten, dass dort mit anderen ROVs gearbeitet wurde. Hat die JAIC heimlich weitere Untersuchungen angestellt? Misstrauische Geister könnten vermuten, dass im Bereich der Schäden nun Beweismaterial vernichtet wird.

Der Fall bleibt ungelöst Die Fakten und wissenschaftlichen Erkenntnisse sind mittlerweile so überwältigend, dass die JAIC eigentlich gar nicht anders kann, als die Untersuchung wieder aufzunehmen. Noch besser wäre es, eine gänzlich neue, unabhängige Untersuchung durchzuführen. Das Problem dabei ist, dass das nun vorliegende Material die Verantwortlichen für den JAIC-Bericht in ein so schlechtes Licht rückt, dass eine neue Untersuchung womöglich nicht genehmigt wird. Aber das Thema ist noch nicht abgeschlossen. Zu vielen Leuten ist klar geworden, dass die JAIC die Aufgabe nicht effektiv und nicht wirklich unparteiisch angepackt hat. Andere haben ihre Meinung unverblümter gesagt.

Der Zustand des Schiffs und die Ausbildung der Besatzung hätten dafür gesprochen, dass es die Fahrt gar nicht erst hätte antreten dürfen. Das alte, aus der Zeit vor 1990 stammende Konzept der Ro-ro-Fähren ohne wasserdichte Schotten auf dem Fahrzeugdeck ist eine Fehlkonstruktion. Offensichtlich konnte bei rauer See Wasser eindringen und die Fähre Schlagseite bekommen, ohne dass eine Sprengladung detoniert sein musste. Aber das heißt nicht, dass es wirklich so war. Die neuen Erkenntnisse deuten darauf hin, dass es eine Reihe von Explosionen auf einem Schiff gegeben hat, das in puncto Sicherheit sowieso ein Grenzfall war. Nach entsprechenden Untersuchungen und Versuchen spricht alles dafür, dass es Sprengladungen waren, die zum Untergang der Fähre geführt haben, und nicht ihr schlechter Zustand in Verbindung mit nachlässiger Wartung.

Was ist zu tun? «Die Zusammenarbeit der Verbrecher über die Grenzen hinweg funktioniert besser als die Zusammenarbeit der Regierungen, die sie bekämpfen.» Besser als Lord Cuckney, der ehemalige Leiter des IMB, dies in einer Rede vor dem Oberhaus ausgedrückt hat, lässt sich das Grundproblem der Kriminalität auf See nicht auf den Punkt bringen – und dabei dachte Lord Cuckney noch gar nicht an die Bedrohung durch Terroristen. Verbrechen auf See müssen aber heute auch in diesem Zusammenhang betrachtet werden. Umgekehrt könnte die Dringlichkeit des Kampfs gegen den Terrorismus notwendige Reformen beschleunigen, die dann auch der Verbrechensbekämpfung auf See zugute kommen. Bei den Recherchen zu dem vorliegenden Buch erfuhr der Autor aus zuverlässiger Quelle, dass nach dem 11. September zwei Taten verhindert wurden, die *schlimmer* gewesen wären als der Angriff auf das World Trade Center. Sollten die Informationen stimmen, dann sind vor allem die Gefahren für die Schifffahrt erschreckend groß: Wenn Flugzeugentführungen erschwert werden, werden sich Terroristen andere spektakuläre Ziele suchen. Kontrollen auf See, von Schiffen und Besatzungen, sind heute so nachlässig, dass Terroristen geradezu eingeladen werden.

Ohne koordinierte Anstrengungen aller verantwortlichen Regierungen wird der Terrorismus zunehmen. Natürlich könnte eine gerechte, dauerhafte Lösung des Nahostproblems das Klima grundlegend verändern, aber der Hass, den Extremisten insbesondere den Vereinigten Staaten entgegenbringen, wird damit wahrscheinlich nicht verschwinden. Insofern sind wir alle in der Hand unserer Regierungen. Aber sind wir dort sicher? Die Möglichkeiten, herkömmliche Akte von Piraterie und Überfälle in Häfen aufzuklären, werden optimal sein, wenn die vorgeschlagenen Maßnahmen zur Terroristenbekämpfung tatsächlich umgesetzt werden. Doch es ist ungewiss, ob die erforderliche weltweite Einigung zustande kommt.

Fortschritte zu erreichen im Kampf gegen Verluste auf See, ob Verluste an Menschenleben oder an Fracht, war bislang eine undankbare Aufgabe, mit der das Bureau, NUMAST, IMO und andere ziemlich allein standen. Die Regierungen haben es aus unterschiedlichen, selbstsüchtigen Motiven bislang versäumt, entschlossen gegen Kriminalität auf See vorzugehen. Mangelnde Kooperation in Schifffahrtskreisen hat das noch befördert. Einige Vereinigungen von Schiffseignern beispielsweise raten ihren Mitgliedern, Überfälle nicht zu melden. Das muss anders werden. Ohne diese Informationen können die Regierungen nicht wirkungsvoll handeln.

Wie die US-Küstenwache in den IMO-Verhandlungen über drastische Verschärfungen der Sicherheitsvorschriften auf See festgestellt hat, ist die Durchführung dringlicher Reformen nicht einfach. Das hat nicht unbedingt damit zu tun, dass es am guten Willen fehlt, sondern mehr damit, dass der Rest der Welt eine bittere Medizin wird schlucken müssen – damit eine Krankheit geheilt wird, die hauptsächlich die Vereinigten Staaten betrifft. Die

IMO wird bei der Umsetzung von Reformen nur so schnell sein wie das langsamste Schiff im Konvoi. Hinzu kommt noch, dass internationale Konventionen zwar formuliert, aber eventuell nicht von genügend Regierungen ratifiziert werden und dass sie, selbst wenn sie ratifiziert sind, häufig genug nicht angewendet werden.

Interessant für den Außenstehenden dürfte die Erkenntnis sein, wie billig, leicht und wirkungsvoll einige grundlegende Veränderungen wären. Andere Schritte würden mehr Aufwand erfordern und manche Länder in wirtschaftliche Schwierigkeiten bringen. Wieder andere erfordern grundsätzliches Umdenken bei traditionellen Gepflogenheiten in der Schifffahrt. Letzten Endes ist es Aufgabe der Regierungen, durch multilaterale oder bilaterale Anstrengungen die Augiasställe auszumisten, die sie zu lange geduldet haben.

Mit Captain Mukundan an der Spitze bemüht sich das Bureau weiterhin um bessere grenzüberschreitende Zusammenarbeit beim Kampf gegen Piraterie, aber allzu oft verschließen die Regierungen bei Vorfällen aus diplomatischen oder pragmatischen Gründen die Augen. Eric Ellen hat in langen Jahren die Erfahrung gemacht, dass viele Regierungen nicht einmal anerkennen wollen, dass ein Problem besteht. Das hat zum Teil damit zu tun, dass sie blind und stur abstreiten, was sie nicht wahrhaben wollen, zum Teil hängt es damit zusammen, dass nicht alle Vorfälle gemeldet werden. Der *Estonia*-Skandal fällt in die erste Kategorie.

Allzu oft haben Nationalstolz und die Furcht vor einer Einbuße an Souveränität bilaterale Abkommen verhindert, die die Überwachung kritischer Gewässer hätten erleichtern können. Ein Beispiel: Japan wollte mit Kriegsschiffen Patrouillen in der Straße von Malakka durchführen. Mit Indien hatte Japan ein entsprechendes Abkommen bereits getroffen, doch in diesem Fall willigten die angrenzenden Länder nicht ein, obwohl Japan nichts anderes im Sinn hatte als den Schutz seiner Schiffe vor Überfällen in notorisch unsicheren Gewässern. Vielleicht war die Erinnerung an die japanische Invasion und japanische Gräueltaten in der Region in den Jahren 1939 bis 1945 immer noch virulent. Captain Bill Chadwick betont, dass bei der Kooperation noch sehr viel mehr getan werden muss. «Meeresanrainer, die militärisch dazu in der Lage sind, sollten bilaterale und regionale Abkommen schließen, die bewaffnetes Vorgehen gegen Piraten in den betreffenden Hoheitsgewässern erlauben und die Überwachung der internationalen Gewässer verbessern.» Die indonesische Regierung hat zusätzliche Kriegsschiffe entsandt und zehn Flugzeuge zur Überwachung im Einsatz. Der Erfolg eines Netzes bilateraler Abkommen in der Straße von Malakka zeigt, was andernorts getan werden sollte.

Die in dem vorliegenden Buch zitierten Experten wurden gebeten, ihre Vorschläge für eine wirksame Bekämpfung von Verbrechen auf See zu formulieren. Im Folgenden sind ihre Vorschläge aufgelistet. Unvermeidlicherweise überlappen sich die fünf wichtigsten Punkte in einigen Bereichen.

Ihre Meinung geäußert haben Eric Ellen, Captain Pottengal Mukundan, Captain William Chadwick, Dr. Frank Wiswall, Thomas Whalen und seine auf Seerecht spezialisierten Partner in der Wall-Street-Kanzlei Carter, Ledyard & Milburn, die Seefahrer-Gewerkschaft NUMAST, Richard Deely, der Generalsekretär des liberianischen Schiffseignerrates, und IMO, die Internationale Schifffahrtsorganisation. Namen, die keiner weiteren Erläuterung bedürfen.

Die Reformagenda Länder, die Probleme mit Piraterie haben, müssen Gesetze verabschieden, die der internationalen Dimension des Problems Rechnung tragen. Das bedeutet, dass ein Land die Befugnis haben muss zu handeln, wenn ein Überfall außerhalb seiner Hoheitsgewässer erfolgt ist. Gegenwärtig sind den Regierungen, die handeln wollen, die Hände gebunden, ihre Gerichte können nichts tun. Wenn die vom Internationalen Seerechtskomitee (Comité Maritime International, CMI) vorgeschlagenen Modellgesetze verabschiedet würden, wäre dies der wichtigste Einzelschritt.

Beabsichtigt ist, dass die 55 Mitgliedsorganisationen, denen die Vorschläge zugegangen sind, sich daran orientieren und nationale Gesetze formulieren, die dann Bestandteil der jeweiligen nationalen Rechtsordnung werden. Das wäre ein bedeutender Fortschritt in Richtung auf die Harmonisierung von Gesetzen. Hier eine Zusammenstellung der fünf Grundgedanken in einfachen Worten, ohne juristischen Jargon:

1. Die bisherige *Definition von Piraterie* hat zu Verwirrung geführt und Handeln verhindert. Piraterie im eigentlichen Wortsinn ist ein Überfall auf hoher See. Es wird vorgeschlagen, dass bestehende Definitionen weiter gelten sollen, dass aber ein Staat die bei ihm geltende Definition durch Gesetz oder Gerichtsentscheidung ergänzen kann. Das wird Vorteile im juristischen Verfahren bringen. Weiterhin wird ein neuer Tatbestand der *Gewalt auf See* definiert. Er erscheint als eine Residualkategorie, die Strafverfolgung immer dann erlaubt, wenn vorsätzlich oder fahrlässig eine Tat begangen wurde, bei der Gewalt im Spiel war oder bei der Menschen zu Schaden oder zu Tode gekommen sind. Die Körperverletzung ist dabei nicht das Entscheidende, unter diese Bestimmung fiele Gewaltanwendung gegen die Besatzung eines Schiffes oder seine

Fracht genauso wie die Kaperung des Schiffes. Dieser Tatbestand würde auch für Offshore-Einrichtungen gelten und für alle Fälle, in denen Gefahr für die Umwelt auf See oder entlang der Küste bestünde.

2. Unklare *juristische Zuständigkeiten* sind oft ein Vorwand für Untätigkeit gewesen. Das Modell skizziert mehrere Möglichkeiten, wann ein Staat die rechtliche Zuständigkeit beanspruchen kann, um eine Tat zu verfolgen. Zuständig sein kann ein Flaggenstaat, das Hoheitsgebiet dieses Staates, der Heimatstaat des Täters oder irgendein anderer Staat, wenn der Betreffende staatenlos ist. Auch der Staat eines Opfers kann die Verfolgung der Tat verlangen. Wenn die Zuständigkeit in dieser Weise erweitert wird, werden sehr viel mehr Verfahren möglich sein.

3. Die *Auslieferung* ist ein weiterer Punkt. Hier soll es so sein, dass in den Fällen, wo aus irgendwelchen Gründen die rechtliche Zuständigkeit bei einem Staat liegt, ein anderer aber berechtigte Ansprüche hat, ein Auslieferungsantrag gestellt werden und das Verfahren dann dort stattfinden kann.

4. *Strafandrohung, Strafverhängung, Bußgeld und Rückgabe* werden geregelt. Staaten können ihre eigenen Strafen für Piraterie und Gewalt auf See festsetzen, aber sie werden ermutigt, strenge Strafen anzudrohen entsprechend der Schwere des Verbrechens, um das es geht. Eine hervorragende Empfehlung im Zusammenhang mit Beschlagnahme und Rückgabe lautet, dass ein Staat dem Eigner eines Schiffes oder einer Ladung keine Hafengebühren berechnen soll, solange ein Verbrechen der Piraterie oder eine Gewalttat auf See untersucht wird. Captain Chadwick würde sogar noch weiter gehen. «Das Modell ist ein großer Schritt vorwärts, aber nach meiner Erfahrung werden Verbrechen oft nicht gemeldet, weil man die langwierigen Verfahren scheut und die oft bar-

sche Behandlung unschuldiger Crew-Mitglieder. Ich hätte gern eine IMO-Initiative in Form einer Resolution oder Bestimmung, die besagt, dass Schiffe bei der Untersuchung eines Verbrechens nicht über einen vernünftigen Zeitraum hinaus festgehalten werden dürfen. Im Grunde sollten Schiffe, die Opfer geworden sind, unverzüglich wieder freigegeben werden.»

5. *Die Meldung von Vorfällen* oder vielmehr das Unterbleiben solcher Meldungen ist immer wieder ein Diskussionspunkt. Die Vorschläge des CMI sind denkbar umfassend. Die Meldepflicht liegt beim Kapitän, bei dem Schiffseigner oder Manager, der Crew, dem Versicherer, bei den ermittelnden Behörden und bei jedem, der Kenntnis von einem Vorfall erlangt hat – man wähle sich jemanden aus! Wenn diese hervorragende Idee in die Realität umgesetzt würde, könnte man endlich einem hartnäckigen Übel zu Leibe rücken. Die Berichte würden direkt an eine *zentrale nationale Behörde* gehen und zusätzlich auch an die IMO und Interpol mit der Empfehlung, unter anderem auch das ICC IMB zu informieren. «Aus den IMO-Zahlen über Piraterie für das Jahr 1997 geht hervor», erinnert Chadwick, «dass nur 6,4 Prozent der Fälle vom zuständigen Flaggenland gemeldet wurden. Es ist wichtig, dass sie [die oben genannten Stellen] auch unterrichtet werden. Das sollte verpflichtend gemacht werden.»

Die Umsetzung dieser Reformvorschläge durch die IMO könnte acht Jahre dauern. Dr. Frank Wiswall glaubt in seiner Eigenschaft als Vorsitzender der Gruppe, die diese Liste erstellt hat, dass man mit entsprechender Lobbyarbeit eine breite Übernahme der Vorschläge erreichen könnte – und zwar in relativ kurzer Zeit. «Ich hoffe, dass im Jahr 2002 die Vorschläge überall geprüft werden und dass 2003 die Umsetzung beginnt.»

Ellen ergänzt noch einen Punkt. «Ich unterstütze diese Vorschläge, sie regeln einen großen Teil der Dinge, die mir die meisten Sorgen bereiten. Aber es müssen auch Sanktionen für Regierungen festgelegt werden, die die Augen verschließen, während ihre eigenen Staatsbürger an Verbrechen auf See beteiligt sind. Dasselbe gilt für all jene, die Piraten Hilfe und Unterschlupf gewähren. Diese Form staatlich subventionierter Piraterie muss aufhören. Ich denke, wir brauchen Gesetze, die in dieser Hinsicht über das CMI-Modell hinausgehen und Maßnahmen und Sanktionen gegen solche Staaten vorsehen.»

Die Internationale Seeschifffahrtsorganisation Die Initiative des CMI ergänzt die Arbeit der IMO. So müssen zum Beispiel seit Juli 2002 alle neuen Schiffen mit Black Boxes ausgerüstet sein, alle vorhandenen Ro-ro-Fähren und Passagierschiffe müssen nachgerüstet werden. «Die Kosten für die Nachrüstung älterer Schiffe veranschlage ich auf rund 100 000 Dollar», erklärt Richard Deely, «das dürfte viele abschrecken, diesen Schritt aus eigenem Antrieb zu tun.»

Im Dezember 2002 einigte sich die IMO auf einen Kodex zur Seesicherheit mit der Bezeichnung International Ship and Port Facility Security (ISPS), der bis Juli 2004 in Kraft treten sollte. Dieser ISPS Code enthält Vorschriften zur Verbesserung der Sicherheit an Bord von Schiffen, er soll das Hafenmanagement verbessern, und er soll den Zugang zu Schiffen und Ladungen erleichtern. Viele kleine (aber internationale) Häfen könnten durch die hohen Kosten seiner Umsetzung in den Ruin getrieben und zur Schließung gezwungen werden. Kreuzfahrtschiffe gelten immer noch als schwaches Glied in der Kette. Sie sind durch terroristische Angriffe besonders stark gefährdet und sind deshalb ebenso wie die Überprüfung von Containern ins Zentrum der Aufmerksamkeit gerückt. Ein Schiff mit Passagieren aus aller Herren Länder übt natürlich auf Terroristen eine magische Anziehungskraft aus.

Die Phantomschiffinitiative Bei einer einzigen Schiffsentführung kann durch den Verlust von Schiff und Fracht ein Schaden von 30 bis 40 Millionen Dollar entstehen. In Anbetracht dieser Größenordnung ist auch hier Handeln dringend geboten. Außerdem kommen bei einem Überfall auf ein Schiff meist auch Menschen ums Leben, werden verletzt oder für immer traumatisiert. Die IMO hat im November 2001 eine Resolution dazu verabschiedet. Wie die Kapitel über die *Erria Inge* und über die Verbrechen in indonesischen und chinesischen Gewässern zeigen, ist ein Hauptproblem die Leichtigkeit, mit der eine Bande ein gestohlenes Schiff registrieren lassen kann, als wäre sie der rechtmäßige Eigner. Die Suche nach Mr. Wongs Schiff ist eine Illustration dafür, dass Do-it-yourself-Registrierungen ein guter Weg sind, um Gebühren und Bestechungsgelder zu sparen.

In Resolution A.923 (22) werden die Regierungen aufgefordert, ihre Regelungen für die Registrierung von Schiffen zu überprüfen. Es gibt keine Sanktionen für unzulängliche Regelungen, aber da sich herausgestellt hat, dass die Al Qaida anonym mehr als 20 Schiffe registriert hat, kann man erwarten, dass Amerika massiv Druck ausüben wird, damit sehr viel strengere Regelungen verbindlich werden. Bereits vor dem 11. September standen einige Offshore-Finanzzentren auf schwarzen Listen, weil sie Geldwäsche und andere illegale Geschäfte duldeten. Die drohenden Sanktionen haben mittlerweile einige Länder veranlasst, sich eines anderen zu besinnen und genauer zu kontrollieren. Es kann sein, dass auch im Bereich der Schiffsregistrierungen derartiger Druck nötig ist, bevor manche Länder sich entschließen, ihre Prozeduren zu verschärfen. Die haarsträubende Situation, dass ein Schiff mehrfach unter verschiedenen Namen registriert sein oder in mehreren Schiffsregistern stehen kann, darf einfach nicht fortbestehen.

Shiploc Das Bureau weist auch auf einige einfache Hilfsmittel zur Verbrechensbekämpfung hin. Es setzt sich beispielsweise für das System *Shiploc* ein, weil Einbau und Unterhalt wenig kosten, aber es gibt andere Systeme, die genauso gut funktionieren. *Shiploc* ist ein kleiner Bordrechner, der an einer nicht einmal dem Kapitän bekannten Stelle auf dem Schiff angebracht wird; für den Notfall hat er eine eigene Stromversorgung. Er kann für nur 280 Dollar pro Monat gemietet werden. *Shiploc* sammelt permanent Daten über die Position des Schiffes und übermittelt diese und andere Informationen an den Eigentümer. Wenn das Schiff vom vorgesehenen Kurs abweicht, kann der Eigner Alarm auslösen und das IMB informieren. Da niemand an Bord weiß, wo das System angebracht ist, kann der Alarm nicht ausgeschaltet werden, mit der eigenen Stromversorgung übermittelt das Gerät wochenlang Daten. Das Bureau kann in Zusammenarbeit mit den Polizeibehörden die Maßnahmen zur Rettung des Schiffes koordinieren, bereits in zwei Fällen hat es mit Hilfe von *Shiploc* ein gekapertes Schiff aufgespürt und dem rechtmäßigen Eigner zurückgegeben. Auf der einen Seite sind die Kosteneinsparungen für den Eigner und die Versicherung beträchtlich, auf der anderen Seite ist, wie Mukundan betont, auch der Störeffekt auf die ansonsten reibungslos laufende Hochseekriminalität nicht zu unterschätzen.

Die Vorbereitungen für den Diebstahl eines Schiffes mitsamt

der Fracht sind aufwendig und kostspielig. Wenn die Banden wissen, dass sie riskieren, rasch aufgespürt zu werden, könnte sich Piraterie nicht mehr rechnen.

Inmarsat Ein System der Satellitentechnik, das heute auf vielen Schiffen verwendet wird. Es liefert Standortdaten mit GPS, ermöglicht Telefonie, Fax und Datenübertragung. Mit dem System *Inmarsat-C SafetyNET* kann ein Schiff, egal ob klein oder groß, an allen kritischen Orten der Welt Meldungen vom Pirateriezentrum des IMB in Kuala Lumpur empfangen. So muss kein Schiff nichts ahnend in Piratengewässer hineinfahren. Das Zentrum sendet täglich um null Uhr Weltzeit seine Warnmeldungen. Mukundan sagt dazu: «Auf der Grundlage dieser lebenswichtigen Informationen können Kapitäne in kritischen Gebieten spezielle Sicherheitsvorkehrungen treffen und gegebenenfalls lieber draußen auf See bleiben, als sich zu einem Ankerplatz lotsen zu lassen, der bekanntermaßen gefährlich ist.»

Wachsamkeit Es besteht weithin Einigkeit, dass man Angreifer daran hindern muss, an Bord zu gelangen. Umstritten ist, wie man das am besten erreicht, technische Mittel finden große Zustimmung. Der Einsatz von Feuerwehrschläuchen zur Abwehr ist verbreitet, wird allerdings von vielen, auch von NUMAST, skeptisch beurteilt. Der Überraschungseffekt ist ein wesentlicher Punkt bei einem Überfall, dementsprechend sind alle technischen Mittel willkommen, die den Überraschungseffekt zunichte machen. Die japanische Nippon Foundation hat sich ganz besonders für neue technische Errungenschaften in diesem Bereich eingesetzt. Zu nennen wären hier: *Wärmesensoren*, die aber für den Einsatz auf Schiffen noch nicht optimiert sind. Sie könnten die Crew alarmieren, wenn Eindringlinge an Bord gelangen. Ein optischer und akustischer Alarm wird ausgelöst, an Deck geht Flutlicht an. Für *Bewegungsmelder* gilt Entsprechendes.

Die Bordwand könnte mit *Videokameras* überwacht werden, insbesondere an kritischen Punkten wie dem Heck, das für das Radar im toten Winkel liegt. Captain Mukundan erläutert die Probleme: «Schiffe sind häufig in Regionen unterwegs, wo reger Schiffsverkehr herrscht, meist sind viele kleine Fischerboote in ihrer Nähe. Das Mutterschiff ist dann ein Fischtrawler von, sagen wir, 1000 Tonnen. Die Besatzung weiß in dem Fall sehr genau, dass ihr Schiff nicht allein ist, aber sie weiß nicht, wer von den anderen der böse Bube ist. Normalerweise achtet man auf dem Radarschirm nicht so sehr auf die kleinen Schiffe achtern, sondern auf die großen Schiffe voraus, weil sie ein Kollisionsrisiko darstellen. Im Radarschatten eines großen Mutterschiffes kann sich ein kleines, schnelles Schiff quasi wie im Windschatten heranmachen, optisch verborgen durch die Gischt. Es ist sehr viel schwieriger, als man gemeinhin denkt, Angriffe von achtern zu vereiteln. Maximale Wachsamkeit in bekanntermaßen gefährlichen Regionen ist immer noch die beste Vorsichtsmaßnahme.»

Individuelle Nummern Die IMO möchte, dass bei jedem neuen Schiff eine individuelle Nummer deutlich erkennbar in Stahl eingeschlagen wird. Manche Leser denken vielleicht, dass das selbstverständlich und völlig unstrittig sein dürfte: weit gefehlt. Autos haben Nummernschilder und Fahrgestellnummern. Autodiebe können nur mit einigem Aufwand die Identität eines Autos verändern. In der Handelsschifffahrt muss etwas so Einfaches erst noch eingeführt werden.

Die IMO möchte, dass die Nummern bei neuen Schiffen am Bug, an den wichtigsten Deckbalken und im Maschinenraum angebracht werden. Nach und nach sollen auch alle älteren Schiffe eine Nummer bekommen, die Kosten werden sich auf gerade einmal 5000 Dollar pro Schiff belaufen. Eine individuelle Nummer wird die Schaffung von Phantomschiffen erschweren, wird das Aufspüren unterschlagener Fracht erleichtern, wird verhindern, dass gestohlene Schiffe einfach als Schrott verkauft werden, und wird es unmöglich machen, die Identität eines Schiffes durch immer neue Namenswechsel zu verschleiern.

Eine internationale Truppe In diesem Punkt wird Eric Ellen nachdrücklich: «Ich wünsche mir, dass die Vereinten Nationen eine internationale Truppe aufstellen. Sie muss nicht groß sein, aber sie muss die Kompetenz haben, alle Verbrechen auf hoher See zu untersuchen. Wir brauchen eine Kommandozentrale, die über alle Fälle von Piraterie, Terrorismus und größere Verbrechen mit Fracht informiert ist. Interpol hat bei der Koordination der Strafverfolgung kläglich versagt.»

Der angesehene Kriminologe Dr. Barry Rider teilt Ellens vernichtendes Urteil über Interpol. Seine Ansichten, wie man dem internationalen Verbrechen am besten beikommt, sind seit dem 11. September vielleicht etwas populärer geworden. Für ihn ist Interpol einfach ein Kommunikationsnetzwerk, in keiner Weise vergleichbar mit der Truppe, die Ellen sich wünscht.

Bei Wirtschaftsverbrechen sieht Rider nur minimale Möglichkeiten für die Koordination von Aufklärungsarbeit. Zwar gibt es natürlich formell und informell internationale Kooperation zwischen den Polizeikräften, aber sie hat Grenzen. Das Sammeln von Beweismaterial in einem anderen Land funktioniert nicht gut. Beweise, die in einem Land regulär zusammengetragen wurden, werden nicht immer den Behörden in einem anderen Land zur Verfügung gestellt – informell mag es durchaus geschehen. Diese Einschätzung stützt Ellens Forderung nach einer zentralen Polizeieinheit, die in jedem Land tätig werden darf, um Beweismaterial zu sammeln und Täter zu überführen.

Hafenpolizei Es ist zu hoffen, dass der Entwurf der US-Küstenwache, der im Januar der IMO vorgelegt wurde und im Mai 2002 weiter diskutiert werden soll, in diesem Punkt hilfreich sein wird. «Sehen Sie», erläutert Ellen, «es ist nicht einzusehen, dass auf Flughäfen streng kontrolliert wird, während in den meisten Häfen nichts geschieht oder nur schlecht bezahlte und schlecht qualifizierte private Sicherheitsfirmen Kontrollen durchführen. Wir brauchen einen internationalen Standard für die Überwachung und echte internationale Kommunikation – das heißt auch Personal, das mehrere Fremdsprachen spricht.»

Sicherheitstraining «Es gibt zu viele wirre Vorstellungen, wie auf einen Überfall reagiert werden soll», meint Ellen. «Wenn man zur Abschreckung auch nachts unter voller Beleuchtung fährt, zieht man nur unerwünschte Aufmerksamkeit auf sich, ich halte nichts davon. Einsatzbereite Feuerwehrschläuche an Deck können etwas nützen, aber ich plädiere eher für technische Hilfsmittel. Die Gewerkschaften haben hier eine wichtige Aufgabe, sie müssen sich dafür einsetzen, dass die Arbeitsplätze auf Schiffen sicherer werden. Und die IMO muss einheitliche Richtlinien für die Ausbildung der Crews formulieren.»

Mukundan stimmt dem zu. «Dazu gehört auch, dass die leitenden Offiziere trainiert werden, wie sie bei einem Überfall reagieren sollen. Oft gibt es Verletzte oder sogar Tote, weil ein Crew-Mitglied aus einem Reflex heraus so reagiert, als wären bewaffnete Eindringlinge in seine Wohnung gekommen. Flugzeugbesatzungen werden für den Umgang mit randalierenden Passagieren und Entführern trainiert. Bei Schiffsbesatzungen sollte es nicht anders sein.»

Ellen spricht sich gegen bewaffnete Kräfte an Bord aus. «Sicherheitsoffiziere sind schön und gut, solange man nicht die Vorstellung hat, dass der Sicherheitsoffizier der Mann mit dem Gewehr im Anschlag ist, der ein Dutzend schwer bewaffnete Piraten in Schach hält. Das würde nicht funktionieren. Es ist wichtiger, dass die Besatzungsmitglieder wissen, wie sie sich verhalten sollen, wohin sie sich wenden sollen und wie sie Piraten abschrecken können, das wird Leben retten. Mir ist bewusst, dass Kapitän und Crew instinktiv zurückschlagen wollen. Sie hören es nicht gern, wenn man ihnen sagt, sie sollen sich ergeben, sobald Eindringlinge an Bord sind. Aber die Besatzungen sollten darauf trainiert werden, dass Gegenwehr in der Regel der falsche Weg ist. Es hat keinen Zweck, dass nur ein Einziger versucht, gegenüber einer bewaffneten Bande den Helden zu spielen. Alle an Bord könnten die Leidtragenden sein. Das ist das Problem, wenn der Sicherheitsoffizier als der Mann mit dem Schießeisen dasteht. Es setzt ihn unter Druck zu handeln, so wie es bei John Bailey von der *Cape Georjean* der Fall war. Er hat einfach riesiges Glück gehabt, dass er mit dem Leben davongekommen ist.»

Falsche Papiere «Generell stimme ich mit der Zielrichtung der laufenden Initiativen überein, aber ich möchte darüber hinaus noch betonen, dass es wichtig ist, den verbreiteten Gebrauch gefälschter Papiere für Crew-Mitglieder, für Schiffe und für Fracht einzudämmen.» Tom Whalens Büro liegt unmittelbar neben Ground Zero in New York, der 11. September ist allgegenwärtig. «Gefälschte Papiere waren schon lange vor den Angriffen ein großes Problem. Terroristen werden diese Schwachstelle ausnützen, hier sind die Staaten verwundbar.» Whalen ist ein angesehener Rechtsanwalt, und so verwundert es nicht, dass er seine Aufmerksamkeit auf die Eigentumsverhältnisse an einem Schiff richtet. «Hier muss es mehr Transparenz geben.»

Die amerikanische Initiative Die amerikanische Öffentlichkeit macht sich große Sorgen wegen des Terrorismus, und das mit gutem Grund. Wenn sie wüsste, wie verwundbar das Land durch Angriffe auf einen Hafen oder eine Küstenstadt oder durch Einschmuggeln von Tätern in Frachtcontainern ist, wäre sie noch viel besorgter. In Italien wurde ein Al Qaida-Terrorist in einem Container entdeckt mit einem Rückflugticket nach Kanada in der Tasche und im Besitz gefälschter Papiere, die ihn als Flugzeugmechaniker auswiesen.

Admiral James Loy von der US-Küstenwache legt dar, wie sich in Fragen der Hafensicherheit die Einstellung verändert hat. «Am 10. September, einen Tag vor den tragischen Ereignissen, hat die US-Küstenwache ein Prozent ihres Budgets für die Sicherheit in Häfen und auf See aufgewendet. Heute sind es 57 Prozent.»

Die Einführung des ISPS Code wird die äußere Sicherheit der USA verbessern. Auch ihre innere Sicherheit wird durch die Gründung des Ministeriums für Heimatschutz und seine hocheffektive Zoll- und Grenzschutzabteilung zweifellos gestärkt werden. Nur ein Narr würde jedoch annehmen, dass das System damit narrensicher oder wenigstens annähernd narrensicher wäre. Es gibt immer noch zu viele Lücken, insbesondere bei der Containersicherheit.

In vielen wichtigen Häfen wie Hongkong, Rotterdam und Singapur haben die Hafenbehörden Abkommen unterzeichnet, die eine Verbesserung der Containersicherheit schon dort und nicht erst bei der Ankunft in den USA ermöglichen. Für Terroristen stellt dies eine Behinderung dar, aber sie haben in den verbleibenden kleineren internationalen Häfen immer noch Handlungsmöglichkeiten im Überfluss.

Im ISPS Code mit enthalten ist ein Programm zur Risikoabschätzung. Es hilft den vertragschließenden Regierungen, die mit bestimmten Schiffen und bestimmten Häfen verbundenen Gefahren zu identifizieren und einzuschätzen. Für jeden Hafen wird ein individuelles Profil seiner Infrastruktur erstellt. Damit muss die tatsächliche Bedrohung korreliert werden, und dann können Prioritäten gesetzt werden. Schließlich müssen Schwachstellen identifiziert und Punkte benannt werden, die Terroristen zu einem Überfall verlocken könnten.

Auf der Grundlage dieser Bewertung kann die Regierung dann eine Risikoeinschätzung abgeben. Für die Schiffe sollen Erfordernisse hinsichtlich Sicherheitsplänen, Sicherheitskräften und «gewisser Einrichtungen an Bord», wie es drohend heißt, formuliert werden. Der ISPS Code setzt sich aus bindenden Vorschriften und Empfehlungen zusammen. Auch die Häfen sollen Sicherheitspläne und Sicherheitspersonal bekommen. Vor dem Hintergrund der in diesem Buch geschilderten Vorfälle ist auch die Forderung verständlich, dass der Zugang zu Häfen und Schiffen kontrolliert werden muss; die Bewegungen von Personen und Fracht müssen überwacht werden, die für Sicherheit zuständigen Stellen müssen sich austauschen.

All dies bedeutet, dass für einen Hafen mit laschen Kontrollen in einem Land, das bekanntermaßen die Al Qaida unterstützt, oder für ein Schiff mit heikler Fracht an Bord andere Regeln gelten als für die reguläre Fähre zwischen Piräus und Ägina – auch wenn eines der blutigsten Verbrechen auf See bei einer ganz normalen Überfahrt genau auf dieser Strecke passiert ist. Die IMO hat allen Grund, sich über die Beschlüsse vom Dezember zu freuen, aber trotz der Verschärfung der Vorschriften wird es auch weiterhin Schlupflöcher geben, die von cleveren Terroristen oder Piratenbanden genutzt werden können.

Die Herausforderung Auch ohne den 11. September wäre der Kampf gegen Piraterie und Verbrechen auf See weitergegangen, aber langsam und unsystematisch. Es ist nicht zu vermuten, dass es gelungen wäre, die Kriminalität in den Häfen nennenswert einzudämmen, den zahlenmäßig größten, aber am wenigsten medienwirksamen Aspekt des Problems. Seit dem 11. September haben die USA einiges unternommen, um die Sicherheit in den Häfen zu verbessern und Minimalstandards zu etablieren – das ist eine einmalige Chance, die Häfen wirklich sicherer zu machen. Die Erwartung aber, dass irgendwann Verbrechen in Häfen endgültig der Vergangenheit angehören, ist unrealistisch. Solange es Armut gibt und Korruption, wird es auch kriminelle Banden geben. Aber bedeutsame Fortschritte können trotzdem erreicht werden. Alle, die mit Schifffahrt zu tun haben, sollten diese Gelegenheit ergreifen.

«Wir dürfen die Dinge nicht schleifen lassen», meint auch Eric Ellen. «Völlig zu Recht ist viel die Rede vom Krieg gegen Terroristen, aber wir führen schon sehr lange einen Krieg gegen Mord, Gewalt und Diebstahl und finden dabei keine ausreichende Unterstützung. Jetzt ist es an der Zeit, an dem wir im Kampf gegen den Terrorismus und im Kampf gegen Verbrechen auf See die Kräfte bündeln müssen. Nie war die Gelegenheit dazu günstiger.»

Danksagung

Ohne die bereitwillige Unterstützung alter und neuer Freunde, die ich während meiner Arbeit kennen lernte, hätte ich dieses Buch nie schreiben können. Bei allen Fällen stand mir Eric Ellen, der ehemalige Direktor des ICC International Maritime Bureau, unermüdlich mit seinen Ratschlägen, Kommentaren und Erzählungen zur Seite. Über seine zahlreichen Kontakte haben sich mir Türen geöffnet, von deren Existenz ich nicht einmal wusste.

Captain Pottengal Mukundan hatte ohnehin in seiner Funktion als Direktor des ICC International Maritime Bureau alle Hände voll zu tun, fand aber stets Zeit für ein Treffen mit mir und hielt mich über die aktuellen Entwicklungen in der ganzen Welt auf dem Laufenden. S. Lin Kuo, die als Ermittlerin für das Bureau tätig ist, hat mich in die Gefahren ihrer Arbeit eingeweiht.

Von den zahlreichen Bekanntschaften, die Eric Ellen vermittelte, erwies sich Captain Chadwick als ein regelrechter Glückstreffer. Bill Chadwick und seine Frau Genny leben jetzt in der malerischen Landschaft Virginias. Meine Frau Bridget und ich fühlten uns bei den beiden zu Hause. Wir verließen sie mit der Erinnerung an eine schöne Zeit und mit einem Koffer voller Archivmaterial. Auch später schickte Bill mir ständig neues Material. Die Sicherheit auf hoher See ist eben seine große Leidenschaft. Dr. Frank Wiswall, ein langjähriger Experte im internationalen Seerecht, den ich über Bill Chadwick kennen lernte, stand mir bereitwillig mit seinen unschätzbaren Kommentaren zu aktuellen Entwicklungen und vergangenen Fällen zur Seite.

Auch meine Kollegen von Legalink, einem internationalen Netzwerk unabhängiger Anwaltskanzleien, unterstützten mich nach Kräften. Ganz besonders möchte ich hier Tom Davis von der Kanzlei Carter, Ledyard & Milburn danken, der mich mit seinen Partnern zum internationalen Seerecht, Tom Whalen, Don Kennedy, Mark Flavin und Gary Sesser, bekannt machte. Wir trafen uns in ihren Büroräumen an der Wall Street, damals noch im Schatten des World Trade Center, kurz vor dem 11. September. Eine große Hilfe waren mir ferner Tony Olsen von der Kanzlei Olsens in Jersey, Lawrence Miller sowie ein anonymer Kollege im südafrikanischen Kapstadt, Jorgen Hammarstrom aus dem Rechtsanwaltshaus ANPR in Helsinki und Peter Polak von der Wiener Kanzlei Fiebinger, Polak, Leon & Partner.

Das Treffen mit Richard Deely vom liberianischen Reedereiverband in dem reizenden New Yorker Stadtteil Tarrytown brachte mich in einigen Fällen weiter, ebenso das darauf folgende Treffen mit Detective Superintendend Suzanne Williams von New Scotland Yard. Sie wies mich auf zahlreiche Aspekte der Verbrechen auf See hin. Viele andere halfen mir bei Detailfragen, unter anderen Ivor Stoneham, ein Verwandter der berüchtigten Piratin Mary Read, Richard Sayer von Ince & Co aus London, Andreas Harsano, ein Journalist im Fernen Osten, Captain Alistair Crombie, ein Experte zum Fall *Salem*, und Nicholas Dawe, der sich bei der Suche nach Wracks auf dem Meeresgrund auskennt, ebenso wie Joseph Discenza von Daniel H. Wagner, der maßgeblich an der Entdeckung der *Lucona* beteiligt war.

Meine guten Freunde Ray und Anne Foot lieferten mir Hintergrundinformationen über die Bahamas, eine Gegend, die mit den unterschiedlichsten Arten von Verbrechen in Verbindung gebracht wird. Mein Sohn Fraser gab sich große Mühe, Informationen und Details aufzuspüren. An einigen Kapiteln des Buches hatte er großen Anteil. Bob Bashforth, der Bruder von Captain John Bashforth, half mir bei meinen Nachforschungen zur *Baltimar Zephyr*. Andrew Linington von der britischen Gewerkschaft NUMAST wusste hier ebenfalls einiges beizutragen, lieferte mir aber auch Material über Angriffe auf Schiffsbesatzungen.

Dr. Rohan Gunaratna, ein international angesehener Experte zum Terrorismus, nahm sich viel Zeit für mich und nannte mir Details und Hintergrundinformationen zu diesem Kapitel. Ich hatte auch Gelegenheit, leitende Mitarbeiter der Internationalen Seeschifffahrtsorganisation (IMO) in London zu treffen. Wertvolle Informationen erhielt ich von Kapitän Hartmut Hesse, Gurpreet Singhota und Alexander Petrov.

Danken möchte ich ferner meinen Agenten Juliet Burton und Sebastian Ritscher für ihre Ratschläge und aufmunternden Worte sowie Tim Jung und Nikolaus Hansen im Verlag für die enge Zusammenarbeit, bis hin zum fertigen Buch. Schließlich stärkte meine Frau Bridget, obwohl sie von der Schifffahrt keine Ahnung hat, mir ständig den Rücken und ertrug mit einem Lächeln die seltsamen Stunden, in denen ich mit dem Termindruck des Verlegers im Nacken gearbeitet habe! Ohne die Unterstützung all dieser Menschen wäre das Buch nie zustande gekommen. Ich hoffe, ich habe ihre Ansichten und Gedanken richtig wiedergegeben. Ihnen und allen, die ich versehentlich übergangen habe, nochmals meinen herzlichen Dank.

SERIE PIPER

Holger Afflerbach

Das entfesselte Meer

Die Geschichte des Atlantik. 358 Seiten mit 62 teils farbigen Abbildungen. Serie Piper

Als Christoph Kolumbus 1492 auf Guanahani landete, hatte er mehr entdeckt als eine neue Welt: Der Atlantik, die bisherige Grenze der Welt, war überwunden, ein neuer Horizont hatte sich der Menschheit eröffnet. Unterstützt von eindrucksvollen historischen Bildern und Landkarten, schildert Holger Afflerbach die Geschichte des Atlantik von der Antike bis zur Gegenwart: Mythen und Legenden, Piraten und Abenteurer, Drachenboote, Segelschiffe und Luxusliner – ein Buch, das die Faszination des Meeres in seiner ganzen Spannbreite zeigt.

»Ein wahrhaft grenzüberschreitendes Buch.«
Neue Ruhrzeitung

05/1533/01/L

Joachim Feyerabend

Das Jahrtausend der Orkane und Fluten

Entfesselte Stürme bedrohen unsere Zukunft. 306 Seiten mit 28 Abbildungen. Serie Piper

Orkane und Fluten gehören zu den Naturgewalten, die der Mensch nicht zähmen kann. Wenn ein Hurrikan seine Schneise der Zerstörung schlägt, bleibt nur die Flucht. Joachim Feyerabend beschreibt als ausgewiesener Kenner der Materie äußerst lebendig das Wüten der Stürme auf unserem Globus. Er erzählt von Jahrhundertorkanen und Jahrtausendfluten und erklärt, welche Arten von Stürmen es gibt, wo sie auftreten und wie sie entstehen. In seinem fesselnden und informativen Buch blickt Feyerabend auch in die Zukunft: Denn die Zahl der Stürme wird noch dramatischer zunehmen – Europa steht vor einem Jahrtausend der Orkane.

»Feyerabends Buch ist eine Warnung – mit deutlicher Botschaft.«
Die Presse, Wien

05/1534/01/R

Knut Lindh

Wikinger

Die Entdecker Amerikas. Aus dem Norwegischen von Gabriele Haefs. 231 Seiten mit 18 Abbildungen. Serie Piper

Auf der Suche nach neuem Siedlungsland stießen die Wikinger um das Jahr 1000 mehrmals bis zur Küste Nordamerikas vor. Mit einer beeindrukkenden seefahrerischen Leistung, viel Mut und einer gehörigen Portion Neugier gelang ihnen das damals schier Unmögliche: die Überquerung des Atlantiks. Knut Lindh räumt endgültig auf mit dem Mythos, daß Kolumbus der Entdecker Amerikas war. Seine Darstellung der allerersten Entdekkung Amerikas liest sich so packend wie ein historischer Roman.

»Spannend erzählt.«
Bild der Wissenschaft

05/1540/01/L

Mike Davis

Ökologie der Angst

Das Leben mit der Katastrophe. Aus dem Amerikanischen von Gabriele Gockel, Bernhard Jendricke und Gerlinde Schermer-Rauwolf. 541 Seiten mit 87 Abbildungen. Serie Piper

In den letzten Jahrzehnten wurde Los Angeles von alttestamentarisch anmutenden Katastrophen heimgesucht: Dürre, Sturmfluten, Tornados. Zugleich wird die amerikanische Großstadt immer häufiger zum Schauplatz von fiktiven Katastrophen – in Filmen und in der Literatur. Am Beispiel der Megalopolis Los Angeles analysiert der Soziologe Mike Davis, wie ein größenwahnsinniger Urbanismus Katastrophen gebiert und zugleich von ihnen ablenkt. Und er zeigt: Die drohende ökologische wie soziale Apokalypse ist hausgemacht. Ein unentbehrliches Buch für alle, die sich für die Zukunft unserer Städte interessieren.

»L. A. braucht Leute wie Mike Davis, deren Imagination das ergänzt, was in der Wirklichkeit nicht mehr oder noch nicht sichtbar ist.«
Die Zeit

05/1629/01/R

SERIE PIPER

Jon Krakauer
In die Wildnis

Allein nach Alaska. Aus dem Amerikanischen von Stephan Steeger. 302 Seiten. Serie Piper

Im August 1992 wurde die Leiche von Chris McCandless im Eis von Alaska gefunden. Wer war dieser junge Mann, und was hat ihn in die gottverlassene Wildnis getrieben? Jon Krakauer hat sein Leben erforscht, seine Reise in den Tod rekonstruiert und ein traurig-schönes Buch geschrieben über die Sehnsucht, die diesen Mann veranlaßte, die Zivilisation hinter sich zu lassen, um tief in die wilde und einsame Schönheit der Natur einzutauchen.

»Ein zutiefst bewegendes, ganz unsentimentales Abenteuerbuch.«
Die Woche

05/1516/01/L

Mike Horn
Breitengrad Null

Auf dem Äquator um die Welt. Aus dem Französischen von Enrico Heinemann. 296 Seiten und 8 Seiten Farbbildteil. Serie Piper

Die Idee ist ebenso verrückt wie einleuchtend: einfach dem Äquator zu folgen, einmal um die gesamte Erde, ohne motorisierte Hilfe. Mike Horn wanderte, segelte, schwamm, radelte und paddelte über 46 000 Kilometer und folgte in erster Linie der fixen Idee in seinem Kopf. Lebensbedrohlichen Gefahren trotzte er dabei ebenso, wie er die vielen kleinen Strapazen des Alltags meisterte, um seinen Traum zu verwirklichen. In der mitreißenden und farbigen Schilderung seiner spektakulären Reise läßt er uns teilhaben am letzten großen Abenteuer des 20. Jahrhunderts.

»Ein verblüffendes Buch, das einen träumen läßt von fernen Welten und Abenteuern und wo man in manchen Passagen den Kopf schütteln muß, wenn man sich bewußt macht, daß es sich hier nicht um Fiktion, sondern um tatsächlich Erlebtes handelt.«
Facts

05/1616/02/R

Thies Völker

Lexikon berühmter Schiffe

Spektakuläre Abenteuer von der Arche Noah bis zur Titanic. ca. 528 Seiten mit 69 Abbildungen. Serie Piper

Welche Biermarke wirbt mit dem Segelschulschiff Alexander von Humboldt? Wie kam es zur berühmten Meuterei auf der Bounty? Und wie groß war eigentlich die Arche Noah? Fast 300 bekannte Schiffe aus Mythologie, Marinegeschichte, Literatur, Werbung und Film präsentiert Thies Völker in diesem Lexikon – vom Fliegenden Holländer über das Raumschiff Enterprise bis zur Titanic und der Yellow Submarine. Ein unterhaltsames Buch – nicht nur für Liebhaber der Schiffahrtsgeschichte.

»Thies Völker zeigt, in welchem Maße Schiffe einen Platz in unserer Geschichte und unseren Geschichten haben. Die einzelnen Beiträge zeichnen sich durch technische und historische Sachkenntnis aus. Und manch lockere Formulierung lässt vergessen, dass es sich um ein Lexikon handelt.«
Süddeutsche Zeitung

05/1556/01/L

Katja Doubek

Lexikon der Attentate

Berühmte Verschwörungen, Komplotte und Anschläge. 375 Seiten. Serie Piper

Könige, Stars, Politiker, Wirtschaftsführer und auch Spitzensportler – sie alle stehen im Scheinwerferlicht der Öffentlichkeit. Doch je größer Macht, Einfluß und Bekanntheitsgrad, desto höher ist auch auch ihr Risiko, Opfer eines Anschlags zu werden. Ob Sisi oder Hanns-Martin Schleyer, Julius Cäsar, John F. Kennedy oder Olof Palme – packend und faktenreich erzählt Katja Doubek von berühmten Verschwörungen und Komplotten von der Antike bis in die Gegenwart.

»Die Geschichte der Attentate, der geglückten und der mißlungenen, hat die Autorin in historischen Momentaufnahmen festgehalten – ein Buch, das durch die Ereignisse des 11. September 2001 eine beklemmende Aktualität bekommen hat.«
Die Zeit

05/1558/01/R

Als die Liebe auf die Welt kam

30 Reportagen über den Menschen. Herausgegeben von Peter-Matthias Gaede. 368 Seiten. Serie Piper

Warum träumen wir? Welche Funktion hat das Fett in unserem Körper? Weshalb brauchen wir den Schlaf? Was macht das Blut zu einem ganz besonderen Saft? Und was bedeutet es, »multipel« zu sein? Die 30 GEO-Reportagen dieses Bandes erzählen von den Wundern der menschlichen Natur und von spektakulären Ergebnissen in der modernen Medizin. Sie schildern Expeditionen in den Körper des Menschen und erhellen komplexe Zusammenhänge ebenso geistreich wie spannend.

»Reportagen, die nicht nur auf unterhaltsame Weise Wissen vermitteln, sondern zur Besinnung, zum Nachdenken anregen. Über uns selbst. Über unsere Fähigkeiten, unsere Möglichkeiten – und unsere Grenzen.«
Donaukurier

05/1222/01/L

Peter D'Epiro, Mary Desmond Pinkowish

Sieben Weltwunder, drei Furien

Und 64 andere Fragen, auf die Sie keine Antwort wissen. Aus dem Amerikanischen von Thorsten Schmidt. 443 Seiten mit 8 Abbildungen. Serie Piper

Kennen Sie die 3 Hauptsätze der Thermodynamik, die 3 Instanzen der Psyche und die 3 Furien? Wer sind die 4 apokalyptischen Reiter, und was sind die 5 Säulen des Islam? Können Sie die 10 Gebote aufsagen und die Namen der 12 Ritter der Tafelrunde nennen? Dieses Lexikon gibt, nach der Zahl geordnet, unterhaltsam und fundiert Antwort auf 66 Fragen, die man einmal wußte, inzwischen wieder vergessen hat – und nun in diesem Buch nachschlagen kann.

»Eine amüsante Tour de force durch den klassischen Bildungsfundus.«
Die Presse Wien

05/1252/01/R

Bob Brier

Der Mordfall Tutanchamun

Aus dem Amerikanischen von Wolfgang Schuler. 351 Seiten mit 33 Abbildungen. Serie Piper

Ein Ägyptologe löst den größten Kriminalfall des Altertums. Er wurde keine 20 Jahre alt – und doch ist kaum ein Pharao bekannter als Tutanchamun. Warum mußte der Gottkönig so jung sterben? Bob Brier hat diesen Fall mit modernsten technischen Methoden untersucht und kann eine aufsehenerregende These aufstellen: Tutanchamun wurde ermordet – und Brier schildert auch, von wem und warum.

»Das Buch ist ein spannender Blick zurück ins Pharaonenreich – Sachbuch und Krimi in einem. Ein Mordsbuch, dem der Rezensent viele Leser wünscht.«
Bild der Wissenschaft

05/1172/01/L

James Burke

Gutenbergs Irrtum und Einsteins Traum

Eine Zeitreise durch das Netzwerk menschlichen Wissens. Aus dem Englischen von Harald Stadler. 394 Seiten mit 34 Abbildungen. Serie Piper

Was hat der einfache Kronenkorken, der eine Bierflasche verschließt, mit dem expandierenden Universum zu tun? Was verbindet die Dauerwelle, die der deutsche Friseur Nessler in London erfand, mit einem Luxusdampfer? James Burke zeigt, daß alles mit allem zusammenhängt und wir in einem dynamischen Netz des Wandels leben. Weil der deutsche Goldschmied Johannes Gutenberg sich im Datum irrte, entstand im 15. Jahrhundert der Buchdruck. So führt eine Reise vom Kohlepapier über Edisons Telefon und die Entstehung von Vorstädten bis zur Röntgenkristallographie und zur Entschlüsselung der DNA-Struktur. Die vielen überraschenden Fakten verbinden sich auf verschlungenen Pfaden zu einer höchst vergnüglichen Kulturgeschichte des Wissens.

05/1189/01/R

SERIE PIPER